Baedeker

Allianz Reiseführer

Tschechien

www.baedeker.com

Verlag Karl Baedeker

TOP-REISEZIELE ★★

Tschechien hat als Reiseland sehr vel zu bieten: Unzählige sehenswerte Städte, Dörfer, Burgen, schöne Berglandschaften und Wälder warten mit ihren Sehenswürdigkeiten und Naturschönheiten auf Sie. Wir haben die Highlights zusammengestellt.

★★ 1 Prebischtor
Das Elbsandsteingebirge hat hier Europas größtes Felsentor geformt. ► Seite 212

★★ 2 Riesengebirge
Gut markierte Wanderwege und urige Bauden laden im Riesengebirge zum Wandern ein. Pisten und Loipen locken Wintersportler. ► Seite 368

★★ 3 Adersbacher und Wekelsdorfer Felsen
Die imposanten Felsenstädte sind ein Magnet für Kletterer. ► Seite 183

★★ 4 Böhmisches Paradies
Burgen und Schlösser wollen erkundet und Wälder und Felslabyrinthe durchwandert werden. ► Seite 162

★★ 5 Karlovy Vary
Heiße Quellen und ein mildes Klima – Karlsbad ist damals wie heute ein beliebtes Kurziel. ► Seite 233

★★ 6 Loket
Schöne alte Bergstadt, die »Wiege Karlsbaads« ► Seite 267

★★ 7 Praha (Prag)
Kirchen und Türme, Brücken, historische Häuser, Gassen und Burgen prägen das Bild der lebendigen Metropole von einzigartiger Schönheit. ► Seite 316

★★ 8 Mariánské Lázně
Malerische Gründerzeitarchitektur und schöne Parks locken nicht nur Kurgäste nach Marienbad. ► Seite 275

So ruhig präsentiert sich die Karlsbrücke in Prag nur früh am Morgen.

DIE BESTEN BAEDEKER-TIPPS

Von allen Baedeker-Tipps in diesem Buch haben wir hier die interessantesten für Sie zusammengestellt! Erleben und genießen Sie Tschechien von seiner schönsten Seite.

Geschwungene Linien
Im Jugendstil dominiert das Dekor.

Unterirdische Naturwunder
Die Höhlen im Mährischen Karst sind mehr als eindrucksvoll.

Beim Besuch zu beachten
Wer in die Punkva-Höhlen will, sollte vorher unsere Tipps lesen. ► **Seite 273**

Süße Verführung
Oblaten sind ein leckeres Mitbringsel und eine kleine Stärkung. ► **Seite 276**

Slavoov
In dem Örtchen steht eine der schönsten Holzkirchen des Landes. ► **Seite 291**

Dudelsackfestival
Die Dudelsackmeister dieses Planeten treffen sich ausgerechnet in Tschechien.
► **Seite 311**

Höllisch gut
Im romanischen Gewölbekeller speist und trinkt man gut. ► **Seite 344**

Cyklobus
Der Linienbus hilft im Riesengebirge bei der Fahrradmitnahme. ► **Seite 372**

Grüße vom Gipfel
Auf der Schneekoppe steht das höchste Postamt Tschechiens. ► **Seite 375**

Alaunsee
Die besondere Zusammensetzung des Seewassers verschafft ein Badevergnügen der besonderen Art. ► **Seite 399**

Verlockend
Ein Spiel mit den Marionetten im Spielzeugmuseum

Auf einem Sandsteinfelsen ragt die Burgruine Frydštein über die Landschaft im Böhmischen Paradies.
► **Seite 170**

HINTERGRUND

PREISKATEGORIEN

► **Hotels**
Luxus: ab 2400 K
Komfortabel: 900 bis 2400 K
Günstig: unter 900 K
Für eine Übernachtung im Doppelzimmer

► **Restaurants**
Fein und teuer: ab 240 K
Erschwinglich: 150 bis 240 K
Preiswert: bis 150 K
Für ein Hauptgericht

PRAKTISCHE INFORMATIONEN

TOUREN

Ein bedeutendes Bauwerk der Klassischen Moderne: der Prager Messepalast
► **Seite 360**

REISEZIELE VON A bis Z

Erntezeit: In Südmähren wird immer noch viel Landwirtschaft betrieben – im Gegensatz zum industrialisierten Norden.
► Seite 401

nachdenken • klimabewusst reisen atmosfair

Für Kanuten eine »Traumreise«: die Fahrt auf der Moldau

Hintergrund

WISSENSWERTES ÜBER LAND
UND LEUTE, GESCHICHTE, KUNST,
WIRTSCHAFT UND POLITIK.
SCHNELL NACHZUSCHLAGEN
UND ÜBERSICHTLICH GEGLIEDERT.

BÖHMISCHE DÖRFER

Die Tschechen sprechen von »spanischen Dörfern«, der Rest von Europa von »böhmischen Dörfern«. Gemeint sind Dinge, die so fremd sind wie einem etwas nur fremd sein kann. Manchmal schwingt auch noch die Vorstellung von etwas leicht Hinterwäldlerischem mit. Man sollte annehmen, dass ein direkter Nachbar normalerweise nicht in diese Kategorie fällt – normalerweise. Bei Tschechien, unserem östlichen Landesnachbarn, liegt der Fall aber vielleicht etwas anders.

Prag, das Bäderdreieck und das Pilsener – wer nichts kennt von Tschechien, der kennt zumindest eines der drei, wenigstens dem Namen nach. Doch andere Aspekte der Heimat von Schwejk, Slibovitz und Bat'a-Schuhen, sind für viele in der Tat noch »böhmische Dörfer«. Kommt die Sprache auf Städte wie Telč und Český Krumlov, Olomouc oder Litomyšl – dann ist schon eher Achselzucken angesagt, obwohl es sich doch um UNESCO-Weltkulturerbestätten handelt. Es ist also an der Zeit, die »böhmischen Dörfer« einmal genauer unter die Lupe zu nehmen.

Vorzeigedorf *Vesec besteht fast ausschließlich aus alten malerischen Holzhäusern.*

Weltkulturerbe

Die Tschechische Republik, die seit 2004 Mitglied der Europäischen Union ist, kann auf eine über tausendjährige Geschichte zurückblicken, die untrennbar mit den Ereignissen im mitteleuropäischen Raum verbunden ist. Die drei historischen Gebiete dieses kleinen Landes – Böhmen, Mähren und Österreichisch-Schlesien – bergen denn auch kulturhistorische Schätze riesigen Ausmaßes. Dem wurde international unter anderem dadurch Rechnung getragen, dass bis jetzt 13 Objekte des Landes in das Verzeichnis des Weltkulturerbes der UNESCO eingetragen wurden, eine Konzentration von UNESCO-Denkmälern auf engstem Raum, wie man sie sonst wohl nirgends auf der Welt finden wird. All diese Sehenswürdigkeiten – vom kleinen Dorf Holašovice mit seinem außergewöhnlichen Ensemble von Bauernhäusern im Stil des südböhmischen Bauernbarocks bis hin zum eindrucksvollen Schlossareal von Litomyšl im Stil der Renaissance – sind von der Hauptstadt

← Prag: Wenzelsplatz

Kulinarische Spezialitäten
Die böhmische Küche besteht auch heute noch vornehmlich aus deftiger Hausmannskost. Die Krautsuppe gehört zu den Traditionsgerichten.

Kinder-Highlight
Das antiquierte Karussell im Walachischen Freilichtmuseum ist neben den rekonstruierten Bauernhäusern, einer Schule, einer Schmiede und den vielen Bauernhoftieren ein Erlebnis für Kinder.

Kurorte
Tschechiens Bäderdreieck ist berühmt. Karlsbad ist neben Marienbad und Franzensbad sicherlich der bekannteste Kurort. Beliebter Treffpunkt ist dort die Sprudelkolonnade.

»Böhmisches Neuschwanstein«
Das englische Schloss Windsor war Vorbild für Hluboká in Südböhmen. Es ist ein Märchenschloss im neogotischen Stil mit einem weitläufigen Landschaftspark.

»Goldenes Gässchen«
In Prags einstigem Armenviertel an der Burg liegt die pittoreske Gasse, die ihren Namen von den einst dort wohnenden Goldschmieden bekommen hat. Heute ist sie ein beliebter Anziehungspunkt für Touristen.

Verzweigte Teichlandschaft
Schon im 16. Jh. begann der systematische Ausbau der Fischteiche in Třeboň. In den Teichen werden heute hauptsächlich Karpfen gezüchtet, aber auch Schleien, Hechte, Zander oder Aale, die in den dortigen Fischlokalen probiert werden können.

Prag aus in wenigen Stunden zu erreichen. Sie allein würden eine ausgiebige Rundreise durch das Land schon mehr als rechtfertigen.

Schlösser und Burgen

Damit ist nur die Spitze des Eisbergs angedeutet: über 2000 Schlösser und Festungen, Burgen und Burgruinen umfasst das kulturelle Erbe Tschechiens. Die meisten von ihnen sind für die Öffentlichkeit zugänglich und bieten in ihrer Architektur, mit ihren Kunstsammlungen an Gemälden, Mobiliar und Porzellan und mit ihrem Kulturprogramm, das von Musikfestspielen bis hin zu Ritterturnieren reicht, einen tiefen Einblick in die jüngere, aber auch längst vergangene Geschichte Mitteleuropas. Hinzu kommen unzählige gemütliche kleinere und mittlere historische Städte, die sich heute wieder größtenteils fein herausgeputzt zeigen – viel Geld dafür kommt inzwischen auch von der EU.

Das »Goldene Prag«

Ohne Zweifel nimmt Prag dabei eine Sonderstellung ein. Kaum eine andere mitteleuropäische Hauptstadt kann auf derart kleiner Fläche – das historische Prag lässt sich sehr gut zu Fuß erlaufen – ein solch unnachahmliches Potpourri architektonischer Stile entfalten. Es reicht von romanischen Rotunden über die großartigen gotischen und barocken Bauten, bis hin zu Bauten im Geist des Jugenstils und des Kubismus. Hunderte von Galerien und Museen, Theatern, Opernhäusen und Jazzclubs sorgen dafür, dass auch andere Kulturbedürfnisse zu ihrem Recht kommen.

Felsenstädte
Die Prachower Felsen sind von der Natur fantasievoll geformt worden.

Naturparadies

Doch Tschechien ist auch ein Land für Skifahrer sowie Naturfreunde und Aktivurlauber, die sich wandernd oder radelnd dem Land nähern möchten. Seien es die tiefen Wälder und unzähligen Bäche des Böhmerwaldes, das (Rad–)Wandergebiet des Isergebirges mit seinem hunderte von Kilometern umfassenden Wegenetz, sei es das rauhe Riesengebirge, Heimat des sagenumwobenen Rübezahl oder die Felsstädte des Böhmischen Paradieses: Ruhe und Beschaulichkeit abgelegener Landstriche wird man überall in Tschechien finden können. Zumindest jetzt noch!

Fakten

Warum gibt es in Tschechien so viele Thermal- und Mineralquellen? Was ist vom Bergbau übrig geblieben und wo finden sich die Kletterparadiese in den Bergen? Was produziert der Industriestaat und wie lebt seine Bevölkerung?

Hinweis zur Schreibweise

Adlergebirge oder Orlické hory, Brünn oder Brno, Moldau oder Vltava? Die Frage, ob Orte und Landschaften in deutscher oder tschechischer Schreibweise genannt werden sollen, haben wir für den vorliegenden Reiseführer folgendermaßen entschieden: Wegen der besseren Orientierung im Reiseland erscheinen Ortsnamen in der Regel zuerst in Tschechisch, der deutsche Name steht meist in Klammern dahinter. Namen von Landschaften, Flüssen und Gebirgen wie z. B. Böhmerwald (Šumava) oder Elbe (Labe) werden zuerst in Deutsch aufgeführt, da diese dem Leser meist vertrauter sind als die tschechischen Namen.

Natur und Umwelt

Landschaftsbild

Tschechien wird hufeisenförmig von Gebirgszügen eingerahmt, nur im Süden, an der mährisch-österreichischen Grenze, öffnet sich der Gebirgsring ein Stück weit. Zwischen den rahmenden Gebirgsketten liegt ein sanft gewelltes Hügel- und Beckenland ohne starke landschaftliche Kontraste. Die Beckenlandschaften sind wegen des günstigen Klimas und ihrer fruchtbaren Böden die landwirtschaftlich am intensivsten genutzten Gebiete und Standort der wichtigsten Städte. Die größten Gewässer des Landes sind keine Natur-, sondern Stauseen. Im Böhmerwald (Šumava), im Süden Tschechiens, entspringt die **Moldau** (Vltava), der bekannteste und längste Fluss des Landes. Bis zu ihrer Mündung in die Elbe (Labe) nördlich von Prag, sind es 433 km.

Erdgeschichte

Bestimmend für das Landschaftsbild Tschechiens sind zwei völlig unterschiedliche geologische Gebirgssysteme, das Böhmische Massiv und die Karpaten (Karpaty). Die Gesteine des **Böhmischen Massives** (Gneise, Granite und Schiefergesteine) weisen darauf hin, dass es schon vor sehr langer Zeit entstanden ist, nämlich im Erdaltertum vor 250 bis 350 Mio. Jahren. Vor 65 Mio. Jahren, im Tertiär, wurde dieses Gebirge abgetragen, und bei einer weiteren Faltung zerbrach das Böhmische Massiv in einzelne Teilstücke, die jeweils unterschiedlich stark angehoben wurden. So entstand die Grundlage für das heutige Landschaftsbild von West- und Mitteltschechien. Der äußerste Osten Tschechiens wird von den erdgeschichtlich noch relativ jungen **Karpaten** geprägt, einem Faltengebirge aus zahlreichen, kettenförmig angeordneten Gebirgszügen, zwischen denen sich Ebenen ausdehnen. Die Grenze zwischen Böhmischem Massiv und Westkarpaten verläuft in etwa entlang der imaginären Linie Znojmo – Brno.

← Die Adersbacher und Wekelsdorfer Felsen bilden zusammen die größte »Felsenstadt« Böhmens.

Gebirgsbogen

Mittelgebirge Der hufeisenförmige Gebirgsbogen wird im Westen, Norden und Süden Tschechiens von den Mittelgebirgen – Böhmerwald, Erzgebirge, Elbsandsteingebirge, Lausitzer Gebirge, Isergebirge, Riesen-, Adler- und Altvatergebirge – gebildet. Sie sind die herausgehobenen Randzonen des Böhmischen Massives. Im Südwesten erstreckt sich auf einer Länge von 220 km Böhmerwald (Šumava). Das regenreiche, bis zu 1378 m hohe böhmisch-bayerische Grenzgebirge ist hauptsächlich von Nadelwald, insbesondere Fichten, bedeckt. Traditionell wird im Böhmerwald hauptsächlich Wald- und Weidewirtschaft betrieben, früher spielten auch die Holz- und die Glasindustrie eine bedeutende Rolle. Auf den ebenen Flächen der Bergrücken breiten sich Hangmoore aus.

Im Nordwesten Tschechiens bilden das Elstergebirge (Halštrovské hory) und das Erzgebirge (Krušné hory) die Grenze zu Sachsen. Die leicht geschwungene Kammlinie verläuft zwischen 800 m und 1000 m; die höchste Erhebung ist der Keilberg (Klínovec) mit 1244 m. Das Erzgebirge fällt nach Süden steil zum Egergraben ab, nach Norden dagegen flacht es sich allmählich ab. Der Reichtum an Erzlagerstätten, die bereits seit dem 12. Jh. genutzt wurden, hat dem Gebirge zu seinem Namen verholfen. Zuerst hat man Eisen und Silber, später Zinn, Kupfer und Blei und schließlich Wismut, Kobalt sowie – bis in die 80er-Jahre des 20. Jh.s – Uranerz abgebaut. Heute wird im Erzgebirge kaum noch Bergbau betrieben.

Wälder und Teiche prägen Südböhmen.

Im Nordosten schließt sich an das Erzgebirge die Böhmisch-Sächsische Schweiz (Českosaské Švýcarsko) an. Das **Kletterparadies** ist bekannt wegen seiner bizarren Tafelberge und Felstürme, Überreste einstiger Sandsteinschichten der Kreidezeit. Der Hohe Schneeberg (Děčínský Sněžník) ist mit 721 m der höchste Gipfel des Gebirges. Im Nordosten, zwischen Polen und Tschechien, verlaufen Lausitzer Gebirge (Lužické hory), Isergebirge (Jizerské hory), Riesengebirge (Krkonoše) und Altvatergebirge (Hrubý Jeseník), die zu den Sudeten gehören. Im Riesengebirge erhebt sich der höchste Gipfel Tschechiens, die 1602 m hohe Schneekoppe (Sněžka). Auf Grund des Quarzreichtums und seines Waldbestandes entstanden in den Tälern des Isergebirges viele Glashütten. Den östlichen Abschluss des Gebirgsrings bildet das Adlergebirge (Orlické hory).

Vulkangebirge

In Nordböhmen, südlich des Erzgebirges, ragen zwei Vulkangebirge auf, die im Tertiär entstanden sind. Das Duppauer Gebirge (Doupovské hory) ist der Rest eines riesigen Vulkankegels, dessen kreisförmige Basis einen Durchmesser von 40 km hat. Das Böhmische Mittelgebirge zu beiden Seiten der Elbe besteht aus einer größeren Zahl von Vulkanschloten, über denen sich das vulkanische Material aufgetürmt hat.

? WUSSTEN SIE SCHON ...?

- Der jungvulkanischen Tätigkeit im Tertiär hat Nordwestböhmen auch seine zahlreichen Thermal- und Mineralquellen und damit das Kurbäderdreieck Karlsbad – Franzensbad – Marienbad zu verdanken.

Die Karpaten

Im Osten Tschechiens bilden die Karpaten den Gebirgsrand des Landes. Die Grenze zwischen Böhmischem Massiv und den Karpaten verläuft auf der Höhe von Brünn. Auch in dieses Massiv sind Beckenlandschaften eingelassen wie das fruchtbare Becken des Südmährischen Hügellandes. Hier werden Getreide, Zuckerrüben und Mais angebaut. Der Name »Kuhländchen«, den dieser Landstrich erhielt, bezieht sich auf die **intensive Rinderhaltung** auf den feuchten Wiesen in den Auen der March.

Juraklippen

Die bis zu 550 m hohen Pollauer Berge (Pavlovské vrchy) im letzten, nach Norden gerichteten Bogen der Thaya, an deren Südhängen **Weinbau** betrieben wird, sind die ersten Vorposten der Jurakalkklippenzone. Die Grenze zur Slowakei bilden das Javornikgebirge (Javorníky; bis 1071 m), die Mährisch-Schlesischen Beskiden (Moravskoslezské Beskydy; 1323 m) und die Weißen Karpaten (Bílé Karpaty; 970 m), die ihren Namen den hellen Jurakalken verdanken.

Kernland

Fruchtbare Becken

Das Kernland Tschechiens ist im Wesentlichen ein Hügelland, in das abgesenkte Becken eingestreut sind. In diesen Becken herrscht ein besonders mildes Klima, und es gibt gute Böden. Auf Grund dieser

Vorteile sind die Becken **traditionell bevorzugte Siedlungsgebiete**. Es wundert daher nicht, dass alle größeren Städte Böhmens wie Prag, Pilsen oder Budweis in Beckenlandschaften liegen. Im Nordosten Böhmens gehören Elbe- und Egertal sowie das Moldautal bis Prag auf Grund des Gebirgsschutzes im Norden und Westen zu den wärmsten Landstrichen Tschechiens. Auf den fruchtbaren, lößbedeckten Böden wird traditionell intensiv Landwirtschaft betrieben. In Westböhmen haben Kohlelagerstätten und die Nähe zu den benachbarten Eisenlagerstätten im Erzgebirge zu Beginn des 19. Jh.s die Ansiedlung von Industrie gefördert. Die wichtigsten Lagerstätten in Westböhmen sind die Gebiete um Pilsen und – um einiges bedeutender – in Kladno. In den Becken Südböhmens, im Budweiser und Wittingauer Becken, hat sich bereits im 11. Jh. aus den Mooren die Teichwirtschaft entwickelt, die bis heute in modernisierter Form fortgeführt wird und das Landschaftsbild prägt.

Pflanzen und Tiere

Pflanzen Flora und Fauna Tschechiens sind der in anderen mitteleuropäischen Ländern sehr ähnlich. Wälder bedecken etwa ein Drittel des Landes. Da man bereits im 18. Jh. den Wald bewirtschaftete und dabei Fichten- oder Kiefern-Monokulturen förderte, bestimmen diese noch heute das Bild der Wälder. In Laub- und Mischwäldern am weitesten verbreitet sind Buchen, Eichen und Ahorn. In den warmen und trockenen Binnenregionen im nördlichen Böhmen und in Südmähren sind lichte Kiefern- und Eichenwälder häufig anzutreffen. Das Bild vieler Flussauen bestimmen Erlen, Pappeln, Eschen und Weiden. In den Mittelgebirgen ist die Pflanzenwelt am artenreichsten. Auf Waldlichtungen und am Wegrand wachsen buschhohe Farne und Fingerhut.

! *Baedeker* TIPP

Seltene Pflanzen

Botanische Raritäten findet man auf den Bergwiesen und in den Torfmooren, so z. B. im Lysina-Torfmoor im Naturschutzgebiet Kladská bei Marienbad. In diesen Gebieten gedeihen auch sehr seltene Pflanzen, die aus der letzten Eiszeit überdauert haben.

Waldsterben Besonders in den nördlichen Mittelgebirgen hatte das Waldsterben bedrohliche Ausmaße angenommen. Mahnend ragten vor 20 Jahren kahle Baumstämme auf den Kämmen von Erz-, Iser- und Riesengebirge in den schwefeldioxidwolkenverhangenen Himmel. Seit dem EU-Beitritt (2004) hat sich die Situation vielerorts zum Guten gewendet. Die Luft im böhmisch-sächsisch-schlesischen Grenzdreieck ist sauberer, und großflächige Wiederaufforstungen tragen Früchte: Überall auf den Kämmen grünt es, artenreicher Mischwald wird angepflanzt.

In den Wäldern Tschechiens, insbesondere in den Mittelgebirgen und in den Karpaten, sind noch zahlreiche **Hirsche, Rehe und Wildschweine** zu Hause, in höheren Lagen trifft man auch auf **Gämsen und Murmeltiere**.

Die **Vogelwelt** ist in Böhmen, mehr aber noch in Mähren verhältnismäßig artenreich. In vielen Ortschaften sieht man Störche brüten, an stehenden Gewässern und Flussufern nisten zahlreiche Wasservögel. Es überrascht nicht, dass das an Flüssen und Teichen reiche Land einen beachtlichen Fischbestand aufweist.

Die Teichwirtschaft und die damit verbundene **Fischzucht** hat vor allem in Süden von Böhmen Tradition. Karpfen, Forellen, Huchen (Donaulachse), Hechte und die schwergewichtigen Welse sind die häufigsten Fischarten, die man auch auf den Speisekarten der Gaststätten wieder findet.

Ein beliebter Gast: Meister Adebar

Bevölkerung · Politik · Wirtschaft

Bevölkerungsstruktur

Rund 90 % der Bewohner des Landes sind Tschechen; nur 10 % gehören ethnischen Minderheiten an. Die größten Minderheitengruppen sind Slowaken, Polen, Ungarn und Ukrainer, Sudetendeutsche sowie Sinti und Roma.

Slowaken, Ungarn, Ukrainer

Durch die Auflösung der Tschechoslowakei fand sich plötzlich eine verhältnismäßig große Zahl von Slowaken als Minderheit in Tschechien wieder. Die meisten von ihnen machten allerdings von den großzügigen Einbürgerungsangeboten des tschechischen Staates Gebrauch, so dass die Zahl derer, die sich als Slowaken bezeichnen, heute nur noch etwa 300 000, d. h. 3 % der Bevölkerung, beträgt. Etwa 60 000 Angehörige des Nachbarlandes Polen leben in Tschechien. Da Tschechien zu Ungarn und der Ukraine keine Grenze hat, ist der Anteil dieser beiden Nationalitäten auch verhältnismäßig gering. Die knapp 30 000 in Tschechien lebenden Ungarn und Ukrainer wurden nach dem Zweiten Weltkrieg in den Industrierevieren Nordböhmens und Nordmährens angesiedelt, in denen nach der Vertreibung der Sudetendeutschen ein großer Arbeitskräftemangel herrschte.

Sudetendeutsche Die meisten der rund 3,6 Mio. Sudetendeutschen wurden 1945/1946 vertrieben. Nur technische Fachkräfte, so. z. B. Ingenieure, durften das Land nicht verlassen. 2001, bei der letzten Volkszählung, bekannten sich über 38 000 Einwohner als Deutsche. Auf Grund der negativen Erfahrungen während und nach dem Zweiten Weltkrieg blieb das Verhältnis zwischen Tschechen und Deutschen lange Zeit gespannt. So wurde es der deutschen Minderheit z. B. erst nach 1968 gestattet, sich in Verbänden zu organisieren. Auch wenn das gegenseitige Vertrauen noch lange nicht so weit wiederhergestellt ist wie in der Slowakei, wo im Mai 1999 der deutschstämmige Rudolf Schuster zum Präsidenten gewählt wurde, so sind seit dem Fall des Eisernen Vorhangs Besuche Sudetendeutscher bei ihren ehemaligen Nachbarn oder deren Nachkommen längst eine Selbstverständlichkeit.

? WUSSTEN SIE SCHON ...?

- Tschechien ist auch bevorzugter Aufenthaltsort für Amerikaner. Etwa 40 000 amerikanische Staatsbürger leben derzeit dort. Die meisten davon in Prag.

Politisch sieht es so aus, dass nachdem die tschechische Regierung 2002 eine Erklärung verfasste, in der die Wirksamkeit der so genannten Beneš-Dekrete als erloschen angesehen wurden, Bundeskanzler Schröder 2003 die Vertreibung als Folge der nationalsozialistischen Gewaltherrschaft anerkannte. Daraufhin bezeichnete die tschechische Regierung die Vertreibung der Sudetendeutschen als »aus heutiger Sicht unannehmbar«.

Sinti und Roma Auch Sinti und Roma wurden nach dem Zweiten Weltkrieg in den verwaisten Industrierevieren Böhmens und Mährens angesiedelt, um dort die Bevölkerungsverluste auszugleichen und um die Angehörigen dieser Volksgruppe sesshaft zu machen. Seit dem Ende der kommunistischen Herrschaft haben Übergriffe auf Sinti und Roma stark zugenommen. Ihre Zahl ist schwer zu schätzen. Aus Angst vor Diskriminierung bekennen sich nur 30 000 als Sinti, inoffiziell geht man aber von 250 000 bis 300 000 aus. Für besonderes Aufsehen sorgte das Vorgehen des Bürgermeisters der Stadt Ústí nad Labem, der um das Viertel eines überwiegend von Sinti bewohnten Stadtteils eine 4 m hohe Mauer ziehen ließ. Weil die EU darin eine Verletzung der Menschenrechte sah, verzögerten sich sogar die Beitrittsverhandlungen Tschechiens.

Staat und Gesellschaft

Parlament, Senat, Präsident Anders als die Tschechoslowakei ist die Tschechische Republik kein föderaler Staat. Sie setzt sich zwar aus den drei historischen Landesteilen Böhmen, Mähren und Österreichisch-Schlesien zusammen, doch die beiden Letzteren haben keine eigene Regierung und so gibt es auch keinen Bundesrat wie in Deutschland. Dennoch ist das parlamentarische System zweigeteilt: Das Abgeordnetenhaus – tschechisch Sněmova – zählt 200 für vier Jahre über Parteilisten gewählte Mitglieder, für die Wahl gilt die Fünfprozenthürde. Die 81 Senatoren werden mit Mehrheitswahlrecht für sechs Jahre bestimmt, alle zwei Jahre wird jeweils ein Drittel der Sitze neu besetzt. Beide Kammern können – ebenso wie natürlich auch die Regierung – Gesetze initiieren. Der Staatspräsident wird nicht von den Bürgern, sondern von beiden Kammern des Parlaments für fünf Jahre gewählt.

Parteien

Die treibende Kraft der »Samtenen Revolution« war das Bürgerforum, das in den bewegten Novembertagen 1989 entstand. An dessen Spitze stand der Schriftsteller Václav Havel als Symbolfigur, der der erste Präsident nach der Wende war. Dieser »Revolutionsbund zerfiel bald in mehrere Splittergruppen. Eine neue breite Basis sicherte sich die **ODS (bürgerlich-demokratische Partei)**. Der damalige Vorsitzende, der Ökonom Václav Klaus, galt als Vater der Privatisierung. Als Ministerpräsident (1993 bis 1997) wurde er von seinem einstigen Weggefährten und späteren Kritiker Václav Havel wegen einer Korruptionsaffäre zum Rücktritt geszwungen. 1998 übernahmen die **Sozialisten (CSSD)** das Ruder.

Die Trennung der Tschechoslowakei war eher eine politische Entscheidung als ein Wunsch der Bürger.

Keine Neugründung, sondern bereits 1878 entstanden. Mit Milos Zeman hatten sie ihren ersten Premier, gefolgt von Vladimir Spidla, der 2004 abdankte. Durch Stanislav Gross als neuen Regierungschef blieben die Sozialisten in der Koalition mit den **Christdemokraten (KDU-CSL)** und der **freiheitlich-demokratischen Union (US-DEU)** an der Macht. Das Präsidentenamt hat der ehemalige ODS-Kopf Václav Klaus inne. Seine Partei sitzt in der Opposition. Die **Kommunisten (KSCM)** haben etwa 15 % der Wähler hinter sich. Der Einfluss der nationalistisch hetzenden Republikaner ging verloren.

Tschechische Republik

Die Teilung der Tschechoslowakei zum 1. Januar 1993 lief weitgehend problemlos ab und brachte Tschechien mehr Vor- als Nachteile. Denn nun war die wirtschaftlich stärkere Republik von Ausgleichszahlungen an die Slowakei befreit und konnte ihr Tempo auf dem Weg in die Europäische Union beschleunigen.

Tschechien und die EU Am 1. Mai 2004 erfolgte der EU-Beitritt Tschechiens als eines der zehn neuen Länder der Osterweiterung. Die Einführung des Euro ist noch nicht absehbar. 2009/2010 litt die Autoindustrie, eine der Hauptstützen der Wirtschaft, akut an Absatzeinbrüchen. Die Ressentiments der Vergangenheit wie die viel zitierten Beneš-Dekrete sind für die neue Generation kein Thema mehr. Im Vordergrund steht die Bildung und die Möglichkeit auch im Ausland zu studieren. Prag nahm sich ein ehrgeiziges Ziel vor: Die Hauptstadt der EU-Informatik zu werden. Aus dem EU-Topf sind etliche Mittel geflossen, um die größte Internetinfobank Europas zu errichten: Wer bei einem Produkt, Buch oder Event künftig nach einer Bezugsquelle sucht, erhält sofort die gesamten zum jeweiligen Thema verfügbaren Daten auf den Bildschirm.

? WUSSTEN SIE SCHON ...?

- Bildung hat in Tschechien Tradition: Mit der Karlsuniversität in Prag besitzt das Land eine der ältesten Hochschulen Europas (nur die Universitäten in Bologna und Paris sind älter). Sie wurde am 7. 4. 1348 von Karl IV, dem römischen Kaiser deutscher Nation gegründet.

Wirtschaft

Wirtschaftspolitik Die Wirtschaftspolitik Tschechiens galt in der ersten Hälfte der 1990er-Jahre als vorbildlich für ganz Osteuropa. Die Arbeitslosigkeit lag gerade mal bei 3,5 %, es gab Exportüberschüsse, und der Staatshaushalt verzeichnete ein Plus. Und: In Prag, wo sich über 10 % der Industrieproduktion konzentrieren, gab es einen Arbeitskräftemangel. Hier lieferten sich die unzähligen ausländischen Unternehmen, die nach 1989 Niederlassungen in Tschechien gegründet hatten, einen Wettbewerb um hoch qualifizierte junge Mitarbeiter. Doch spätestens 1997 wurden die Probleme Tschechiens deutlich: Die großen Staatsbetriebe waren zu Aktiengesellschaften umgewandelt worden, doch hielten der Staat oder die von ihm kontrollierten Banken weiterhin große Aktienpakete. Um seine Wiederwahl nicht zu gefährden, verhinderte Ministerpräsident Václav Klaus den Konkurs dieser Betriebe. Auch die Löhne stiegen stärker als die Produktivität, der Preisvorteil tschechischer Produkte im Ausland ging so verloren. Bis Ende der 90er-Jahre stieg die Arbeitslosigkeit nun bis an die 10 %. Ein Rückgang setzte erst ein, als die Sozialdemokraten, die 1998 die Parlamentswahlen für sich entschieden, den Privatisierungsprozess wieder in Gang setzten. Der Durchschnittslohn liegt heute bei rund 21 000 Kronen.

Industriezweige Schwerindustrie, Maschinenbau und Automobilbau sowie Nahrungs- und Genussmittelindustrie (Bier) sind die wichtigsten Industriezweige in Tschechien. Der hohe Ausbildungsgrad der Bevölkerung, sein Ruf als traditioneller Wirtschaftsstandort und Firmen von Weltgeltung verschafften Tschechien bessere Startchancen für den Übergang zur Marktwirtschaft und für die Kooperation mit ausländischen

Konzernen als z. B. in der einseitig auf Schwer- und Rüstungsindustrie fixierten Slowakei. Ein Beispiel dafür ist die Kooperation von VW und Škoda (Mladá Boleslav). Die zukunftsweisenden Industriebranchen und solche mit hoher technischer Spezialisierung wie z. B. Feinmechanik und chemische Industrie, siedelten sich vor allem an der Peripherie von Prag an.

Rohstoffe

Traditionell hat die Industrie in Tschechien einen hohen Anteil am Bruttosozialprodukt. Durch die Trennung von der Slowakei hat sich die Rohstoffbasis Tschechiens verschmälert und beschränkt sich v. a. auf Kohle und Uran, die die Grundlage für die Energieversorgung des Landes bilden. Tschechien hat Anteil am oberschlesischen Kohlerevier und ist mit hochwertiger Steinkohle gut versorgt. Die größten Lagerstätten befinden sich um Ostrava, wo die Kohle im Tagebau abgebaut werden kann. Umfangreiche Lager der weniger hochwertigen Braunkohle findet man in Nordböhmen im Bereich um Most. Sie machen Tschechien zu einem der größten Braunkohleproduzenten der Welt. Uran wird heutzutage nur noch bei Dolní Rožínka auf der Böhmisch-Mährischen Höhe gefördert und dient als Grundstoff für die Energiegewinnung aus Kernkraft.

i Umweltprobleme

- Seit Jahrzehnten leidet Tschechien unter massiver Umweltverschmutzung. Die Schäden der Landschaft und die Mängel in den Industrieanlagen sind so groß, dass es nur wenig Fortschritte gibt. Nordböhmen gilt sogar als die am stärksten verschmutzte Region der Welt. Hundert Milliarden US-Dollar würden benötigt, um alle diese Schäden zu beseitigen.

Die heutigen Škoda-Werke sind seit 1991 Teil des Volkswagen-Konzerns.

Landwirtschaft Das trockene und sonnige Klima und die fruchtbaren Böden machen die Beckenlandschaften im Landesinneren zu den ertragreichsten Regionen Europas. Vor allem in den Flussniederungen von Elbe und Moldau sowie im Pilsener, Olmützer oder Brünner Becken sind die Voraussetzungen für Ackerbau hervorragend. Dennoch hat die Landwirtschaft in Tschechien keinen großen Anteil am Bruttosozialprodukt. Heute liegt er bei rund 5 %. Die Zahl der in der Landwirtschaft Beschäftigen ging in den letzten zehn Jahren stark zurück und erreicht mit 6 % fast schon das Niveau westlicher Industriestaaten. In den Beckenlandschaften und Flusstälern gedeihen Weizen und Mais, aber auch Sonnenblumen, Obst und Gemüse. In Höhen bis 400 m ist die Zuckerrübe das charakteristische Anbauprodukt, daneben auch Getreide (Weizen, Gerste) und Obst. In den weniger begünstigten Lagen bis 600 m Höhe beherrschen Kartoffeläcker das Bild. Da hier die Viehwirtschaft eine immer größere Bedeutung bekommt, werden neben den weniger anspruchsvollen Getreidearten Roggen und Gerste auch Futterpflanzen angebaut.

Typische Agrarprodukte ►

Eine böhmische Besonderheit mit weltweiter Ausstrahlung sind der **Hopfenanbau** in der Umgebung von Žatec, im Elbtal zwischen Mělník und Litoměřice und an der mittleren Eger (Ohře) sowie die Karpfenzucht in den zahlreichen Teichen Südböhmens.
Auch der **Weinanbau** hat eine lange Tradition in Tschechien. Die bedeutendsten Weinanbaugebiete des Landes liegen in Südmähren, am Übergang zum österreichischen Waldviertel, und in der Umgebung von Mělník nördlich von Prag.

Viehzucht In den stark vom Ackerbau geprägten Landschaften beschränkt sich die Viehzucht auf Schweinemast, während über 400 m auch Rinder gezüchtet werden. In den noch höheren Lagen der Mittelgebirge wird vor allem Forst- und Weidewirtschaft, letztere vor allem mit Schafen, betrieben.

Tourismus Der erfolgreichste Wirtschaftszweig Tschechiens war nach der Wende der Tourismus. Tschechien kann dabei an eine alte **Tradition als Reiseland** anknüpfen. In der Habsburger Zeit gehörten Karlsbad, Marienbad und Franzensbad zu den berühmtesten Bädern der Welt. Diesen Ruf konnten sie auch zwischen den Weltkriegen behalten. Mit dem Beginn der sozialistischen Herrschaft wandelte sich das Bild jedoch total. Nicht mehr die Mitglieder der europäischen Adelshäuser kamen nach Tschechien, sondern die Bürger aus dem eigenen Land und den sozialistischen Nachbarstaaten, die in den staatlichen Erholungsheimen ihren Ur-

i Prostitution

- Im gesamten Grenzgebiet sowie in größeren Städten wie Prag, Cheb und Teplice ist Prostitution, insbesondere auch die von Kindern, stark verbreitet. Behörden und Grenzpolizei stehen diesem Phänomen immer noch relativ hilflos gegenüber. Entsprechende Gesetzte werden seit Jahren im Parlament erfolglos diskuitiert – die Meinungen klaffen auseinander.

Zahlen und Fakten Tschechien

Fläche
- 78 884 km²

Lage
- Breitengrad: 48,5 – 51° Nord
- Längengrad: 12 – 19° Ost

Staatsform
- Parlamentarische Republik
- Staatsoberhaupt: Präsident
- Regierungschef: Premierminister

Hauptstadt
- Prag (1,3 Mio. Einw.)

Weitere Großstädte
- Brno (370 000 Einw.)
- Ostrava (320 000 Einw.)
- Plzeň (165 000 Einw.)

Sprache
- Tschechisch

Bevölkerung
- Einwohnerzahl: 10,4 Mio.
- Bevölkerungsdichte: 131 Einwohner pro km²

Religion
- Konfessionslose: 60 %
- Katholiken: 30 %
- Protestanten: 3 %
- Sonstige: 7 %

Verwaltung
- 13 Verwaltungseinheiten (kraj) und eine Hauptstadt

Wirtschaft
- Touristen: 7 Mio.
- Arbeitslosenquote: 9,2 % (2006)
- Hauptausfuhrprodukte: Maschinen, Fahrzeuge, Glas, Bier

laub verbrachten. Erst in den 1980er-Jahren wurden auch Touristen aus kapitalistisch-westlichen Ländern wieder umworben, um Devisen ins Land zu bringen – mit Erfolg. Pro Jahr kommen knapp 7 Millionen Ausländer nach Tschechien, davnon etwa 20 % aus Deutschland. Ein touristischer Brennpunkt ist die Hauptstadt Prag. Besten Zuspruchs erfreuen sich auch die weltberühmten Heilbäder in Westböhmen.

Schon während des Sozialismus wurden der Nationalpark Riesengebirge, viele große Landschaftsschutz- und kleinere Naturschutzgebiete ausgewiesen, um Fauna und Flora für künftige Generationen zu erhalten. Inzwischen gibt es vier Nationalparks, die neuen sind der Böhmerwald, die Böhmische Schweiz und das Thayatal.

Geschichte

Was hat es mit den berühmten Prager Fensterstürzen auf sich und wie konnte dadurch der Dreißigjährige Krieg ausgelöst werden? Welche Konflikte gab es zwischen Tschechen und Deutschen? Und wie sehen Politik und Wirtschaft in Tschechien nach dem Untergang des Sozialismus aus?

Von der Vorzeit bis zur Völkerwanderung

40.000 bis 10.000 v. Chr.	Besiedlung durch Jäger und Sammler
um 400 v. Chr.	Kelten wandern in das Land ein.

Vor- und Frühgeschichte

Eine Viertelmillion Jahre etwa sollen die ältesten menschlichen Gebeinfunde alt sein, die man bisher im tschechischen Raum entdeckt hat. Eine kontinuierliche Besiedlung setzte erst mit der mittleren Steinzeit ein. In Mähren wurden Kultgegenstände aus der jüngeren Altsteinzeit, so etwa kleine Plastiken, die Frauen und Jagdtiere darstellen, gefunden. Berühmtestes Beispiel ist die 25 000 Jahre alte »Venus von Vĕstonice«, **die älteste Keramik der Welt** (Moravské Muzeum, Brno).

Kelten und Germanen

Um 400 v. Chr. wanderten die keltischen Bojer in das Gebiet des heutigen Tschechien ein. Von diesem Stamm leitet sich auch der Name »Böhmen« ab. Kurz vor der Zeitenwende erlagen sie, bedrängt auch vom römischen Vorstoß aus dem Süden, dem Druck der Germanen aus dem Norden. Die Markomannen wanderten nach Böhmen und Mähren ein und bildeten ein germanisches Großreich unter Marbods Führung. Auch nach dessen Sturz blieben die Markomannen ein mächtiger Stamm, dessen Siedlungsgebiete sich mit den alten Kulturgebieten Böhmens und Mährens deckten. Die Gründe für ihr Verschwinden sind bis heute ungeklärt.

Die Slawen und das Großmährische Reich

6. Jh.	Einwanderung von Slawen
ab 833	Bildung des Großmährischen Reiches
ab 863	Christianisierung

Slawen

Von 527 an griffen slawische Stämme die römische Donaugrenze an. Im 6. Jh. wanderten sie offenbar auch von Norden in den tschechischen Raum ein. Bereits in der zweiten Hälfte des 6. Jh.s wurden sie den Awaren tributpflichtig, doch konnten sie sich im 7. Jh. aus dem Herrrschaftsbereich dieses asiatischen Nomadenvolkes wieder lösen,

← *Die Herrschaft Karls IV. brachte das »Goldene Zeitalter« in Böhmen.*

als der fränkische Karawanenherr Samo Böhmen und Teile von Mähren dem Einfluss der Awaren entriss und ein erstes Slawenreich gründete. Seine Residenz, die Wogastisburg, wird in Nordböhmen vermutet. Nach Samos Tod bemächtigten sich die Awaren erneut des slawischen Gebiets.

Karl der Große

Karl der Große drängte die Awaren schließlich zurück und machte die zahlreichen Kleinherren in Böhmen tributpflichtig. Damit bereitete er ihren politischen Zusammenschluss und ihre **Christianisierung** vor. Ein wichtiger Schritt hierzu war die Taufe von 14 böhmischen Kleinfürsten in Regensburg im Jahr 845.

Großmährisches Reich (833–906)

Noch bevor die böhmischen Kleinstämme zu einem größeren Herrschaftskomplex zusammengeschweißt wurden, hatten die Mährer ein Großreich gebildet. Dem mährischen Zusammenschluss folgte die Angliederung der Slowakei, danach Böhmens, des oberen Weichsellandes und vielleicht auch der Lausitz. In steter Rivalität mit dem Frankenreich wusste sich »Großmähren«, wie es später ein byzantinischer Geschichtsschreiber nannte, schließlich als selbstständige politische Kraft durchzusetzen.
Gegenüber den Magyaren, die seit dem späten 9. Jh. das Gebiet des heutigen Ungarn besiedelten und wiederholt zu Eroberungszügen ausholten, konnte sich das Großmährische Reich langfristig aber nicht behaupten. Nach dem Sieg der Ungarn in der Schlacht bei Bratislava am 4. Juli 907 wurden die slowakischen Gebiete dem ungarischen Herrschaftsbereich zugeschlagen.

Přemysliden und Luxemburger

929	Wenzel I. (Václav), der spätere Landespatron, wird ermordet.
1029	Endgültige Vereinigung von Böhmen und Mähren
1212	Přemysliden erhalten von Kaiser Friedrich II. die Königswürde erblich zuerkannt.
1348	Karl IV. gründet in Prag die erste Universität Mitteleuropas.

Aufstieg der Přemysliden im 9. Jh.

Böhmen ging nach dem Niedergang des Mährerreiches eigene Wege. Dem Kleinstamm der Tschechen gelang es, das ganze Land unter seiner Dynastie, den Prõemysliden, zu einigen und ihm seinen Namen zu geben (Böhmen = Čechy). Die Přemyslidenherzöge ließen sich taufen und übersiedelten im ausgehenden 9. Jh. nach Prag. Ihre dortige Burg, der **Hradschin**, darf als eine der ältesten Residenzen des nördlichen Europa gelten; ab 972 war Prag auch Sitz eines Bischofs.

Den familienpolitischen Machtkämpfen, die die Přemyslidendynastie in den ersten Jahrzehnten des 10. Jh.s. erschütterten, fiel neben Ludmilla, der Frau des ersten Herzogs Bořivoj, auch ihr Enkel Wenzel I. zum Opfer, der 929 von seinem Bruder Boleslav erschlagen und noch im 10. Jh. heilig gesprochen wurde. Nach ihm erhielt auch die böhmische Königskrone den Namen »Wenzelskrone«. Boleslav, der die Herzogswürde übernahm, mußte sich 950 dem deutschen König Otto dem Großen unterwerfen.
Die politische Abhängigkeit vom Heiligen Römischen Reich blieb auch im 11. Jh. bestimmend für die Přemysliden, die allerdings ihre Stellung als mächtigste Fürsten festigen konnten. Um das Jahr 1029 gelang es Herzog Bretislav, Mähren dem böhmischen Reich anzugliedern. Sein Nachfolger Vratislav I. wurde 1086 von Kaiser Heinrich IV. in Mainz zum ersten König von Böhmen gekrönt.

Klostergründungen

Die ersten Benediktinerklöster entstanden um die erste Jahrtausendwende, meist von deutschen Klöstern beschickt (Sázava, Brevnov, Ostrov, Rajhrad, Hradisko, Kladruby). Im 12. und 13. Jh. folgten die Zisterzienser und Prämonstratenser (Strahov, Sedlec, Plasy, Teplá, Zlatá Koruna, Vyšší Brod).

Kolonisation

Einen wesentlichen Beitrag zur wirtschaftlichen Entwicklung des Landes leisteten die **deutschen Siedler**, die von den Přemysliden ins Land geholt wurden. Die Handwerker-, Bergbau- und Kaufmannssiedlungen, meist nach deutschem Stadtrecht organisiert, machten aus Böhmen und Mähren Städtelandschaften.

In der auf einem hohen Felsvorsprung über dem Worlík-Stausee thronenden Burg Klingenberg (hrad Orlík) verweilten gern Könige.

Ende der Přemysliden-herrschaft

Wiederholt hatten die deutschen Kaiser den Přemysliden die Königswürde zuerkannt, doch erst 1212, in der »Goldenen Bulle Böhmens«, wurde ihnen das Erbkönigtum zugesichert. Vor allem die Silberminen von Iglau und später von Kuttenberg brachten den böhmischen Königen reiche Einkünfte. Auf dieser Machtgrundlage dehnte König Přemysl Ottokar II. (1253 – 1278) die Herrschaft nach Süden aus und regierte 25 Jahre lang über Österreich. 1278 fiel er im Kampf gegen die innere Adelsopposition, die sich mit Ungarn und dem deutschen König Rudolf von Habsburg verbündet hatte. Sein Sohn Wenzel II. herrschte fünf Jahre auch über Polen. Mit seinem Enkel, Wenzel III., der die polnische Krone zu erwerben versuchte und einem Attentat zum Opfer fiel, erlosch 1306 die Dynastie der Přemysliden.

Luxemburger

An die Stelle der Přemysliden trat das Geschlecht der Luxemburger (1311 – 1437), das Böhmen mit den Königen Johann, Karl, Wenzel und Sigismund über ein Jahrhundert regierte. Ab 1346 waren sie auch deutsche Könige sowie ab 1387 Könige von Ungarn. Johann von Luxemburg (1310 – 1346) verzichtete auf die polnische Krone, konnte dafür aber den böhmischen Ländern Schlesien hinzufügen.

Karl IV. und das »Goldene Zeitalter«

Nach Johanns Tod regierte sein Sohn Karl IV. die folgenden 32 Jahre das böhmische Reich. Von 1355 an trug er auch den Titel des Römischen Kaisers. Er hatte einen Teil seiner Jugend am Hof des französischen Königs zugebracht, beherrschte mehrere Sprachen und war ebenso gebildet wie kunstsinnig. Unter seiner Herrschaft erlebte Böhmen eine **Zeit des Friedens und der wirtschaftlichen Blüte**. In Prag, das während seiner Regierung zu einem Zentrum europäischer Kultur und zu einer der prächtigsten Städte des Kontinents aufstieg, gründete er ein Erzbistum (1344) und rief 1348 die erste mitteleuropäische Universität ins Leben.

? WUSSTEN SIE SCHON ...?

- Karl IV. gilt bis heute als der »ideale Herrscher«. Dementsprechend häufig war er namensbildend. Nach ihm heißen die Stadt Karlsbad, die von ihm errichtetete Burg Karlstein und die Prager Karlsbrücke.

Hussitenkriege

1415	Jan Hus wird als Ketzer angeklagt und verbrannt.
1426	Konzil zu Basel

Jan Hus

Karls Sohn, der 1378 als Wenzel IV. den böhmischen Thron bestieg, hatte nicht das Format seines Vaters. Die mit seiner Herrschaft einhergehende Schwächung des Königtums trug dazu bei, dass sich die gesellschaftlichen Spannungen immer mehr verschärften und der Ruf nach einer Kirche ohne Besitzstand und weltliche Macht lauter wurde. Das Haupt der **Reformbewegung** in Böhmen wurde der Prager Universitätslehrer und Prediger Jan Hus. Für seine Glaubensauffassung wurde er auf dem Konzil von Konstanz 1415 zum Tod auf dem Scheiterhaufen verurteilt.

Hussitenbewegung

Das Martyrium von Jan Hus löste die hussitische Revolution aus, die vier Jahre nach seinem Tod zuerst in Prag und im Süden Böhmens ausbrach. Der Volkszorn richtete sich auch gegen König Sigismund, der zugelassen hatte, dass Hus entgegen der Zusicherung auf freies Geleit verurteilt worden war. Zu den Forderungen an die Kirche – u. a. Freiheit der Predigt, Abendmahl auch an Laien, Armut des Klerus – trat auch der Wunsch nach einem böhmischen Nationalstaat, die sich vor allem gegen die wohlhabenden Deutschen im Land richtete. Auf Mähren griff die Bewegung kaum über.

Niederlage der Hussiten 1434

Die endgültige Einigung zwischen den Hussiten und der Kirche erfolgte im Jahre 1436 auf dem Konzil zu Basel. Vorausgegangen war die Schlacht bei Lipany 1434, die der radikalere Flügel der Hussiten, die Taboriten, gegen die Allianz aus Katholiken und Utraquisten, den gemäßigten Flügel, verloren hatte. Die hussitische Revolution hatte erstmals in Europa Kirchenbesitz enteignet und die Stellung von niederem Adel und Bürgertum verbessert, doch die politischen Sieger blieben der böhmische und der mährische Hochadel, der sich am Kirchenbesitz bereichern und das Vakuum, das durch das geschwächte Königtum und die entmachtete Kirche entstanden war, ausfüllen konnte. Der spätere König Georg von Podiebrad (Jiří z Poděbrad), Führer der Utraquisten, versuchte, die Macht des Königtums wieder herzustellen. Nach ihm fiel die Krone durch Wahl an die polnische **Dynastie der Jagiellonen**, die von 1471 bis 1526 regierten. Als sie ausstarben, gingen Böhmen und Mähren zusammen mit Ungarn an das Haus Habsburg über.

Böhmen und Mähren unter den Habsburgern

1526	Böhmen fällt an die Habsburger.
1618	Zweiter Prager Fenstersturz löst den Dreißigjährigen Krieg aus.
1620	Sieg der Habsburger in der Schlacht am Weißen Berg
1805	Schlacht bei Austerlitz

Habsburger Der erste Habsburger auf dem böhmischen Thron war Ferdinand I. (1526 – 1564), Bruder des mächtigen Karl V. Der schwelende Konflikt zwischen dem katholischen Herrscher und den Protestanten in Böhmen, die Einschränkung politischer Mitsprachemöglichkeiten und die hohen Steuern für die Türkenkriege führten zu einer zunehmenden Opposition gegen Ferdinand. 1556 holte er die Jesuiten nach Prag und erhob das von diesen gegründete Collegium Clementinum 1562 in den Rang einer Universität. Kaiser Rudolph II. (1576 – 1612), mehr Kunstliebhaber und Förderer der Wissenschaften als Staatsmann, verlegte für rund 30 Jahre seine Residenz von Wien nach Prag. Für die Stadt bedeutete dies einen Aufschwung – man spricht sogar von der rudolfinischen Epoche –, doch durch Rudolphs politische Apathie wurde der Grundstock für eine neue böhmische Revolution gelegt.

Prager Fenstersturz Eingeleitet wurde der Aufstand von 1618 durch den Prager Fenstersturz kaiserlicher Beamter. Die protestantische Glaubensfreiheit war der Anlass für den adeligen Widerstand, doch fehlte ihm die Hilfe der breiten Bevölkerung und die der Städte, die als Rivalen behandelt wurden. Vergeblich blieb der Versuch, mit der Wahl des pfälzischen Kurfürsten Friedrich, dem so genannten Winterkönig, 1619 Anschluss an den deutschen Protestantismus und nach England zu gewinnen. In der Schlacht am Weißen Berg bei Prag wurde die Ständerevolution am 8. November 1620 von den Habsburgern und den deutschen katholischen Fürsten niedergeschlagen.

Am 23. Mai 1618 wurden beim Zweiten Prager Fenstersturz zwei kaiserliche Statthalter aus den Fenstern der Prager Burg auf einen Misthaufen geworfen.

Gegenreformation

In Deutschland setzte daraufhin der **Dreißigjährige Krieg** ein, in Böhmen die gewaltsame Gegenreformation. Kaiser Ferdinand ließ zahlreiche Adelige enteignen und vergab ihren Grundbesitz an die Kirche oder an habsburgtreue Katholiken, um so einen loyalen Adel hinter sich zu wissen. Das katholische Bekenntnis wurde ab 1624 verpflichtend. Durch die Gleichstellung beider Landessprachen wurde das Vordringen des Deutschen nachhaltig gefördert. Die »Verneuerte Landesordnung«, die Ferdinand 1627/1628 erließ, stärkte die katholische Geistlichkeit in ihrer politischen Macht erneut und entmachtete die königlichen Städte fast völlig. Böhmen sank in den Status einer habsburgischen Provinz herab.

Wirtschaft und Gesellschaft im 17. und 18. Jh.

Durch Auswanderung, Kriege und Seuchen hatten Böhmen und Mähren etwa ein Drittel ihrer Bevölkerung verloren und waren wirtschaftlich ausgeblutet. Erst in der zweiten Hälfte des 17. Jh.s ging es wieder bergauf. Allerdings brach nun über die bäuerlichen Grunduntertanen eine düstere Zeit herein, denn der zum Teil fremde Landesadel führte rigoros fort, was schon im 16. Jh. begonnen hattte: der Ausbau der großflächigen Gutswirtschaft mit wachsenden Abgabeverpflichtungen der Bauern. Auch eine Welle von Aufständen um 1670 änderte an dieser Entwicklung nichts. Während der langen Herrschaft Maria Theresias (1740 – 1780) litten Böhmen und Mähren erneut unter den Auswirkungen von Besetzungen und Kriegen. Erst die Reformen ihres Sohn und Nachfolgers Joseph II. (1780 – 1790) verbesserte das Los der Bauern graduell. Die **Aufhebung der Leibeigenschaft** 1780 brachte für die ländliche Bevölkerung die Erlaubnis zu freiem Wohnsitzwechsel, damit sie in den neuen Manufakturen in den waldreichen Grenzgebieten, insbesondere in Nordostböhmen und im Böhmerwald, Arbeit suchen konnten. Durch den Verlust fast ganz Schlesiens an Preußen (1745) stieg die Bedeutung Böhmens und Mährens für die österreichische Industrialisierung, wo Eisenhütten, Textil-, Glas- und Maschinenindustrie kräftig wuchsen.

Schlacht bei Austerlitz (1805)

Im Jahre 1805 entschied sich durch den Sieg Kaiser Napoleons I. über die verbündeten Truppen Österreichs und Russlands auf dem Schlachtfeld bei Austerlitz (Slavkov u Brna), einem kleinen Dorf bei Brünn, das Schicksal des gesamten mitteleuropäischen Staatengefüges. Das Hl. Römische Reich Deutscher Nation löste sich auf.

Nationalbewusstsein und Revolution von 1848

Nach dem Ende der napoleonischen Ära fielen Böhmen und Mähren wieder an das Habsburgerreich. Wie im übrigen Europa erwachte nun auch hier das Nationalbewusstsein, doch unter völlig anderen Voraussetzungen: Die sich zunächst über die Restauration der Sprache und Literatur definierende Nation war nicht identisch mit dem Staat wie etwa in Frankreich, sondern musste sich gegen ihn entfalten. Im Unterschied zu Polen und Ungarn erstand die Nationalbewegung der Tschechen und Slowaken ohne Hilfe einer adeligen Oberschicht, sondern wurde vom gebildeten Bürgertum getragen; überdies zerbrach dabei eine jahrhundertealte Lebensgemeinschaft mit den Deutschen, die nun als Repräsentanten der Fremdherrschaft empfunden wurden. Das neue Nationalbewusstsein manifestierte sich im Slawischen Kongress am 1. Juni 1848 in Prag, auf dem František Palacký die Umwandlung des österreichischen Kaiserstaats »in einen Bund von gleichberechtigten Völkern« forderte. Zwar wurde der Prager Pfingstaufstand blutig niedergeschlagen, doch die 1849 verabschiedete österreichische Verfassung garantierte allen Völkern im Staate formell die Unverletzlichkeit ihrer Nationalität und Sprache.

Folgen der Revolution

In den folgenden 50 Jahren entflochten sich insbesondere in Böhmen die wirtschaftlichen und kulturellen Beziehungen zwischen den Deutschen und Tschechen. In den 1860er-Jahren entstand im nord- und westböhmischen Industriegebiet unter deutschen Textilarbeitern eine Arbeiterbewegung, aus der die sozialdemokratische Partei hervorging. Doch auch diese Partei, nach der Einführung des Allgemeinen Wahlrechtes im Jahr 1907 die stärkste Kraft, vermochte das schwelende Nationalitätenproblem nicht zu überbrücken. Die tschechische Nationalbewegung spaltete sich in die gemäßigten Alttschechen und die radikalen Jungtschechen, die die völlige Autonomie forderten.

Schlacht bei Königgrätz (1866)

Die Interessenkonflikte zwischen Preußen und Österreich mündeten in einen Krieg, den die Preußen am 3. Juli 1866 in der Schlacht bei Königgrätz für sich entscheiden konnten. Im Frieden von Prag wurde der Deutsche Bund aufgelöst. Die Habsburgische Monarchie verständigte sich sogleich mit Ungarn und gründete 1867 die Doppelmonarchie Österreich-Ungarn.

Erster und Zweiter Weltkrieg

1918	Gründung der Ersten Tschechoslowakischen Republik
1938	Münchner Abkommen: Deutschland zwingt die Tschechoslowakei zur Abtretung des Sudetenlandes.
1939	Besetzung der Tschechoslowakei durch deutsche Truppen: »Reichsprotektorat Böhmen und Mähren« wird eingerichtet.
1945	Dreitägiger Aufstand in Prag gegen die deutsche Besatzung
1945–1948	3,6 Mio. Deutsche werden aus dem Sudetenland vertrieben.

Folgen des Ersten Weltkriegs

Während des Ersten Weltkriegs formierte sich die tschechische und slowakische Nationalbewegung – geführt von den Tschechen Tomáš Garrigue Masaryk (► Berühmte Persönlichkeiten) und Edvard Beneš sowie dem Slowaken Milan Ratislav Štefáník – im englischen bzw. französischen Exil, was 1916 in die Gründung eines tschechoslowakischen Nationalrats in Paris mündete. Masaryk sicherte im Vertrag von Pittsburgh vom 30. Mai 1918 den Slowaken Autonomie innerhalb des neu zu gründenden tschechoslowakischen Staates zu, gewährte diese später dann aber doch nicht. Am 14. Oktober 1918 bildete der Tschechoslowakische Nationalrat in Paris eine Regierung mit Masaryk als Präsidenten und Beneš als Außenminister.

Erste Tschechoslowakische Republik

Die Tschechoslowakische Republik (ČSR) wurde am 28. Oktober 1918 in Prag ausgerufen. Ihr gehörten 51 % Tschechen, über 23 % Deutsche, 14,5 % Slowaken sowie Ungarn, Russen, Ruthenen, Ukrainer und Polen an. Die neue Republik erwies sich zunächst durchaus anziehungskräftig und überwand trotz mancher nationalpolitischer Einseitigkeit – wie der Bodenreform 1919 und dem Sprachengesetz von 1926, das viele des Tschechischen nicht mächtige deutsche Beamte traf – durch ihre wirtschaftlichen Erfolge auch das generelle Misstrauen einiger deutscher Parteien, die sich an der Regierung beteiligten. Demgegenüber blieben die Vertreter eines einseitigen deutschen Nationalprogramms in der Minderheit. Doch die **Weltwirtschaftskrise** stürzte den Staat in immense nationale und soziale Schwierigkeiten.

Sudetenkrise

Es machte sich vor allem eine rechtsgerichtete Unzufriedenheit mit dem Staat bemerkbar, weniger wirksam in einem tschechischen Faschismus, stärker auf der slowakischen und vor allem auf deutscher Seite. Diese sammelte sich in der Sudetendeutschen Heimatfront Konrad Henleins, seit 1935 Sudetendeutsche Partei (SdP), die 1935 mit rund zwei Dritteln aller deutschen Stimmen knapp die größte Partei im Staat überhaupt wurde. Henlein, von der NSDAP nach Kräften unterstützt, verschärfte zusehends die Forderungen nach weitgehenden Minderheitsrechten für die Sudetendeutschen, was schließlich im Karlsbader Programm der SdP vom 24. April 1938 in der **Forderung der völligen Autonomie** gipfelte – für die Regierung unannehmbar und damit genau Hitlers Kalkül entsprechend, der zum Einmarsch entschlossen war. Deutsche Truppen konzentrierten sich an den Grenzen, was die Mobilmachung der tschechoslowakischen Armee auslöste.

◄ Münchener Abkommen

Die diplomatischen Bemühungen zur Beilegung der Krise führten im Münchener Abkommen vom 29. September 1938 zwischen Hitler, Mussolini, Chamberlain und Daladier – die tschechische Seite wurde nicht mit einbezogen – zur Angliederung Sudetendeutschlands an das nationalsozialistische Deutsche Reich. Ein halbes Jahr darauf, am 15. März 1939, zwang Hitler die tschechische Regierung zum Vertrag über die **Schaffung des Reichsprotektorats Böhmen und Mähren**;

die Slowakei löste sich aus dem Staatsverband und erlangte als Schutzstaat von Hitlers Gnaden eine begrenzte Selbstständigkeit – die Tschechoslowakische Republik existierte de facto nicht mehr. Edvard Beneš bildete in London eine Exilregierung; 1943 sicherte ihm auch Stalin sowjetischen Beistand bei der Wiedererrichtung des Staates in den alten Grenzen zu.

Zweiter Weltkrieg Die nationalsozialistische Schreckensherrshaft im Reichsprotektorat, besonders die brutalen Maßnahmen des stellvertretenden Reichsprotektors Reinhard Heydrich, erzeugten wachsenden Widerstand. Heydrich fiel am 26. Mai 1942 einem von tschechischen Emigranten ausgeführten Attentat zum Opfer, was wiederum zum **Massaker von Lidice** am 10. Juni 1942 führte. Am 5. Mai 1945 erhob sich die Prager Bevölkerung gegen die deutschen Besatzer, die am 8. Mai abzogen. Am Tag darauf marschierten sowjetische Truppen in Prag ein. Insgesamt fielen wahrscheinlich mehr als 30 000 Tschechen und Slowaken der politischen Verfolgung zum Opfer; etwa 200 000 tschechische, slowakische und deutsche Juden, die zuvor in **Theresienstadt** zusammengetrieben worden waren, wurden in den Vernichtungslagern ermordet.

1945 – 1948 Im ostslowakischen Košice bildete Edvard Beneš ein Kabinett unter Teilnahme der Kommunisten, das die Regierungsgewalt des erneuerten tschechoslowakischen Staates wieder in die Hand nahm. In den nächsten Monaten wurden – nach dem Beschluss der Alliierten zur Ausweisung – schätzungsweise ca. 3,6 Mio. Deutsche gewaltsam vertrieben; nur ca. 100 000 konnten im Land bleiben.
Die Kommunisten, bei den Wahlen vom Juni 1946 mit 43,3 % stärkste Partei geworden, betrieben die Anpassung des Lands an das sowjetische Vorbild. Im Februar 1948 zwangen sie Staatspräsident Beneš, der im Mai sein Amt niederlegte, zur Neubildung der Regierung mit dem Kommunisten Klement Gottwald als Ministerpräsident.

Sozialismus

1968	Der Prager Frühling wird vom Warschauer Pakt gewaltsam beendet.
1973	Deutsch-tschechoslowakischer Vertrag

Volksrepublik 1948 – 1960 Die Verfassung vom 9. Mai 1948 erklärte die Tschechoslowakei zur »einheitsstaatlichen volksdemokratischen Republik«, in der die Staatsmacht in der Hand der Kommunistischen Partei (KPČ) lag. Die Industrie wurde in Staatsbesitz übergeführt und in den folgenden Jahren wurde auch fast die gesamte Landwirtschaft kollektiviert. Nachdem man mit politischen Gegnern aus anderen Lagern aufgeräumt hatte, wurden in den fünfziger Jahren des 20. Jh.s Abweichler aus den eigenen Reihen in bewussten Schauprozessen zum Schweigen gebracht.

ČSSR 1960 – 1968

Die geänderte Verfassung von 1960 machte aus der bisherigen Volksrepublik eine sozialistische, die den neuen Namen Tschechoslowakische Sozialistische Republik (ČSSR) erhielt. Zunächst arbeitete ein guter Teil der Bevölkerung durchaus gewillt am Aufbau des Sozialismus mit. Trotz aller **Unzulänglichkeiten der Planwirtschaft** blieben auch Teilerfolge nicht aus, doch gelang es nicht – auch nicht mit Hilfe der Wirtschaftsreformen von Ota Šik – das Absinken des Lebensstandards zu verhindern. Die Unzufriedenheit mit der wirtschaftlichen Lage wuchs zusammen mit der Enttäuschung darüber, dass sich die Schaffung des »neuen sozialistischen Menschen« als Utopie erwiesen hatte.

Prager Frühling

Kritik an der alten Funktionärsgeneration und eine grundsätzliche Auflehnung gegen jeden Doktrinarismus führte 1968 zur Wahl des slowakischen KP-Funktionärs Alexander Dubček (▸ Berühmte Persönlichkeiten) zum Generalsekretär der KPČ, der einen »Sozialismus mit menschlichem Antlitz« propagierte und für die Lockerung der Abhängigkeiten von der Sowjetunion eintrat. Binnen kurzem erholten sich weite Bevölkerungskreise von jahrelanger politischer Apathie (▸ Baedeker Special S. 40/41).

20./21. August 1968

Allerdings schätzte Dubček die Hartnäckigkeit der »Betonköpfe« in den eigenen Reihen, die in Moskau nach Kräften gegen ihn agierten, und die Toleranz der Sowjetführung falsch ein: Am 20. und 21. August 1968 rollten Panzer des Warschauer Pakts in die Tschechoslowakei ein. Der damalige Präsident Ludvík Svoboda wurde zusammen mit Alexander Dubček nach Moskau verschleppt und zum Einlenken genötigt: **Die Reformen wurden zurückgenommen**, die Partei gesäubert und Dubček im April 1969 durch den linientreuen Gustav Husák ersetzt, der schließlich 1975 zum Staatspräsidenten aufstieg. Das geistige und politische Leben in der Tschechoslowakei erlahmte weitgehend.

Folgen

Am verfassungspolitischen Ergebnis des Prager Frühlings wurde jedoch festgehalten. Es verwandelte die zentralistische Republik in eine Föderation aus einem tschechischen und einem slowakischen Bundesstaat mit eigenen Parlamenten und Regierungen.

Deutsch-tschechoslowakischer Vertrag

Außenpolitisch immerhin folgte auch die ČSSR der Entspannungspolitik: Am 11. Dezember 1973 unterzeichneten die ČSSR und die Bundesrepublik Deutschland wurde in Prag den Vertrag über die gegenseitigen Beziehungen, der u. a. das Münchener Abkommen von 1938 für nichtig erklärte, einen beiderseitigen Gewaltverzicht und die Aufnahme diplomatischer Beziehungen vereinbarte.

◂ weiter S. 42

Auf den erfolgreichen gewaltfreien Widerstand der Bevölkerung beim Einmarsch der Interventionstruppen in Prag folgten bald verheerende Maßnahmen.

KURZER FRÜHLING, LANGER WINTER

Am oberen Ende des Wenzelsplatzes steht das modernistische Gebäude der »Tschechoslowakischen Föderalversammlung«. Von 1989 bis zu seinem Tod 1992 war Alexander Dubcek hier Parlamentspräsident – ein Amt, das er als Ausgleich dafür erhielt, dass er nicht als »Macher« des Prager Frühlings, sondern als Held der Samtenen Revolution zum Staatspräsidenten gewählt worden war. Besser hätte wohl nicht deutlich werden können: Der »Sozialismus mit demokratischem Antlitz« war kein Modell mehr in einem Land, in dem dieses von den Bewohnern oft unter Einsatz des eigenen Lebens verteidigt worden war.

Für westliche Beobachter ist der Prager Frühling meist mit jenen wenigen Monaten zwischen dem 5. Januar und dem 21. August 1968 verbunden, der Zeit also zwischen der Wahl Alexander Dubčeks zum Ersten Sekretär der KPČ und dem Einmarsch der sozialistischen Bruderstaaten. Tatsächlich jedoch setzten die »Frühlingsgefühle« schon früher ein: 1956 hatte Generalsekretär Chrustschow auf dem 20. Parteitag der KPdSU einen Bericht über die **Verbrechen Stalins** vorgelegt, von da an wurde im ganzen »Ostblock« über eine Demokratisierung des Systems nachgedacht. Am weitesten gingen die Überlegungen in der Tschechoslowakei, wo bereits in der Zwischenkriegszeit und zwischen 1945 und 1948 ein demokratisches System existiert hatte. Hinzu kam, dass die hochentwickelte Wirtschaft des Landes durch die Übernahme der sowjetischen Schwerindustriemodells stark angeschlagen war und man sich in einer schweren Wirtschaftskrise wiederfand. Allein schon dies zwang zu Reformen.

Aktionsprogramm

Die politischen Ziele des Prager Frühlings wurden schließlich im »Aktionsprogramm« der KPČ vom April '68 formuliert. Wichtigste Idee war der **Interessenpluralismus**. Nicht mehr eine Partei, sondern verschiedene gesellschaftlichen Gruppen sollten ihre Ziele formulieren und umzusetzen versuchen. Ähnliches galt für die Wirtschaft, wo der Staat nur noch die langfristigen Ziele vorgeben sollte. Die Selbstständigkeit der Gewerkschaften galt es ebenso wie die Unabhängigkeit der Richter zu garantieren. Das Prinzip der »führenden Rolle« der KP wurde zwar nicht abgeschafft,

Der »Prager Frühling« löst sich in Rauch auf...

doch erwartete man von ihr, dass sie sich an den Vorstellungen der Bevölkerung orientiere. Und: Erstmals bekannte sich die KP zu ihrer Verantwortung für die Verbrechen in den 1950er-Jahren. Bis zum Einmarsch im August wurden jedoch lediglich die Opfer des Stalinismus rehabilitiert und die **Zensur abgeschafft**. Doch so sehr das Ausland und die Bürger des Landes diese Entwicklung feierten, so folgenschwer war sie für die Partei: Die öffentliche Meinung war nun die Instanz, vor der sie sich verantworten musste, als »außerparlamentarische Opposition« trieb sie die KP zu einer stetigen Liberalisierung, aus der sich aber auch die Gegner des Systems formierten. Bekanntestes Beispiel dieser Entwicklung ist das Manifest »2000 Worte«, in dem die Rückkehr zum Parteien-Pluralismus gefordert wurde. Doch hierzu waren selbst die Reformkommunisten nicht bereit.

Überfall und passiver Widerstand

Genau dies aber fürchteten die anderen sozialistischen Staaten. Im Januar 1968 beriet das Politbüro der KPdSU erstmals über die Entwicklung im Nachbarland. Dubčeks Rede zum 20. Jahrestag der Machtübernahme der KPČ wurde als »konterrevolutionär« bezeichnet. Die Treffen zwischen der Führung der KPČ und Vertretern der Ostblockstaaten bestimmten von nun an das Tempo der Entwicklung. Die Reformer versuchten zwar, ihren Kurs zu rechtfertigen, doch sie stießen auf taube Ohren. Bereits im Juni fanden umfangreiche Manöver in der ČSSR statt, am 21. August besetzten 300 000 Soldaten, angeblich einem »Hilferuf« von moskautreuen tschechischen Kommunisten folgend, das Land. Militärisch gelang der Überfall, politisch mißlang er.

Die Sowjetführung rechnete nicht mit der breiten Unterstützung der Bevölkerung für Dubček, der **aktive gewaltlose Widerstand** verunsicherte die Soldaten. Erst mit dem »Moskauer Diktat« gelang es, den Prager Frühling endgültig zu beenden: Die mit Gewalt in die sowjetische Hauptstadt gebrachte tschechische Führung musste sich bereit erklären, »die Aktivitäten antisozialistischer Organisationen« zu unterbinden und »Maßnahmen zu treffen, um die führende Rolle der Partei zu stärken«. Als Dubček nach der Rückkehr aus Moskau vor die Mikrophone trat, konnte er seine Tränen nur mühsam zurückhalten. Der einst so fröhliche und resignierte Politiker war für die Tschechen von nun an und für die nächsten 30 Jahre das Symbol ihrer Niederlage. Erst die erfolgreiche Samtene Revolution verdrängt diese – und damit auch Alexander Dubček.

Politische Wende und Teilung

1977	Gründung der Menschenrechtsbewegung »Charta 77«
1989	»Samtene Revolution«; Václav Havel wird Staatspräsident.
1993	Teilung der Tschechoslowakei in die Slowakische und die Tschechische Republik
1999	Tschechien wird NATO-Mitglied.
2004	Eintritt Tschechiens in die Europäische Union

Charta 77 Ermutigt durch die Schlussakte von Helsinki, trat am 1. Januar 1977 eine Bürgerrechtsgruppe, u. a. mit dem Schriftsteller Václav Havel auf und forderte mit ihrer »Charta 77« v. a. die in der Verfassung garantierten **Rechte auf Meinungsfreiheit** ein. Die Unterzeichner der Charta waren in der Folgezeit der Verfolgung durch den Staatsapparat ausgesetzt.

Samtene Revolution Die Politik Michail Gorbatschows fand in der tschechoslowakischen Führung keinen Widerhall. Nachdem der Staat gegen regimekritische Demonstranten brutal vorgegangen war, kam es – auch unter dem Eindruck der Öffnung Ungarns und der Besetzung der Botschaft der

Beginn der politischen Wende: Im September 1989 suchen DDR-Bürger Zuflucht in der Botschaft der Bundesrepublik Deutschland in Prag.

Bundesrepublik durch DDR-Flüchtlinge – am 19. November 1989 zur Gründung des von Václav Havel geführten Bürgerforums, dem Sprachrohr der Demokratiebewegung. Dem Druck der Massendemonstrationen und eines Generalstreiks konnte schließlich auch die KP-Führung nicht mehr standhalten: Schon am 9. 12. 1989 bildete sich die »Regierung der nationalen Verständigung«, in der die Kommunisten in der Minderheit waren. Nach dem Rücktritt von Gustav Husák wurde **Václav Havel** am 29. 12. 1989 zum Präsidenten der Republik gewählt – ohne größere Gewalt hatte damit der kommunistische Staat vor einer »Samtenen Revolution« kapituliert.
Aus den freien Parlamentswahlen vom 8. Juni 1990 gingen sowohl in der Tschechischen als auch in der Slowakischen Republik die Bürgerrechtsbewegungen als Sieger hervor und bildeten den Kern der neuen Regierung der ČSFR.

Das Ende der Einstaatlichkeit

Bald verstärkten sich jedoch die Tendenzen zur Trennung der beiden Republiken, nicht zuletzt unter dem Eindruck der Privatisierung der Wirtschaft, von der die auf Schwerindustrie konzentrierte Slowakei härter getroffen wurde.
Bei den Parlamentswahlen vom 7. Juni 1992 vereinigten in der Tschechischen Republik die Demokratische Bürgerpartei (ODS) und in der Slowakischen Republik die nationalistische Bewegung für eine demokratische Slowakei (HZDS) jeweils die meisten Stimmen auf sich. Bei der Präsidentenwahl am 3. Juli scheiterte Václav Havel an der Stimmverweigerung zahlreicher slowakischer Abgeordneter. Am 27. August 1992 vereinbarten der tschechische Ministerpräsident und sein slowakischer Amtskollege schließlich die Auflösung der Föderation – auch wenn die Mehrzahl der Bevölkerung dagegen war. Mit Wirkung vom 1. Januar 1993 traten an die Stelle der ČSFR die beiden Nachfolgestaaten Slowakische Republik und Tschechische Republik. Am 26. Januar 1993 wurde Václav Havel zum tschechischen Präsidenten gewählt.

Neunzigerjahre

Die Wahl von 1996 war ein Maßstab für die in den Jahren zuvor geleistete Arbeit unter dem Ministerpräsidenten Václav Klaus. Der wirtschaftliche Aufschwung bescherte ihm einen Wahlsieg, aber schon Ende 1997 musste die in eine Korruptionsaffäre verstrickte Regierung zurücktreten. Gleichzeitig kam es auch zur ersten **Rezession**.
Aus den vorgezogenen Neuwahlen im Juni 1998 gingen die Sozialdemokraten als stärkste Partei hervor, die eine Minderheitsregierung bildete mit Tolerierung durch die ODS. Festgelegt wurden die Vereinbarungen zwischen Regierung und Opposition im so genannten »Oppositionsvertrag«, der später in den »Toleranzvertrag« umgewandelt wurde und der Opposition Einfluss bei Regierungsentscheidungen zubilligt. Beide Parteien sind sich einig in der **Westorientierung des Landes**, die einen ersten Erfolg in der Aufnahme Tschechiens in die NATO im Frühjahr 1999 erzielte und die Aufnahme in die Europäische Union als ihr Ziel ansah.

Für Irritationen und Proteste sorgte Ende 1999 die Stadtverwaltung von Ustí nad Labem (Aussig), die ein mehrheitlich von Roma bewohntes Viertel durch eine 62 m lange Mauer abtrennen, sie aber auf nationalen und internationalen Druck wieder abreißen ließ. Im Jahr 1999 wurde die Tschechische Republik Mitglied der NATO.

2000 Im Juni 2000 verabschiedete der Senat eine umstrittene Wahlrechtsreform. Zwischen Tschechien und dem Nachbarn Österreich kommt es im Herbst 2000 zu Spannungen, als Tschechien trotz heftiger Proteste das Kernkraftwerk Temelín in Südböhmen in Betrieb nimmt.

Hochwasser Ein Hochwasser überflutete im Jahr 2002 weite Teile Südböhmens und flussnahe Stadtteile von Prag sowie Orte am Zusammenfluss von Elbe und Moldau. Dabei wurden Millionenschäden verursacht und Kunst und Kulturschätze stark bedroht. Für die zukünftige Vermeidung von Überflutungen wurde der Ausbau eines aufstockbaren Hochwasserschutzzaunes von der Regierung in Auftrag gegeben. Die Kosten: Rund zwei Milliarden Kronen.

Die Wassermassen bei der Flut 2002 schädigten auch viele Gebäude in Prag.

Neuwahlen des Präsidenten

Im Juni 2003 endete die Präsidentschaft Václav Havels nach drei Amtsperioden unwiderruflich. Die Neuwahlen gerieten zeitweilig zu einer Farce. Als Kandidat kam sogar Karel Gott, die »Goldene Stimme«, ins Gespräch. Nach zähem Ringen konnte schließlich **Václav Klaus** eine knappe Mehrheit für sich organisieren. Und die politische Schicksalsironie: Der einstige Privatisierungsguru Klaus entwickelte sich im Laufe seiner Regierungszeit als Premierminister zu Havels Intimfeind und wurde von diesem nach einer Korruptionsaffäre zum Rücktritt gezwungen. Dass ausgerechnet Klaus nun Havel in seinem Amt beerbte, ist für den Ex-Präsidenten wohl das letzte Kapitel seiner bitteren Niederlage.

EU-Beitritt

Mitte Juni 2003 fand ein Referendum zum beabsichtigten EU-Beitritt statt: 77 % der wahlberechtigten Tschechen sprachen sich dafür aus. Daraufhin wurde Tschechien am 1. Mai 2004 Vollmitglied der EU. Allerdings herrscht im Land große **Europa-Skepsis**, die vom Präsident Václav Klaus noch gefördert wird. 2005 stimmte die Mehrheit der tschechischen EU-Parlamentarier gegen den europäischen Verfassungsvertrag. Und die Einführung des Euro als Zahlungsmittel ist in weite Ferne gerückt.
Seit dem 21. Dezember 2007 sind aufgrund des **Schengener Abkommens** alle Grenzkontrollen zu den ebenfalls der EU angehörenden Nachbarländern aufgehoben worden. Nur auf den internationalen Flughäfen des Landes werden noch Kontrollen durchgeführt.

Fortsetzung der Ära Klaus

Am 7. März 2008 hat der tschechische Präsident Václav Klaus seine zweite Amtszeit angetreten, die im Jahr 2013 enden wird. Tschechien übernahm im ersten Halbjahr 2009 den **EU-Ratsvorsitz** in Brüssel. Im April 2009 überrascht US-Präsident Barack Obahma während seines Besuchs in Prag die Welt mit seinen Abrüstungsvorschlägen für eine atomwaffenfreie Welt. Nach jahrelangem Hin und Her wurde im Mai 2008 der **EU-Reformvertrag** durch das tschechische Parlament bewilligt. Präsident Klaus zögerte mit der Unterzeichnung, weil er nach Inkrafttreten eine Klagewelle von Sudetendeutschen befürchtete, welche durch die Beneš-Dekrete enteignet wurden.
Im September 2009 besuchte Papst Benedikt XVI. während seiner Pastoralreise Prag, Brno (Brünn) und Stará Boleslav (Altbunzlau), wo die Reliquien des hl. Wenzel aufbewahrt sind. Tschechien wurde im Sommer 2010 erneut von schweren **Überschwemmungen** – diesmal am Oberlauf der Lausitzer Neiße am Fuß des Isergebirges – heimgesucht. Seit Herbst 2010 verstärkte die tschechische Regierung ihr Engagement im **Afghanistankrieg**: Aus dem Kosovo abgezogene Truppenverbände werden an den Hindukusch verlegt.

Kunst und Kultur

Wie wurde Tschechien zur führenden Kunstlandschaft und welche anderen europäischen Einflüsse findet man vor? Was ist kubistische Architektur, wo baute Mies van der Rohe und warum tanzt in Prag ein Haus?

Frühe Funde

Vor- und Frühgeschichte

Als einer der ältesten Kunstgegenstände gilt die sog. Venus von Westonitz (Věstonická venuše), eine kleine, archaische Figurine aus gebranntem Ton mit stark ausgeprägten weiblichen Formen, die bei Dolní Vestonice in Südmähren gefunden wurde und heute im Mährischen Landesmuseum in Brünn aufbewahrt wird. Ihr Alter schätzt man auf etwa 25 000 Jahre.

Jungsteinzeit

In der Jungsteinzeit gehörten die böhmischen Länder zum donauländischen Kulturkreis, für die die Linear- und Strichbandkeramik charakteristisch war. Aus der Steinkupferzeit (2000 – 1700 v. Chr.) finden sich Hinweise auf unterschiedliche, nebeneinander existierende Kulturen wie beispielsweise die sog. Schnurkeramiker oder die sog. Glockenbecherleute. Dasselbe gilt auch für die Bronzezeit (1700 – 900 v. Chr.) mit Funden aus der Aunjetitzer und der Lausitzer Kultur.

Hallstattkultur

An der Wende von der Bronze- zur Eisenzeit kam Böhmen mit der Hallstattkultur (900 – 450 v. Chr.) in Berührung, deren Träger wahrscheinlich Illyrer waren. Es folgten zu Beginn der frühgeschichtlichen Latènezeit (von etwa 450 bis zur Zeitenwende) die vermutlich keltischen Bojer, nach denen Böhmen benannt ist. Sie trieben Handel, prägten Goldmünzen und lebten in stadtähnlichen Siedlungen. Spärlich sind die Kunstgegenstände der Germanen, die im letzten vorchristlichen Jahrhundert in Böhmen (Markomannen) und Mähren (Quaden) eindrangen und um die Zeitenwende unter König Marbod ein großes Reich gründeten.

Mittelalter

Romanik

Vorläufer

Im 9. Jh. entstanden in Südmähren die ersten aus Stein errichteten Kirchen, u. a. in Mikulčice, Pohansko bei Breclav und Staré Město u Uherského Hradiště sowie bei Prag. Vorbildfunktion für den vorromanischen und romanischen Kirchenbau hatten zwei Sakralbauten, die heute unter dem Veitsdom in Prag liegen: die 926 – 930 erbaute **Veitsrotunde**, ein Rundbau mit vier Apsiden, und die **Veitsbasilika** (1060), eine doppelchörige Anlage mit Westquerhaus und zwei Krypten, ähnlich wie St. Emmeran in Regensburg.

← Die Neue Kolonnade in Marienbad wurde 1889 fertig gestellt und ist noch heute ein beliebter Treffpunkt für Kur- und Nichtkurgäste.

Die romanische St.-Georgs-Basilika gehört zu den ältesten Gebäuden Prags.

Die meisten romanischen Sakralbauten sind Klosterkirchen, wobei sich – ebenso wie fast überall in Mitteleuropa – der Typus der Basilika durchsetzte. Zu den wichtigsten Baudenkmälern der romanischen Zeit gehören die Georgskirche auf dem Hradschin in Prag, die um die Mitte des 13. Jh.s erbaute Klosterkirche von Třebíč in Südmähren und die Prämonstratenserkirche in Teplá bei Marienbad (geweiht 1232), die erste Hallenkirche auf böhmischem Boden. Die Relikte der Přemyslidenburg in Olmütz (Olomouc) aus der zweiten Hälfte des 11. Jh.s zählen zu den wichtigsten hochromanischen Wohnbauten in Mitteleuropa. Eine Besonderheit der böhmischen Länder sind Rundbauten wie beispielsweise St. Martin auf dem Prager Vyšehrad.
In den Klöstern blühte das Kunsthandwerk, und in den Schreibstuben entstanden kostbare illuminierte Handschriften. Das überragende Beispiel romanischer **Buchmalerei** ist der Codex Vyšehradiensis aus dem Jahr 1086, der wahrscheinlich aus dem Kloster Břevnov stammt und heute in der Staatsbibliothek von Prag aufbewahrt wird.

Gotik

Anfänge Zisterzienser und Bettelorden brachten um die Mitte des 13. Jh.s die Neuerungen der Gotik nach Böhmen. Als erster rein gotischer Bau gilt die 1250 vollendete Franziskuskirche des Agnesklosters in Prag.

Ein großer Teil dieser gotischen Klosterkirchen wurde in den Hussitenkriegen zerstört. Die neue Bauweise übertrug man bald auch auf profane Bauwerke. Zur Sicherung der Reichsgrenzen, die sich unter dem Přemysliden Ottokar II. und seinen Nachfolgern weit nach Süden vorgeschoben hatten, wurden eine Reihe von Burgen errichtet. Aus dieser Epoche stammen beispielsweise die Burg Eger, die böhmischen Königsburgen von Zvíkov und Písek sowie die Bischofsburg von Horšovský Týn. Auch in die Architektur der neu gegründeten Städte hielt der neue Baustil Einzug: Die Stadtkirchen in Kolín, Kourim, und Písek belegen dies ebenso wie die Altneusynagoge in der Prager Josefstadt.

Parlergotik

Unter dem kunstsinnigen Kaiser Karl IV. vollzog sich der Aufstieg der böhmischen Länder zu einer der führenden Kunstlandschaften in Mitteleuropa und der Übergang zur Spätgotik, die zunächst noch unter französischem Einfluss stand. So geschah der Umbau des Prager Königspalastes nach dem Vorbild der Residenz der französischen Könige auf der Ile de la Cité, wo Karl aufgewachsen war. Um den Veitsdom als gotische Kathedrale neu zu errichten, berief der Regent zunächst aus dem päpstlichen Avignon Matthias von Arras. Nach dessen Tod 1352 führten **Peter Parler** aus Schwäbisch Gmünd und seine Söhne den Bau weiter. Sie wichen vom französischen Kathedralbauschema ab und entwickelten eigenständige Lösungen, die **in ganz Mitteleuropa stilbildend** wirkten. Auch am Umgangschor der Bar-

Den zentralen Teil des Prager Königspalastes nimmt der 13 m hohe spätgotische Wladislaw-Saal ein.

KÖNIGSPALAST

Der Königspalast diente bis zum 16. Jh. als Herrschersitz. Highlight ist der Vladislavsaal mit 62 m Länge, 16 m Breite und 13 m Höhe. Hier wurden früher die böhmischen Könige gewählt und heute werden die Staatspräsidenten vereidigt. Beeindruckend: das spätgotische Netzgewölbe!

Öffnungszeiten:
April – Okt. tgl. 9.00 – 17.00 Uhr
Nov. – März tgl. 9.00 – 16.00 Uhr

① Westliche Fassade
Nach dem Burgumbau unter Maria Theresia wurde die westliche Fassade des alten Königspalastes mit den auf dem dritten Burghof stehenden Gebäuden in Einklang gebracht.

② Eingang
Man betritt den Westflügel mit den spätgotischen und Renaissanceanbauten vorbei am barocken Adlerbrunnen, der durch eine Fontäne von Josip Plečnik ergänzt wurde.

③ Reitertreppe
Die Reitertreppe war für die zu Pferde sitzenden Ritter bestimmt, die an Turnieren im Saal teilnahmen. Wie den Vladislavsaal ließ Benedikt Ried die Treppe im Auftrag von Vladislav II. errichten, der ab 1483 den Palast umbaute.

④ Landtagssaal
Auch der Landtagssaal entstand ursprünglich nach den Plänen Benedikt Rieds. Bonifaz Wohlgemut erneuerte das spätgotische Rippengewölbe 1559 – 1563, nachdem eine Feuersbrunst gewütet hatte. Die Sitzungen waren oft recht stürmisch, besonders vor der Schlacht am Weißen Berg. Manche Landtagsabgeordnete zogen angenehmere Tätigkeiten ihren Pflichten vor: Eine Mahnung des Herren von Roupow während der Regierungszeit von Friedrich von der Pfalz an seine Kollegen lautete: »Wartet doch ein bisschen, meine Herren, und sehet zu, dass ihr beim Essen eure Heimat nicht verschwendet.«

⑤ Neue Landtafelstube
Die Landtafeln waren Bücher, in die die Verhandlungsergebnisse vor dem Landtag eingetragen wurden. Diese Eintragungen hatten den Charakter eines Gesetzes. Beim Brand der Prager Burg fielen die meisten Landtafeln dem Feuer zum Opfer, was Ferdinand I. nutzte, um einige alte Standprivilegien zu streichen.

Kaiser Karl IV. war für die Gestaltung des Königspalastes mitverantwortlich.

⑥ Wladislaw-Saal
Der Vladislavsaal war seinerzeit der größte gewölbte Profanbau Mitteleuropas. 1492 – 1502 entstand er unter der Leitung von Benedikt Ried. Das kühn ausgearbeitete spätgotische Sterngewölbe leitet die Drucklast in mächtigen Tragpfeilern noch zwei Stockwerke tief ab.

⑦ Aussichtsterrasse
Von der Aussichtsterrasse hat man einen schönen Blick auf die Dächer der Häuser auf der Kleinseite und das ganze Moldautal. Unterhalb der Aussichtsterrasse liegt der Theresianische Flügel und dahinter erstreckt sich der Wallgarten.

Der zweite Prager Fenstersturz war der Auftakt zum Dreißigjährigen Krieg. Die beiden kaiserlichen Statthalter wurden später durch die Habsburger reich belohnt.

tholomäuskirche in Kolín demonstrierte Peter Parler sein großes Können als Architekt.

Malerei Die gotische böhmische Malerei wurde vor allem von Frankreich und Italien beeinflusst. Auch in dieser Disziplin waren die führenden Künstler am Prager Hof versammelt, darunter der Meister von Hohenfurth (Vyšší Brod), Meister Nikolaus Wurmser aus Straßburg, Tomaso da Modena, Meister Theoderich und der Meister von Wittingau. Ein großer Teil der von ihnen geschaffenen Altäre und Tafeln können heute in der Prager Nationalgalerie betrachtet werden. Schöne Beispiele für die spätgotische Wandmalerei blieben im Emmauskloster in Prag und vor allem auf der Burg Karlstein erhalten. Eine spezifische Kunstform der spätgotischen böhmischen Malerei sind die Madonnendarstellungen anonymer Meister in halber Figur mit Christuskind, die »böhmische Gnadenbilder« genannt werden. Auch die Buchmalerei war zu dieser Zeit eine blühende Kunst, wie die Prachthandschriften König Wenzels, heute in der Wiener Nationalbibliothek, anschaulich machen.

Kunst um 1400 Mit dem Tod Karls IV. (1378) und Peter Parlers (1399) endete die künstlerische »Hochkonjunktur«. Die Planer- und Stiftertätigkeit des Kaisers ist bis heute an vielen Stellen in Prag sichtbar (Gründung der Neustadt, Karlsbrücke, Karlshof). Manche seiner Vorhaben konnte er nicht mehr zu Lebzeiten vollenden, und da mit dem Ausbruch der hussitischen Revolution diese Blütezeit jäh abbrach, blieben einige Bauwerke für immer oder auf lange Zeit unvollendet. In der Malerei und Bildhauerei bildete sich der so genannte Weiche Stil heraus. Ein Hauptwerke dieser verfeinerten Kunst um 1400 ist die »Schöne Madonna« aus Krummau (Kunsthistorisches Museum in Wien, Replik in der Prager Nationalgalerie).

Spätgotik
Architektur ▶ Der bedeutendste böhmische Architekt des 15. Jh.s war Matthias Rejsek, der u. a. den Baldachin über dem Altar der Prager Teynkirche fertigte und den Chor der St. Barbarakirche von Kuttenberg einwölbte (1489 – 1499). König Wladislaw II. berief einige der besten Architekten Mitteleuropas nach Böhmen, darunter Jakob Haylmann aus Schweinfurt, der den Hallenchor der Stadtkirche St. Marien in Brüx (heute Most) entwarf und vor allem Benedikt Ried aus Piesting. Er schuf 1493 – 1502 den Wladislaw-Saal im Prager Königspalast, einen der großartigsten Profanräume jener Zeit, und das Langhaus der Barbarakirche in Kuttenberg mit einem der schönsten Netzgewölbe der späten Gotik in Böhmen.

Bildhauerei, Malerei ▶ In der Bildhauerei und Malerei Böhmens finden sich **Einflüsse nahezu aller wichtigen Schulen der Dürerzeit**, vor allem der Riemenschneiders, Cranachs und die Donauschule. Unter den einheimischen Malern ragt der Meister des Leitmeritzer Altars heraus, der auch an der Ausmalung der Wenzelskapelle im Prager Veitsdom beteiligt war.

Renaissance

Architektur

Die Kunst der italienischen Renaissance setzte sich in Böhmen wahrscheinlich früher durch als in anderen Teilen Mitteleuropas, mit Ausnahme Ungarns. Als Lustschloss für Kaiser Ferdinand I. entstand um 1534 nach einem Entwurf von Paolo della Stella das Belvedere in Prag, eines der reinsten Beispiele für die Renaissancearchitektur nördlich der Alpen. Auch das originelle, auf sternförmigem Grundriss erbaute Schloss Stern (Hvězda) am Stadtrand von Prag wurde von italienischen Baumeistern ausgeführt. Nach der Mitte des 16. Jh.s war der führende Architekt Böhmens der **kaiserliche Hofbaumeister Bonifaz Wohlmut** aus Überlingen am Bodensee. Er entwarf u. a. das Ballhaus auf dem Prager Hradschin (1568), das Netzgewölbe im Landtagssaal der Burg und die 1575 erbaute Kuppel der Karlshofer Kirche.

Nach dem großen Brand von 1541 entstanden in Prag eine Reihe von Adelsresidenzen im böhmischen Renaissancestil wie beispielsweise das Palais Martinitz. Dessen Fassadenschmuck, in den Putz gekratze Zeichnungen, Sgrafitti, findet sich auch an zahlreichen Bürgerhäusern in ganz Böhmen. Neben Prag gibt es ein weiteres Zentrum der Renaissancekunst in Tschechien: das ehemalige Herrschaftsgebiet der Herren von Rosenberg im südlichen Böhmen und Mähren. Hier ließen sich zahlreiche Adelige ihre Schlösser nach italienischem Vorbild bauen. Ein Beispiel für viele ist das zwischen 1567 und 1582 entstandene Schloss in Bučovice.

◂ weiter S. 60

Alles nur Fassade: Wandmalereien mit klassischen Motiven oder Szenen aus der antiken Sagenwelt an einem Renaissancehaus in Krummau.

Manierismus

Blütezeit Unter Rudolf II. wurde Prag zum zweiten Mal Kaiserresidenz und einer der kulturellen Mittelpunkte Europas, diesmal der Kunst des Manierismus. Der Kaiser zog Künstler aller Nationen nach Prag, u. a. Adriaen de Vries, Bartholomäus Spranger, Hans von Aachen, Joseph Heintz und Hans Rottenhammer. Umgekehrt gab es auch einheimische Kunstschaffende, die im europäischen Ausland erfolgreich waren, so der Stecher Wenzel Hollar und der Stillebenmaler Georg Flegel aus Olomouc in Mähren.

Barock

Schlösser und Palais Mit dem Sieg der katholischen Partei unter Führung von Johann Tserclaes von Tilly über die böhmischen Stände in der Schlacht am Weißen Berge bei Prag (1620) und dem Beginn der Gegenreformation hielt die italienische Architektur erneut Einzug in Böhmen. Die genossenschaftlich organisierten Bauhandwerker kamen zumeist aus Como und Umgebung. Für ihre eigene Gemeinde bauten sie bereits 1590 – 1600 die Welsche Kapelle, **den ersten barocken Zentralbau in Prag**. Ihre Auftraggeber waren neben der Kirche vor allem die böhmischen Magnaten, die sich von ihnen prächtige Barockschlösser und Stadtpalais errichten ließen: Albrecht von Wallenstein, für dessen großartiges Palais in Prag (1628) gleich ein ganzes Stadtviertel abgerissen werden musste, Humprecht Graf von Czernin, der ebenfalls in Prag ein repräsentatives Stadthaus (1692) in Auftrag gab, oder die Fürsten von Lobkowitz (Schloss Roudnice, um 1665) und von Liechtenstein (Schloss Plumlov in Mähren, 1685).

Die Welsche Kapelle in Prag gehört heute der italienischen Gemeinde.

Kirchen Der Sakralbau stand zunächst in der Nachfolge der römischen Jesuitenkirche Il Gesù, die einen neuen, für die Architektur des Barock richtungsweisenden Kirchentyp hervorbrachte. Charakteristisch für diese Gotteshäuser sind ein tonnengewölbtes, freskengeschmücktes

Hauptschiff, das von seitlichen Kapellen begleitet wird. Nach diesem Schema wurde 1611 – 1616 die zuvor protestantische Kirche Maria de Victoria umgestaltet, baute Carlo Lurago die Ignatiuskirche in Prag sowie die Marienkirche in Hradec Králové (1666) und Orsi de Orsini die Jesuitenkirche in Klatovy.

Plastik, Malerei

Anders als die Architektur wurden die Plastik und Malerei weiterhin von einheimischen oder auch aus den Nachbargebieten zugewanderten Künstlern beherrscht. Als Begründer der böhmischen Barockmalerei gelten Karel Škréta, dessen Werke man in der Nationalgalerie in Prag sehen kann, und der Rembrandt-Schüler Michael Willmann. Insgesamt war die Auftragslage für alle berühmten Maler erstklassig: Auch Peter Brandl und Wenzel Lorenz Rainer konnten sich vor Aufträgen kaum retten. Die bedeutendsten Bildhauer in der zweiten Hälfte des 17. Jh.s waren Hieronymus Kohl und Jan Jiří Bendl.

? WUSSTEN SIE SCHON ...?

- Die Skulptur des böhmischen Brückenheiligen Johann von Nepomuk blickt von fast jeder Moldaubrücke. Die Legende besagt, dass er der Beichtvater der Königin war und deren Geheimnisse nicht an König Wenzel IV. weitergeben wollte. Deshalb ließ der ihn in die Moldau werfen. Die fünf Sterne um seinen Kopf stehen für das lateinische Wort »tacui« (ich habe geschwiegen).

18. Jahrhundert

Architektur

In den ersten Jahrzehnten des 18. Jh.s erreichte der Barock in Böhmen, Mähren und Schlesien seinen Höhepunkt. In der Architektur stellte zunächst der in Rom geschulte Franzose Jean Baptiste Mathey den Anschluss an die europäische Entwicklung her – in der Sakralarchitektur durch den Zentralbau der Prager Kreuzherrenkirche (1689), im Profanbau durch das Schloss Troja (1685) in Prag. Die wichtigsten Impulse gingen aber vom österreichischen und bayerischen Barock aus, da fast alle großen Architekten aus diesen Nachbargebieten in den böhmischen Ländern bedeutende Werke hinterlassen haben. Der berühmte Johann Bernhard Fischer von Erlach baute das Palais Clam-Gallas in Prag (1707) und Teile von Schloss Vranov in Mähren, sein Kollege Lucas von Hildebrandt lieferte die Entwürfe für St. Laurenz in Deutsch-Gabel (Jablonné v Podještědí).

Baumeisterfamilie Dientzenhofer

Christoph Dientzenhofer, der aus einer weit verzweigten bayrischen Architektenfamilie stammte, war gewissermaßen Wahl-Böhme, denn er übersiedelte nach Prag. Zusammen mit seinem Sohn Kilian Ignaz Dientzenhofer und dem aus Italien zugewanderten Giovanni Santini-Aichel bildet Christoph Dientzenhofer das »Dreigestirn« der bedeutendsten Architekten des Spätbarocks in Böhmen. Mit ihren Kirchenbauten gelang den beiden Dientzenhofer die Synthese zwischen dem Wandpfeilersystem und dem Baldachinprinzip, das der Italiener Guarino Guarini entwickelt hatte. Christoph Dientzenhofers Haupt-

◄ weiter S. 60

Die Klosterbibliothek in Broumov birgt viele der wertvollsten Bücherschätze des Landes.

AUF DER SUCHE NACH IDENTITÄT

Bis in das 20. Jh. hinein war die tschechische Literatur geprägt von drei Faktoren: dem Kampf um ihren Fortbestand, der Etablierung des Tschechischen als Kultursprache und schließlich der Wechselbeziehung mit der deutschsprachigen Literatur. Die enge Nachbarschaft von Tschechen und Deutschen bewirkte bis heute eine gegenseitige Beeinflussung, und für tschechische Schriftsteller ist die Übersetzung ins Deutsche nicht selten das Sprungbrett in die Weltliteratur.

Die Literaturgeschichte Tschechiens reicht weit zurück, denn die Werke aus dem altschechischen Schrifttum gehören mit zu den ältesten slawischen Sprachdenkmälern überhaupt. Eine **erste literarische Blütezeit** manifestierte sich unter der Herrschaft von Karl IV., jenem Kaiser, der die Moldaustadt zu einem Zentrum der Künste und Wissenschaften machte. Zu den politisch und religiös motivierten Werken traten Liebeslyrik, höfische Poesie und Mystik sowie didaktische Dichtung hinzu. Ein beliebtes Genre war das Streitgespräch, wie zum Beispiel im »Tkadleček« (»Weberlein«, um 1409), dem Disput zwischen einem Weber und dem Unglück.

Jan Hus

Die Reformation in den böhmischen Ländern zu Beginn des 15. Jh.s ist vor allem mit einem Namen verbunden: Jan Hus. Neben seinem Wirken als Prediger und Verfasser religiöser Schriften bestand sein großer Verdienst für die tschechische Literatursprache in der Niederschrift der »Orthographia Bohemica«, in der Hus die **diakritischen Zeichen** einführt – Zeichen, die die lautlichen Besonderheiten des Tschechischen zum Ausdruck bringen. Eine ähnliche Bedeutung wie der Luther-Bibel für die hochdeutsche Sprachnorm kam der »Kralitzer Bibel«, die 1579 – 1593 heimlich gedruckt wurde, für das Tschechische zu.

Volksliteratur

Die Schlacht am Weißen Berg 1620 und die Niederlage der protestantischen Stände bedeutete eine Zäsur: Mit der Habsburger Herrschaft und der Gegenreformation setzte eine literarische Dürrezeit ein. Lässt man die Meisterwerke des Pädagogen Jan Amos Komenský außer Acht, so bot sich ein tristes Bild: Literatur war auf

Volksliteratur beschränkt und das Tschechische nahezu auf ein mündliches Idiom reduziert.

Wiedergeburt

Die Tatsache, dass heute dennoch eine tschechische Schriftsprache und Literatur existieren, ist vor allem dem Wirken folgender Männer zu verdanken: Josef Dobrovský legte durch sein 1809 erschienenes »Ausführliches Lehrgebäude der böhmischen Sprache« die grammatischen Grundlagen für das moderne Tschechisch, Josef Jungmann inventarisierte den tschechischen Wortschatz in einem Tschechisch-deutschen Wörterbuch, die Historiker Josef Šafařík und František Palacký trugen durch ihre Werke wesentlich zu **Geschichtsbewusstsein und nationaler Identität** bei. Nachdem die philologischen und historischen Grundlagen geschaffen waren, fiel der Literatur eine tragende Rolle bei der Entstehung der tschechischen Nation zu. »Die tschechische Nation wurde von der Literatur geboren, deshalb ist die Nation notwendig gebunden an das Schicksal der Literatur« (Milan Kundera). Die Nationaltendenz engte die Literatur aber auch ein. Dem herausragenden Romantiker Karel Hynek Mácha wurde wegen seiner Ich-betonten, stark poetisierten Botschaften »Verrat an der nationalen Sache« vorgeworfen. Den enormen Einfluß seiner Dichtung auf Literatur- und Sprachentwicklung verglich man später mit dem Božena Němcovás, deren biedermeierliche Idylle »Die Großmutter« (1855) ein Klassiker der tschechischen Literatur und der Weltliteratur wurde.

Literatur der kleinen Form

In der zweiten Hälfte des 19. Jh.s stritt die Literatur sowohl um die nationale Aufgabe als auch um ihre Eigenständigkeit. Zu den **progressiven Wegbereitern** der tschechischen Literatur gehörte der Lyriker, Prosaist, Kritiker und Journalist Jan Neruda, der in seinen »Kleinseitner Geschichten« (1878) detailliert und liebevoll das Leben der Bürger auf der Prager Kleinseite zeichnet. Wer bei einem Pragbesuch einen Spaziergang von der Kleinseite zur Burg unternimmt, geht die Neruda-Gasse hinauf, die früher Ostruhova hieß. Das Haus mit dem Zeichen der zwei Sonnen ist sein Geburtshaus. Němcová und Neruda legen beispielhaft Zeugnis davon ab, daß die tschechische Literatur eine Literatur der kleinen Formen ist: der Erzählung, der Prosaskizze. Was fehlte, war der große Gesellschaftsroman, der die Epoche des Realismus z. B. in Rußland und Frankreich kennzeichnete. Eine Neigung zum opulenten Werk bewiesen allerdings die historischen Romane

Hašeks berühmte Romanfigur, der brave Soldat Schwejk, bekommt öfters mal eins auf die Nase.

Alois Jiráseks und die Romanchronik »Ein Jahr auf dem Dorf« von Alois Mrštík.

Kafka und Hašek

Zwei Schriftsteller aus Prag schufen etwa zeitgleich literarische Gestalten, die Inbegriff der Absurdität der modernen Welt geworden sind: der Deutsche Franz Kafka ließ seine Figur Josef K. an der Suche nach dem Sinn menschlicher Ordnung im verwirrenden Gesellschaftslabyrinth scheitern. Jaroslav Hašek, Kafkas tschechischer Zeitgenosse, gelang mit Josef Schwejk die Stilisierung des humorvollen Nationaltypus des Tschechen, der auf scheinbar naive Weise die absurden gesellschaftlichen Normen überwindet.

Kaffeehausliteraten

Austausch und Übersetzungstätigkeit waren zu dieser Zeit durchaus rege. Und sowohl deutsche als auch tschechische Literatenkreise pflegten die Vorliebe für das Kaffeehaus: Franz Kafka, Max Brod, Franz Werfel und ihre Freunde trafen sich im Café Arco, die tschechischen Literaten im ehemaligen Café Union. Zu den Besuchern des »Unionka« gehörte auch Karel Čapek. Nicht nur die persönliche Freundschaft mit dem Politiker Masaryk, dessen Lebenserinnerungen er aufschrieb, machte ihn zum »offiziellen Schriftsteller« der ersten Tschechoslowakischen Republik, sondern vor allem sein Erfolg mit zahlreichen Theaterstücken, Erzählungen und Feuilletons. Der internationale Wortschatz verdankt Čapek das Wort »Roboter«. Es leitet sich ab von dem tschechischen Wort für Fronarbeit (robota) und wurde von in seinem Stück »R.U.R.« eingeführt.

Exklusive Außenseiter

Wenn die Moderne als Ausdruck **»individualistischer Zersplitterung«** und Suche nach neuen Werten gedeutet wird, so waren ihre konsequentesten Vertreter der absurdphilosophische Schriftsteller Ladislav Klíma, der »Präsurrealist« Jakub Deml und Richard Weiner. Der Fährte Weiners folgte in den 1960er Jahren Věra Linhartová, deren Prosa einen Höhepunkt tschechischer Nachkriegsliteratur darstellte (»Gegenrede«, 1966).

Die Zeit der deutschen Besetzung bedeutete Stagnation, und erst nach dem Krieg wurde der junge Dichter Jiří Orten (1919 – 1941) entdeckt, der trotz seines frühen Todes ein außer-

Lese- und Kaffeegenuss vereint das Prager Literaturcafé Globe.

gewöhnlich eindrucksvolles Lyrikwerk hinterlassen hatte, und kaum weniger Bedeutung für die tschechische Dichtung des 20. Jh.s haben dürfte als Vladimír Holan, Jaroslav Seifert, der 1984 den Nobelpreis erhielt, oder Jan Skácel, den Reiner Kunze kongenial übersetzt hat.

Exil und Samisdat

Nach 1968 existierten »drei tschechische Literaturen«: die offiziell erscheinende Literatur, die Exilliteratur und Werke von Schriftstellern, die zwar in der Tschechoslowakei lebten, aber im Ausland publizierten. Dazu gehören vor allem die Unterzeichner der **Charta 77**, darunter Ludvík Vaculík und Václav Havel. Viele der emigrierten Schriftsteller vollzogen mit dem Landes auch einen Sprachwechsel. So schreiben u. a. Pavel Kohout, Jiří Gruša und Libuše Moníková mittlerweile in deutscher Sprache.

Die Romane von Milan Kundera, der international sicher den größten Erfolg hat und einem breiten Publikum v. a. durch »Die unerträgliche Leichtigkeit des Seins« (1985) bekannt ist, werden inzwischen aus dem Französischen ins Tschechische übersetzt. Seine philosophischen Romane sind Paradebeispiele postmoderner Erzählkunst. Neben Kundera und den in Toronto lebenden Josef Škvorecký zählt man auch den 1997 verstorbene Bohumil Hrabal zu den »drei Großen« der tschechischen Nachkriegsprosa.

Aufbruch

Im November 1989 gelang es, 40 Jahre Sozialismus zu überwinden. Für den Literaturmarkt bedeutete es Liberalisierung, Öffnung, auch Umorientierung. Literaturzeitschriften wie Respekt, Revolver Revue, Literární noviny beteiligten sich an einer breiten literarischen und politischen Diskussion. Und auch die »Nachnovemberzeit« hat Mittlerweile ihren eigenen literarischen Ausdruck gefunden: Jáchym Topol, Jahrgang 1962, schrieb mit **»Die Schwester«** (1994) einen Kultroman. Handlungsort ist Prag, Handlungszeit die Ereignisse im und nach dem November 1989, »als die Zeit explodierte«. In einem skurrilen Jargon entwirft Topol den Europa-Trip seines Helden Potok als ein kosmopolitisches Underground- Szenario – was ihm das Lob einbringt, den »Europa-Roman der Jahrhundertwende« geschrieben zu haben. Bei dem Erzähler Jiří Kratochvil, Jahrgang 1940, kehrt ein Thema immer wieder: die Suche nach dem Vater, die gleichzeitig Suche nach der eigenen Identität ist (»Avion«, 1995). Dies könnte fast Programm sein für die tschechische Literatur der Gegenwart.

werk war die Niklaskirche auf der Prager Kleinseite. Die 1710 vollendete Fassade dieses Gotteshauses gilt als **Schlüsselwerk des böhmischen Barocks**. Nach Plänen von Christoph Dientzenhofers Sohn Ignaz Kilian entstanden in Prag die Kirchen St. Niklas in der Altstadt und St. Johann am Felsen.

Plastik Um 1700 waren in Böhmen die Bildhauer Johann Georg und Paul Heermann aus Dresden tätig. Letzterer baute die Freitreppe des Schlosses Troja in Prag. Matthias Wenzel Jäckel schuf neben Maximilian Brokoff und dem Tiroler Bildhauer Matthias Bernhard Braun die Statuen auf der Karlsbrücke in Prag und die ehemalige Kreuzherrenkirche.

Malerei Der bedeutendste einheimische Freskomaler des Spätbarock war der Prager Wenzel Reiner, der in Prag (Loreto und Palais Czernin) und Zbraslav Werke hinterließ. Doch sind auch fast alle großen Freskanten Österreichs (Rottmayr, Troger, Maulpertsch), Bayerns (Asam, Schöpf, Scheffler) und Schlesiens (Palko) mit Werken in Böhmen vertreten. Der Prager Maler **Peter Johann Brandl** verarbeitete in seinen Tafelbildern venezianische und flämische Einflüsse. Sein Kollege Jan Kupecký genoss als Meister des psychologischen Porträts an den Adelshäusern im In- und Ausland großes Ansehen. Gemälde von ihm findet man u. a. in der Nationalgalerie in Prag.

Rokoko

Keine selbstständige Spielart Obwohl es in den böhmischen Ländern einige Künstler gab, die diesem Spätstil des Barock verpflichtet waren, hat Böhmen im Gegensatz zu Bayern oder Franken keine selbstständige Spielart des Rokoko hervorgebracht. Den Ausbau der Prager Burg zwischen 1756 und 1774 leitete der Oberhofarchitekt Freiherr von Pacassi, den des Erzbischöflichen Palastes (1764/1765) in Prag Johannes Josef Wirch. Die führenden Bildhauer am Ende des 18. Jh.s in Prag waren Johann Anton Quittainer, Ignaz Platzer d. Ä. und Richard Prachner. In Westböhmen wirkten Jakob Eberle, der Architekt der Dekanatskirche in Karlovy Vary, in Ostböhmen František und Jiří Pacák. Weit über Böhmen hinaus bekannt wurde der Maler Norbert Grund mit seinen kleinformatigen Genre- und Landschaftsbildern.

Vom 19. zum 21. Jahrhundert

Klassizismus Anders als der Barock, an dem Böhmen länger festhielt als die meisten anderen Länder Mitteleuropas, war der Klassizismus in der bildenden Kunst eher von untergeordneter Bedeutung. Zu den wenigen bemerkenswerten Schöpfungen dieser Epoche gehören Schloss Kačina bei Kutná Hora, von 1802 bis 1822 erbaut von dem Dresdener

Architekten Schuricht, und das Zollamt in Prag mit der 1811 vollendeten Empirefassade von Georg Fischer.

Romantik

Die Romantik fällt zeitlich zusammen mit der Bewegung der »nationalen Wiedergeburt«. Der Aufbruch in die kulturelle Selbstständigkeit bedeutete zugleich **das Ende der böhmischen Kunst**, die seit der zweiten Jahrhunderthälfte immer mehr in eine tschechische und deutsche Komponente auseinander strebte. Weit mehr Bedeutung als die Architekten Josef Kranner und Josef Mocker, die mit dem Ausbau des Veitsdoms im neugotischen Stil betraut waren, kommt dem tschechischen Semper-Schüler Josef Zítek zu. Von ihm stammen das im Stil der Neorenaissance erbaute Nationaltheater (Entwurf von 1866) und die Mühlbrunnenkolonnade in Karlovy Vary. Josef Schulz, der dieses Gebäude nach einem Großbrand bis 1883 neu errichtete, war auch der Baumeister des Künstlerhauses »Rudolfinum« in Prag.

Im Rudolfinum werden heute Ausstellungen mit zeitgenössischer Kunst gezeigt.

Jahrhundertwende

Jugendstil

An der Wende vom 19. zum 20. Jh. existierten verschiedene Stilrichtungen nebeneinander, insbesondere Historismus, Impressionismus und Symbolismus. Zwei Namen begegnen besonders häufig: Mikoláš Aleš, Maler und Zeichner, sowie der Bildhauer Václav Myslbek. Myslbek gründete unter dem Eindruck der französischen Kunst eine Schule, aus der u. a. Jan Štursa, Bohumil Kafka und Otto Gutfreund hervorgegangen sind. Die verschiedenen Kunstströmungen mündeten zu Beginn des 20. Jh.s ein in den Jugendstil, der sich eng an die Wiener Secession anlehnte. Besonders augenfällig wird dies am Ostböhmischen Museum in Hradec Králové, das 1912 nach Plänen von Jan Kotěra entstand. In der ostböhmischen Stadt gibt es auch einige weitere Beispiele für die avantgardistische Architektur des beginnenden 20. Jh.s. Der wohl bekannteste Vertreter des tschechischen Jugendstils ist der Grafiker und Designer **Alfons Mucha**, der 1894/1895 mit seinen Plakaten für Sarah Bernhardt in Paris Aufsehen erregte.

! *Baedeker* TIPP

Meister des Jugendstils

Im Schloss Moravský Krumlov bei Brünn hinterließ Alfons Mucha einen monumentalen Gemäldezyklus zur slawischen Geschichte. Und im Prager Veitsdom ist sein berühmtes Fenster zu sehen.

◄ weiter S. 64

Auch Kinder werden in Südmähren noch mit den traditionellen Trachten und Gebräuchen vertraut gemacht.

BUNTE BÄNDER

Südmähren ist das Zentrum der Volkskunst in Tschechien. Hier werden noch traditionelles Handwerk und Kunsthandwerk gepflegt, hier gehen viele Frauen am Sonntag noch in Tracht zur Kirche, und der Ablauf des bäuerlichen Jahres bestimmt, wann welche Feste gefeiert werden.

»Hylom, Hylom. Hört ihr Leut, von Berg und Tal, von fern und nah, was da am Pfingstsonntag geschah. Unser König ist arm, aber ohne allen Harm. Und man hat ihm tausend Fohlen aus dem leeren Schloss gestohlen...«
Uherské Hradiště, Ende Mai. Eine Gruppe Reiter, deren Pferde mit bunten Bändern geschmückt sind, durchquert die Stadt. In ihrer Mitte befindet sich ihr König und dessen Pagen, alle in Frauenkleidung mit roten Röcken, weißen Puffärmeln und prächtig bestickten Hauben. Es ist der »Ritt der Könige«, der am **Pfingstsonntag** in vielen Städten Südmährens stattfindet. Immer wieder hält der Zug an, die »Ausrufer« erzählen die Geschichte vom König ohne Harm, und die »Einnehmer« sammeln Geld. Nur der König schweigt – bis zum Abend darf er keinen Ton von sich geben.

»Ritt der Könige«

Der Ritt der Könige ist sicher eine der ungewöhnlichsten Folklore-Veranstaltungen in Südmähren. Lange Zeit ging man davon aus, dass der Brauch auf ein historisches Ereignis zurückgeht: Im 16. Jh. floh **der ungarische König Matthias** nach einer verlorenen Schlacht durch Mähren nach Ungarn. Aus Angst vor Entdeckung hatte er sich in Frauenkleider gehüllt. Später jedoch fand man heraus, daß es den Ritt der Könige bereits vor dem 16. Jh. gegeben hatte. Unklar ist auch, warum der Brauch »Ritt der Könige« heißt, schließlich geht es nur um einen einzigen König. Wie dem auch sei: Ein riesiges Volksfest hat sich um diesen alten Brauch entwickelt. Unzählige Besucher kommen eigens für das mehrstündige Schauspiel hierher. Danach geht es über zum geselligen Teil der Veranstaltung. In den Gasthäusern kommen deftige Spezialitäten auf den Tisch und der selbstgebrannte Slivovitz fließt in Strömen.

Volksmusik

Der östliche Teil von Südmähren ist die Region Tschechiens, in der sich die Traditionen der Volkskunst am besten erhalten haben. Dies liegt natürlich an der bäuerlichen Struktur dieser Region. Während Nordmähren

Zu den Bräuchen des Osterfestes in Südmähren gehören auch kunstvoll bemalte Eier.

das Kohlerevier des Landes ist, Böhmen zum Zentrum von Manufaktur und Industrie wurde, lieferten Mähren und auch die Slowakei den Habsburgern Getreide, Kartoffeln und Leinen. Später hemmte dann die Lage an der Grenze zum »westlichen« Österreich die Entwicklung Südmährens, viele Zonen waren militärisches Sperrgebiet. Dennoch hatte die kommunistische Führung großes Interesse an Südmähren, wo sie die »westliche, dekadente Musik der Bourgeoisie« vergessen machen und stattdessen die **Volkskunst wieder beleben** wollte. Dass die Kommunisten sich damit in die Tradition der mährischen Patrioten des frühen 20. Jh.s stellten, war ihnen wohl kaum bewusst.

Und all die Zimbalisten, Geigenspieler und Tänzer kümmerten sich wenig um den ideologischen Überbau. Im ganzen Land entstanden Folklore-Ensembles, und das Radio spielte praktisch ununterbrochen Volksmusik. So sollte ein neues sozialistisches Kollektiv entstehen. Funktioniert hat dies nur wenige Jahre. Schon bald fesselten Jazz und Rock das städtische Publikum. Nur in Südmähren lebte die Tradition weiter, ja sie belebte sich sogar. In den düsteren Jahren nach dem Prager Frühling 1968 wurde die Volkskunst zu einer Form des Widerstandes. Die fremden Herrscher hatten die böhmische, mährische oder slowakische Kultur auslöschen wollen, doch in ihren Liedern, ihren Märchen, ihren Bräuchen lebte sie fort. Umfragen stellten fest, dass 90 % der Mähren Interesse an Folklore-Veranstaltungen haben. Auf einer Schallplattenhülle aus den 1970er-Jahren wurde das Volkslied für bewundernswert erklärt, weil man es nicht künstlich schaffen könne. Eine deutliche Anspielung auf die Versuche der Kommunisten in den Jahrzehnten zuvor, das Volkslied für politische Zwecke zu nutzen.

Folklore heute

Und was bietet die mährische Folklore heute? Neben der Kirchweih, den vorweihnachtlichen Schlachtfesten und dem »Mädchen-Schlagen« an Ostern sind es vor allem die **Faschingsumzüge**. Ihr Kennzeichen ist die Vielzahl von Masken: Stets ist ein in Stroh gekleideter »Bär« dabei, ein Narr, verschiedene Handwerker und ein Jude. Die Menschen malen sich die Gesichter mit schwarzem Russ an und hängen sich Pelze um. Junge Männer in traditioneller Tracht, mit weißen Hemden und roten Westen, tanzen mit Schwertern den sogenannten Wohlstandstanz, am Abend spielt in den Gasthäusern die Zimbalkapelle zum Tanz auf. Im Unterschied zum »Ritt der Könige« kann hier jeder mitmachen.

Moderne Der Jugendstil wurde schon bald nach der Jahrhundertwende abgelöst durch Kubismus, Expressionismus und Futurismus. In der Malerei vertraten vor allem Emil Filla, Bohumil Kubišta, Václav Špála und Josef Čapek die neuen Strömungen, doch auch in der Architektur gab es – einmalig in der europäischen Kunstlandschaft – einen kubistischen Stil (► Baedeker Special S. 348). Neben der Avantgarde existierten weiterhin auch konservative Kunstströmungen, deren herausragende Repräsentanten der Maler und Illustrator Max Švabinský und der Porträtist Vratislav Nechleba waren.

Der Beginn der modernen Architektur vollzog sich nach dem Ersten Weltkrieg. **Mies van der Rohe** baute in den 1920er-Jahren in Brünn für den Industriellen Tugendhat eine Villa, die heute zu den Ikonen der Moderne gehört. Unter internationaler Beteiligung ließ in derselben Zeit der Schuhmagnat Tomáš Bat'a in Zlín Fabrikhallen, Bürogebäude und Wohnhäuser für seine Arbeiter und Angestellten im funktionalistischen Stil bauen. Als wichtigster Vertreter des tschechischen Funktionalismus gilt der Architekt Bohuslav Fuchs.

Auch »Ginger und Fred« genannt: das »Tanzende Haus« von Gehry

Während der sozialistischen Regierungszeit konnte sich auch die Tschechoslowakei nicht dem Einfluss der von der Sowjetunion propagierten Architekturauffassung entziehen. Internationale Beachtung fanden nur wenige Projekte, vor allem aber die Arbeiten des 1958 von Karel Hubáček gegründeten Architektenkollektivs SIAL. Sie bauten u. a. von 1963 bis 1973 den Fernsehturm auf dem Jeschken bei Liberec. Mit der politischen Öffnung des Landes hat sich die Architekturlandschaft verändert. Aufsehen erregte das 1996 entstandene »Tanzende Haus« in Prag, ein Gemeinschaftswerk des amerikanischen Stararchitekten **Frank O. Gehry** und des tschechischen Architekten **Vlado Milunič**.

Regionaltypische Wohnhäuser

»Südböhmischer Bauernbarock« In einigen südböhmischen Dörfern findet man noch schöne alte Bauerngehöfte mit geschwungenen Giebeln im Stil des so genannten »Bauernbarock«, v. a. in der Umgebung von České Budějovice oder in verschiedenen Ortschaften im Vorland des Böhmerwaldes.

Tirolerhäuser

Den Einwanderern, die im 16. Jh. aus dem Kleinen und Großen Walsertal in den Böhmerwald kamen und sich hier niederließen, verdankt diese Region **Holzhäuser im alpenländischen Stil** mit Balkonen und tief herabgezogenen Dächern. Viele Beispiele dieser Bauweise lassen sich heute allerdings nicht mehr entdecken. Die meisten Holzhäuser findet man noch in Volary, einem kleinen Ort knapp 20 km südlich von Prachatice.

Umgebindehäuser

In vielen Dörfern des heutigen böhmisch-sächsisch-schlesischen Dreiländerecks, vor allem im Lausitzer Gebirge und im benachbarten Isergebirge, hatten sich seit Mitte des 17. Jh.s die so genannten Umgebindehäuser durchgesetzt. Die spezielle Stützkonstruktion vereint die Vorzüge von Blockhäusern und Fachwerkgebäuden. Während die Blockbauweise wegen ihrer guten Isolierung ideal für Wohnstuben war, aber als Trägerkonstruktion dazu neigte, unter dem Gewicht der Obergeschosse und durch das Schrumpfen des Holzes sich zu verziehen, wurde für die oberen Stockwerke die Fachwerkkonstruktion gewählt.

Volksarchitektur in Südmähren

In Südmähren war das aus ungebrannten Ziegeln erbaute, weißgetünchte Haus mit bemaltem und blumenumranktem Eingang typisch gewesen. Erhalten blieben solche Häuser u. a. in Mutěnice sowie im Dorfmuseum von Strážnice. Malerische Weinkeller, die so genannten »Schnecken« (Plže), sind im 4 km entfernten Petrov und in einigen anderen Dörfern zu bewundern. Sie werden seit mehr als zwei Jahrhunderten genutzt.

Traditionelles Bauernblockhaus in Nordböhmen

Berühmte Persönlichkeiten

Warum wurde Dubček zur Symbolfigur des Prager Frühlings? Wer hat die Figur des braven Soldaten Schwejk erfunden? Wie wird man vom Schriftsteller zum Präsidenten eines Landes? Und welchen bürgerlichen Beruf hatte Franz Kafka? Kleine Denkmäler für diejenigen, die das Land prägten.

Gebrüder Čapek (1890 – 1938 bzw. 1887 – 1945)

Maler und Schriftsteller

Die Brüder Karel und Josef Čapek gehörten zur Schriftsteller-Avantgarde der 1920er- und 1930er-Jahre in der tschechoslowakischen Republik. Josef Čapek illustrierte später vor allem die Bücher seines Bruders und betätigte sich als Maler. Wegen seiner politischen Karikaturen – er war überzeugter Pazifist und Gegner des deutschen Besatzungsregimes – wurde er ins Konzentrationslager verschleppt und starb dort. Karel hatte sich als zeitkritischer Schriftsteller profiliert, der in Essays und Romanen mit feiner Ironie die Welt des »kleinen Mannes« beschrieb. Sein gesamtes Werk ist von humanistischem Geist durchdrungen und warnt vor dem aufkommenden Faschismus. Karel Čapek schrieb auch Dramen, Reiseberichte sowie Tier- und Kinderbücher.

Alexander Dubček (1921 – 1992)

Politiker

Als Symbolfigur des Prager Frühlings ging Alexander Dubček in die Geschichte ein. In seinem Lebensweg spiegeln sich exemplarisch die Umwälzungen, die sein Heimatland in den letzten 50 Jahren grundlegend veränderten. Begonnen hatte es am 31. Oktober 1967, als der Parteifunktionär Dubček auf einer ZK-Tagung den Rücktritt von Antonín Novotný forderte, der als Partei- und Regierungschef ein autoritäres Regime aufgebaut hatte. Dubčeks Vorstoß führte zur Bildung einer neuen Regierung, die sich einem »Sozialismus mit menschlichem Antlitz« verschrieb. Doch der **»Prager Frühling«** (▶ Baedeker Special S. 40/41) war bereits im Sommer 1968 zu Ende, als am 21. August sowjetische Panzer durch die Straßen Prags rollten. Dubček verlor seine Ämter, wurde aus der Partei ausgeschlossen und lebte, abgeschoben auf einen bedeutungslosen Posten, in Bratislava. Erst im Zuge des politischen Umsturzes Ende der 1980er-Jahre erinnerte man sich wieder an ihn – und wählte ihn gleich zweimal zum Präsidenten des Bundesparlaments. Es stellte sich allerdings bald heraus, dass in der demokratisch regierten Tschechoslowakei Dubčeks Ideale nicht mehr viel galten, und sein Stern sank schon kurze Zeit später wieder. Als Alexander Dubček am 7. November 1992 an den Folgen eines Verkehrsunfalls starb, wurde dem einstigen Hoffnungsträger weder ein Staatsbegräbnis zuteil, noch erwies ihm der damalige Regierungschef Václav Klaus die letzte Ehre.

Antonín Dvořák (1841 – 1904)

Komponist

Neben Smetana ist der in Nelahozeves bei Prag geborene Antonín Dvořák der bekannteste Komponist Tschechiens. Während sein Frühwerk vor allem von der Wiener Klassik und später von Schumann, Liszt und Richard Wagner beeinflusst war, machte sich später

← Vom Dissidenten zum Staatsoberhaupt: Václav Havel

auch die Auseinandersetzung mit Brahms und Smetana bemerkbar. Trotz dieser Einflüsse blieb die böhmische und mährische Volksmusik das bestimmende Element seiner Kompositionen. Dvořáks breites Werk umfasst Opern, Chorwerke mit Orchester, Sinfonien, sinfonische Dichtungen sowie Konzerte, Kammermusik, Lieder und Tänze. Am 1. Mai 1904 verstarb Antonín Dvořák in Prag. Sein Grab findet man auf dem Ehrenfriedhof des Vyšehrad.

Jaroslav Hašek (1883 – 1923)

Schriftsteller

»Hašek? Der muß am Hals einer Flaschenbierflasche zur Welt gekommen sein ...« So urteilte Kurt Tucholsky 1926 über den Prager Autor, dessen Hauptwerk **»Die Abenteuer des braven Soldaten Schwejk im Weltkrieg«** (1921 – 1923) zu dieser Zeit gerade in deutscher Sprache erschienen war. Mit Josef Schwejk hatte Hašek eine Figur der Weltliteratur geschaffen, die mit ihrer entwaffnenden Einfalt die Dummheit der Welt entlarvte – eine bittere Satire auf die österreichisch-ungarische Monarchie und ein zutiefst antimilitaristisches Werk.

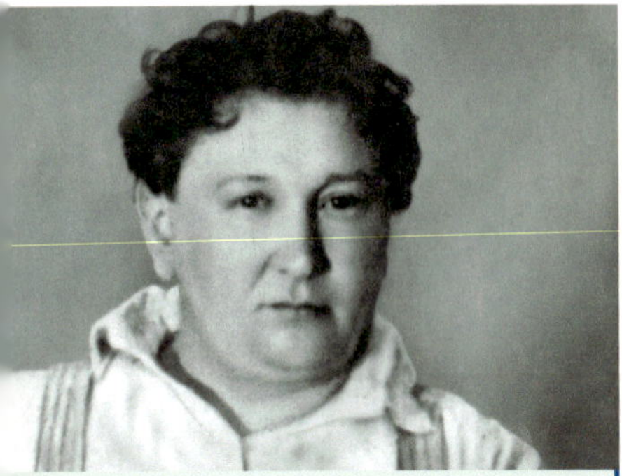

Hašek erlebte den Ruhm seines Schwejk nicht mehr.

Hašek schrieb insgesamt über 1600 Humoresken, Feuilletons und Reiseberichte. Im Gasthaus »Zum Kuhstall« im Stadtteil Vinohrady betrieb er mit Freunden ein Kabarett. Sein Improvisationstalent kam vor allem zur Geltung, wenn er als Vorsitzender der von ihm gegründeten »Partei des gemäßigten Fortschritts im Rahmen der gesetzlichen Möglichkeiten« auftrat. Im Jahr 1915 wurde Hašek zur Armee eingezogen, von der er jedoch noch im selben Jahr zur russischen Seite überlief. Unter falschem Namen kehrte er 1921 nach Prag zurück und kurze Zeit später erschien im Selbstverlag das erste Heft des »Schwejk«, dem wöchentlich weitere Hefte folgten. Als Hašek im Januar 1923 an den Folgen seines Alkoholkonsums starb, war der »Schwejk« noch nicht vollendet, und auch der Ruhm stellte sich erst nach Hašeks Tod ein.

Václav Havel (geb. 1936)

Politiker

Vom politisch verfolgten Schriftsteller und Regimekritiker zum ersten Repräsentanten Tschechiens – der Werdegang des gebürtigen Pragers Václav Havel liest sich wie ein modernes Märchen. Havel, der sich schon früh dem Theater verschrieben hatte, war während des Prager Frühlings Vorsitzender des »Klubs unabhängiger Schrift-

steller« und wurde zum prominentesten Wortführer der regimekritischen Intellektuellen. Nach der Niederschlagung der Reformbestrebungen wurde er in seiner Heimat mit Publikationsverbot belegt, während seine Theaterstücke und Hörspiele im europäischen Ausland Erfolge feierten.
Seine Aktivitäten als Sprecher und Mitbegründer der »Charta 77« führten zu Schikanen, Hausarrest und insgesamt 50 Monaten Gefängnis, davon einige in verschärfter Haft. Doch trotz schwerer gesundheitlicher Probleme blieb Havel unbeugsam. Am 19. November 1989 wurde er zum Vorsitzenden des neu gegründeten Bürgerforums und 40 Tage später einstimmig zum **ersten demokratisch gewählten Staatspräsidenten der SSR** bestimmt. Anfang 1993, nach dem Zerfall der Tschechoslowakei, wurde Havel nun zum Präsidenten der Tschechischen Republik gewählt. Fünf Jahre später wurde er im Amt bestätigt, seine dritte und letzte Amtszeit endete im Februar 2003. Zum Ende hatte der international hochangesehene »Dichterpräsident« in seinem eigenen Land mit Sympathieverlusten zu kämpfen. Havel erkrankte mehrmals schwer an der Lunge – das Rauchen gab er dennoch nicht auf. 1996 starb seine Frau Olga an Krebs, und ein Jahr später heiratete er die 17 Jahre jüngere Schauspielerin Dagmar Veškrnová. 2009 erhielt der bereits hochdekorierte Ex-Politiker den Internationalen Demokratiepreis der Stadt Bonn und den Publikumspreis Goldene Henne für seine großen Verdienste um die deutsche Einheit. Seit seinem Rückzug aus der Politik arbeitet er wieder als Autor in Literatur und Theater.

Jan Hus (um 1370 – 1415)

Reformator

Der tschechische Kirchenreformer Jan Hus kam um 1370 als Bauernsohn in Husinec zur Welt. Er schlug die Priesterlaufbahn ein, lehrte an der Karlsuniversität und predigte gegen die Autorität des Papstes (der ihn 1411 exkommunizierte), kritisierte den weltlichen Kirchenbesitz und forderte eine böhmische Nationalkirche. Unterstützung fand der Reformator sowohl im Volk als auch bei König Wenzel. In seiner Streitschrift »De ecclesia« (»Über die Kirche«) forderte Hus 1413 die Kirche als eine Versammlung der Gläubigen ohne Hierarchien, die nur Christus als Haupt anerkenne. Abgesichert durch einen Schutzspruch des deutschen Königs Sigismund stellte Hus sich 1414 dem Konstanzer Konzil, das ihm Ketzerei vorwarf. Als er seine Ansichten nicht widerrief, wurde er 1415 in Konstanz auf dem Scheiterhaufen verbrannt.

Auf dem Prager Altstädter Ring wurde Jan Hus ein steinernes Denkmal gesetzt.

Franz Kafka (1883 – 1924)

Schriftsteller

Das Prosawerk des Versicherungsangestellten Franz Kafka fand zu seinen Lebzeiten wenig Beachtung. Kafka wurde als Sohn eines deutsch-jüdischen Kaufmanns in Prag geboren. Im Jahr 1906 beendete Kafka als Dr. jur. sein Studium der Rechtswissenschaften, 1908 wurde er Angestellter der Prager Arbeiter-Unfall-Versicherungsanstalt. Den hochsensiblen Einzelgänger verband eine enge Freundschaft mit den Schriftstellern Max Brod und Franz Werfel. Aus Gesundheitsgründen wurde Kafka bereits 1922 pensioniert, und zwei Jahre später, 1924, erlag der Schriftsteller seiner Kehlkopftuberkulose.

Als deutschsprachiger Jude gehörte Kafka zwei Minderheiten an.

Ein großer Teil von Kafkas Erzählungen, drei fragmentarische Romane (»Amerika«, »Der Prozess« und »Das Schloss«) und die Tagebücher und Briefe wurden – gegen seinen Wunsch – postum von Max Brod herausgegeben.

Seit dem Ende des Zweiten Weltkrieges hat das Werk Kafkas **internationale Beachtung** gefunden. Seine formal wie inhaltlich keiner Strömung zuzuordnende Prosa zeigt immer wieder mit präzisen, eindringlichen Darstellungen den aussichtslosen Kampf des Individuums gegen anonyme Mächte, Verunsicherung und Ängste.

Johannes Kepler (1571 – 1630)

Astronom

Obgleich der in Weil der Stadt geborene Johannes Kepler in Tübingen protestantische Theologie studiert hatte, wandte er sich bald der Mathematik und Astronomie zu, wobei ihn die Lehren des Nikolaus Kopernikus besonders interessierten. Durch sein 1596 veröffentlichtes Werk »Mysterium cosmographicum« (»Weltgeheimnis«) erregte er die Aufmerksamkeit des Astronomen Tycho Brahe, der ihn 1600 nach Prag holte, als er wegen der Gegenreformation Graz verlassen musste. Nach Brahes Tod wurde Kepler dessen Nachfolger als Hofastronom Kaiser Rudolfs II. In zehnjähriger Arbeit gelang es ihm, die Bahn des Planeten Mars zu bestimmen und daraus die berühmten **Keplerschen Gesetze der Planetenbewegungen** abzuleiten, die auch heute noch die Grundlagen der Astronomie bilden. Nach dem Tod Kaiser Rudolfs II. (1612) siedelte Kepler nach Linz über, wo er mehrere Schriften zur Astronomie verfasste.

Gustav Mahler (1860 – 1911)

Komponist und Dirigent

Einer der größten und eigenwilligsten Musiker des Landes war der im mährischen Kaliště geborene Komponist und Dirigent Gustav Mahler. Wegen seiner unbedingten Orchesterdisziplin war er ein gefeierter Dirigent seiner Zeit und galt als hervorragender und schulbildender Interpret der Werke Beethovens, Wagners, Webers und Mozarts. Er scheute sich allerdings auch nicht, Kompositionen auf eigenwillige Art zu retuschieren, was ihm mitunter herbe Kritik einbrachte. Mahlers kompositorisches Werk, im Großen und Ganzen der Romantik verpflichtet, konzentrierte sich auf die Gattungen **Sinfonie und Lied**, deren Elemente er immer wieder auf unkonventionelle Art verwendete und somit viele moderne Kompositionstechniken vorwegnahm.

Tomáš Garrigue Masaryk (1850 – 1937)

Staatsmann

Eigentlich galt seine Liebe den Geistes- und Sozialwissenschaften: Tomáš Garrigue Masaryk, der große Staatsmann und Mitbegründer der (ersten) Tschechoslowakischen Republik, lehrte von 1882 bis 1914 Philosophie und Soziologie an der Universität in Prag. Von 1907 bis 1914 saß er als Abgeordneter der von ihm gegründeten liberalen tschechischen Fortschrittspartei im österreichischen Reichsrat. Im Londoner Exil rief er zusammen mit Edvard Beneš den tschechischen Nationalrat ins Leben, 1917 organisierte er in Rußland die Tschechische Legion, einen militärischen Verband, der mit der Entente gegen die Mittelmächte kämpfte.

Die Früchte seines politischen Engagements erntete Tomáš Garrigue Masaryk nach der Gründung der Tschechoslowakischen Republik am 28. Oktober 1918, als er ihr erster Präsident wurde. Der in allen Bevölkerungskreisen anerkannte Staatsmann behielt sein Amt bis 1935. Zwei Jahre nach seinem Rücktritt verstarb Masaryk auf Schloss Lány bei Prag.

Gregor Mendel (1822 – 1884)

Botaniker

Jedes Schulkind hat schon irgendwann einmal seinen Namen gehört, denn Mendels Leistungen auf dem Gebiet der **Vererbungslehre** sind heute aus keinem Biologieunterricht mehr wegzudenken. Johann Mendel aus dem nordmährischen Hynčice trat 1843 in das Augustinerkloster in Brünn ein, wo er den Ordensnamen Gregor annahm. Von 1856 an beschäftigte er sich mit Botanik und machte im Klostergarten Kreuzungsversuche an Erbsen und Bohnen. Aus den Ergebnissen dieser Versuche leitete er die »Mendelschen Gesetze« für die Vererbung einfacher Merkmale ab, die aber zunächst von der Wissenschaft kaum beachtet und erst um 1900 wiederentdeckt wurden. Ein kleines Museum in dem Augustinerkloster in Brünn ist dem Botaniker gewidmet.

Martina Navrátilová (geb. 1956)

Tennisprofi Als Martina Navrátilová 1994 ihren Abschied vom Profitennis nahm, konnte sie nicht nur auf eine der erfolgreichsten, sondern auch auf eine der längsten Karrieren in diesem Sport zurückblicken: In den mehr als 20 Jahren auf dem Court gewann die bereits mit 18 Jahren in die USA emigrierte Tschechin 1438 von 1650 Spielen, deren Preisgelder ihr ein stolzes Vermögen von mehr als 20 Mio. US-Dollar einbrachten. Die Wimbledon-Siege, die sie zusammen mit Pam Shriver errang, machte das Duo zum berühmtesten Doppel der Tennisgeschichte. Obwohl die Sportlerin ihr Privatleben sorgsam hütete, geriet sie 1981 in die Schlagzeilen, als ein Reporter ihre Romanze mit der Schriftstellerin Rita Mae Brown ausposaunte und sie sich daraufhin als Lesbe outete – für das prüde Amerika ein unerwarteter Schock.

Tennisspielerin mit ungewöhnlich langer Karriere

Johann Schroth (1800 – 1856)

Naturheilkundler Johann Schroth ist der »Erfinder« des nach ihm benannten Heilverfahrens, der **Schroth-Kur**. Der in Česká Ves am Fuße des Altvatergebirges geborene Landwirt kam durch Beobachtungen auf seinem väterlichen Bauernhof auf die Idee, bei Fettsucht und Übergewicht eine kalorienarme Kohlenhydratnahrung, bestehend aus trockenem Brot, Getreidebrei, Haferschleim und äußerst geringer Flüssigkeitsaufnahme zu verabreichen, also eine Trockendiät durchzuführen, die eine intensiv umstimmende Wirkung erzielte. Dieses Heilverfahren ist als Schroth-Kur bekannt geworden.

Bedřich Smetana (1824 – 1884)

Komponist Der große tschechische Komponist wurde als Sohn eines Bierbrauers in Litomyšl geboren. Bereits mit sechs Jahren trat er als Pianist öffentlich auf. Ab 1866 wirkte er am Tschechischen Nationaltheater – zunächst als Kapellmeister, ab 1872 als künstlerischer Direktor. Seine zunehmende Taubheit zwang ihn bereits 1874 zur Aufgabe dieser Tätigkeit, und es zeigten sich erste Anzeichen einer Geisteskrankheit, an der er am 12. Mai 1884 in Prag verstarb. Sein Grab befindet sich auf dem Nationalfriedhof Slavin auf dem Vyšehrad in Prag. Smetana gilt als der **Begründer eines nationalen tschechischen Musikstils**. Seine Musik verbindet tschechische Volksmusik mit der sinfonischen Ausdruckskraft eines Liszt und der Dramatik Wagners. Eine Huldigung an seine Heimat ist der sechsteilige sinfonische Zyklus »Mein Vaterland« (1874 – 1879), aus dem auch »Die Moldau« stammt.

Adalbert Stifter (1805 – 1868)

Dichter

Was Smetana in musikalischer Hinsicht für die Moldau bedeutet, ist Adalbert Stifter in dichterischer für den Böhmerwald: Kein anderer Schriftsteller hat dieser Region ein vergleichbares literarisches Denkmal gesetzt, kein anderer Dichter weder vor noch nach ihm war so sehr mit dieser Landschaft verbunden wie er. Wann immer möglich, verbrachte der aus Oberplan (Horní Plana), ein Dorf am Lipno-Stausee, gebürtige Stifter in seiner Heimat. Der **Rückzug in die Natur**, die beinahe religiös anmutende Versenkung in ihre unergründlichen Gesetze entsprachen dem romantischen Zeitgeist – und Stifters schwermütiger innerer Natur. Zu den Orten, die ihn magisch anzogen, gehörte auch der »schöne, schwarze Zaubersee« unterhalb des Plöckensteins. Ein Granitobelisk auf dem 220 m hohen Felsen über dem höchstgelegenen See des Böhmerwalds erinnert an den Dichter, der 1868 an den Folgen eines Selbstmordversuchs starb.

Albrecht von Waldstein (1583 – 1634)

Feldherr

Seit 1798/1799, der Uraufführung von **Friedrich Schillers Dramen-Trilogie**, war der überragende Feldherr im Dreißigjährigen Krieg, Albrecht von Waldstein, nur noch unter dem Kunstnamen **»Wallenstein«** berühmt. Für seine treuen Dienste bekam er von Kaiser Ferdinand das Herzogtum Friedland am Fuß des Isergebirges geschenkt und wurde zum Reichsfürsten erhoben. Als der Kaiser 1625 militärisch in Bedrängnis geriet, stellte ihm Waldstein sein Söldnerheer zur Verfügung, wofür er zum Oberbefehlshaber über alle kaiserlichen Truppen ernannt wurde. 1626 besiegte er Ernst II. von Mansfeld bei Dessau und vertrieb den Dänenkönig Christian IV. aus Norddeutschland. Obwohl der Kaiser 1630 seinen Feldherrn auf Druck der politischen Gegner entlassen musste, erhielt Wallenstein 1632 erneut den Oberbefehl. Nach-

Wallenstein war neben Gustav Adolf von Schweden und Richelieu die beherrschende Persönlichkeit seiner Zeit.

dem er die Schweden aus Süddeutschland zurückgedrängt hatte, zog er sich auf seine böhmischen Besitztümer zurück. Sein selbstherrliches Verhalten und seine eigenmächtigen Verhandlungen mit den Gegnern erregten mehr und mehr das Misstrauen des Kaisers. Als er 1634 die Offiziere seines Heeres zu bedingungsloser Treue gegenüber seiner Person verpflichtete, beschuldigte man ihn des Hochverrats. Im selben Jahr wurde er von einem Hauptmann der Kaiserlichen in Eger (Cheb) ermordet, sein Leichnam ruht in der Schlosskirche von Münchengrätz (Mnichovo Hradiště).

Wenzel von Böhmen (903/908/910 – 929/935)

Nationalheiliger

Der Landespatron Böhmens, ein Enkel der Herzogin Ludmilla, war der erste Herzog aus dem Geschlecht der Přemysliden. Die Christianisierung seines Landes, neben dem Anschluss des Herzogtums Böhmen an das Deutsche Reich eines der Hauptanliegen seiner Politik, kostete ihn vermutlich das Leben: Unter Führung seines Bruders Boleslav I. formierte sich Widerstand gegen den Vormarsch des Christentums. Am 28. September 929 oder 935 wurde der Herzog in Altbunzlau (Brandýs nad Labem) ermordet. Der als **Märtyrer** heilig gesprochene Herrscher wird heute als Landespatron verehrt.

Der hl. Wenzel am gleichnamigen Platz vor dem Nationalmuseum.

Franz Werfel (1890 – 1945)

»Es brodelt und kafkat und werfelt und kischt«, meinte einmal der österreichische Satiriker Karl Kraus in Bezug auf das Literaturzentrum Prag. Neben Max Brod, Franz Kafka und Egon Erwin Kisch war Werfel einer der ganz Großen. Der Sohn aus einer wohlhabenden jüdischen Kaufmannsfamilie begann mit expressionistischer Lyrik, symbolistischen Ideendramen und ging später zu historisch-politischem Realismus über. Zu seinen bekanntesten Werken zählen die Romane »Der veruntreute Himmel« (1939) und »Stern der Ungeborenen« (1945). Seit 1990 befindet sich an Werfels Geburtshaus in der Prager Neustadt (Havlíčkova ulice 11) eine Gedenktafel.

Emil Zátopek (1922–2000)

Leichtathlet

Es begann mit einem Straßenlauf in der mährischen Stadt Zlín, wo der junge Emil Zátopek in der Schuhfabrik Ba'ta eine Lehre machte. Widerwillig ließ er sich zur Teilnahme an dem Lauf überreden, wurde Zweiter – und rannte von diesem Tag an für sein Leben gern. Die Trainingsmethoden und die unglaubliche Willensstärke des großen **Langstreckenläufers** waren Legende: Weder Hitze noch Kälte noch sonstige äußere Widrigkeiten konnten die »tschechische Lokomotive« davon abhalten, sein tägliches Trainingspensum immer noch ein Stück zu steigern. Zwischen 1947 und 1957, dem Jahr seines Rücktritts vom Aktivsport, sammelte Zátopek in den Langstreckendisziplinen Weltrekorde und Weltbestleistungen wie andere Briefmarken. Seinen größten Triumph feierte der bescheidene Sportler aber 1952 bei den Olympischen Spielen in Helsinki, wo er nicht nur drei Goldmedaillen gewann – eine davon im Marathon, einer Disziplin, in der er keinerlei Erfahrung besaß –, sondern auch die Herzen der Zuschauer eroberte und zum Weltsportler des Jahres 1952 gewählt wurde.

Zátopek führt beim Endspurt um den Sieg über 5000 Meter bei den Olympischen Spielen in Helsinki 1952. Dahinter Mimoun, Schade und Chataway im Sturz.

22

Praktische Informationen

WIE VIELE VARIANTEN DER BÖHMISCHEN KNÖDEL GIBT ES EIGENTLICH? WO FINDEN DIE SCHÖNSTEN FESTE STATT UND WIE HEISSEN DIE BERÜHMTEN KURORTE? DIESE UND NOCH MEHR INFORMATIONEN KÖNNEN SIE HIER NACHLESEN – AM BESTEN VOR DER REISE!

Anreise · Reiseplanung

Mit dem Auto Aus Süd- und Ostdeutschland sowie aus Österreich ist Tschechien schnell und bequem mit dem Auto zu erreichen. Es gibt rund ein Dutzend deutsch-tschechische und ebenso viele österreichisch-tschechische Straßengrenzübergänge und das tschechische Straßennetz ist verhältnismäßig gut ausgebaut. Die Autobahnen Tschechiens sind sternförmig auf Prag ausgerichtet.

Vom Norden Deutschlands führt der direkteste Weg nach Prag von Dresden auf der neuen Autobahn A 17 zuerst nach Ústí nad Labem. Die letzte Lücke auf der Autobahn Dresden – Prag ist noch immer nicht geschlossen.

Aus Süddeutschland empfiehlt sich für die Anreise nach Prag der Grenzübergang Waidhausen – Rozvadov; dahinter beginnt die Autobahn Richtung Pilsen und Prag. Da die Benutzung der tschechischen Autobahnen gebührenpflichtig ist, sollte man sich gleich an der Grenze eine Vignette kaufen (►Verkehr).

Mit dem Bus Viele Omnibusreiseveranstalter bieten mehrtägige Ausflüge nach Tschechien an, zumeist nach Prag. Komfortable Reisebusse der Gesellschaft **Touring Eurolines** pendeln regelmäßig zwischen deutschen und tschechischen Großstädten mit einigen Zu- und Ausstiegsmöglichkeiten: Düsseldorf – Prag – Ostrau, Hamburg – Prag – Ostrau, Frankfurt/M. – Prag – Brünn, Köln – Prag – Brünn, Stuttgart – Ostrau, Karlsruhe – Prag. Auch gibt es eine regelmäßige Busverbindung von Berlin über Ústí nad Labem nach Prag. Das Busunternehmen Student agency pendelt mit modernen Reisebussen zwischen vielen deutschen und tschechischen Großstädten. Prags wichtigster Busbahnhof für Fernbusse liegt bei der Metro-Station Florence.

Mit der Bahn Gute Bahnverbindungen nach Prag bestehen von Stuttgart, Frankfurt am Main, Nürnberg, Berlin, Zürich (mit Umsteigen) und Wien. Platzkarten sind zu empfehlen; zuweilen werden Schlafwagen eingesetzt. Die meistbefahrene Trasse führt über Berlin und Dresden; für den südlichen Teil Deutschlands gibt es die Alternativstrecke über München, Regensburg und Pilsen bzw. über Frankfurt, Nürnberg und Eger. Von Berlin muss man mit 5 Std. Fahrzeit rechnen, von Wien gut 4½ Std., von Frankfurt am Main oder Stuttgart mit 10 bis 11 Std., von Zürich mit 14 Stunden. Die meisten Fernzüge treffen am Prager **Hauptbahnhof** (Hlavní nádraží; Praha 2, Wilsonova 16) ein, der unmittelbar an die Metrostation Hlavní nádraží anschließt. Die Züge aus und nach Berlin halten auch auf dem Bahnhof **Praha-Holešovice**. Wichtigster Bahnknotenpunkt neben Prag ist Plzeň.

Da das Bahnfahren in Tschechien wesentlich billiger ist als in den westlichen Nachbarländern, sollte man seine Fahrkarte nur bis zur Grenze lösen und dort eine neue Karte erstehen.

Die Landesgrenze zu Tschechien hat innerhalb der EU nichts mehrt Trennendes.

Mit dem Flugzeug

Tägliche Direktverbindungen bestehen von allen größeren deutschen Flughäfen. Regelmäßig wird Prag von Köln/Bonn und von Berlin-Schönefeld von Germanwings (www.germanwings.de) angeflogen. Non-Stop-Verbindungen aus Österreich gibt es von Wien und Innsbruck und in der Schweiz von Zürich und Genf.

Der **Flughafen Ruzyně** liegt 10 km westlich von Prag an der Straße nach Kladno. Vom Flughafen bestehen Pendeldienste zum Zentrum: Zubringerbusse der Fluggesellschaft ČSA über die U-Bahn-Station Dejvická (Linie A) zum Reisebüro Vltava (Revolucňí 25); Buslinien Nr. 254 und 119 zur U-Bahn-Endstation Dejvická (Linie A), Nr. 108 zur U-Bahn-Station Hradčanská (Linie A). Fahrkarten erhält man im Büro des ÖPNV im Flughafengebäude.

◂ ČSA

Das tschechische Luftfahrtunternehmen ČSA bedient das Streckennetz innerhalb Tschechiens sowie knapp 60 Destinationen auf vier Kontinenten. Tschechien ist über den Prager Flughafen Ruzyně und den Brünner Flughafen Tuřany an das internationale Flugnetz angeschlossen. Weitere Flugplätze befinden sich in Ostrava, Karlovy Vary und Pardubice. Die regionale Fluggesellschaft Air Ostrava fliegt zwischen Nürnberg und Prag sowie zwischen Ostrava und Wien.

◂ Ausländische Fluggesellschaften

Außer ČSA haben auch die großen Fluggesellschaften, die Linienflüge nach Prag anbieten, ständige Vertretungen in der tschechischen Hauptstadt bzw. am Flughafen Prag-Ruzyně.

Ein- und Ausreisebestimmungen

Reisedokumente

Zur Einreise in die Tschechische Republik sollten deutsche Staatsangehörige und Bürger anderer EU-Mitgliedsstaaten einen gültigen

ADRESSEN

FLUGGESELLSCHAFTEN

▶ **Deutsche Lufthansa**
Tel. (0 18 05) 83 84 26
(D = in Deutschland)
Tel. (08 10) 10 25 80 80
(A = in Österreich)
Tel. (0900) 900 933
(CH = in der Schweiz)
Tel. 234 008 234
(CZ = Tschechien)
www.lufthansa.com

▶ **Air Berlin**
Tel. (018 05) 737 800 (D)
Tel. (08 20) 737 800 (A)
Tel. (08 48) 737 800 (CH)
Tel. 800 142 285 (CZ)
www.airberlin.com

▶ **Austrian Airlines**
Tel. (0 18 03) 00 05 20 (D)
Tel. (05) 17 66 10 00 (A)
Tel. (044) 2 86 80 88 (CH)
Tel. 227 231 231 (CZ)
www.aua.com

▶ **Swiss**
Tel. (0 18 03) 00 03 37 (D)
Tel. (08 10) 81 08 40 (A)
Tel. 848 700 700 (CH)
Tel. 220 113 840 (CZ)
www.swiss.com

▶ **ČSA – Czech Airlines**
Tel. (0 18 05) 00 67 37 (D)
Tel. (08 00) 22 44 33 66 (A)
Tel. (08 48) 00 02 16
www.czechairlines.de
www.czechairlines.at
www.czechairlines.ch
www.csa.cz

EISENBAHN

▶ **České Dráhy Tschechische Bahnen**
Tel. 840 112 113 (CZ)
www.cd.cz

▶ **Deutsche Bahn AG**
Tel. 01 80/5 99 66 33 (D)
www.bahn.de

▶ **Österreichische Bundesbahnen (ÖBB)**
Tel. (05) 17 17 (A)
www.oebb.at

▶ **Schweizerische Bundesbahnen (SBB CFF FFS)**
Tel. (09 00) 300 300 (CH)
www.sbb.ch

LINIENBUS

▶ **Touring Eurolines**
Tel. (069) 79 03-501 (D)
Tel. 221 218 680 (CZ)
www.touring.de
www.touring.cz
www.eurolines.cz

Personalausweis oder **Reisepass** mit sich führen, und Kinder unter 16 Jahren sollten einen Kinderausweis mit Lichtbild besitzen oder im Elternpass eingetragen sein. Seit 2009 finden zwar keine Grenzkontrollen mehr statt, aber der mobile Zoll nimmt Stichproben vor. Wer dann kein Ausweisdokument vorweisen kann, muss eine Strafgebühr bezahlen. Außerdem wird der Identitätsnachweis an der Hotelrezeption, in einer Pension oder auf dem Campingplatz benötigt. Für einen Aufenthalt, der länger als 90 Tage geplant ist, muss ein Visum beantragt werden. Für schweizerische Staatsbürger ist ein gültiger Reisepass erforderlich.

◄ Fahrzeugpapiere

Mitzuführen sind der Führerschein, der Kraftfahrzeugschein und die Internationale Grüne Versicherungskarte. Kraftfahrzeuge müssen das ovale Nationalitätskennzeichen oder ein Euro-Kennzeichen tragen.

Haustiere

Nach EU-Regelung benötigen Hunde und Katzen seit 2004 bei Reisen innerhalb der EU-Länder einen veterinäramtlichen **Heimtierausweis**. Er enthält u. a. ein amtstierärztliches Gesundheitszeugnis, das höchstens 30 Tage alt sein darf, ein mindestens 20 Tage und höchstens elf Monate vor der Einreise ausgestelltes Tollwut-Impfzeugnis sowie ein Passbild. Außerdem muss das Tier einen Mikrochip oder eine Tätowierung tragen. Maulkorb und Leine sind mitzuführen. Schwierig kann die Unterbringung im Hotel werden – viele Häuser lehnen Haustiere ab oder verlangen einen Aufpreis. An allen Stränden und in den Naturparks besteht Leinenzwang.

Zollbestimmungen

Sei 2004 ist Tschechien Mitglied der EU, gehört also zum EU-Binnenmarkt, in dem der Warenverkehr für private Zwecke weitgehend zollfrei ist.

Es gelten gewisse **Höchstmengen** (z. B. für Reisende über 17 Jahren 800 Zigaretten, 10 l Spirituosen und 90 l Wein). Für Reisende aus Nicht-EU-Ländern, so auch Schweizer Staatsbürger, liegen die Freigrenzen für Personen über 17 Jahren bei 200 Zigaretten, 100 Zigarillos, 50 Zigarren oder 250 g Rauchtabak; ferner 2 l Wein und 2 l Schaumwein oder 1 l Spirituosen mit mehr als 22 Vol.-%-Alkoholgehalt oder 2 l Spirituosen mit weniger als 22 Vol.-%-Alkoholgehalt, 500 g Kaffee oder 200 g Kaffeeauszüge, 100 g Tee oder 40 g Teeextrakt, 50 g Parfüm oder 0,25 l Eau de Toilette. Für See- und Flugreisende sind ferner abgabenfrei Waren bis zu einem Wert von 430 €, für Bahn- und PKW-Reisende bis 300 €. Bei Personen unter 15 Jahren liegt die Freimengengrenze bei 175 €.

◄ Wiedereinreise in die Schweiz

Bei der Wiedereinreise in der Schweiz liegt die Freigrenze für Spirituosen bei 1 l Spirituosen mit mehr als 15 Vol.-%-Alkoholgehalt oder 2 l Spirituosen mit weniger als 15 Vol.-%. Zollfreie Souvenirs dürfen einen Warenwert von 300 CHF nicht überschreiten.

Reiseversicherungen

Krankenversicherung

Versicherte deutscher Krankenkassen haben im Krankheitsfall in Tschechien Anspruch auf **ärztliche Behandlung** nach den in Tschechien gültigen Vorschriften. Seit 2005 gilt innerhalb der EU die Europäische Krankenversicherungskarte (E.H.I.C.). Auch mit dieser Karte muss ein Teil der Kosten selbst bezahlt werden, sodass der Abschluss einer zusätzlichen **Reise-Krankenversicherung** zu empfehlen ist. Schweizer müssen die ärztliche Behandlung und Medikamente selbst bezahlen.

Auskunft

Touristinformationen Touristinformationen gibt es in Tschechien in allen größeren Städten (meist sind sie auf dem Marktplatz zu finden) und in bedeutenden Urlaubszentren. Anschriften und Telefonnummern findet man im Branchentelefonbuch (»Zlaté stránky«). Oft heißen sie informační centrum oder informační středisko. In Prag gibt es mehrere Informationsbüros.

WICHTIGE ADRESSEN

DEUTSCHLAND

www.czechtourism.com

▸ **Tschechische Zentrale für Tourismus – Czech Tourism**
Große Friedberger Str. 6
D-60313 Frankfurt am Main
Tel. (069) 21 99 85 87

▸ **Tschechische Zentrale für Tourismus/ Czech Tourism**
Wilhlemstr. 44, D-10117 Berlin
Tel./Fax (030) 204 47 70

▸ **Tschechisches Zentrum**
Friedrichstr. 206
D-10969 Berlin
Tel. (030) 208 25 92
Fax (030) 204 44 15
www.czechcentres.cz/Berlin

ÖSTERREICH

▸ **Tschechische Zentrale für Tourismus**
Herrengasse 17
A-1010 Wien
Tel. (01) 53 32 19 33
www.czechtourism.com

SCHWEIZ

▸ **Tschechische Zentrale für Tourismus**
Wildenstrasse 9
CH-8049 Zürich
info-ch@czechtourism.com

TSCHECHIEN / PRAG

▸ **Tschechische Zentrale für Tourismus/CzechTourism**
Vinohradská 46
CZ-12041 Praha 2
Tel. 221 580 111
www.czechtourism.com

▸ **Prager Informationszentrum (PIS)/ Pražská informační služba**
Altstädter Rathaus
Staroměstské nám. 1
CZ-11000 Praha 1
Tel. 12 444, 221 714 444
www.praguewelcome.cz
Zweigstellen: Hauptbahnhof (Hlavní nádraží), Kleinseitner Brückenturm (Malostranká mostecká věž), PIS (Rytířská 31).
Monatlich erscheint das Veranstaltungsheft »Downtown« mit Informationen zum Kino- und Theaterprogramm sowie einer Übersicht der Konzerte, Ausstellungen und anderer Veranstaltungen. In Deutsch enthält der »Prag Reiseführer« ebenfalls das monatliche Kinoprogramm.
Das alle drei Monate erhältliche Heft »Prague in your pocket« bietet einen guten Leitfaden mit

vielen nützlichen Adressen, guten Hinweisen und Tipps: www.inyourpocket.com.

TSCHECHISCHE BOTSCHAFT

▶ **In Deutschland**
Wilhelmstraße 44
D-10117 Berlin
Tel. (030) 22 63 80
Fax (030) 229 40 33
www.mzv.cz

▶ **In Österreich**
Penzingerstraße 11–13
A-1140 Wien
Tel. (01) /89 95 81 11
Fax (01) 894 12 00
www.mzv.cz/vienna

▶ **In der Schweiz**
Muristrasse 53
CH-3000 Bern 16
Tel. (031) 350 40 70
Fax (031) 350 40 98
www.mzv.cz/bern

Die Deutsche Botschaft residiert im Prager Palais Lobkowitz.

BOTSCHAFTEN IN TSCHECHIEN

▶ **Deutsche Botschaft**
Vlašská 19 (Palais Lobkowitz)
CZ-11801 Praha 1
Tel. 257 113 111
Fax 257 534 056
www.deutsche-botschaft.cz

▶ **Österreichische Botschaft**
Viktora Huga 10
CZ-12543 Praha 5
Tel. 257 090 511
Fax 257 316 045
www.austria.cz

▶ **Schweizer Botschaft**
Pevnostní 7
CZ-16201 Praha 6
Tel. 220 400 611
Fax 224 311 312
www.eda.admin.ch

INTERNET

▶ **www.czech.de**
Die Homepage des tschechischen Außenministeriums bietet Basisinformationen über das Land.

▶ **www.czechtourism.com**
Offizielle Seite der Tourismusvertretung von Tschechien. Bestellung von Infomaterial zu bestimmten Regionen und Themen sowie allgemeine Informationen zum Reiseland Tschechien.

▶ **www.cz-museums.cz**
Wer sich für den Besuch von Ausstellungen und Museen interessiert, kann sich auf der englischsprachigen Site einen Überblick verschaffen.

▶ **www.zamky-hrady.cz**
Informationen über die Burgen und Schlösser rund um Prag.

Mit Behinderung in Tschechien

Eine Reihe von Institutionen erteilt Auskunft über behindertengerechte Einrichtungen, organisiert Gruppenreisen, vermittelt geschulte Reisehelfer und hilft bei Individualreisen.
Prag ist noch nicht so sehr auf Behinderte eingestellt. Viele öffentliche Gebäude sind nur über Treppen zugänglich. Die Prager Behindertenvereinigung »Sdružení zdravotně postižených« verleiht Rollstühle und vermietet speziell ausgerichtete Autos.
Auch die Tschechischen Bahnen erteilen Hilfestellung für Reisende, stellen besondere Abteile zur Verfügung oder organisieren den Weg zum Bahnhof. Dies muss jedoch mindestens vier Tage im Voraus angemeldet werden.

ADRESSEN

▸ **Bundesarbeitsgemeinschaft des ClubsBehinderter und ihrer Freunde e. V.**
Langenmarckweg 21
D-51465 Bergisch-Gladbach
Tel. (022 02) 989 98-11
www.bagcbf.de

▸ **Sdružení zdravotně postižených**
Praha 8, Karlínské náměstí 12
Tel. 224 816 907

▸ **Tschechische Bahnen**
Tel. 840 112 113
www.cd.cz

Elektrizität

Die Netzspannung beträgt 220 Volt, nur in manchen Altbauwohnungen noch 120 Volt. Adapter sind in der Regel nicht erforderlich.

Essen und Trinken

Restaurants und Weinstuben

Die tschechische Gastronomie ist ebenso wie die Hotelszene bunter geworden – vor allem natürlich in den Großstädten Prag und Brünn, aber auch in Universitätsstädten wie Olmütz. McDonalds findet sich meist in prominenter Lage an den Hauptplätzen oder Haupteinkaufsstraßen, dementsprechend teuer ist das Einheits-Fast-Food

Als Grundlage zum Nationalgetränk werden in Bierstuben deftige Gerichte serviert.

dann auch. Sieht man einmal von Ketten wie diesen ab, kann man in Tschechien immer noch günstig essen.
Außer den Restaurants (restaurace) gibt es auch in vielen Weinstuben (vinárna) oder Bierstuben (pivnice) warme Küche. Snacks, Kuchen und Mehlspeisen bekommt man in den Cafés (kavárna).
Die Bedienung ist inbegriffen; für gute Serviceleistungen gibt man jedoch ein **Trinkgeld** von 5 bis 10 % vom Rechnungsbetrag.

Deftige Küche

Man isst gern in Böhmen und Mähren, und zwar vor allem bodenständig und deftig. Kalorienbewusste Menschen und Vegetarier haben es nicht leicht angesichts der Übermacht der Fleischgerichte, der heiß geliebten Bratensoßen, in denen die Knödel sich wie Schwämme vollsaugen, und der reichen Auswahl an süßen Mehlspeisen, bei denen weder an Sahne noch anderen »Dickmachern« gespart wird. Gemüse und Salate führen traditionell eher ein Schattendasein, der zarte südmährische Spargel und die Znaimer Gurken, beide Bestandteile der mährischen Küche, bilden da die Ausnahme. Vor allem bei den Mehlspeisen verraten einige Rezepte Anleihen aus der bayerischen und österreichischen Küche.

! *Baedeker* TIPP

Ein gutes Paar

Für den Hunger zwischendurch bietet sich der »tschechische Hotdog« an, der an Kiosken im ganzen Land verkauft wird und »párek v rohliku« genannt wird. Das heiße Würstchen wird ins hörnchenartige Weißbrot geschoben und mit Senf oder Ketchup versehen.

Typische Gerichte

Heiße Sattmacher: Suppen

Als Vorspeise wird in Tschechien gerne eine deftige Suppe gegessen. Vorzüglich schmecken die Riesengebirgs-Sauersuppe aus saurer Sahne, Kartoffeln und Pilzen, die mährische Krautsuppe und die Kartoffelsuppe aus dem Böhmerwald.

Niemals ohne: Fleisch und Fisch

Schweinebraten mit Blau- oder Weißkraut und Knödeln ist das unumstrittene **Nationalgericht** in Tschechiens Küche, dicht gefolgt von Enten- und Gänsebraten, die mit denselben Beilagen serviert werden. Eine weitere Spezialität der böhmisch-mährischen Küche sind **Wildgerichte** wie Rehkeule, Wildschweinbraten oder gespickter Hase. Neben Wild findet man aber auch gedünstetes Rindfleisch, Rindsgulasch, Lungenbraten und verschiedene Würstchensorten (Brat- und Speckwürste, Prager Würstchen sowie gewürzte Knackwürste) fast auf jeder Speisekarte. Fischgerichte sind eine willkommene und vor allem sehr leckere Abwechslung zu den vielen Fleischspeisen. In Südböhmen, wo in den Teichen seit Jahrhunderten Fische gezüchtet werden, kommen Forelle, Hecht, Zander und Karpfen garantiert frisch auf den Tisch.

Beilage Nummer eins: Knödel

Was wäre die böhmische Küche ohne Knödel? Trotz der Konkurrenz von Pommes frites und Nudeln sind **Semmel- und Kartoffelknödel** immer noch die beliebtesten Beilagen. Es gibt sie in verschiedenen Variationen: zum Beispiel als Servietten-, Prager Grieß-, oder Palffyknödel. Speckknödel mit Schinkenspeck, Spinat oder gerösteten Zwiebeln gefüllt, werden sehr gern als Hauptmahlzeit gegessen. Die süße Variante des böhmischen »Grundnahrungsmittels« heißt **Obstknödel** und wird aus Hefe- oder Brandteig hergestellt. Die Knödel werden mit Zwetschgen (auch Pflaumen), Marillen (Aprikosen), Kirschen oder Blaubeeren gefüllt, dann mit goldgelb gerösteten Semmelbröseln überstreut und mit zerlassener Butter gereicht.

! *Baedeker* TIPP

Literarische Köstlichkeiten

Der Schriftsteller Franz Werfel hat den köstlichen Obstknödeln in seinem Roman »Barbara oder die Frömmigkeit« mehr als 1000 Worte gewidmet!

Süße Verführung: Mehlspeisen

Ob als Nachtisch oder als würdiger Ersatz für Kuchen oder Torte – die böhmischen Mehlspeisen gehören mit zum Besten, was die Küche unseres östlichen Nachbarn zu bieten hat. Am bekanntesten ist sicher **warmer Apfelstrudel**, gefüllt mit säuerlichen Äpfeln und Rosinen, mit flüssiger Butter überstrichen und mit Puderzucker bestreut, aber auch **marmeladegefüllte Buchteln** mit Vanillesoße, Böhmischer Kirschstrudel oder die köstlichen, pflaumenmusgefüllten **Powidltaschen** sollte man unbedingt einmal probieren. Die absolute Nummer eins unter den böhmischen Mehlspeisen wird man in nahezu jedem Café oder Restaurant auf der Speisekarte finden: **Palatschinken**, ein mit Obst, Marmelade, Schokoladensoße, Eis, manchmal auch mit Quark gefüllter Eierpfannkuchen, der meist noch mit einer großen Portion Schlagsahne garniert wird.

Getränke

Mineralwasser, Kaffee

Zum Essen wird entweder Wein, Bier, Saft oder Mineralwasser getrunken. Das bekannteste Mineralwasser stammt aus Karlsbad und heißt Mattoni. Nicht nur die süßen Mehlspeisen, auch die verhältnismäßig **große Auswahl an Kaffee** scheinen ein Erbe aus der k.-u.-k.-Zeit zu sein. Neben Spezialitäten wie Wiener Kaffee (Vídeňská káva) mit Zucker und reichlich Schlagsahne gibt es natürlich auch den »normalen« Filterkaffee oder den nach türkischer Art gebrühten, bei dem das Kaffeepulver in der Tasse oder im Glas verbleibt. Dass italienische Kaffeesorten seit einiger Zeit den tschechischen Markt erobern, ist kaum zu übersehen: Espresso und Cappuccino gehören mittlerweile überall ins Repertoire der Cafés.

Bier

►Baedeker Special S. 88/89

Wein

In Weinstuben werden neben internationalen Weinen vor allem einheimische Rebsäfte angeboten. Besonderen Genuss verspricht der mindestens drei Jahre, davon zwei im Fass, gereifte Archivwein (Archivní Víno). Von den böhmischen Elbhängen bei Mělník stammen die Trauben der Sorte Ludmilla, und der rote Burgunder Žernosecky reift in einem der nördlichsten europäischen Anbaugebiete bei Velké Žernoseky. Aus Südmähren kommen Qualitätsweine der Anbaugebiete zwischen Mikulov und Znojmo sowie aus Valtice. Gelegentlich schenkt man auch sehr gute Weine vom slowakischen Nachbarn aus, diese stammen vor allem von den sonnenverwöhnten Hängen der Kleinen Karpaten bei Bratislava.
Der Lindenblütler (Bzenecká Lípka) kommt aus Südmähren hat ein feines Bukett mit Rieslingcharakter und schmeckt zu gegrillten Fleischspeisen. Ebenfalls aus Südmähren kommt der Pálavské (Pallauer), ein Weißwein mit einem vollen und harmonischen Geschmack, der zu Ente und Fasan serviert wird. Der Ruländer (Rulandské) ist vollmundig und aromatisch und passt zu warmen Vorspeisen, zu Kalbfleisch und Geflügel.
Der Graue Burgunder, Rulandské šedé, hat ein feines Aroma und schmeckt am besten zu kalten Gerichten. Der Rýzlink Rnský (Rheinriesling) ist ein voll und harmonisch schmeckender, eleganter Weißwein, passend zu kalten Vorspeisen und Fisch. Zu kalten Gerichten schmeckt auch der Ryzlink Vlašský, der ein frisches, harmonisches Aroma aufweist. Den vollmundigen Grünen Silvaner, Sylvanské zelené, gibt es zu Geflügel und Gänseleber. Veltlínské zelené, der Grüne Veltiner, ist würzig bis feurig und ideal zu kalten Gerichten. Zlatý hrozen, Goldene Rebe, schmeckt leicht würzig und gut zu Fisch und kalten Gerichten.

◄ weiter S. 90

Bierbrauen mit Tradition: Brauerei Budweiser in České Budějovice

DAS NATIONALGETRÄNK

Die Tschechen zählen zu den eifrigsten Biertrinkern der Welt -- Bier gilt als Nahrungsmittel! Dass es auch zu jeder Gelegenheit passt, beweist Josef Schwejk, der in seiner Prager Stammkneipe, am Tag nach der Ermordung des österreichischen Thronfolgers in Sarajevo ein Schwarzbier bestellt mit den Worten: »In Wien ham sie heut auch Trauer.«

Landesweit kommt tschechisches Bier aus über 60 Brauereien. Dazu gesellen sich die in den letzten Jahren neu entstandenen 20 Mini-Brauereien, deren Biere zumeist nur im eigenen Haus ausgeschenkt werden. Zusammen bringen sie es im Jahr immerhin auf 19 Mio. hl fast ausschließlich untergäriges Bier.

Der Hopfen macht's

Seinen Weltruf verdankt das tschechische Bier dem glücklichen Umstand, dass alle drei Bier-Grundstoffe in bester Qualität im Land vorhanden sind – weiches Brauwasser, Malz aus mittelböhmischer Gerste und vor allem der einzigartige Hopfen. Er wird in Nordböhmen um Žatec, Roudnice, Úštěk und Dubá angebaut. Lange war die Ausfuhr von Setzlingen bei Todesstrafe verboten. Chroniken berichten seit dem 9. Jh. über den Hopfenanbau, schon seit dem 12. Jh. wurde böhmischer Hopfen auf dem Hamburger Hopfenmarkt gehandelt. Heute wird er in alle Welt als »Saazer Roter« oder »Böhmischer Hopfen« exportiert.

Biergeschichte

Die erste urkundliche Erwähnung des Brauens in Böhmen stammt aus dem 11. Jh., doch sicher wurde die Kunst schon lange zuvor beherrscht. Die Könige von Böhmen räumten jedem Untertanen das Braurecht ein, wodurch Pilsen, Budweis und Prag schon im 13. Jh. eigene Braustätten besaßen. Viele Hopfenzüchter und Bauern verzichteten jedoch im Laufe der Zeit auf ihr Braurecht und lieferten die Ernte in den Brauereien ab. Dafür erhielten sie ein Kontingent Bier, das sie selbst tranken oder in Schenken anboten. Um die Mitte des 16. Jh.s wurde das böhmische Bier – nicht nur mit Hopfen, sondern auch mit Wacholder, Lorbeer oder Muskat gewürzt und überwiegend unter Verwenden eines Teils Weizenmalz obergärig gebraut – in ganz Europa gerühmt und fand sich als edles Getränk auf den Tischen der Mächtigen. Bis in die erste Hälfte des 19. Jh.s behielt man diese traditionelle Brauweise bei. Dann führte Braumeister František O. Poupě in Böhmen die untergärige Brauart ein.

Die beiden berühmtesten Biere aus Tschechien: Pilsner und Budweiser

1839 beschlossen die Bürger der Stadt Pilsen die Gründung einer städtischen Brauerei. Verdienste erwarb sich dabei der bayerische Braumeister Josef Groll, der sofort auf Spitzenqualität achtete und 1842 die Pilsener Brauart erfand: Ein klares, goldfarbenes und langlagerndes Bier, den Urtyp des heutigen Pils. Es stieg in ganz Europa zum Modegetränk auf. Da man übersehen hatte, den Namen rechtlich zu schützen, wurden bald überall Biere nach Pilsener Art gebraut.

Das Angebot

Grundsätzlich unterscheidet man helle (světlé) und dunkle (tmavé) Biere. Die bezeichnenden Gradangaben beziehen sich übrigens nicht auf den Alkoholgehalt des Bieres. Angegeben wird die Dichte des Bieres in »Grad Plato«, dem Anteil der löslichen Stoffe in der Würze vor der Gärung. Der Alkoholgehalt nach Gewicht beträgt etwa ein Drittel dieses Werts. Danach lassen sich die Biere weiter unterscheiden in Schankbiere mit höchstens 10 (3 bis 4 Vol.-% Alkohol), Lagerbiere mit höchstens 12 (ca. 5 Vol.-% Alkohol) und Spezialbiere mit 13 Dichte und mehr.

Die leichten, meist hellen Schankbiere zwischen 7 und 10 sind beliebte, weil alkoholarme Durstlöscher. Am bekanntesten sind das »Gambrinus« aus Plzen, das »Staropramen« aus Prag-Smíchov und das »Pražanka« aus Prag-Holešovice. Als eines der besten gilt das »Dalila« aus České Budějovice. Die meist goldfarbenen Lagerbiere (11 – 12) zeichnen sich durch einen satten Geschmack und eine sahnige Schaumhaube aus. Das berühmteste aller böhmischen Biere ist das »Pilsner Urquell« (Plzeňský Prazdroj), das in seiner Heimat noch besser mundet als in der Exportversion. Das hopfenbittere Bukett und der volle Geschmack kommen vom Saazer Hopfen und den Eichenholzfässern, in denen das Bräu heranreift. Hoch in der Gunst steht das »Budweiser« (Budvar) aus České Budějovice. Es ist weicher und ein wenig süßer als das »Pilsner Urquell« und hat rein gar nichts mit dem US-Massenbier gleichen Namens zu tun. »Staropramen« in Prag ist die größte Brauerei in Tschechien, hier wird Lagerbier produziert. Weitere beliebte Biere dieses Typs sind das »Velkopopovický kozel« mit feinem Hopfengeschmack und festem Schaum aus dem mittelböhmischen Velké Popovice, das dunkle Brünner »Starobrno« und das »Radegast« aus Novošice. Unter den Spezialbieren hat sich das cremige »Velvet« als Szenegetränk etabliert, traditioneller sind die süffigen vierzehngrädigen Hellen wie das Prager »Braňiker« oder das »Diplomat« (18) aus der Pilsener Gambrinus-Brauerei.

Rotwein Der Blaufränkische, Frankovka, schmeckt feinfruchtig und passt zu Ente, Gegrilltem und Rinderbraten. Einen vollmundigen Geschmack hat der Ruländer, Rulandské, der zu Gegrilltem, Wild und Fasan getrunken wird. Rassig und samtig ist der Vavřinecké (Sankt Lorenz), der zu Wild und Gegrilltem besonders gut schmeckt.

Spirituosen Bier ist zwar das beliebteste alkoholische Getränk aus Tschechien, keineswegs aber das einzige. Berühmt sind auch die tschechischen Schnäpse wie der Pflaumenbranntwein Slibowitz (slivovice) und der Hannaker Korn (hanácká) aus Mähren sowie der Aprikosengeist (meruňkovice). Nach einem reichlichen Mahl fördern der weltberühmte Karlsbader Becher-Bitter (Becherovka), die so genannte 13. Quelle Karlsbads, oder der Gebirgskräuterlikör Altvater Urquell (Pravý Praděd) die Verdauung.

! *Baedeker* TIPP

Beton aus Becherovka

Mischt man den süßen Kräuterlikör mit Tonic Water, so entsteht ein früher beliebtes Getränk namens »Beton«, das gerne als Aperitif eingenommen wurde. Heute entstehen mit Becherovka eher aufwändigere Cocktails.

Feiertage · Feste · Events

FESTKALENDER

FEIERTAGE

1. Januar (Neujahr)
Ostermontag
1. Mai (Tag der Arbeit)
8. Mai (Tag der Befreiung Prags, 1945)
5. Juli (Tag der Slawenapostel Kyrill und Method)
6. Juli (Todestag von Jan Hus: Verbrennung in Konstanz im Jahr 1415)
28. September (Tag des böhmischen Landespatrons Wenzel)
28. Oktober (Gründungstag der Tschechoslowakei, 1918)
17. November (Tag des Kampfes für Freiheit und Demokratie)
24. Dezember (Heiligabend)
25. und 26. Dezember (Weihnachten)

AUSKUNFT

Detaillierte Informationen über Veranstaltungen und Feste erteilt die Tschechische Zentrale für Tourismus in ihren Zweigstellen. Hier ist auch der »Kalender des Fremdenverkehrs Tschechische Republik« erhältlich, in dem sämtliche Veranstaltungen des Landes mit Terminen aufgelistet und beschrieben sind.

JANUAR

▸ **In vielen Orten**
In den ländlichen Regionen Tschechiens endet die Weihnachtszeit oft mit dem Dreikönigsumzug am 6. Januar. Dieser Brauch wird vor allem in Schlesien und Mähren gepflegt.

FEBRUAR

▶ **In vielen Orten**
Die schönsten, farbenprächtigsten Fastnachtsumzüge findet man in Städten Südböhmen (Strakonice und Horažd'ovoice) und auf der Böhmisch-Mährischen Höhe (Hlinsko). Die Todesgöttin Morena wird bei diesen Umzügen als Symbol des Winters fortgetragen und macht so Platz für den Frühling. In Südböhmen wird bei diesen Umzügen auch eine lustige Hochzeit nachgestellt.

▶ **Brno**
Janáček-Musikfestspiele

▶ **Prag**
Matthias-Kirmes auf dem Ausstellungsgelände

▶ **Bedřichov bei Liberec**
Isergebirgs-Skimarathon »Jizerská padesátka«. Der populärste Skiwettlauf des Landes.

MÄRZ

▶ **Prag**
Theaterfestival bis Ende Oktober. Internationales Musikfestival »Prager Frühling«, bei dem Opern- und Ballettaufführungen sowie Konzerte mit weltbekannten Orchestern, Dirigenten und Solisten auf dem Programm stehen.

▶ **Turnov und Sychrov**
Musikfestival »Dvořáks Turnov und Sychrov«

▶ **In vielen Orten**
Ostergertenschlagen: Vor Ostern werden überall einjährig geflochtene Weiden verkauft. Mädchen und Frauen sollen durch das »Schlagen« mit den Weidengerten symbolisch verjüngt werden.

MAI

▶ **Ostrava**
Janáček-Musikfestival

▶ **Vlčnov und Hluk (und in anderen Städten in Mähren)**
Folklorefest mit dem traditionellen Königsritt am letzten Sonntag im Mai: Ein Knabe reitet in Mädchenkleidern auf einem weißen, reich geschmückten Pferd und hält eine weiße Rose im Mund. Neben ihm reiten zwei mit Säbeln bewaffnete Adjutanten sowie Herolde, die des Königs Ankunft melden und einen Obolus fordern.

JUNI

▶ **Strážnice**
Internationales Folkorefestival

▶ **Teplice**
Die Stadt richtet ein Schostakowitsch-Festival aus.

▶ **Třeboň**
»Concertino«: Konzerte junger Nachwuchstalente

JULI

▶ **Karlsbad**
Die Hollywood-Stars geben sich bei diesem Filmfestival zum Anfassen. Der Wettbewerb wurde 1946 gegründet. Neben Cannes, Berlin und Venedig in der A-Kategorie eingestuft.
Filmovy Festival Karlovy Vary, Panská 1, Tel. 221 41 10 11/22, www.iffkv.cz

▶ **Rožnov pod Radostěm**
Folklorefestival

▶ **Strážnice**
Hier findet ein Internationales Folklorefestival statt.

▶ **Český Krumlov**
Mittelalterfestspiele »Fünfblättrige Rose«

▶ **Chrudim**
Marionettenfestival

▶ **Znojmo**
Historische Ritterspiele

JULI/AUGUST

▶ **Prag**
»Prager Kultursommer« mit Konzerten, Theater, Folkloredarbietungen, Ausstellungen etc.

▶ **Hradec Králové**
Jahrestag der Schlacht bei Königgrätz (3./4. Juli), u. a. werden Kampfszenen in historischen Kostümen nachgestellt.

▶ **Litomyšl**
Internationales Opernfestival »Smetanas Litomyšl«

▶ **Třeboň**
Wittingauer Kultursommer

AUGUST

▶ **Brno**
Grand Prix Motorradstraßenrennen

▶ **Domažlice**
Chodenfestival

▶ **Mariánské Lázně**
Chopin-Musikfestival

▶ **Písek**
Goldwäscherwettbewerb (erster Samstag im Monat)

▶ **Valtice**
Musikfestspiele in historischen Kostümen

SEPTEMBER

▶ **Strakonice**
Dudelsackpfeiferfestival

▶ **Žatec**
Hopfenerntedankfest: Fest zu »Ehren« der Bierzutat.

▶ **Brno**
Internationale Musiktage

▶ **Prag**
Internationales Jazzfestival

NOVEMBER

▶ **Prag**
Festmusik für Advent und Weihnachten findet in allen Prager Kirchen statt. Karten: www.bohemiaticket.cz

DEZEMBER

▶ **Prag**
Weihnachtsmarkt am Altstädter Ring: Handwerk, Puppenspieler, Lebkuchenbäcker. Zu Heiligabend singt Gott – der Karel, die »Goldene Stimme« – traditionell live.

▶ **Ostmähren**
Am 5. Dezember Nikolausumzüge mit »Teufeln«. Am 6. Dezember »Weihnachtsbetteln« von Haus zu Haus, Weihnachtsmärkte und schöne Weihnachtskrippenaustellung.

Geld

Währung

Die Landeswährung heißt Koruna Česka (Tschechische Krone), Abk. Kč. Die Krone ist frei konvertierbar. Es sind folgende Geldscheine im Umlauf: Kč 20, 50, 100, 200, 500, 1000, 2000 und 5000. Münzen gibt es zu 1, 2, 5, 10, 20 und 50 Kč. Eine Krone besteht aus 100 haléř (Heller).

Wechselkurse

100 Kč = ca. 4 €
1 € = ca. 25 Kč
100 Kč = 5,07 CHF
1 CHF = 19,67 Kč

Aktuelle Wechselkurse: www.oanda.com

Devisenbestimmungen

Bis zu 350 000 Kč dürfen frei ein- und ausgeführt werden. Höhere Geldbeträge sind den Grenzbehörden mitzuteilen und bestätigen zu lassen. Andere frei konvertierbare Währungen unterliegen keinen Beschränkungen.

Geldwechsel

Der Gebührenvergleich vor dem Umtausch lohnt sich: Wechselstuben, Reisebüros und Hotelrezeptionen verlangen oft sehr hohe Gebühren (zwischen 4 und 7 %), in Prag bis zu 10 % – aber es gibt auch positive Ausnahmen! Die irreführende Werbung »Keine Gebühr« bedeutet in der Regel einen ungünstigeren Wechselkurs.
An den zahlreich vorhandenen **Geldautomaten** in Prag lässt sich mit Kredit- und Bankkarten – in Kombination mit der Geheimnummer – problemlos rund um die Uhr Geld abheben. Die meisten internationalen Kreditkarten werden von Banken, Hotels, Restaurants, Autovermietern und vielen Einzelhandelsgeschäften akzeptiert. Bei Verlust unverzüglich die Karte sperren lassen!

> **i Karte verloren?**
>
> - Den zentralen Sperr-Notruf für Bank-, Kredit-, Krankenversicherungskarten und Handys erreicht man unter: **Tel. (00 49) 116 116**

Banken

Banken sind in der Regel 9.00 – 17.00, selten bis 18.00 Uhr geöffnet.

Gesundheit

Ärztliche Hilfe

Bei Erkrankungen sollte man sich zunächst an die Hotelrezeption oder an die Reiseleitung wenden, diese vermittelt einen in schwereren Fällen in eine Ambulanz, in ein Krankenhaus (tschechisch = ne-

NÜTZLICHE ADRESSEN

BEREITSCHAFTSDIENST

► **Notarzt/Unfallrettung**
Tel. 112 (auch in Mobiltelefonnetzen)
Tel. 155

► **Notdienste**
►dort

► **Ärztlicher Bereitschaftsdienst in Prag**
Praha 1, Palackého 5
Tel. 224 949 181

► **Zahnärztlicher Bereitschaftsdienst in Prag**
Praha 1, Palackého 5
Tel. 224 946 981

NOTAUFNAHMEKLINIKEN IN PRAG

► **Na Homolce**
Praha 5, Roentgenova 2
Tel. 257 271 111
Im Fall einer Erkrankung wird jeder Patient in jedem Krankenhaus behandelt. Im Krankenhaus Na Homolce gibt es eine Abteilung für privat versicherte Ausländer.

mocnice) oder in eine Spezialklinik zur medizinischen Versorgung. Das Niveau der medizinische Versorgung ist in der Regel befriedigend bis ausreichend, manchmal sogar besser als daheim.

Apotheken (lékarna) Obwohl es in Tschechien genügend gut sortierte Apotheken gibt, kann die Suche nach einem speziellen Medikament unter Umständen Schwierigkeiten bereiten. Wer ein bestimmtes Medikament regelmäßig einnehmen muss, sollte es deshalb besser von zu Hause mitbringen. In vielen Fällen sind in Tschechien andere, gleichwertige Arzneimittel auf dem Markt, die in Deutschland nicht zugelassen sind. Außerdem sind hier viele westliche pharmazeutische Produkte erheblich günstiger zu haben.
Apotheken in Tschechien sind in der Regel werktags 8.00 – 18.00 Uhr, samstags 8.00 – 12.00 Uhr geöffnet. Ein Notdienstplan für das Wochenende bzw. für die Feiertage hängt meist aus. In Prag gibt es einige Apotheken, die rund um die Uhr geöffnet sind, u. a. die im Stadtteil 1, Palackého 5, Tel. 02/249 46 98 2.

Mit Kindern unterwegs

Die Tourismusbranche in Tschechien ist bisher kaum auf Familien mit Kindern eingestellt. Entsprechende Angebote fehlen also. Trotzdem sollte es den Kindern – mit entsprechender Vorbereitung und überlegter Wahl des Aufenthaltortes – nicht langweilig werden. Die besten Tipps für die Kleinen finden Sie im gegenüberstehenden Kasten aufgelistet.

WOHIN MIT KINDERN?

URLAUB AUF DEM BAUERNHOF

▸ Informationen

Das European Center for Eco Agro Tourism unterstützt auch tschechische Landwirte, insbesondere Ökobauern, dabei, in der Tourismusbranche Fuß zu fassen. Angebote finden sich auf ihrer Website www.eceat.cz. Eine nach Regionen geordnete Website (www.prazdninynavenkove.cz) listet die Angebote diverser Landhotels, Gutshöfe und Campingplätze auf. Über die klassischen Möglichkeiten des Stallbesuchs hinaus, bieten viele auch Kutschfahrten, Ausritte, Radtouren und Ausflüge an.

PARKS

▸ Zoologischer Garten Prag

Zoologická zahradaa Praha 7, U Trojskeho zámku 3/120.
Öffnungszeiten: April, Mai, Sept., Okt. 9.00 – 18.00, Juni – Aug. bis 19.00, Nov. – Feb. bis 16.00 Uhr.
Der Klassiker unter den tschechischen Tierparks.

▸ Safaripark

Beim ostböhmischen Dvůr Králové liegt ein Safaripark, in dem sich die Tiere frei bewegen dürfen.

▸ Lidové sady Petra Bezruče

Der weitläufige Park am östlichen Stadtrand von Liberec bietet einen Zoo und botanischen Garten.
Öffnungszeiten: April – Okt.
tgl. 8.00 - 18.00
Nov. – März 8.00 - 17.00 Uhr

▸ Veteran Muzeum

Vikýřovice / Šumpere, U Lávky 3
Öffnungszeiten: April – Okt. tgl. 8.00 – 20.00, Nov. – März 8.00 – 17.00 Uhr
Freilichtmuseum mit Tierpark auf dem Areal eines alten Bauernhofes. Hier kann man auch Ponys reiten und zelten.

MUSEEN UND BURGEN

▸ Marionettenmuseum

Chrudim, Břetislalova 74
Öffnungszeiten: März u. Okt. Mo. – Fr. 9.00 – 17.00, Sa., So. 13.00 – 17.00; April, Mai, Sept. tgl. 9.00 – 17.00; Juli, Aug. tgl. 9.00 – 18.00 Uhr; Führungen
Zu sehen sind Marionetten aus aller Herren Länder; es darf auch selbst gespielt werden.

▸ Burg Buchlau

Öffnungszeiten: tgl. 9.00 – 16.00
»Mittelalter zum Anfassen« gibt es in der Schwarzen Küche und im Rittersaal.

EVENTS

▸ Dampferfahrt

Dampferfahrten auf der Moldau bieten Ausblicke für Groß und Klein. Von Prag aus kann man auch bis zur Slapy-Talsperre südlich der Stadt fahren.

▸ Puppentheater

Gleich zwei Bühnen widmen sich dieser kleinteiligen Kunst:

Puppenreich (Říše loutek)
Nationaltheater der Marionetten
Praha 1, Žatecká 1

Spejbl und Hurvínek (Divadlo Speijbla a Hurvinka)
Praha 6, Dejvická 38
(auch deutschsprachige Aufführungen)

Knigge

Über den Prager Humor und andere Feinheiten

Nimm's locker. Beim Humor gibt es den feinen englischen, den schwarzen, den Galgenhumor und als Steigerung den Prager Humor. Der beginnt britisch fein, wird schwarz und hängt schließlich wie ein Halunke am Galgen. Als Zuhörer darf man nicht empfindlich sein. Schließlich heißt es: »Der Tscheche ist nicht freundlich, aber menschlich.« Der Prager ist also oft unhöflich, aber niemals unmenschlich. Alle Tschechen lieben den Kaiser! Es ist zwar etwas länger her, dass Karl IV., der Landesvater, lebte. Aber im Bewusstsein der Nation ist er immer noch aktuell. Und manchmal hat der Tscheche wirklich Sehnsucht nach der Monarchie. Also soll man als Fremder auch vom großen Karl IV. und seiner Baukunst (nicht nur in Prag) schwärmen. Trotz EU-Osterweiterung sollte man geografisch genau auf die Lage achten. Die Tschechen fühlen sich nicht als ein Volk des Ostens. Sie betonen: **»Wir sind eine westliche Nation.«** Der Akzent liegt immer auf dem Westen. Auf diese Feinheiten zu achten, bringt einen Sympathiebonus. Wer weiß, dass »Rosamunde«, die wahrscheinlich berühmteste Polka der Welt, tatsächlich aus dem Land Böhmen stammt, macht sich bei jedem Tschechen sofort beliebt. Denn auf ihre Volksmusik lassen die guten Landsleute nichts kommen. Die **Blasmusik** gehört zu Tschechien. Die Polka ist unsterblich! Und die Dudelsackpfeifer gibt es in Böhmen noch dazu.

»Ich bin doch nicht blöd!« – noch lange bevor dieser Werbeslogan zum Erkennungscode eines Elektronikmarktes wurde, war dieser Spruch bei den Tschechen schon in aller Munde. Gut zu wissen, um sich danach zu richten. Der Tscheche mag es nicht, wenn man ihm etwas zweimal erklärt: Er macht sowieso alles nach seinem eigenen Kopf, und der ist meistens ein klein wenig stur. Flexibilität gehört nicht gerade zur nationalen Stärke, improvisieren schon. Wie gesagt: »Da ist keiner blöd.« Bei provisorischen Lösungen sind die Tschechen gar Weltmeister.

Prost heißt auf tschechisch »na zdraví«. Nicht zu verwechseln mit dem russischen »Nazdarovje«. Man ist immer noch etwas allergisch. Emanzipatorische Bestrebungen hin oder her – der Herr hält der Dame die Tür auf und hilft ihr auch aus dem Mantel. Nicht selten lüpft der ältere Gentleman beim Grüßen den Hut. Auch bei Theater- und Konzertveranstaltungen hält man sich an die Tradition und kommt in Abendkleidung. Bei Privatbesuchen muss man damit rechnen, im ohne Schuhe dazustehen, da diese üblicherweise am Eingang ausgezogen werden. Wenn sie zur Feier Blumen mitbringen möchten, achten Sie bitte auf eine ungerade Anzahl. Sträuße mit gerader Anzahl Blumen bringt man zu Beerdigungen mit.

Was man auf jeden Fall vermeiden sollte

Bierselig auf der Karlsbrücke deutsche Lieder (z. B. »Anton aus Tirol«) zu singen – die Fußballfans tun's leider. Bei den älteren Tschechen erwachen dabei die Erinnerungen an die unseligen NS-Besat-

zungszeiten. Ein Schimpfwort ist noch geblieben: Skopčáci – »Schafschädel«, die tschechische Version für die »Krauts«.
Die historisch übliche Kurzform ist »Tschechei«. Weil sich aber die Nazis im September 1938 die verbliebene »Rest-Tschechei« (Adolf Hitler) einverleibten, ist sie offiziell nicht mehr üblich – die meisten Bayern und Sachsen sprechen aber nach wie vor von einem Ausflug in die Tschechei. Tschechien ist ein österreichisches Kunstwort, das sich seit Anfang der 1990er-Jahre in den Medien durchgestzt hat. Der vollständige Landesname lautet **Česká republika (Tschechische Republik)**.
Die tschechische Küche zu kritisieren ist die sicherste Methode einen Tschechen zu beleidigen! Auch wenn es mal nicht so mundet, wie erwartet, sagen: »Der Schweinebraten schmeckt in Deutschland aber besser.« Und natürlich ist das tschechische Bier das beste auf der Welt! Prost! Auf die Kommunisten zu schimpfen ist unmöglich: das Thema ist abgehakt. Allenfalls ist eine politische Wertung noch Historikerrunden vorbehalten. Prag ist nicht mit anderen Städten zu vergleichen – Prag ist einmalig!

Literatur und Film

Sachbücher

Jiří Burgerstein: Tschechien. Beck'sche-Reihe Länder, 1998.
Der Pilsner Universitätsdozent J. Burgerstein bietet ein faktenreiches Mosaik aus Geschichte, Wirtschaft, Umwelt und Alltag. Kurzbeschreibungen und heitere Episoden lockern die Lektüre auf.

Jiří Gruša: Gebrauchsanweisung für Tschechien. Piper 1999.
Geistreich und witzig erzählt der Böhme Jiří Gruša Geschichten über die Eigenheiten seiner Landsleute. Er philosophiert über böhmische Knödel und böhmische Dörfer und viele andere tschechische »Spezialitäten«, die den Leser zum Schmunzeln bringen.

Václav Havel: Von welcher Zukunft ich träume. Rowohlt 1996.
Der Autor Václav Havel über dieses Buch: »Dies sind spontan geschriebene Anmerkungen darüber, wie ich dieses Land, wie ich seine Zukunft sehe und wofür ich mich einsetzen will«.

i Filmklassiker

- »Kafka« mit Jeremy Irons und Theresa Russell (Regie: Steven Soderbergh): sehr freie Interpretation von Kafkas »Schloss«.
- »Amadeus« in der Regie des Tschechen Miloš Forman. Prag dient als Kulisse.
- »Letztes Jahr in Marienbad« heißt Alain Resnais kunstvolle Inszenierung, die eben in Marienbad spielt. So labyrinthisch wie die Erinnerungen der Protagonisten sind auch die Bilder, Montagen und Schauplätze des Films.
- »Koljá« (Regie: Jan Svěrák) wurde der beste nichtenglische Film des Jahres 1996 und mit einem Oscar und Golden Globe geehrt. Ein kleiner russischer Junge wird von seiner Mutter in Prag zurückgelassen, und ein älterer Herr nimmt sich seiner an.

Jaroslav Hašek: Die Abenteuer des braven Soldaten Schwejk, Aufbau-Verlag 2008 .
Hohn- und humorvolle Satire auf das Militär der K.-u.-k.-Zeit.

Egon Erwin Kisch: Der rasende Reporter, Aufbau-Verlag 2001.
Kischs Reportagestil, der von ihm zwischen 1906 und 1913 als Lokalreporter in Prag entwickelt wurde, zeichnet sich durch distanzierte Sachlichkeit aus. Zahlreiche Reisen führten ihn zu Beginn der 1920er-Jahre durch Europa. Ziel seiner Reportagen sollte der ganz gewöhnliche Mensch sein, das »Lumpenproletariat«. Die Sammlung von Kischs »merkwürdigsten Reportagen« zeichnet ein rasantes Epochenbild.

Milan Kundera: Die unerträgliche Leichtigkeit des Seins, Carl Hanser 1984.
Die Liebesgeschichte zwischen dem Prager Chirurgen Tomaš und der Kellnerin Teresa führt, vor dem Hintergrund der politischen Geschehnisse des Einmarsches der Warschauer-Pakt-Truppen, nach Zürich und zurück. Der Roman verschaffte Milan Kundera den internationalen Durchbruch. Seit dem Systemkritiker 1979 die tschechische Staatsbürgerschaft aberkannt wurde, lebt er in Frankreich.

Jan Neruda: Kleinseitner Geschichten. 1878, Heyne 1977.
Realistisch erzählte, humorvolle Geschichten aus dem kleinbürgerlichen Milieu der Prager Kleinseite, der Heimat des großen böhmischen Schriftstellers Jan Neruda.

Božena Němcová: Die Großmutter. Manesse Bibliothek der Weltliteratur, 2001.
Der erste große tschechische Roman wurde in 26 Sprachen übersetzt und ist das berühmteste Werk einer tschechischen Autorin überhaupt. Die warmherzige Erzählung über das böhmische Alltagsleben im 19. Jh. ist in Tschechien noch immer sehr populär.

Reiseliteratur

Kerstin u. André Micklitza: Sind mal kurz drüben, Lusatia Verlag 2010.
Anhand von zwanzig Reisereportagen lernen Wanderer und Radler die grenznahen Landschaften der Böhmisch-Sächsischen Schweiz bis zum Riesengebirge kennen. Damit sich jede Altersgruppe zurechtfindet, sind jeweils die alten deutschen Namen wie auch die jetzt üblichen tschechischen Bezeichnungen genannt.

Wilfried Rogasch: Schlösser und Gärten in in Böhmen und Mähren. Tandem Verlag, 2002.
50 der bedeutendsten Schlösser im heutigen Tschechien mit den darin bewahrten Kunstschätzen werden in chronologischer Abfolge von der Renaissance bis zum Historismus mit ihren Gärten und Parkanlagen vorgestellt.

Medien

Tschechische Tageszeitungen

Die populärste tschechische Tageszeitung heißt »Blesk« (Blitz) und entspricht in Inhalt und Layout der Bild-Zeitung. Viel gelesen sind auch die Titel »Mladá fronta Dnes« (Heute) und »Lidové Noviny« (Volkszeitung). Fast alle Tageszeitungen gehören heute schweizerischen, deutschen oder französischen Verlagen.

Fremdsprachige Zeitungen und Zeitschriften

In deutscher Sprache erscheint wöchentlich die **»Prager Zeitung«** (www.pragerzeitung.cz). Das Blatt berichtet vorrangig über Politik, Gesellschaft und Wirtschaft, es finden sich darin aber auch touristische Informationen wie z. B. der Prager Veranstaltungskalender sowie regionale Reisetipps. Im Ostriesengebirge erscheint zweimal im Jahr die **deutschsprachige Ausgabe der Zeitschrift »Veselý výlet«** (»Lustiger Ausflug«). Das Heft enthält gute Informationen zu Geschichte und Gegenwart des Ostriesengebirges. Es liegt kostenlos in Info-Zentren, Hotels, Pensionen etc. aus. Über die Internetseite www.veselyvylet.cz sind viele ältere Ausgaben auch in Deutsch verfügbar. Kritische Berichterstattung bietet die englischsprachige Wochenzeitung **»The Prague Post«**.

Museen

Öffnungszeiten

Museen und Galerien sind in der Regel das ganze Jahr Di. – So. 10.00 – 18.00 Uhr geöffnet. Die meisten Burgen und Schlösser kann man von April oder Mai bis Ende September täglich 9.00 – 17.00 Uhr besichtigen. Montags sowie an Tagen, die auf einen Feiertag folgen, sind sie geschlossen. Bei vielen Sehenswürdigkeiten muss man mit einer Schließung zwischen 12.00 und 13.00 Uhr rechnen. Im April und Oktober sind Burgen und Schlösser nur am Wochenende zugänglich.

Das Freilichtmuseum Hlinsko vermittelt Alltagsgeschichte.

In den Dörfern findet man noch viel gut erhaltene Volksarchitektur, die an Leben und Handwerk vergangener Generationen erinnern. **Freilichtmuseen** werden in Tschechien als Skansen (skanzen) bezeichnet, in Anlehnung an das gleichnamige erste Freilichtmuseum der Welt in Stockholm. Gelegentlich sind die Skansen im Sommerhalbjahr bewohnt, u. a. in Veselý Kopec: Die Einheimischen pflegen überlieferte Bräuche und alte Handwerkstechniken (Korbflechten, Weben, Sticken, Schnitzen, Keramikmalerei etc.), manchmal auch in der traditionellen Arbeitskleidung, an Festtagen mitunter in regionaler Tracht. Vorführungen zu Handwerk und Volksbräuchen sowie für Kinder spannende Jahrmärkte bietet das Walachische Museum des Ortes Rožnov pod Radhoštěm (► Beskiden), das größte Freilichtmuseum des Landes. Interessant sind aber auch die Skansen in Třebíz und Přerov nad Labem (beide ► Praha, Umgebung) sowie das Freilichtmuseum Veseý Kopec, einem Ortsteil von Vysočina westlich von Hlinsko (► Litomyšl, Umgebung). Es ist das zweitgrößte Freilichtmuseum nach dem in Rožnov pod Rad-hoštěm.

Notrufe

Notruf: Tel. 112 (auch Mobiltelefonnetze)
Polizei: Tel. 158
Feuerwehr: Tel. 150
Pannendienst: Tel. 123
Ärztlicher Rettungsdienst: Tel. 155

Post · Telekommunikation

Briefmarken Briefmarken (známky) sind in Postämtern, Tabakläden sowie an Kiosken erhältlich. Das Porto in alle europäischen Länder beträgt für Briefe bis 20 g und Postkarten 20 Kč.

Telefon Alle **Telefonnummern** in Tschechien sind neunstellig. Die ersten drei Ziffern stehen für den Ort, die sechs folgenden Ziffern für den Empfänger des Anrufs. Eine Null wird beim Telefonieren nicht vorgewählt, auch nicht beim Handy. Service-Nummern beginnen mit einer »1«.

Weit verbreitet sind Kartentelefone. **Telefonkarten** sind in Postämtern, Tabakläden, Zeitungskiosken, Reisebüros sowie an Tankstellen und Hotelrezeptionen erhältlich.

Mobil telefonieren ► Die tschechischen Mobilfunknetze sind flächendeckend über die Betreiber EuroTel, Vodafone und T-Mobile CZ ausgebaut. Der Empfang mit dem Mobiltelefon ist problemlos. Zuweilen lohnt sich ein Preisvergleich und die manuelle Netzwahl, um die Roaminggebühren gering zu halten. Günstige Anbieter lassen sich im Internet ermitteln unter: www.tariftip.de, www.billiger-telefonieren.de, www.online-today.de

WICHTIGE RUFNUMMERN

VORWAHLEN

▶ **Vom Ausland nach Tschechien**
Tel. 00 420

▶ **Von Tschechien**
nach Deutschland: Tel. 00 49
nach Österreich: Tel. 00 43
in die Schweiz: Tel. 00 41

Die Null der nachfolgenden Ortsnetzkennzahl entfällt.

TELEFONAUSKUNFT

▶ **National**
Tel. 11 80

▶ **International**
Tel. 11 81

Preise und Vergünstigungen

Die Zeiten, zu denen Kunst sowie Essen und Trinken fast zum Nulltarif angeboten wurde, sind auch in Tschechien vorbei. Besonders die Eintrittspreise in Museen und Galerien schlagen inzwischen spürbar zu Buche. So lohnt es sich z. B. in Prag, in eine **Sammeleintrittskarte** zu investieren: Alle Orte der weit zerstreuten Nationalgalerie kann man damit innerhalb von drei Tagen für 400 Kč besuchen, 650 Kč beträgt der Familientarif. Mit freiem Eintritt feiern die Prager Kulturstätten ihre Jahrestage oder besondere Jubiläen (im Internet zu erfahren).
Günstig mit Metro, Tram und Bus unterwegs ist man mit der **Touristenkarte**: 24 Stunden = 100 Kč (erhältlich an Automaten), 3 Tage = 330 Kč und 5-Tage-Karte = 500 Kč. Erhältlich an Metrostationen, Kiosken und in Hotels.

WAS KOSTET WIE VIEL ?

3-Gang-Menü
ab 25 €

Einfache Mahlzeit
ab 8 €

Tasse Kaffee
1,40 €

Doppelzimmer
ab 80 €

Busfahrt
ab 0,50 €

1 l Super
1,40 €

Reisezeit

Zu jeder Jahreszeit ein attraktives Reiseland

Die vielen hübschen Städte, allen voran die Landeshauptstadt Prag, kann man das ganze Jahr über besuchen, und auch die unterschiedlichen Landschaften sind im Wechselspiel der Jahreszeiten sehr reizvoll. Über den Winter, d.h. von Oktober bis April, sind die meisten Schlösser und Burgen geschlossen. Ab Mitte April erblühen die Obstbaumplantagen im Böhmischen Mittelgebirge und im Moldautal um Prag. Bergwanderungen in den Hochlagen von Riesen- und Altvatergebirge sind wegen des Schnees nicht vor Mai empfehlenswert.
Die sommerliche Hochsaison lockt mit vielen Musik- und Folkloreveranstaltungen, zumeist gutem Wetter und vielen Erholungs- und Sportmöglichkeiten. In den Hochlagen der Mittelgebirge gibt es häufig Gewitter und mitunter heftige Kälteeinbrüche. Der Herbst mit seinen leuchtenden Farben und den beinahe garantierten Schönwetterperioden ist die ideale Zeit für Berg- oder Radwanderungen oder Touren mit dem Auto entlang der malerischen Flusstäler.
Die zahlreichen Mittelgebirge bieten hervorragende Wintersportmöglichkeiten, in den höheren Lagen oft von Anfang Dezember bis Ende März. **Schneesicherheit** bieten insbesondere das Riesen- und das Altvatergebirge oberhalb von 1000 m Höhe.

Klimacharakter

Klimatisch liegt Tschechien in einem Übergangsbereich: Während im Westen ozeanische Einflüsse dominieren, gewinnt Richtung Osten **kontinentales Klima** an Bedeutung. Diese machen sich durch größere Temperaturgegensätze, weniger Niederschlag und mehr Sonne bemerkbar. Gut ausgeprägt sind die Jahreszeiten mit einem leicht verzögerten Temperaturanstieg im Frühjahr und verlangsamter Abkühlung im Herbst. Im Sommer und Winter gewinnt vorübergehend das osteuropäische Hoch mit sonnigem und sehr warmem bzw. trockenkaltem Wetter an Einfluss. Die meisten Niederschläge bringen das ganze Jahr über die Westwinde. Doch mehr noch als der Einfluss von ozeanischem und kontinentalem Klima bestimmt die landschaftliche Gliederung des Landes in Becken, Plateaus und Randgebirge das regionale Wettergeschehen. Während es im Gebirge rau und feucht ist, herrscht in den Beckenlandschaften, die im Regenschatten von Fichtel-, Erz- und Riesengebirge liegen, ein trockenes und sonniges Klima.

Temperaturen

Die jeweils höchsten und tiefsten Temperaturen werden im Osten und Südosten gemessen. Im Herbst sind die südöstlichen Landesteile, insbesondere der Raum Brünn und das untere Moravatal, wärmebegünstigt. Bei Hochdruckwetter mit Winden aus östlichen bis südlichen Richtungen kann sich hier noch im Oktober ein spätsommerlich warmes Wetter einstellen. Im Winter sind die Niederungen durch feuchtkaltes, vielfach nebligtrübes Wetter (1 Std. Sonne pro Tag im Dezember) deutlich benachteiligt.

Tschechien Drei regionaltypische Klimastationen

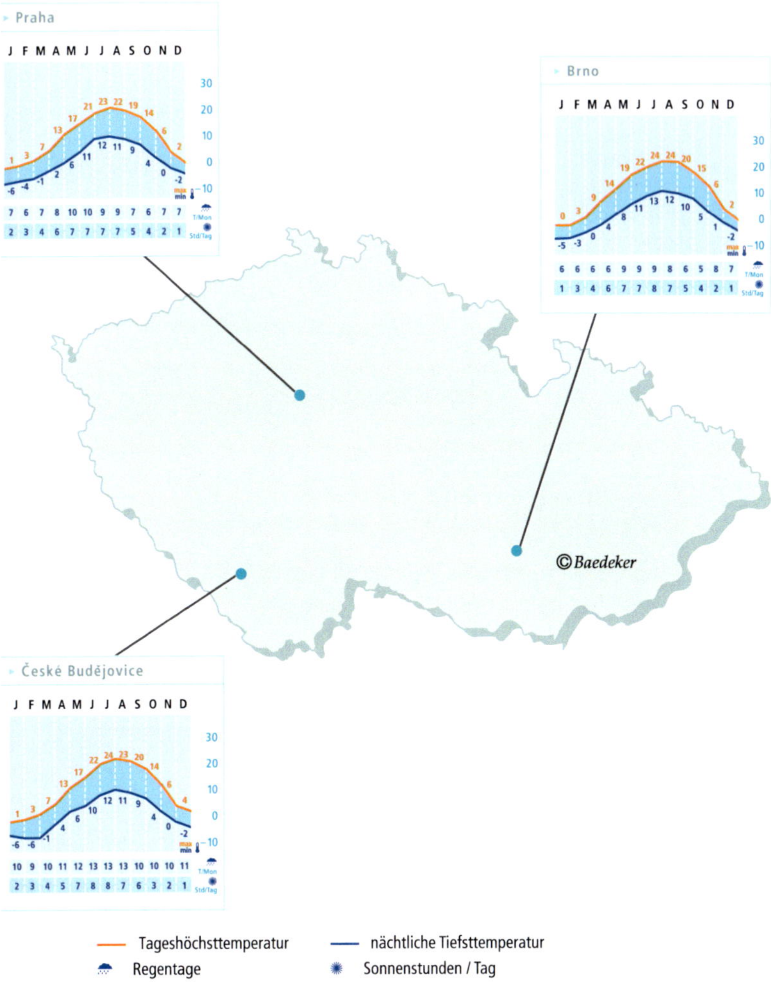

Extreme Temperaturgegensätze treten in den Beckenlandschaften im Süden und Südosten, um Budweis, Pilsen und Brünn, auf. Unterschiede von über 70 °C zwischen Sommer und Winter sind möglich. Bei Hitzewellen kann das Thermometer im Juli 40 °C erreichen, während es in Januar- und Februarnächten auf -30 °C fallen kann.

Shopping

Öffnungszeiten

Lebensmittelgeschäfte öffnen werktags meist schon um 7.00 Uhr, andere Geschäfte zwischen 8.30 und 9.00 Uhr. Übliche Schließzeit ist um 18.00 Uhr, in Kleinstädten manchmal auch schon um 16.00 Uhr, am Samstag um 13.00. Uhr. Kleinere Läden machen häufig zwischen 12.00 und 15.00 Uhr eine Mittagspause. Viele Lebensmittelgeschäfte in den Städten haben sonntags geöffnet, in Kleinstädten und auf dem Lande manchmal aber nur für 2 bis 3 Stunden.

Große Kaufhäuser öffnen werktags durchgehend bis 20.00 Uhr, samstags bis 14.00 oder 16.00 Uhr. In der Prager Innenstadt kann man an **sieben Tagen in der Woche einkaufen**, denn hier sind auch sonntags viele Geschäfte geöffnet.

Lebensmittel, Reiseproviant

Frisches Obst und Gemüse kauft man am besten auf den Märkten, die fast in jeder Stadt von Frühjahr bis Herbst abgehalten werden. Nahezu jedes Dorf besitzt mittlerweile auch einen Supermarkt, aber auf dem Land existieren auch noch viele Tante-Emma-Läden. Lebensmittelgeschäfte heißen Potraviny. Vor allem an den Grenzübergangsstellen beherrschen vietnamesische Straßenhändler das Bild, aber auch in vielen Städten haben sie ihre Stände aufgebaut, an denen man von Lebensmitteln über alkoholische Getränke und Zigaretten bis zu Kleidern und Souvenirs fast alles bekommt. Die Preise für handelsübliche Produkte liegen hier etwas über dem Verkaufspreis in den Geschäften.

Prag

Bummeln entlang der Luxusboulevards. Einkaufen in Palästen voller Glamour. In aufgemöbelten Kaufhäusern nach Edelmarken stöbern. Der Duft von Cappuccino macht sich allerorts breit und der Anschluss an Paris oder London ist geschafft. Typisch für Prag sind die unglaublich verschachtelten **Einkaufspassagen**. Labyrinthe mit hohen Decken, Arkaden und sehr großzügigen Treppenaufgängen. Die nostalgische Architektur des Jugendstils wurde durch Panzerglas und Edelstahl modernisiert.

An vielen alten Fassaden sorgen kühle Farben und kühne Lösungen für höchst spannende Kontraste. Das Designer-Interieur gibt den Ton an. Für manche Filialen der großen internationalen Modemarken (z. B. H & M, Mango oder Versace) fand man im Prager Zentrum das schönste Ambiente ihrer gesamten Ketten – mit Renaissance-Stuck an der Decke, gusseisernen Geländern und Originallampen in Art déco.

> **! *Baedeker* TIPP**
>
> **Modegrößen**
>
> Prags Modeszene orientiert sich an den Jungen Wilden Londons. Haute Couture liefert Osman Lafitta in seinem Salon Taiza in der Nobelmeile Na příkopě 31. Prominenz aus dem Showbiz kaufen bei Jaroslava Dovcová in ihrem Shop Rybna.

Souvenirs

Böhmisches Glas ist weit über Tschechien hinaus ein Begriff. Kunstvoll geschliffenes Kristallglas, beispielsweise aus Karlsbad oder aus dem Riesengebirgsort Harrachov, steht deshalb in der Rangliste der Souvenirs ganz oben. Neben traditionellem Mustern und Formen überraschen viele Läden und Galerien mit modernem Design. Auch Schmuck gibt es in verschiedenen Stilrichtungen. In Prag und in den Kurorten häufen sich die Juweliergeschäfte, die vor allem Gold- und Granatschmuck zu günstigen Preisen anbieten.
Spitzendecken, Stickereien, Marionetten und schönes, handgefertigtes Holzspielzeug findet man nicht nur in Prag, sondern auch in den meisten anderen Touristenorten. Für Trödel- und Antiquitätenliebhaber gilt Tschechien immer noch als Fundgrube. Allerdings wissen die tschechischen Händler mittlerweile auch, was ihre Stücke wert sind, und um wirkliche Schnäppchen zu machen, muss man sich möglichst weit abseits der Touristenorte halten.
Von den **kulinarischen Spezialitäten Böhmens** und Mährens gibt es auch einige, die sich als Souvenir eignen, so z. B. die süßen Karlsbader bzw. Marienbader Oblaten, der Prager Schinken und natürlich die tschechischen Nationalgetränke Bier, Karlsbader Becher (Becherovka) und der Pflaumenschnaps Slibowitz (Slivovice).

Die Edelmarken dieser Welt haben auch in Prags Kaufhäusern Einzug gehalten.

Sprache

Ausspracheregeln

Der Hauptton liegt im Tschechischen immer auf der ersten Silbe, wobei auch l und r als Halbvokale den Ton tragen, selbst wenn Vokale folgen (z. B. Vltava/Moldau; Brno/Brünn). R trägt bei vokallosen Wörtern den Ton (z. B. prst/Finger). Das Tschechische unterscheidet scharf zwischen langen und kurzen Vokalen. Die langen haben einen Akzent (á, é, í) oder einen kleinen Ring (ů). Y wird stets wie i gesprochen. Ein Haken auf dem Buchstaben ě erfordert die Aussprache je. Bei Diphthongen (aj, áj, ej, au, ou) werden die zweiten Bestandteile als Halbvokale deutlich gesprochen, mit dem Ton auf dem ersten Bestandteil (z. B. kraj/Land).

Eine andere Aussprache als im Deutschen haben die Buchstaben v (immer wie w in Wort) und z (immer wie stimmhaftes s). Charakteristisch sind für das Tschechische die diakritischen Zeichen: č (Aussprache tsch), š (wie sch), ž (wie g in Gelee), ř (wie r + ž).

SPRACHFÜHRER TSCHECHISCH

Auf einen Blick

Sprechen Sie ...?	mluvíte ...?
... deutsch?	... německy?
... englisch?	... anglicky?
französisch?	... francouzsky?
Ich verstehe nicht	nerozumím
Ja, jawohl	ano
Nein	ne
Bitte!	prosím!
Danke!	děkuji!
Entschuldigen Sie!	promiňte!
Können Sie mir bitte helfen?	Prosím vás, můžete mi pomoci?
Guten Morgen!	dobré jitro!
Guten Abend!	dobrý večer!
Gute Nacht!	dobrou noc!
Auf Wiedersehen!	na shledanou!
Herr	pán
Frau	paní

Unterwegs

Wo ist ...?	kde je ...?
Straße, Gasse	třída/ulice
Straße nach ...	cesta do ...

Bank	banka
Bahnhof	nádraží
Kirche	kostel
Museum	muzeum
Wann?	kdy?
Schloss	zámek
geöffnet	otevřeno
geschlossen	zavřeno

Unterkunft

Hotel	hotel
Ich möchte ...	chtěl bych/chtěla bych
Zimmer	pokoj
Einbettzimmer	jednolůžkový pokoj
Zweibettzimmer	dvoulůžkový pokoj
Schlüssel	klič
Toilette	toaleta, záchod
Bad	koupelna

Krankheit

Arzt	lékař
Apotheke	lékárna
Ich habe Fieber.	Mám horečku.
Ich habe hier Schmerzen.	Mám bolesti tady.

Verkehr

Durchfahrt verboten!	průjezd zakázán!
Einbahnstraße	jednosměrná ulice
Umleitung	objížd'ka
Es ist ein Unfall passiert!	stala se nehoda!
rechts	napravo, vpravo
links	nalevo, vlevo
geradeaus	přímo

Wochentage

Montag	pondělí
Dienstag	úterý

Mittwoch	středa
Donnerstag	čtvrtek
Freitag	pátek
Samstag	sobota
Sonntag	neděle
Feiertag	svátek

Grundzahlen

1	jeden, jedna, jedno	16	šestnáct
2	dva, dvě, dvě	17	sedmnást
3	trí	18	osmnáct
4	čtyři	19	devatenáct
5	pět	20	dvacet
6	šest	30	třicet
7	sedm	40	čyřicet
8	osm	50	padesát
9	devět	60	šedesát
10	deset	70	sedmdesát
11	jedenáct	80	osmdesát
12	dvanáct	90	devadesát
13	třínáct	100	sto
14	čtrnáct	1000	tisíc
15	patnáct	1 Mio.	milión

Frühstück (snidan)

schwarzer Kaffee	černá káva
Kaffee mit Milch	bílá káva
Tee mit Milch	čaj s mlékem
Schokolade	čokoláda
Fruchtsaft	džus
Eier mit Speck	vejce na slanině
Brot	chleba
Butter	máslo
Wurst	salám
Marmelade	džem

Suppen (polévky)

Kartoffelsuppe	bramborová polévka
Weißkrautsuppe mit Wurst	zelná s klobásou

Hauptgerichte

Schweinebraten	vepřová
gebratene Ente	kachna pečená
Wiener Schnitzel	smažený řízek
Karpfen paniert	kapr smaženy
Bratgans	pečená husa
Gulasch	guláš
Fisch	ryby
... Zigeunerart (mit Gemüse)	... po cikánsku
Forelle	pstruh

Beilagen

Sauerkraut	zelí
Rotkraut	červené zelí
Kartoffelknödel	bramborové knedlíky
Speckknödel	špekové knedlíky
Salzkartoffeln	vařené brambory
Pommes frites	smažené hranolky
Kartoffelsalat	bramborový salát
Weißkrautsalat	zelný
gemischter Salat	míchaný

Süßspeisen

Obstknödel	ovocné knedlíky
Palatschinken	palačinky
... mit Früchten und Sahne	... s ovocem a se šlehačkou
Windbeutel mit Sahne	Větrník se šlehačkou

Übernachten

Hotels und Pensionen

Das Angebot an Hotels und Pensionen hat sich in Tschechien in den letzten Jahren stark vergrößert. Es entstanden nicht nur neue Hotels, auch von den alten, aus sozialistischer Zeit stammenden Häusern wurden viele **modernisiert**. Die offizielle Sternkategorisierung reicht von einem Stern (einfaches Hotel) bis zu fünf Sternen (Luxushotel). Komfort und Preise der Luxushotels unterscheiden sich kaum mehr vom westeuropäischen Niveau, auch in den neueren Mittelklassehotels (zwei und drei Sterne) – meist sind das sanierte Altbauten – kann man nicht mehr oft preisgünstig übernachten. Bei den älteren Häusern stimmt die Sternekategorie oft nicht mit dem vorgefundenen Standard überein. In der Hauptsaison und über die Feiertage empfiehlt es sich, Hotels vorab zu buchen.

Jugendherbergen Das Netz von Jugendherbergen ist in Böhmen dichter als in Mähren. Insgesamt gibt es inzwischen fast 30 Häuser. In Prag und anderen Hochschulstädten werden die Studentenheime im Sommer zu Jugendherbergen umfunktioniert. In großen Städten sind die Herbergen rund um die Uhr geöffnet, ansonsten in der Regel von 6.00 – 22.00 Uhr. Der Preis pro Übernachtung liegt zwischen 300 und 500 Kč, Bettwäsche ist im Preis enthalten. Reservierungen können über die Landesgeschäftsstelle getätigt werden. Für Low-Budget-Reisende gibt es an vielen Orten preisgünstige Hostels (z. B. in Český Krumlov vier Häuser).

Privatunterkünfte Eine preiswerte Alternative zu Hotel oder Pension ist die Übernachtung in Privatunterkünften. Sie werden von den Touristinformationen vermittelt. Für einen längeren Aufenthalt in der Hauptreisezeit sollte man sich eine Unterkunft vorab reservieren. Wer mit dem Auto unterwegs ist und möglicherweise nur ein oder zwei Nächte an einem Ort bleiben will, kann sich sein Zimmer auch selbst suchen – - Schilder mit dem Hinweis »Zimmer frei« gibt es genügend. Der Preis für eine Übernachtung liegt in etwa zwischen 200 und 600 Kč pro

Für Nostalgiker: Das Grand Hotel Europa in Prag ist reinster Jugendstil.

ADRESSEN

HOTELS

► **AVE**
Pod Barvířkou 6
CZ-15000 Praha 5
Tel. 251 051 111
www.avehotels.cz

► **Novasol Ferienhäuser und Ferienwohnungen**
Gotenstr. 11
D-20097 Hamburg
Tel. (040) 23 88 59 82
www.novasol.de

► **KMC Club of Young Travellers**
Karolíny Světlé 30
CZ-11000 Prag 1
Tel. 222 220 347
www.kmc.cz

► **Prager Informationsdienst**
Hotels und Pensionen in Prag
Adresse ► Auskunft
Liste ► Praha

► **Prager Hotels im Internet**
www.pragueexperience.cz
www.praguehotels.com

CAMPING

► **www.camp.cz**
Übersicht über alle Campinplätze in Tschechien.

Person. Ein Frühstück ist im Übernachtungspreis nicht inbegriffen, wird aber gegen einen kleinen Aufpreis in der Regel gern serviert.

Camping

Camping ist bei den Tschechen sehr beliebt. Rund 500 Campingplätze, besonders in den landschaftlich schönsten Regionen, an Talsperren und an Seen, gibt es im ganzen Land. Die meisten Campingplätze findet man in Mittelböhmen südlich von Prag an Moldau (Vltava) und Sazau (Sázava), in Südböhmen um Tábor, České Budějovice und am Lipno-Stausee, im westböhmischen Bäderdreieck, im nordböhmischen Vorland des Iser- und Riesengebirges sowie in den nordmährischen Beskiden. In vielen Orten werden auch Bungalows vermietet, die in der Hochsaison schnell belegt sind. Größere Anlagen verfügen über einen Kiosk oder eine Imbissstube, oft gibt es auch ein Gasthaus bzw. ein Restaurant oder ein Lebensmittelgeschäft in der Nähe. Bei den sanitären Einrichtungen ist die Spannbreite der Qualität recht hoch. Zum einen geht man dazu über, modernste Ausstattung anzubieten, teilweise gibt es aber auch nur kaltes Wasser und Plumpsklo.
Einfache **Wiesenplätze** heißen »tábořiště« und sind zumeist nur von Juni bis September geöffnet. Einige Campingplätze in vielbesuchten Gebieten und Großstädten sind das ganze Jahr über offen. **Wildes Campen** in der Natur und Übernachten auf Park- und Rastplätzen ist verboten. Wer jedoch den Besitzer eines Grundstücks um Erlaubnis bittet und ein kleines Entgelt zahlt, kann auch hier unter freiem Himmel schlafen.

Auskunft ► Eine Übersicht über alle tschechischen Campingplätze findet man unter der oben angebenen Internetadresse. Im Buchhandel erscheint die jährlich aktualisierte Karte »Autokempink« (Autocamping), die detaillierte Infos in deutscher Sprache enthält.

Ferienwohnungen und Ferienhäuser Im ganzen Land werden Ferienwohnungen und Ferienhäuser vermietet. Je nach Komfort, Lage und Saison unterscheiden sich die Preise. Ein reichhaltiges Angebot offeriert unter anderen Novasol Ferienhäuser und Ferienwohnungen. Nähere Informationen erhält man bei Novasol (►Adresse oben), deren Katalog in vielen Reisebüros erhältlich ist.

Urlaub aktiv

Zuschauersport Die populärsten Zuschauersportarten in Tschechien sind **Motorsport, Eishockey** und **Tennis**. Wer sich für diese Disziplinen interessiert, erhält bei den tschechischen Touristeninformations7stellen (► Auskunft) Informationen zu Terminen, Orten und Preisen von Sportveranstaltungen.

Eishockey ► Beim Eishockey feiern die Tschechen große Erfolge: Olympiagold 1998 in Nagano. Viermal als tschechisches Team (ohne die Slowakei im Bund) den WM-Titel geholt. Für die WM 2004 war Prag zusammen mit Ostrava der Gastgeber, aber die Tschechen sind ausgeschieden. Eishockey hat bei den Tschechen nicht nur eine große Tradition. Es zieht in der Publikumsgunst sogar mit Fußball gleich. Während der kommunistischen Zeiten galten die Spiele gegen die Sowjets als verkappte »Widerstandskriege«. Zweimal gelang es der damaligen ČSSR-Mannschaft, die russische »Zbornaja kommanda« zu besiegen und damit die WM von 1972 in Prag und 1985 sogar in Moskau zu gewinnen. Letzteres wurde vom Volk gerne als ein gutes Omen für das baldige Ende der Kreml-Herrschaft gedeutet.

Zwei tschechische Eishockeyhelden wurden zur Legende der amerikanisch-kanadischen National Hockey League (NHL): der Torhüter Dominik »The Dominator« Hašek und der Stürmer Jaromir Jager. Hašek konnte den Stanley Cup, die Meisterschaft der NHL, einmal gewinnen, Jagr gelang dies sogar zweimal. In der tschechischen EHL (Extraliga ledního hokeje) kämpfen 14 Vereine.

Angeln Die Seen und Flüsse in Tschechien sind **herrliche Angelreviere**. Mit etwas Glück kann man Bach- und Regenbogenforellen, Saiblinge, Schleien, Äschen, Welse, Hechte, Karpfen oder Zander an die Angel bekommen. Auskünfte über besondere Bestimmungen, wie Angelscheine, Fischarten und Mindestmaße, Schonzeiten und Gewässer erhält man über die Tschechische Zentrale für Tourismus (► Auskunft), dort ist die deutschsprachige Broschüre »Jagd und Angeln in der Tschechischen Republik« erschienen.

Baden

Stauseen, Teiche und Flüsse laden an heißen Sommertagen zu einem Bad ein. Zu den beliebtesten Badegewässern gehören die Moldau-Stauseen, d. h. der Slapy-, der Orlík- und der Lipno-Stausee, der Máchasee in Nordböhmen, der Vranov-Stausee in Südmähren und der Brněská-Stausee bei Brno. Viele Badestellen sind auf touristischen Karten verzeichnet. Auf **Nacktbaden** sollte man verzichten, es ist in Tschechien nicht üblich.

Bergsteigen, Klettern

Von Frühjahr bis Herbst bieten sich ideale Bedingungen für Berg- und Klettertouren in der Böhmischen Schweiz, im Böhmischen Paradies sowie in den Adersbacher und Wekelsdorfer Felsen. Spezielle Kletterführer sind im Buchhandel erhältlich.

Flugsport

In Tschechien existieren mehr als 60 Sportflugplätze. Paragliding, Segelfliegen und der Start mit Ultraleichtflugzeugen sind sehr populär. Heißluftballonfliegen ist ein noch junger Sport. Beliebte Startplätze

Da dampft das Eis: Sparta Prag beim Eishockey-Spiel

SPEZIALVERANSTALTER

Es gibt einige auf Outdoorsportarten spezialisierte Reiseveranstalter, die organisierten Sporturlaub und Wandertouren anbieten.

► **Kunath-Reisen**
Th.-Korselt-Str. 28
D-02763 Zittaus
Tel. (035 83) 70 84 27
www.kunathreisen.de

► **Böhmen-Reisen**
Dr. Erwin Aschenbrenner
Dechbettenerstr. 47 b
D-93049 Regensburg
www.boehmen-reisen.de

sind Prag, Schloss Konopischt, Burg Karlstein und die nordböhmischen Felsenstädte. Anbieter ist Sky Tours. Von verschiedenen Flugplätzen (z. B. Vrchlabí im Riesengebirge) können Touristen preiswert mit Sportflugzeugpiloten zu Panoramaflügen starten.

Golf Der oberhalb von Mariánské Lázně gelegene 18-Loch-Platz gilt als **der schönste des Landes**. Weitere Golfplätze gibt es bei Karlovy Vary und Karlštejn sowie in Nordmähren bei Šilheřovice. Sie sind das ganze Jahr über geöffnet. Nähere Informationen über die Golfmöglichkeiten in Tschechien findet man in der Broschüre »Golfplätze in der Tschechischen Republik«, die von der Tschechischen Zentrale für Tourismus (►Auskunft) herausgegeben wird.

Kanu, Kajak An Moldau (Vltava) und Lainsitz (Lužnice) sind im Sommer zahlreiche Kanu- und Kajakfahrer unterwegs, aber auch Eger (Ohře), Berounka (Beraun) und Sazau (Sázava) eignen sich gut für Wasserwandertouren. Das malerische Moldautal zwischen Vyšší Brod und Český Krumlov ist unter Wasserwanderern zwar längst kein Geheimtipp mehr, aber gleichwohl **eine der schönsten Strecken in Südböhmen**. In Český Krumlov kann man zwischen Mai und September Schlauchboote und Kanus samt Zubehör für unterschiedlich lange Strecken mieten; Personen- und Bootrücktransport sind im Service inbegriffen. Die Mietstation liegt beim Hotel Růže an der Moldau (Bootsverleih Maleček, Tel. 380 712 508, www.malecek.cz). Kajak- und Kanuausleihe ist auch über Outdoor-Reiseanbieter möglich (siehe oben im Kasten unter Sporturlaub). Spezielle Wasserwanderkarten (Vodáck průvodce) erhält man über SHOCart, Internet-Kartenverkauf: www.shocart.cz.

Radfahren In den Mittelgebirgen, vor allem im Böhmerwald sowie im Iser-, Riesen- und Adlergebirge, sind Mountainbiker aktiv. Dank des geringen motorisierten Verkehrs kann man auf Nebenstraßen herrlich Tourenradeln. In touristisch attraktiven Regionen werden Rundtouren

für Radwanderungen angeboten, auch ausgedehnte Naturlehrpfade für Radler. Allerdings sind eigens für Radfahrer ausgebaute Asphaltwege – wie in Westeuropa üblich – noch sehr selten. Zumeist fährt man auf Straßen oder auf forst- und landwirtschaftlichen Wegen sowie auf Wanderwegen.
Entlang der Elbe verläuft der **Elberadweg**. Und auch entlang der Moldau entsteht ein Radweg, so dass man künftig problemlos von Hamburg via Dresden bis nach Prag radeln kann.
Verschiedene Verlage (u.a. SHO-Cart, Zlín und Kartografie Praha) geben **Kartenwerke** in den Maßstäben 1 : 75 000 und 1 : 50 000 heraus, die auch von Radtouristen und Mountainbikern und Wanderern genutzt werden können. Zudem hält der gut sortierte Buchhandel Bücher zum Thema Radfahren in Tschechien bereit. Informationen zu speziellen Radrouten erteilen die regionalen und lokalen Touristeninformationsstellen.

! *Baedeker* TIPP

Rad im Schlepptau

Abgesehen von den Hotels, die ihren Gästen kostenlos den Radverleih anbieten, ist das Vergnügen relativ teuer, und es stehen meist nur Mountainbikes zur Verfügung. Wer im Urlaub mehr als nur ein oder zwei Mal radeln möchte, tut deshalb gut daran, sein eigenes Fahrrad mit zu bringen – z. B. mit der Bahn.

Reiten

Dem Trend zum Pferdesport entsprechend etablieren sich in vielen Touristenzentren neue Anbieter. Spezielle Ferienangebote offeriert u. a. Čedok (► Auskunft). In altbekannten Kurorten wie Karlovy Vary, Luhačovice, Poděbrady und Třeboň gibt es Reitschulen mit breit gefächerten Angebotspaletten.

Wandern

Tschechien ist ein Paradies für Wanderer – nicht nur in den Bergregionen, auch in den Hügellandschaften. Ein **landesweit einheitliches Wegemarkierungssystem** erleichtert die Orientierung. Die Wege sind überall sehr gut ausgeschildert und durch die Farben ihrer Markierungen »klassifiziert«: Rot auf weißem Grund bezeichnet Fern-, Haupt- oder Kammwanderwege, Blau auf weißem Grund Wanderwege mittlerer Länge, Grün auf Weiß regionale Wanderweg und Gelb Verbindungswege. Naturlehrpfade sind an einem grünen Schrägstrich zu erkennen.
Die vom Klub Tschechischer Touristen (Klub českch turistů) editierten Karten im Maßstab 1 : 50 000 werden teilweise auch in deutscher Version angeboten. In Touristeninformationsstellen und in vielen Buchhandlungen kann man diese Karten vor Ort günstig kaufen. Wanderführer über beliebte Zielgebiete wie das Riesengebirge, die Böhmische Schweiz oder den Böhmerwald (► Literatur und Film) kann man auch im deutschen Buchhandel erwerben.

Bauden

Bauden nennt man in den Mittelgebirgen Nordböhmens die Gebirgshütten, in denen man etwas zu essen bekommt und meist auch übernachten kann.

Sommers wie winters ist Spindlermühle der meistbesuchte Ferienort im Riesengebirge.

Wintersport

Saison Die Mittelgebirge Tschechiens sind hervorragende Wintersportgebiete. Saison ist von November bis März; an Wochenenden, über Weihnachten und Silvester sowie im Februar muss man an Skiliften, Seilbahnen und auf den Pisten mit großem Andrang rechnen.

Riesengebirge Das Riesengebirge mit der 1602 m hohen Schneekoppe (Sněžka) ist das höchste böhmische Gebirge und zugleich **das beliebteste Wintersportgebiet**. Vielbesuchte Wintersportorte sind Špindlerův Mlýn (700 m), Pec pod Sněžkou (700 m), Harrachov (720 m), Rokytnice nad Jizerou (520 – 850 m) sowie Janské Lázně (615 m). Es gibt dort Abfahrtspisten, Langlaufloipen und -rundkurse, zahlreiche Sessel- und Skilifte, eine Seilbahn in Janské Lázně sowie eine moderne Skiflugschanze in Harrachov sowie Skischulen.

Isergebirge Das Isergebirge an der böhmisch-schlesischen Grenze ist dem Riesengebirge westlich vorgelagert. Höchste Erhebungen auf der böhmischen Seite sind Tafelfichte (Smrk; 1124 m) und Siechhübel (Jizera; 1112 m). Die lang gestreckten Kämme sind ein **Paradies für Langläufer**, die Südhänge bieten Abfahrtspisten verschiedener Schwierigkeitsstufen und sind mitunter auch für Anfänger und Kinder geeignet (u. a. Severák-Loučky). Die schönsten Skisportzentren sind Bedřichov (600 m), Severák-Loučky (600 m), Jiřetín pod Bukovou (525 m) und Jizerka (830 – 1018 m). Es gibt Abfahrtspisten, Skilifte, Loipen (insbesondere die Isermagistrale von Bedřichov nach Jizerka), Sprungschanzen, Rodelbahn, Skischulen.

Erzgebirge

Das Erzgebirge erscheint von der böhmischen Seite sehr steil, nach Norden fällt es sanft ab und besitzt ein ausgedehntes Vorgebirge. Höchste Erhebung ist der 1244 m hohe Keilberg (Klínovec). Das populärste Wintersportgebiet auf der böhmischen Seite des Gebirges liegt um Jáchymov, Klínovec und Boží Dar (672 – 1244 m). Es gibt Abfahrtsstrecken, Langlaufloipen, Ski- und Sessellifte, Sprungschanzen. Das Gelände um Boží Dar eignet sich auch für Anfänger.

Böhmerwald

Entlang der böhmischen Westgrenze ziehen sich die Kämme und Plateaus des Böhmerwaldes auf einer Länge von 125 km hin. Die höchste Erhebung ist der Plöckenstein (Plech; 1378 m) nahe dem Dreiländereck Tschechien, Deutschland und Österreich. Das höchstgelegene Skisportzentrum liegt bei Železná Ruda (754 m), bekannt ist auch Zadov-Churáňov (800 – 1100 m) mit ausgezeichneten Langlaufloipen. Es gibt Abfahrtspisten, Loipen und -rundkurse, Skilifte, Seilbahn.

Verkehr

Maut

Wer Autobahnen oder vergleichbare Schnellstraßen benutzen will, benötigt eine Vignette, die man an **einigen Tankstellen und Postämtern** erhält. Eine Jahresvignette kostet gegenwärtig 1000, eine Monatsvignette 330 und eine Vignette für eine Woche 220 Kč. Wer ohne Vignette erwischt wird, muss mit einer hohen Geldbuße rechnen.

Verkehrsregeln

Für Tschechien gelten dieselben Verkehrsregeln wie für die meisten anderen europäischen Länder. Die Nichtbeachtung der Fahrvorschriften wird mit empfindlichen Geldbußen geahndet. Die Höchstgrenze für den Blutalkoholgehalt beträgt **0,0 Promille**. Die zulässige **Höchstgeschwindigkeit** auf den Autobahnen und Schnellstraßen liegt für Pkws, Motorräder und Wohnmobile bis 3,5 t bei 130 km/h (Wohnmobile über 3,5 t und Pkws mit Anhänger bei 80 km/h), auf Landstraßen für PKWs, Motorräder, Wohnmobile bis 3,5 t bei 90 km/h (PKWs mit Anhänger und Wohnmobile über 3,5 t bei 80 km/h); innerhalb geschlossener Ortschaften gelten 50 km/h. Auch tagsüber muss das **Abblendlicht** eingeschaltet sein.

Taxi

Die Taxigebühren sollten sich aus einem Festpreis (40 Kč) und dem Kilometertarif für die gefahrenen Kilometer (28 Kč) zusammensetzen. Oder aber man verhandelt über den Höchstpreis schon vor

NÜTZLICHE ADRESSEN

AUTOHILFE

► **Ústřední Automotoklub (UAMK)**
ADAC-Partnerclub
Na strži 9
CZ-14002 Praha 4
Tel. 261 104 333
www.uamk.cz

Deutschsprachiger Notruf:
Tel. 261 104 351
(mobil: 00 420 261 104 351)

Pannenhilfe: Tel. 123

► **ACE-Auslandsnotruf**
Tel. 00 49 18 02 34 35 36
www.ace.de

BAHN

► **České Dráhy Tschechische Bahnen**
Tel. 840 112 113
www.cd.cz

BUS & STRASSENBAHN

► **www.dp-praha.cz**
Das ist die Interadresse der Prager Verkehrsbetriebe.

► **www.jizdnirady.cz**
Hier sind die Fahrpläne einzusehen und Verkaufsstellen der Tschechischen Busbetriebe aufgeführt.

► **www.vlak-bus.cz**
Personennahverkehr in Tschechien (Fahrpläne, Preise etc.)

SIGHTSEEING · BUSAUSFLÜGE

► **Prague Sightseeing Tours**
Tel. 221 314 655
www.pstours.cz

AUTOVERMIETER

► **AVIS**
Tel. (0 18 05) 21 77 02
(D = in Deutschland)
Tel. 08 00 08 00 87 57
(A = in Österreich)
Tel. (08 48) 81 18 18
(CH = in der Schweiz)
Tel. 810 777 810
(CZ = Tschechien)
www.avis.de
www.avis.at.
www.avis.ch
www.avis.cz

► **Europacar**
Tel. (0 18 05) 80 00 (D)
Tel. (08 48) 80 80 99 (CH)
Tel. 224 811 290 (CZ)
www.europcar.de
www.europcar.ch
www.europcar.cz

► **Hertz**
Tel. (0 18 05) 33 35 35 (D)
Tel. (01) 7 95 32 (A)
Tel. 044) 6 54 53 67 (CH)
Tel. (225 345 000 (CZ)
www.hertz.de
www.hertz.at
www.hertz.ch
www.hertz.cz

► **Sixt**
Tel. (0 18 05) 23 22 22 (D)
Tel. (08 00) 24 10 70 (A)
Tel. (08 48) 25 00 10 (CH)
Tel. 222 324 995 (CZ)
www.sixt.de
www.sixt.at
www.sixt.ch
www.e-sixt.cz

Fahrtantritt. An touristischen Brennpunkten sollte man jedoch darauf verzichten, nicht lizensierte Taxis zu nehmen. Nachts liegt der Preis um 50 % höher. Auch Hoteltaxis berechnen Individualtarife. Jeder Fahrer ist verpflichtet, auf Wunsch eine Quittung auszustellen.

Benzin

Benzin ist nur geringfügig billiger als in Deutschland. Flächendeckend werden drei Kraftstoffarten verkauft: **Natural 95** (bleifreies Benzin, 95 Oktan), **Natural 98** (bleifreies Benzin, 98 Oktan und **Nafta** (Diesel). **Autogas** (»lpg« oder »autogas«) wird inzwischen nahezu flächendeckend an über 700 Tankstellen angeboten.

Bahn

Für Urlauber ist eine Bahnreise durch Tschechien eine **preiswerte und empfehlenswerte Alternative zum Auto**. Die Bahnpreise in Tschechien betragen ca. 25 % der deutschen. Für eine Strecke von 200 km zahlt man in der 2. Klasse etwa 7 Euro. Kinder im Alter von 6 bis 15 Jahren erhalten 50 % Ermäßigung. In Tschechien gibt es ein Wochenendticket (SONE +): Es gilt einen Tag für bis zu zwei Erwachsene und drei Kinder, kostet für Regionalzüge 150 Kč, für Schnellzüge 450 Kč und ist auch auf grenznahen deutschen Bahnstrecken gültig. Wer das DB-Angebot komplett nutzen möchte, wählt das Ticket SONE+DB (550 Kč).
Da das Streckennetz der Tschechischen Bahn České dráhy, abgekürzt ČD, sehr engmaschig ist, erreicht man auch viele kleinere Orte in Tschechien mit diesem Verkehrsmittel. Zwischen Großstädten und dem Ausland verkehren Eurocity (EC), IC (Intercity), SuperCity (SC) und Expresszüge (Ex). Auf Nebenstrecken sollte man allerdings etwas Zeit mitbringen und Abstriche im Komfort einkalkulieren. Auskünfte, Reservierungen und Tickets bekommt man nicht nur am Fahrkartenschalter, sondern auch in vielen Reisebüros. Allerdings können internationale Fahrkarten nur auf Hauptbahnhöfen erstanden werden.

Bahn und Rad

Außer in EC-, SC-, und IC-Zügen können im Binnenverkehr Fahrräder meistens mitgenommen werden (Selbstverladung), die grenzüberschreitende Mitnahme ist möglich. Zwischen Deutschland und Tschechien wird der Fahrradversand angeboten.

Busverkehr

Das Buslinien-Netz ist in Tschechien engmaschig, so dass man fast jede kleine Ortschaft zumindest werktags mit dem Bus erreicht. Zwischen Großstädten verkehren Expressbusse (rychlík), die nur an wenigen Haltestellen stoppen. Für einige Expressbuslinien können auf Busbahnhöfen Sitzplätze reserviert werden. Neben dem landesweit tätigen Unternehmen Student Agency sind auch andere Firmen aktiv, meist aber nur regional. Busfahren ist recht preisgünstig. Für eine Strecke von 100 km bezahlt man umgerechnet etwa 4 Euro.

Mietwagen

Es lohnt sich, einen Mietwagen bereits in Deutschland zu buchen. Die Preise sind zwar in Tschechien bei den meisten internationalen

◄ weiter S. 122

Kuren und flanieren in der Parkkolonnade von Karlsbad

KUREN AUF BÖHMISCH

Mehr als ein Jahrhundert lang waren sie Treffpunkt der europäischen Haute-Volée – die westböhmischen Kurorte im so genannten Bäderdreieck. Ihre glanzvollen Zeiten liegen beinahe ebenso lang zurück wie sie andauerten, doch seit der Öffnung nach Westen versucht man anzuknüpfen an die Rolle von damals – der Beginn einer neuen Ära?

Karlsbad im Juli. Wie jedes Jahr um diese Zeit steht Goethes Lieblingsbad ganz im Zeichen der Filmkunst – das Internationale Filmfestival hat begonnen. Die renommierte Filmschau ist eine der ältesten in Europa, doch im Unterschied zu früheren Jahrzehnten lockt sie heute wieder Prominenz aus aller Welt nach Böhmen, Regisseure und Hollywoodstars folgen der Einladung ebenso wie Mitglieder der europäischen Königshäuser oder Vertreter des Geldadels. Das herausgeputzte historische Ambiente des Traditionsbades trägt seinen Teil dazu bei, dass die internationalen Gäste sich hier wohlfühlen.

Neues Klientel

Dass gerade Karlsbad sich aufmacht, zu einer internationalen Plattform zu werden, ist natürlich kein Zufall. Schon zu Goethes Zeiten galt Karlovy Vary als die Königin unter den böhmischen Bädern – hier war immer schon alles ein bisschen schicker, ein bisschen weltoffener – und ein bisschen teurer als in den beiden anderen Kurbädern. In vielen Hotels haben sich heute die Preise bereits dem westeuropäischen Niveau angenähert oder dieses gar schon erreicht – einer von mehreren Gründen, warum der Anteil der tschechischen Gäste auf 30 % geschrumpft ist. Die anderen zwei Drittel kommen aus Österreich, aus Deutschland und anderen Staaten Westeuropas, zunehmend auch aus Amerika und aus arabischen Ländern – und aus dem einstigen Bruderstaat Russland. Karlsbad sei, so meinen manche, mittlerweile fest in der Hand russischer Gäste und vor allem russischer Investoren – eine Entwicklung, der die Karlsbader mit gemischten Gefühlen gegenüberstehen. Angesichts der schwierigen Wirtschaftslage des Landes sind Animositäten dieser Art allerdings nicht angesagt. Wer mit aufmerksamem Blick durch die Kurstadt spaziert, kommt an der Einsicht nicht vorbei, dass Karlsbad trotz vieler Baumaßnahmen und Renovierungen durchaus noch Geldgeber brauchen kann, wenn der Standard der Hotels und der Kureinrichtungen

Für eine Trinkkur im Bäderdreieck unabdingbar: Die Schnabeltasse für die tägliche Portion Quellwasser

mit den Ansprüchen der Kurgäste mithalten soll. Doch nicht nur die Hotel- und Gastronomieszene, auch der Städtebau ist von den Jahren der sozialistischen Ära gezeichnet. Groteskerweise sind gerade die Projekte, mit denen man in den 1970er- oder 1980er-Jahren in die Zukunft des Heilbades investierte, heute die architektonischen Sorgenkinder. Prominentes Beispiel: Das Kursanatorium Thermal, Mitte der 1970er-Jahre erbaut, ist heute ein Störfaktor im Weichbild der Stadt, die auf Ansichtskarten lieber mit ihren Historismus- und Jugendstilfassaden wirbt.

Zuckerbäckerstil

Marienbad entging nur knapp einem ähnlichen Schicksal: Mitten im Ort, unterhalb der berühmten Neuen Kolonnade, gähnt eine riesige Freifläche. Ein ganzer Häuserblock wurde hier – ebenfalls in den 1970er-Jahren – abgerissen, um einem Mega-Kurzentrum mit 700 Betten Platz zu machen. Zum Bau des Hotelkomplexes kam es dann gottlob nicht, und abgesehen von diesem kleinen »Kratzer« hat Marienbad noch viel von seinem alten Charme bewahrt: Fast alle Gebäude im Herzen des Kurstädtchens strahlen in Schönbrunnergelb oder in hellen, freundlichen Pastelltönen, mit weiß abgesetztem Stuck – Zuckerbäckerstil. In vielen Fällen blieb die bauliche Kosmetik auf die Fassade beschränkt, und so mancher Gast findet sich in einem Interieur wieder, das zwar sozialistischen Charme verströmt, aber sich nicht so ganz mit den Erwartungen deckt, die mit der historischen Fassade geweckt wurden.

Wellness statt Kur

Dass man sich auch in Marienbad an Kurgästen mit dickerem Geldbeutel und Lust am Konsum orientiert, ist nicht zu übersehen, nicht zuletzt an den neuen Hotels, an dem Golfplatz oberhalb des Kurortes – einem der schönsten in ganz Tschechien – oder auch am Angebot der Kurhotels und Kuranstalten, das längst nicht mehr nur auf Klassiker wie das Kohlensäurebad beschränkt ist. Zu verhältnismäßig moderaten Preisen kann man hier auch kleine Schönheitskorrekturen vornehmen oder sich einfach nur verwöhnen lassen - nicht Gesundheit, sondern Wellness ist das neue Zauberwort der Branche. Die meisten Kurhäuser haben aus diesem Grund auch Schnupperkuren im Programm, um Neugierigen den Einstieg zu erleichtern. Und die gute alte Trinkkur? Die gibt esnatürlich immer noch, ebenso die Schnabeltassen, mit denen man das heilende Wasser in kleinen Schlückchen zu sich nehmen kann, morgens, mittags und abends – wohl bekomm's!

Anbietern dieselben, doch ohne Reservierung sind vor Ort oft nur noch Autos der höheren Komfort- und Preiskategorien verfügbar. Ein internationaler Führerschein ist nicht erforderlich, allerdings liegt bei manchen Autovermietern das **Mindestalter höher als in Deutschland** (25 Jahre und höher). Der Abschluss einer Zusatzversicherung gegen Unfall und Diebstahl ist ratsam. Achtung: Wegen der hohen Diebstahlsgefahr gestatten es viele Autovermieter nicht, mit einem in Deutschland angemieteten Auto nach Tschechien zu fahren. In Tschechien sind Brnocar und Pragocar die größten Autovermieter. Sie haben in jeder größeren Stadt eine Niederlassung, so dass man das Auto auch bequem an anderen Orten zurück geben kann.

Wellness

Thermalquellen

Tschechien ist reich an heilkräftigen Mineral- und Thermalquellen, deren Wasser vielerorts zu Trink- und Badekuren verwendet oder als Tafelwasser abgefüllt wird. Außerdem werden viele Moor- und Fangovorkommen zu Heilzwecken genutzt. Ein mindestens dreiwöchiger Kuraufenthalt wird zwar empfohlen, es gibt aber auch kurze »Schnupperkuren«. Die Ärzte und das Fachpersonal in den Kurhäusern und Sanatorien sprechen meist auch deutsch oder englisch. Die Kuranstalten sind das ganze Jahr über geöffnet, mit Ausnahme zwischen Weihnachten und Neujahr.

AUSKUNFT UND KURORTE (AUSWAHL)

AUSKUNFT

- **Tschechische Zentrale für Tourismus / CzechTourism**
  Vinohradská 46
  CZ-12041 Praha 2
  Tel. 221 580 111
  www.czechtourism.com

- **in Deutschland:**
  Große Friedberger Str. 6
  D-60313 Frankfurt am Main
  Tel. (069) 21 99 85 87

KURORTE

- **Karlovy Vary/ Heilbad Karlsbad**
  Mlýnské nábřeží 5
  CZ-36001 Karlovy Vary
  Tel. 355 321 176
  www.karlovy-vary.cz

- **Mariánské Lázně/ Heilbad Marienbad**
  Hlavní 47
  CZ-35301 Mariánské Lázně
  Tel. 354 622 474
  www.marianskelazne.cz

- **Františkovy Lázně/ Heilbad Franzensbad**
  CA FL Tours
  Americká 2
  CZ-35101 Františškovy Lázně
  Tel. 354 543 162
  www.frantiskolazensko.cz

► **Jáchymov/ Radonheilbad Joachimsthal**
T.G. Masaryka 415
CZ-36251 Jáchymov
Tel. 353 833 333
www.laznejachymov.cz

► **Janské Lázně/ Heilbad Johannisbad**
CZ-54225 Janské Lázně
Tel. 499 875 186
www.janskelazne.com

► **Jeseník/ Priessnitz-Heilbad Freiwaldau**
CZ-79027 Jeseník
Tel. 584 498 155
www.jesenik.org

► **Luhačovice/Heilbad Luhačovice**
Masarykova 950
CZ-76326 Luhačovice
Tel. 577 132 341
www.luhacovice.cz

Der Sprudel in Karlsbad ist auch visuell ein Erlebnis.

► **Poděbrady**
Jiřího nám. 19
290 01 Poděbrady
Tel. 325 511 946
www.polabi.cz

Zeit

Im Winterhalbjahr gilt die Mitteleuropäische Zeit (MEZ). Für die Monate April bis Oktober wird wie in Deutschland die Sommerzeit (MEZ + 1 Stunde) eingeführt.

Touren

INS BERÜHMTE BÄDERDREIECK ODER LIEBER DURCH DAS RIESENGEBIRGE? IN GROSSE STÄDTE WIE PRAG ODER LIEBER DIE MÄHRISCHE VOLKSKUNST ERLEBEN? IN TSCHECHIEN KANN MAN NOCH ENTDECKUNGEN MACHEN ABSEITS DER TRADITIONELLEN ROUTEN.

TOUREN IN TSCHECHIEN

Wenn Sie noch nicht wissen, wo es langgehen soll, können Sie sich von diesen sechs Touren inspirieren lassen. Das Autobahnnetz des Landes ist zwar beschränkt, doch sind die Straßen dafür weniger stark als in Deutschland befahren. Und auf den Landstraßen fährt es sich sowieso viel geruhsamer und aussichtsreicher.

TOUR 1 Vom Bäderdreieck ins Gebirge
Sie starten von Cheb an der deutsch-tschechischen Grenze und besuchen die berühmten Kurbäder des Landes. Die Route führt über Loket in das Elbsandsteingebirge mit seinen vielseitigen Ausflugsmöglichkeiten. ► **Seite 130**

TOUR 2 Rübezahls Heimat – durch das Riesengebirge
Neben zahlreichen Naturschönheiten im Riesengebirgsvorland und im Riesengebirge selbst gibt es auch einige geschichtsträchtige Plätze zu entdecken. ► **Seite 132**

TOUR 3 Durch den Böhmerwald
Wandern im Urwald von Boubín, bummeln in sympathischen Kleinstädten wie Prachatice oder baden im Lipno-Stausee. Doch der Höhepunkt der Tour ist die schönste Stadt Südböhmens: Českýe Krumlov. Zum Abschluss gönnt man sich in der Bierstadt Pilsen ein Glas des herrlichen Hopfengebräus! ► **Seite 134**

TOUR 4 Teiche und Schlösser in Südböhmen und -mähren
Die Tour führt von České Budějovice durch den Süden von Böhmen und Mähren nach Brno. Landschaftlich sehr reizvoll ist die Teichlandschaft um Trĕboň, aber auch die Dörfer zwischen Jindrichàv Hradec und Slavonice sind einen Besuch wert. Drei prachtvolle Barockschlösser warten außerdem auf den Besuch der Kulturhungrigen. ► **Seite 136**

TOUR 5 Wein und Folklore
Die Höhlen des Mährischen Karsts muss man gesehen haben! Ebenso die kuriose Sammlung an Schuhwerk im Museum der einstigen Bat'a-Schuhfabrik. Wer in die Berge möchte, fährt in die Beskiden und besucht dort gleich noch das Walachische Freilichtmuseum.
► **Seite 137**

TOUR 6 Von Prag in den Osten
Von der »Goldenen Stadt« Prag geht es quer durch Ostböhmen bis hinauf ins Altvatergebirge. Natur folgt hier auf Kultur. ► **Seite 139**

Über Stock und Stein
Das Riesengebirge lockt Wanderfreunde.

»Die goldene Stadt«
Prag muss man gesehen haben.

Jugendstil pur
In Hradec Králové birgt das Ostböhmische Museum eine reichhaltige Sammlung.

Unterwegs in Tschechien

Prag Für viele Menschen ist eine Begegnung mit Tschechien zunächst einmal eine Begegnung mit Prag. Kaum ein Besucher, der sich dem Zauber dieser Stadt verschließt, kaum jemand, der sich nach einem kurzen Wochenendbesuch nicht vornimmt, erneut in die **»Goldene Stadt«** zurückzukehren. Mit seinem historischen Kern auf engstem Raum, seiner einzigartigen Vielfalt historischer Baustile – von romanischen Rotunden bis hin zu verspielten Jugendstilbauten – lädt Prag zum Flanieren und Träumen ein, zum Eintauchen in längst vergangene Zeiten, die man hautnah zu spüren meint.

Orientierung Abwechslungsreiche Natur, unzählige Kulturdenkmäler und zahlreiche malerische historische Städte erschweren dem »Tschechienneuling« die Orientierung. Im Folgenden werden einige der schönsten Regionen kurz skizziert.

Westliches Böhmen Große Namen aus der Vergangenheit sind es, die neugierig machen auf das westliche Böhmen: So berühmte Musiker wie Johann Sebastian Bach und Ludwig van Beethoven, Schriftsteller und Philosophen wie Friedrich Schiller und Friedrich Nietzsche und viele weitere Künstler waren mehr als angetan von dieser an Deutschland grenzenden Region und besuchten sie häufig. Und natürlich Dichterfürst Goethe, der zusammengerechnet mehr als drei Jahre seines Lebens hier verbracht haben soll. In erster Linie sind es die westböhmischen Heilbäder, die damals wie heute wieder, nachdem sie in neuem Glanz erstrahlen, den europaweiten Ruf dieses Landstrichs begründen. Das berühmte westböhmische **Bäderdreieck** – Karlovy Vary (Karlsbad), Františkovy Lázně (Franzensbad) und Mariánské Lázně (Marienbad) – verspricht mit seinen Heilquellen Linderung und Heilung bei mancherlei Krankheiten. Die traditionellen Trink- und Badekuren sind heute natürlich ergänzt durch Wellness- und Schönheitsprogramme.

Weltbekannt sind Karlsbads Quellen und seine Architektur.

Böhmerwald und der Norden Böhmens Das grüne Herz Böhmens, der Böhmerwald, lädt mit einer einzigartigen Mischung aus Bergen und Hochebenen, Wäldern und Torfmooren, Bergseen und Dörfern ein. Ein Ort, wo man die Seele baumeln lassen kann, wo zahllose Naturschönheiten in ihren Bann ziehen. Ähnlich der Norden Böhmens, der ebenfalls für Aktivurlauber und Naturliebhaber ein Reiseziel ersten Rangs darstellt. Im Sommer lockt das Gewässer des Máchasees zum Wassersport, während die Hänge von Isergebirge und der Lausitzer Berge im Sommer Wanderern und im Winter Skifahrern sportliche Herausforderungen ermöglichen. Städte wie Liberec und Joblonec nad Nisou sowie unzählige Burgen bieten ausreichend Abwechslung in kultureller Hinsicht. Mit der Böhmischen Schweiz bietet sich dem Naturliebhaber eine weitere abwechslungsreiche Landschaft mit romantischen Felsen, Klammen und Obstplantagen.

Böhmisches Paradies

Ein Urlaub reicht nicht, um allein die Naturschönheiten und historischen Kulturdenkmäler des Böhmischen Paradieses zu erkunden. Es bietet eine Landschaft, wo **Felsenstädte** sowie Plateaus und Täler erwandert werden wollen, wo legendenumwobene Burgruinen uns um mehr als ein halbes Jahrtausend in die Vergangenheit zurückversetzen können.

Riesengebirge

In der Unter den Gebirgen des Landes nimmt das Riesengebirge eine besondere Stellung ein: Hier fühlt man sich vielerorts nach Nordskandinavien versetzt. Wintersportler wie Sommerurlauber werden angezogen von **zahlreichen Wander- und Radwegen, Abfahrtspisten und Langflaufstrecken**. Lifte und Seilbahnen erschließen das Gebiet ganzjährig, so z. B. zur Elbquelle, oder auf den höchsten böhmischen Gipfel, die 1602 m hohe Schneekoppe, die an klaren Tagen einen weiten Blick erlaubt.

Böhmisch-Mährisches Hochland

Im Böhmisch-Mährischen Hochland mit seinen kleinen Dörfern kann man sich sehr gut ein **Bild vom geruhsamen Landleben** machen. Doch auch an hochkarätigen Sehenwürdigkeiten fehlt es hier nicht: Sei es die Friedhofskirche in Žďár nad Sázavou, die gotische Basilika des hl. Prokop und das alte Judenviertel in Třebíč oder das historische Stadtzentrum des Städtchens Telč – alle Städte übrigens aufgrund ihrer kulturhistorischen Bedeutung Bestandteil der Weltkulturerbeliste der UNESCO.

Südmähren

Im Zentrum Südmährens, diesem fruchtbaren und lieblichen, fast südländisch anmutenden Landstrich, lockt **Brünn**, die zweitgrößte Stadt der Tschechischen Republik, mit einem reichen kulturellen Leben und einem Stadtzentrum, in dem Renaissance- und Barockhäuser ebenso erhalten blieben wie sehenswerte sakrale Bauten. Der Mährische Karst unmittelbar nördlich der Stadt, eine von hunderten von Höhlen durchzogene **Karstlandschaft**, bietet die Abwechslung zum städtischen Pflaster.
Als touristischer Magnet hat sich auch Olomouc erwiesen, eine historische Stadt im Herzen Mährens, mit vielen denkmalgeschützten Gebäuden. Aus der Vielzahl von Parkanlagen, die sich an so man-

ches Schloss in Tschechien anschließen, ragt das riesige, 200 km² große **Parkareal von Lednice-Valtice** heraus, eine der größten, künstlerisch gestalteten Landschaften der Welt. Von ähnlicher Anziehungskraft sind die Gärten und das Schloss in Kroměříž mit einem einzigartigen Komplex historischer Gärten. Die malerische Landschaft Südmährens lockt zum Verkosten des hiesigen Weins, der auch bei kleineren Produzenten gekauft werden kann.

Český Krumlov

Dieser Stadt sollte jeder Tschechienbesucher seine Referenz erweisen: dem südböhmischen Český Krumlov, einer **kulturhistorischen Perle**, in der Renaissance und Gotik, Barock und Rokoko in einem Komplex von dreihundert historischen Gebäuden eine unnachahmliche Atmosphäre schaffen, die durch ein reiches Kulturleben mit Kunst- und Musikfestivals unterstützt wird.

Tour 1 Vom Bäderdreieck ins Gebirge

Länge der Tour: 374 km **Dauer:** 6 Tage

Am Anfang dieser Tour steht ein Besuch des weltberühmten Bäderdreiecks mit Franzensbad, Marienbad und Karlsbad, wo moderne Kuranlagen und Wellnessbereiche Wohlbefinden für Körper und Seele gleichermaßen versprechen. Eine ähnliche Wirkung – wenngleich mit ganz anderen Mitteln – verspricht dem Wanderer ein Durchstreifen des Elbsandsteingebirges und des Lausitzer Gebirges im Norden Tschechiens.

Von Cheb nach Liberec

Die alte Stadt ① **Cheb** (Eger) ist ein beliebtes Ausflugsziel nur wenige Kilometer hinter der deutsch-tschechischen Grenze. Von Cheb nur 6 km nördlich liegt ② **Františkovy Lázně** (Franzensbad), das kleinste der drei berühmten Kurbäder Westböhmens. Ebenso geruhsam wie in Franzensbad geht es zu im rund 40 km südöstlich von Cheb gelegenen Traditionsbad ③ ✶✶ **Mariánské Lázně** (Marienbad). Fehlt nur noch das dritte Bad, Karlovy Vary (Karlsbad). Von Mariánské Lázně nach Karlovy Vary geht es durch den Kaiserwald (Slavkoský les) und ab Mnichov dem Fluss Tepl (Teplá) lang, der sich hier durch ein enges, bewaldetes Tal schlängelt – eine schöne und erholsame Fahrt. Für einen Stopp bietet sich das von einem Schloss überragte Städtchen **Bečov nad Teplou** an. Nach 47 km ist man in Kurstadt ④ ✶✶ **Karlovy Vary**, wo sich einen längerer Auf-

> **NICHT VERSÄUMEN**
> - Bäderdreieck: Die berühmten Kurbäder Westböhmens erstrahlen wieder in neuem Glanz.
> - Elbsandsteingebirge: Bizarre Felsenstädte laden zu mehrtägigen Wanderungen ein

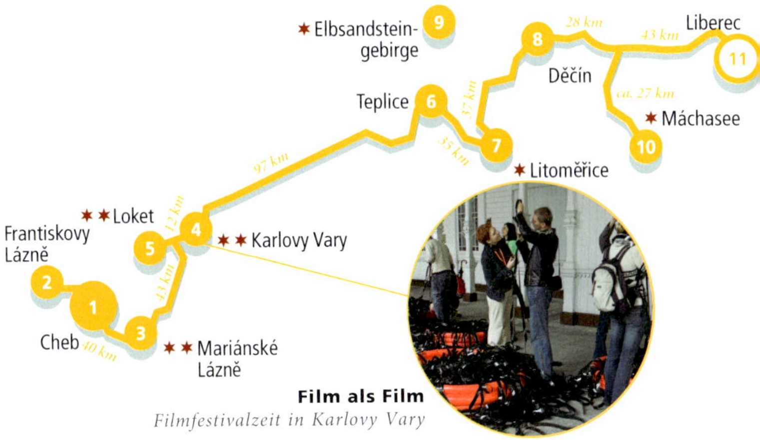

Film als Film
Filmfestivalzeit in Karlovy Vary

enthalt lohnt. Von Karlovy Vary sind mehrere Ausflüge empfehlenswert: einer führt in das reizend gelegene, burgbekrönte Städtchen ❺ ✶ ✶ **Loket** (Elbogen; rund 10 km südwestlich).

Auf der E 442 erreicht man als nächstes Klášterec nad Ohří (Klösterle), **die Wiege des böhmischen Porzellans** mit einer reichen Sammlung im Renaissanceschloss. Bei der Stadt Chomoutov (Komotau) beginnt das nordböhmische Braunkohlerevier.

Wer dem Lebensweg von Casanova nachspüren möchte, sollte auf halber Strecke zwischen Bílina und Teplice nach Duchcov (Dux) abbiegen. Auf **Schloss Dux** verbrachte der berühmte Frauenheld seine letzten Lebensjahre. Von ❻ **Teplice** (Teplitz-Schönau), dem ältesten Kurbad des Landes, sollte man nicht gleich den direkten Weg nach Ústí nad Labem (Aussig) wählen. Schöner ist der Umweg über Lovosice (Lobositz) auf der Straße Richtung Prag (Nr. 8), um der herrlichen Altstadt von ❼ ✶ **Litoměřice** (Leitmeritz) einen Besuch abzustatten. Von hier führt die Fahrt auf der Straße Nr. 261 am rechten Elbufer entlang durch das Elbtal nach **Ústí nad Labem**.

❽ **Děčín**, 24 km nordöstlich von Ústí nad Labem, ist die größte Stadt im böhmischen ❾ ✶ **Elbsandsteingebirge** (Labské pískovce) mit vielen Ausflugsmöglichkeiten, so zu Europas größtem Felsentor bei Hřensko (Herrnskretschen) oder den **fantastischen Felsenstädten** von Tisá (Tyssa). Auf der E 442 Richtung Liberec fährt man kurz vor Nový Bor (Haida) durch Kamenický Šenov (Steinschönau) mit den größten freiliegenden Basaltsäulen des Kontinents, bekannt als Herrenhausfelsen (Panská skála).

Nördlich von Nový Bor, einem ehemaligen Zentrum der nordböhmischen Glasindustrie 33 km westlich von Děčín, ragen die einstigen Vulkankegel des **Lausitzer Gebirges** (Lužické hory) empor. Bei schönem Sommerwetter lockt der ⑩ ★ **Machásee** bei Doksy (Hirschberg) zum Bade. Das »Nordböhmische Meer« rahmen grüne Kiefern- und Buchenwälder, über allem thront malerisch die Burgruine Bezděz (Bösig). Von Nový Bor geht es weiter auf der E 442. Bei Jítrava verlässt man die Hauptstraße und fährt auf der Landstraße über Zdislava (Schönbach) und Křížany (Kriesdorf) nach Kryštofovo Údolí (Christophsgrund), einem ehemaligem Bergbaudorf mit vielen hübschen Umgebindehäusern. Oberhalb eines Flussbogens der Lausitzer Neiße erhebt sich die Burgruine Hamerštejn. Über Machnín (Machendorf) und Svárov (Schwarau) gelangt man nach ⑪ **Liberec** (Reichenberg).

Tour 2 Rübezahls Heimat – durch das Riesengebirge

Länge der Tour: 375 km

Dauer: 4 Tage (ohne längere Wanderungen)

Unsere Roundtour entführt in die Bergwelt des nördlichen Tschechiens. Vom Isergebirge mit seinen kleinen Gebirgsdörfern geht es ins Riesengebirge, seit eh und je einer der größten Touristenmagnete des Landes. Doch auch so reizvolle Städte wie Náchod, Nové Město nad Metují und Hrádec Králové liegen auf der Strecke.

Von Liberec nach Turnov

Der Ausgangspunkt ist die nordböhmische Großstadt ❶ **Liberec** (Reichenberg), deren Zentrum zum Einkaufen und Bummeln einlädt. Eine Alternative zur wenig reizvollen Hauptstraße Nr. 14 zwischen Liberec und Jablonec nad Nisou (Gablonz an der Neiße) ist die ruhige Straße entlang des Isergebirgssüdhanges, die im nördlichen Reichenberger Stadtteil Palovice beginnt und nach Desná (Dessendorf) führt. Von Desná III (Dolný Polubný) führt die einzige Straße über den Hauptkamm des **Isergebirges**. An der Darretalsperre (vodní nádržõ Souš) vorbei gelangt man auf die Nordseite des Gebirges nach ❷ **Hejnice** (Haindorf) mit der berühmten barocken Wallfahrtskirche. Unterhalb der Darretalsperre führt eine Straße in südöstlicher Richtung nach Horní Polubný (Oberpolaun). Von hier aus sind es nur noch 5 km nach Jizerka (Klein-Iser), der höchstgelegenen Siedlung des Isergebirges.

Von Horní Polubný gelangt man bei dem Ort Dolní Kořenov (Wurzelsdorf) auf die E 65. An der Kreuzung Na Mýtě verläuft die E 65 weiter nach **Harrachov** (Harrachsdorf), dem Touristenzentrum des Westriesengebirges. Auf der Straße Nr. 14 kann man von dieser Kreuzung über Jilemnice (Starkenbach) nach Vrchlabí (Hohenelbe) fahren. Beide Städte besitzen sehenswerte Riesengebirgsmuseen. Der 10 km nördlich von Vrchlabí gelegene Ort ❸ ★ **Špindlerův Mlýn**

»Tollhaus der Natur«
So beschrieb im 19. Jh. der Forschungsreisende Johann Friedrich Reichardt die Sandsteingebilde der Adersbacher- und Wekelsdorfer Felsen.

Harmonische Architektur
Der Stadtplatz von Jičín ist mit zahlreichen Laubenganghäusern geschmückt.

(Spindlermühle) ist die Touristenhochburg im böhmischen Riesengebirge. Von der Hauptstraße Nr. 14 führt 7 km östlich von Vrchlabí ein Abzweig nach Pec pod Sněžkou (Petzer). Von hier aus kann die ❹ ✶✶ **Schneekoppe** (Sněžka) besteigen oder mit dem Sessellift hinaufschweben. Wer auf der Hauptstraße Nr. 14 bleibt, kommt bald nach ❺ **Trutnov** (Trautenau) mit einem schönen Marktplatz und Rübezahldenkmal.

Die größten böhmischen Felsenstädte von **Adersbach und Wekelsdorf** (Adršpašsko-Teplické skály) liegen ca. 15 km nordöstlich von Trutnov, Luftlinie etwa auf halbem Weg nach Broumov. Auf der Straße Nr. 14 erreicht man die Grenzstadt ❻ **Náchod** (Nachod) mit schönem Renaissanceschloss. Unbedingt zu empfehlen ist von hier ein Abstecher in das bezaubernde ❼ ✶✶ **Nové Město nad Metují** (Neustadt an der Mettau), ein Städtchen 6 km südlich.

In Náchod wendet sich die Route südlich nach Jaroměř (Jermer) am Zusammenfluss von Elbe und Mettau und weiter in die vom Jugendstil geprägte Stadt ❽ **Hrádec Králové** (Königgrätz; 41 km auf der E 67). In nordwestlicher Richtung (E 442) fährt man durch Hořice (Horschitz), das böhmische Bildhauer- und Steinmetzzentrum, nach ❾ **Jičín** (Gitschin), das für einige Jahre die Residenz des kaiserlichen Heerführers Wallenstein war. Heute ist Jičín neben dem 25 km nordwestlich gelegenen Turnov (Turnau) das »Haupttor« für das liebliche **Böhmische Paradies** (Český ráj). Von Turnov sind es nur 20 km auf der E 442 zum Ausgangspunkt Liberec.

Tour 3 Durch den Böhmerwald

Länge der Tour: ca. 571 km **Dauer:** 6 Tage

Die Bierstadt Plzeň (Pilsen) ist Ausgangs- und Endpunkt der nachfolgenden Route durch den Böhmerwald (Šumava), wo die Moldau entspringt. Mit hübschen Städten, allen voran Český Krumlov (Krumau), und einer idyllischen Landschaft ist dies eine der schönsten und meistbesuchten Regionen in Tschechien.

Von Pilsen zu den Moldau-Stauseen

Von ❶**Plzeň** geht es südwärts nach ❷**Domažlice** (Taus; knapp 60 km), die Stadt mit dem hübschen Marktplatz und einem sehenswerten Museum zur Kultur der Choden. 12 km hinter Klatovy (Klattau) biegt die Route ab nach ❸**Sušice** (Schüttenhofen), wo seit 1839 Zündhölzer produziert wurden. Bestaunen kann man die alten Zündholzschachteln im Böhmerwaldmuseum. Eine der größten Burgruinen des Landes, Rabí, steht 10 km nordöstlich von Sušice. Ein guter Ausgangspunkt für Wanderungen in den **Urwald von Boubín** ist das von Höhenzügen umrahmte Städtchen ❹**Vimperk** (Winterberg; 36 km), das man auf kleinen Landstraßen erreicht.

NICHT VERSÄUMEN

- Český Krumlov: Eine mittelalterliche Stadt wie aus dem Bilderbuch.
- Schloss Hluboká: Das Schloss scheint einer Filmkulisse entsprungen zu sein und lockt Besuchermassen an.

Die sympatische Kleinstadt ❺* **Prachatice** (Prachatitz), 24 km westlich von Vimperk, besitzt eine hübsche, befestigte Altstadt mit schmalen Gassen und sgraffitogeschmückten Renaissancehäusern.

Über Volary (Wallern; 18 km), einen beschaulichen Ort mit einigen alpenländischen Holzhäusern, erreicht man den Lipno-Stausee, wo es viele schöne Möglichkeiten zum Baden, Campen und Bootfahren gibt. Die Straße erreicht nach guten 30 km ❻* **Vyšší Brod** (Hohenfurt), ein Städtchen an der noch jungen Moldau mit einem viel besuchten Kloster.

Wildromantisch präsentiert sich die Moldau flussaufwärts bis Rožmberk nad Vltavou (Rosenberg; 9 km), wo nicht nur die vielen Kanuten gerne Halt machen. Nach weiteren 25 km windet sich der Fluss durch ❼** **Český Krumlov** (Krumau), das man ohne zu zögern als die schönste Stadt Südböhmens rühmen kann. Für die Besichtigung von Schloss und Altstadt sollte man zwei Tage einplanen.

Ebenso wie Plzeň hat auch ❽**České Budějovice** (Budweis; 22 km nördlich) für Bierkenner einen guten Klang, aber auch zum Bummeln lädt die gemütliche Stadt ein. Eines der berühmtesten Schlösser des Landes ist nur 10 km von Budweis entfernt: ❾** **Hluboká** (Frauenberg). Wenn möglich, sollte man den Besuch des »Böhmischen Neuschwansteins« nicht auf ein Wochenende legen, sonst findet man sich in Heerscharen von Touristen.

Entweder über Tábor (Tabor), ein hübsches, 57 km nördlich von České Budějovice gelegenes Städtchen, oder auf direktem Weg auf der E 49 (52 km) erreicht man die Kleinstadt ⑩ **Písek** (Pisek) mit ihrer schönen, alten Steinbrücke über die Ottawa. Von Písek ist es nicht mehr weit zu einer der beliebtesten Ausflugsregionen der Prager – den ⑪ ★ **Moldau-Stauseen** mit dem **Wasserschloss Orlík** (Worlik) und der auf einem Felsen über dem Wasser thronenden **Burg Zvíkov** (Klingenberg). Von Písek sind es noch ca. 80 km bis Plzeň.

Von Wasser umgeben
Schloss Orlík bei Písek wurde durch die Aufstauung der Moldau zum Wasserschloss.

Schmuckes Ensemble
Der arkadengesäumte Stadtplatz von Domažlice

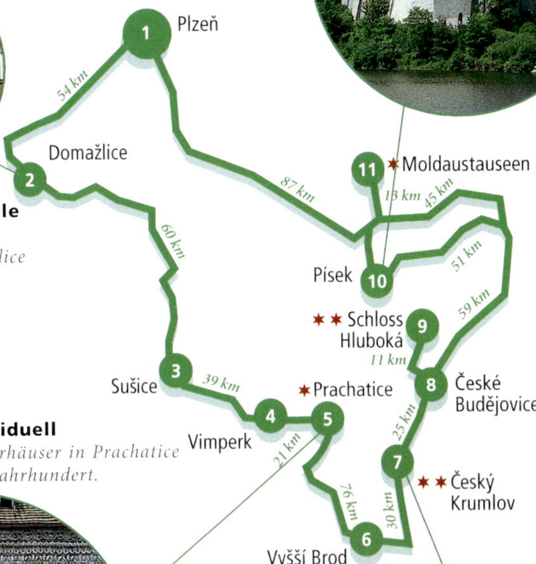

Vielfältig und individuell
Die prachtvollen Bürgerhäuser in Prachatice stammen aus dem 16. Jahrhundert.

Prunkvoll unterwegs
Barocke Prachtkutschen im Schloss Český Krumlov

Tour 4 Teiche und Schlösser in Böhmen und Mähren

Länge der Tour: ca. 368 km **Dauer:** 5 Tage

Die Tour führt durch den touristisch stark entwickelten Süden Böhmens und Mährens. Eingebettet in eine liebliche Landschaft reihen sich hier zahllose besuchenswerte Schlösser und Kleinstädte aneinander.

Mähren-Metropole
Die Restaurierungstätigkeit der letzten Jahre bringt in Brünn so manches Juwel wieder zu Tage.

Bierstadt
Sie produziert mit dem Budweis eine der bekanntesten Biersorten des Landes.

Unvergleichliche Schloss- und Gartenszenerie
Schloss Ledňice kombiniert neugotische Architektur mit einem zauberhaft angelegten Park.

Von České Budjovice nach Brno

Die Landschaft östlich von ❶ **České Budějovice** ist geprägt von den unzähligen Fischteichen, aus denen die Karpfen stammen, die in ❷ ✶ **Třeboň** bevorzugt auf den Tisch kommen. Die Fahrt auf der E551 in das 30 km entfernte Jindřichův Hradec (Neuhaus) führt durch hübsche Dörfer mit typischen Bauerngehöften. ❸ **Jindřichův Hradec** besitzt ein Schloss, das eine ausführliche Besichtigung lohnt. Nur 15 km nordwestlich steht in einem Teich ❹ ✶ **Červená Lhota** (Rotlhota), ein Wasserschloss, das wegen seiner romantischen Umgebung gern besucht wird.
Eine ländliche Idylle wird der Besucher bei seiner Fahrt von Jindřichův Hradec nach Slavonice (Zlabings) entdecken: sanfthügelige Wiesen, versteckte Seen, Wälder und verschlafene Dörfer. In ❺ ✶ **Slavonice**, einer hübschen alten Kleinstadt an der Grenze zu Österreich, scheint die Zeit stehen geblieben zu sein. Einer der schönsten Marktplätze Tschechiens besitzt das hübsche, von Teichen umgebene Städtchen ❻ ✶✶ **Telč** (Teltsch), rund 40 km östlich von Jindřichův Hradec und 26 km nördlich von Slavonice.
14 km hinter Telč verlässt man die Straße Nr. 23 und biegt auf der E 59 nach Süden ab. Auf der Strecke nach Znojmo lohnt sich ein Abstecher nach ❼ ✶ **Jaroměřice** (Jarmeritz) wegen des dortigen Barockschlosses. Ein weiteres Highlight der barocken Baukunst erwartet den Besucher bei Znojmo (Znaim): ❽ ✶✶ **Schloss Vranov** (Frain) in malerischer Lage über der Thaya (rund 20 km nordwestlich).
Zentrum des südmährischen Weinanbaugebietes ist ❾ ✶ **Mikulov** (Nikolsburg), 65 km östlich von Znojmo zwischen Weinhänge, Mais- und Sonnenblumenfelder gebettet. Die Nähe zu Österreich beschert dem Weinstädtchen das ganze Jahr über viele Besucher. Ebenfalls ein ganzjähriger Publikumsmagnet ist das nur 16 km östlich von Mikulov gelegene Schloss ❿ ✶✶ **Lednice**. Ein herrlicher englischer Park verbindet Lednice mit dem benachbarten Weinstädtchen ⓫ **Valtice**. Endpunkt der Route ist die mährische Hauptstadt ⓬ ✶ **Brno** (Brünn). Neben der geschäftigen Innenstadt sollte man sich auch Mies van der Rohes Villa Tugendhat anschauen, die ein Meisterwerk der klassischen Moderne darstellt.

Tour 5 Wein und Folklore

Länge der Tour: ca. 379 km **Dauer:** 6 Tage

Ausgangs- und Endpunkt dieser Rundtour ist das pulsierende Brno (Brünn), die zweitgrößte Stadt Tschechiens. Die Strecke führt durch die südmährischen Weinanbaugebiete, eine Region, in der bis heute Folklore und Volkskunst besonders gepflegt werden.

Von Brno nach Olomouc

Die Großstadt ❶ ★ **Brno** (Brünn) bietet ein abwechslungsreiches Kontrastprogramm zu den vielen Kleinstädten, Dörfern und zu ländlicher Abgeschiedenheit. Etwa 20 km nördlich von Brno haben die Kräfte der Natur die Höhlen des **Mährischen Karstes** (Moravský kras) hervorgebracht – ein lohnendes Tagesausflugsziel.
Rund 20 km östlich von Brno, an der Straße Nr. 50, erreicht man das beschauliche Städtchen ❷ **Slavkov u Brna** (Austerlitz), in dessen Umgebung 1805 die berühmte »Dreikaiserschlacht« ausgetragen wurde. 8 km weiter kommt man nach ❸ **Bučovice** (Butschowitz) mit einer

Bizarre Höhlenwelt
Eintauchen in die unterirdische Welt des Mährischen Karsts

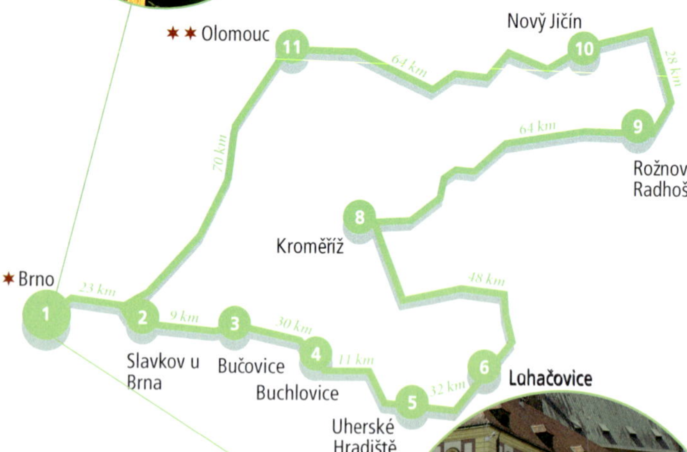

Obst, Gemüse, Blumen...
Der Brünner Krautmarkt ist der größte Platz der Stadt und bietet werktags einen bunten Markt.

sehenswerten Burg. Etwa 10 km vor Uherské Hradiště (Ungarisch Hradisch) gibt es in ④ **Buchlovice** (Buchlowitz) ein hübsches, an italienische Villen erinnerndes Barockschloss zu besichtigen.

✓ NICHT VERSÄUMEN

- Zlín: Funktionalismus aus den 1920/1930er-Jahren
- Kroměříž: Feinster Barock im Schloss und in den Gärten

Von der wenig attraktiven Industriestadt ⑤ **Uherské Hradiště** lassen sich Ausflüge in die vom Weinanbau geprägte südmährische Provinz unternehmen, so z. B. in das Dorf Strážnice, wo die mährische Volkskunst noch lebendig blieb. ⑥ **Luhačovice**, rund 30 km nordöstlich von Uherské Hradiště am Fuß der **Weißen Karpaten** (Bílé karpaty) gelegen, ist das fünftgrößte Kurzentrum des Landes mit 15 Quellen.

In ⑦ **Zlín**, im waldreichen Dřevnice-Tal 15 km westlich von Vizovice, hatte Tomáš Bat'a 1894 die Bat'a-Schuhfabrik gegründet und in den 1920er Jahren der Stadt ein vom Funktionalismus geprägtes Gesicht »verpasst«, das Architekturkenner auch heute noch in Begeisterung versetzt. Wem Zlín zu laut und modern erscheint, der fahre schnell weiter in das heitere Barockstädtchen ⑧ **Kroměříž**, wo man u. a. das Bischöfliche Schloss besichtigen kann.

Über Holešov, Bystřice und Valašské Meziřičí erreicht man ⑨ **Rožov pod Radhoštem**, einen viel besuchten Ferienort in den **Beskiden** (Beskidy). Während im Winter der Schnee die Touristen in die Berge lockt, ist im Sommer das **Walachische Freilichtmuseum** der Publikumsrenner. Über Frenštát und Příbor erreicht man ⑩ **Nový Jičín**, eine kleine Industriestadt mit denkmalgeschütztem Altstadtkern.

Rund 70 km trennen Nový Jičín von ⑪ ✶✶ **Olomouc** (Olmütz), der mit Baudenkmälern gesegneten Universitätsstadt, für die man sich mindestens zwei Tage Zeit nehmen sollte. Nach weiteren 75 km ist man wieder am Ausgangspunkt der Tour, in Brno (Brünn).

Tour 6 Von Praha in den Osten

Länge der Tour: ca. 389 km **Dauer:** 6 Tage

Die Tour führt von Praha (Prag) quer durch Ostböhmen bis hinauf ins Altvatergebirge in Nordmähren. Interessante Städte wie Kutná Hora (Kuttenberg), Hradec Králové (Königgrätz) und Litomyšl (Leitomischl) werden dabei berührt.

Von Prag nach Jeseník

❶ ✶✶ **Praha**, die Hauptstadt des Landes, bietet ein Besichtigungsprogramm für mehrere Tage. Wer nur einen Tag Zeit hat, der sollte dem Altstädter Ring und dem Hradschin mit Königspalast und Veitsdom Priorität einräumen. Doch nicht nur in der Stadt, auch in der näheren Umgebung befinden sich hochkarätige Sehenswürdigkeiten wie z. B. die Burg ❷ ✶✶ **Karlštejn** (Karlstein), knapp 30 km südwestlich von Prag, oder die Burg ❸ ★★ **Konopiště** (Konopischt), 40 km südöstlich der Hauptstadt.

Gleich auf der ersten Etappe wartet diese Route mit zwei kunsthistorischen Glanzlichtern auf: die Rede ist von der **Bartholomäuskirche** in Kolín (Kolin) und der **St. Barbarakirche** in ❹ ★★ **Kutná Hora** (Kuttenberg).

Über ❺ **Pardubice** (Pardubitz; rund 35 km nordöstlich von Kutná Hora), das mit einem schönen Marktplatz aufwartet, geht es weiter nach ❻ **Hradec Králové** (Königgrätz), der »Kulturhauptstadt« Ostböhmens. In der Umgebung von Hradec Králové gibt es interessante Schlösser zu besichtigen, z. B. das barocke Karlova Koruna (Karlskrone) oder das neogotische Schloss Hrádek u Nechanic.

38 km hinter Hradec Králové, in Vamberk (Wamberg), zweigt die Route nach Süden ab (30 km bis Česká Třebová, von dort noch 12 km bis ❼ **Litomyšl**). Die Stadt besitzt ein sehr sehenswertes Renaissanceschloss.

Den Abschluss dieser Route bildet ein Abstecher ins **Altvatergebirge** (Jeseníky). Von Šumperk, dem »Tor zum Altvatergebirge«, ist man schnell in den kleinen, zum Teil noch ruhigen Ferienorten. Besonders beliebt sind Velké Losiny (Groß Ullersdorf) und ❽ **Jeseník** (Freiwaldau).

Burg Karlstein ist das beliebteste Ausflugsziel von Prag aus.

Ginger und Fred«
rags ‹Tanzendes Haus« ist ein eisterwerk zeitgenösischer rchitektur inmitten von ugendstil und Mittelalter.

Nostalgisch
Das jüdische Viertel Prags, die Josefstadt, gehört heute dem Kommerz.

Lebkuchenhochburg
In Pardubice hat die Herstellung des weihnachtlichen Gebäcks Tradition.

Reiseziele von A bis Z

TSCHECHIEN BIETET VIELSEITIGE REISELUST: GROSSSTADTERLEBNIS IN PRAG UND BRÜNN, EINSAMKEIT IN DEN GEBIRGSGEGENDEN, ABER AUCH BADEVERGNÜGEN AN ZAHLREICHEN SEEN.

Adlergebirge (Orlické hory)

L/M 4

Region: Ostböhmen **Höhe:** bis 1115 m ü. d. M.

Keine schroffen Gebirgshänge, sondern sanft ansteigende, überwiegend von Wäldern bedeckte Erhebungen, wo Blaubeeren und Pilze noch keine Seltenheit sind, bestimmen das Bild des Adlergebirges, das sich auf einer Länge von etwa 50 km entlang der tschechisch-polnischen Grenze erstreckt. Selbst der höchste Gipfel, die Deschneyer Großkoppe (Velká Deštná), überragt mit 1115 m den 1000 m hohen Hauptkamm nur unwesentlich.

Artenreiche Landschaft

Seinen Namen erhielt das Gebirge von dem Fluss Wilde Adler (Divocká Orlice), der sich sein Bett durch die Höhenzüge gräbt. Die Kämme bedecken vor allem Fichten. In tieferen Lagen gibt es alte Buchenwälder, und auf den Wiesen gedeihen über 400 Pflanzenarten. Hochmoore und ausgedehnte »Waldmeere« erinnern an manchen Stellen an die Waldlandschaften Skandinaviens, kleine Ortschaften schmiegen sich an Berghänge und in Täler. Hier ist vom Touristenrummel auch im Hochsommer nichts zu spüren, nur im Winter drängt man sich auf **zahlreichen Skipisten und Loipen**. Der Jirásek-Wanderweg (Jiráskova cesta) führt durch die attraktivsten Orte des Gebirges und trägt seinen Namen zum Gedenken an den ostböhmischen Volksschriftsteller Alois Jirásek.

← Karlsbad: Mühlbrunn-Kolonnade

Die Masarykbaude auf dem Scherlich aus den 1920er-Jahren bietet Platz für bescheidene Übernachtungsgäste.

Sehenswertes im Adlergebirge

Rokytnice v Orlických horách (Rokitnitz)

Das 580 m hoch gelegene Wintersportzentrum ist ein zentraler Ausgangsort für Touren ins Adlergebirge. Am Markt steht ein sehenswertes hölzernes Laubenhaus. Die mächtige Festung Hanička an der Straße nach Bartošovice (Batzdorf) gehörte zum tschechoslowakischen Grenzsicherungssystem (1936 – 1938). Im Winter herrscht in Říčky (Ritschka), 5 km nördlich von Rokitnitz, viel Betrieb. Das Skigebiet befindet sich am Südhang des 981 m hohen Zaklety.

Deštné v Orlických horách (Deschney)

Im Zentrum des 649 m hoch gelegenen Gebirgsortes steht die barocke, 1723 – 1726 erbaute Kirche der hl. Maria Magdalena. Im Handwerksmuseum werden regionale Glas- und Textilerzeugnisse ausgestellt und die Geschichte des Fremdenverkehrs dokumentiert.

Šerlich (Scherlich)

Von Deštné führt eine Straße, die bis zum Hotel Scherlichmühle (Šerlišské Mlýn) mit dem Auto zu befahren ist, zum Scherlich hinauf. Auf dessen Gipfel steht seit Mitte der 1920er-Jahre eine Gebirgsbaude, benannt nach dem ersten tschechoslowakischen Präsidenten T. G. Masaryk. Vom baumlosen Plateau vor der Baude reicht der Blick weit hinein nach Schlesien und hinüber zur Deschneyer Großkoppe. Der schöne **Kammwanderweg** führt etwa 1 km nordwestlich der Masarykbaude immer entlang des geschützten Buchenurwaldes Bukačka – aufgrund seiner großen Pflanzenvielfalt auch als Botanischer Garten des Adlergebirges bezeichnet – mit Abstiegsmöglichkeit zur Scherlichmühle.

> ! *Baedeker* TIPP
>
> **Volksarchitektur**
>
> In den Dörfern des Adlergebirges, u. a. in Sněžné, Pěčín und Říčky, blieben noch schöne Beispiele der Volksarchitektur aus dem 18. und 19. Jh. erhalten. Die Holzbauten waren meist direkt mit dem Stall verbunden, große Scheunen brauchten die Bergbauern nicht.

Olešnice v Orlických horách (Gießhübel)

Am Nordwesthang der Hohen Mense (Vrchmezí) stehen im oberen Ortsteil noch sehr viele alte Blockhäuser. Oberhalb der Kirche genießt man bei schönem Wetter einen Blick zum Riesen- und Heuscheuergebirge sowie zum markanten Tafelberg Ostaš.

Rychnov nad Kněžnou (Reichenau)

Die alte Tuchmacherstadt liegt reizvoll vor den südwestlichen Ausläufern des Adlergebirges. 1889 wurde hier der auch heute noch aktive »Klub der tschechischen Touristen« (Klub českých turistů) gegründet. Das von diesem Klub edierte Kartenwerk wissen viele Gäste zu schätzen. Der **»Hradschin von Rychnov«** thront über dem Tal des Flusses Kněžná. Das Barockschloss wurde 1676 – 1690 nach Plänen eines unbekannten Baumeisters italienischer Schule errichtet, für die zweite Bauetappe ab 1722 lieferte Giovanni Santini die Entwürfe. Zum Besuch der Residenz verlocken die Gemäldegalerie mit etwa 500 Werken böhmischer, niederländischer und italienischer Kunst,

ADLERGEBIRGE ERLEBEN

AUSKUNFT

Informationszentrum
Nám. T. G. Masaryka. 4
CZ-51761 Rokytnice v
Orlických horách
Tel./Fax 494 595 326
www.orlickehory.cz

Informationszentrum
Deštné v Orlických čp. 164
Tel./Fax 492 601 601, www.destne.info

ÜBERNACHTEN

► **Komfortabel**

Panorama
Masarykova 941
Rychnov nad Kněžnou
Tel. 494 534 619
Fax 494 534 619
www.hotelpanorama.eu
Vornehmes, vor wenigen Jahren neu eröffnetes Hotel in absolut ruhiger Lage. Ein großzügiger Schwimmbad- und Saunabereich sorgen für Entspannung.

Michal
Říčky v Orl. h.
Tel. 607 747 333
www.hotelmichal.cz
Im Winter guter Ausgangspunkt für Skifans, im Sommer für Wanderer.

die Bibliothek sowie schöne Gobelins. (Öffnungszeiten: Mai – Aug. Di. – So. 8.00 – 12.00 u. 13.00 – 17.00, im Sept. nur bis 16.00 Uhr). Die Schlosskirche wurde 1602 fertig gestellt und 1713 unter Giovanni Santini barock umgebaut. Nach einem Brand 1843 erhielt das Gotteshaus ein neugotisches Gewand.

Vamberk (Wamberg) Die Spitzenklöppelkunst in Vamberk, 5 km südlich von Rychnov, blickt auf eine dreihundertjährige Tradition zurück. Das Handwerk wurde von der aus Flandern stammenden Gutsbesitzerin Magdalene Gramb eingeführt, und es wird hier noch heute in der Fachschule gelehrt. Das Stadtmuseum gewährt Einblicke in diese Kunst.

Doudleby nad Orlicí (Daudleb) 6 km südlich von Rychnov liegt das Städtchen Daudleb. Das Renaissanceschloss mit Arkaden und prächtigem Sgraffitoschmuck wurde im 17. Jh. barock verändert. Die Innenräume sind mit Fresken dekoriert und bergen eine Sammlung von Tapisserien und Renaissancemöbeln. Ein Teil des Schlosses wird als militär-historisches Museum genutzt (Öffnungszeiten: April – Sept. Di. – Fr. 8.00 – 16.00 Uhr, Sa., So. u. Fei. 9.00 – 16.00 Uhr).

Častolovice Das Renaissanceschloss 8 km südwestlich von Rychnov gehört heute wieder der Familie Sternberg. Sehenswert ist vor allem der große Rittersaal mit einer gemalten Kassettendecke (17. Jh.). sowie der Park mit Rosen- und Wassergarten (Öffnungszeiten: April, Okt. – Dez. Sa., So. u. Fei. 9.00 – 18.00 Uhr, Mai – Sept. Di. – So.).

★ Altvatergebirge (Jeseníky)

N 4/5

Region: Nordmähren **Höhe:** bis 1492 m ü. d. M.

Das Altvatergebirge erstreckt sich im Norden Mährens, nahe der polnischen Grenze, und ist der südöstlichste Teil der fast 300 km langen Sudetengebirgskette. Klima und Erscheinungsbild ähneln dem nordböhmischen Riesengebirge, doch wird diese Gebirgsregion weitaus weniger besucht – ein erholsames Wanderparadies also mit einer von der Eiszeit geprägten Landschaft, naturnahen Wäldern und Mooren sowie einer reichen Pflanzenwelt.

Wandertouren und Pisten

Eine der schönsten Wanderrouten in diesem Gebiet ist die Kammtour. Im Winter zieht es die Skilangläufer auf die verschneiten Kämme; für Abfahrten bestens geeignet sind die Pisten bei Ramzová (Rann sau), an der Schäferei (Ovčárna) und bei Karlov pod Pradědem (Karlsdorf).

ALTVATERGEBIRGE ERLEBEN

AUSKUNFT

Informationszentrum
Hlavní třída 22
CZ-78731 Šumperk
Tel. 583 214 000
Fax 583 214 909
www.infosumperk.cz

Informationszentrum
Lázeňská 674
CZ-78815 Velké Losiny
Tel. 583 248 248
www.losiny.cz

Informationszentrum
Palachého 2/1341
CZ-79027 Jeseník
Tel. 584 498 155
www.jesenicko.eu

Informationszentrum
CZ-79324 Karlova Studánka
Tel. 554 772 004
www.jeseniko.eu

ÜBERNACHTEN

► Günstig

Nodus
K Vodě 430
Jeseník
Tel. 588 000 914
www.nodus.hotel-cz.com
Im Winter ist das Hotel ein guter Ausgangspunkt für Skifahrer. Wander- und Radwege verlauften in unmittelbarer Nähe. Rollstuhlfahrer finden einen Lift vor sowie einen barrierefreien Eingang.

Diana
Žárovská 618
Velké Losiny
Tel. 583 248 050
www.diana-losiny.cz
Am Waldrand gelegen, guter Ausgangspunkt für die Erkundung des Altvatergebirges. Modernes Wellness-Zentrum mit Hallenbad und Fitness-Einrichtungen.

Raues Bergklima Das zweithöchste Gebirge der Sudeten gliedert sich in zwei Stränge, das Hohe Gesenke (Hrubý Jeseník) und das Niedere Gesenke (Nízký Jeseník). Dieses Gesenke im Südosten ist ein Hochland mit einigen basaltischen Kuppen. Dahinter öffnet sich die **Mährische Pforte** zwischen Sudeten und Karpaten. Obwohl die Berge im Altvatergebirge nicht besonders hoch sind – nur wenige überschreiten 1000 m – ist das Klima rau, vergleichbar dem in den Alpen auf etwa 2000 m Höhe. Dem mit 1492 m mächtigsten Gipfel, dem **Altvater** (Praděd), verdankt der Gebirgszug seinen Namen. »Altvater« heißt auch der bekannteste Kräuterschnaps der Gegend. Die fast baumlosen Plateaus der Gipfelregionen ermöglichen bei idealem Wetter fantastische Ausblicke. Steile Hänge, canyonartige Täler, Sättel und einige Gletscherkessel prägen die Landschaft. Besonders reich ist die Pflanzenvielfalt im Großen und Kleinen Kessel (Velká a Malá kotlina), den sesselförmigen Felswannen ehemaliger Gletscher (Kare).
Die sehenswerten Kaskaden der **Weißen Oppa** (Bílá Opava) erlebt der Bergwanderer bei einer Tour von Karlová Studánka zum Altvatergipfel. Ausgedehnte Torfmoore sind bei Rejvíz zugänglich. Das Gebiet ist für starke Niederschläge bekannt: 1997 nahm von hier aus die Jahrhundertflut der Oder ihren verheerenden Lauf.

Sehenswertes im Altvatergebirge

Šumperk (Mährisch Schönberg) Mährisch Schönberg (30 500 Einw.) liegt im Flusstal der Teß (Desná) und ist das »Tor zum Altvatergebirge«. Die Stadt zählt zu den wichtigsten Textilzentren des Landes. Am Marktplatz, der von Bürgerhäusern im Barock- und Empirestil gesäumt wird, steht auch das interessante Jugendstil-Rathaus aus dem Jahr 1911. Zum ehemaligen Dominikanerkloster gehört die Barockkirche Mariä Verkündigung (1753). Das benachbarte älteste Haus der Stadt (Nr. 233), unter dem Namen »Geschaderův dům« bekannt, ist hübsch restauriert – mit weißen Arkaden im Innenhof und Holzschindeln auf dem Dach. Es wird heute als Bibliothek und europäisches Begegnungszentrum genutzt. Im ehemaligen Chiari-Schlösschen befindet sich das **Heimatmuseum** mit Ausstellungen zu Fauna und Flora des Altvatergebirges und zur Regionalgeschichte (Öffnungszeiten: Di. – Fr. 9.00 – 17.00 Sa. 9.00 – 13.00 und So. 12.00 – 16.00 Uhr). Um die Altstadt blieben Reste der gotischen Stadtmauern aus dem 15. Jh. erhalten.

Velké Losiny (Groß Ullersdorf) Von Šumperk lohnt sich ein Abstecher in den kleinen, ruhigen Luftkurort 7 km nordöstlich. Die 24 – 29 °C warmen Schwefelquellen sind ein Grund, hierher zu kommen, ein weiterer ist das stattliche, von einem Park umgebene Schloss, das sich die Familie Zierotin Ende des 16. Jh.s erbauen ließ. Die später um einen eingeschossigen Barockbau erweiterte Renaissanceresidenz blieb samt Einrichtung beinahe im Originalzustand erhalten. Besondere Aufmerksamkeit verdienen der Arkadenhof und der Rittersaal, der als einer der prächtigsten Renaissanceräume des Landes gilt. Die stilisierten Flammen am schmiedeeisernen Schlosstor erinnern an die Schreckenszeit der **Hexenprozesse**: Über hundert Menschen wurden von 1678 bis 1693 auf dem Scheiterhaufen verbrannt. Der Gerichtssaal, in dem die Inquisition zusammentrat, befindet sich im zweiten Stockwerk des Schlosses (Öffnungszeiten: April, Okt. Sa., So. 9.00 – 12.00, 13.00 – 16.00 Uhr; Mai – Aug. Di. – So. 8.00 – 12.00, 13.00 – 17.00 Uhr, Sept. Di. – So. 9.00 – 12.00, 13.00 – 16.00 Uhr).

Die Papiermühle an der Hauptstraße nach Jeseníky, ein Komplex von acht barocken und klassizistischen Gebäuden, ist seit dem 16. Jh. fast ununterbrochen in Betrieb und damit die älteste bis heute arbeitende **Papiermanufaktur** Mitteleuropas. Das handgeschöpfte Papier aus Velké Losiny erfreut sich großer Nachfrage – auch die tschechische Regierung benutzt es für Verträge und wichtige Dokumente. Man kann bei der Herstellung zuschauen und das begehrte Papier kaufen (Öffnungszeiten: Mai – Sept. Di. – So. 9.00 – 12.00 und 13.00 bis 17.00 Uhr, April und Okt. Mo. – Fr. bis 16.00 Uhr).

? WUSSTEN SIE SCHON ...?

- ... dass sich die Technik der Papierproduktion seit ihrer Einführung im 13. Jh. bis ins 19. Jh. kaum verändert hat und die Papiermühle von Velké Losiny Anwärter auf die Eintragung in die UNESCO-Liste des Weltkulturerbes ist?

Jeseník (Freiwaldau)

Rund 40 km nördlich von Šumperk, in einem Talkessel am Nordosthang des Altvatergebirges, liegt Freiwaldau. Seine Entwicklung zum **Kurort** verdankt das ehemalige Bergbaustädtchen dem Bauern Vinzenz Prießnitz (1799 – 1851), der die heilende Wirkung des kalten Wassers entdeckte – lange vor Sebastian Kneipp, welcher weitaus berühmter wurde mit diesem Verfahren. Das von Prießnitz 1831 gegründete Heilbad mit seinen zahlreichen kalten Quellen befindet sich im nordwestlich gelegenen Stadtteil Gräfenberg (Lázně Jeseník), dem Heimatort des »Wasserdoktors«. Hauptsehenswürdigkeit von Jeseník ist das einstige **Wasserschloss**, heute Sitz des Regionalmuseums. Außer der Stadtgeschichte wird hier auch der Bergbau und die Entwicklung des Badewesens dargestellt.

◄ Tropfsteinhöhlen

Nördlich und westlich von Jeseník befinden sich die meistbesuchten nordmährischen Höhlen. Die Tropfsteinhöhlen von Na Pomezí sind April bis Oktober auf einer Länge von knapp 500 m zugänglich.

Rejvíz (Reihwiesen)

Reihwiesen, in einer Höhe von 750 m gelegen, breitet sich auf einer Hochebene 8 km östlich von Jeseník aus und galt einst als höchstgelegenes Dorf Österreichisch-Schlesiens. Am Ortseingang steht das sehenswerte Gasthaus »Zum Seehirten« (Zotavovna Rejvíz) im Blockhausstil. Der ehemalige Gastwirt Alfred Brauner (1891 – 1946) war Holzschnitzer und fertigte von jedem Stammgast einen Stuhl mit dessen Abbild. 20 der ehemals etwa 300 Kunstwerke blieben erhalten. Vom Gasthaus führt ein **Naturlehrpfad** zum Moosbruch (rezervace rašeliniště Mechové jezírko), dem bedeutendsten Torfmoor im Altvatergebirge.

Karlova Studánka (Bad Karlsbrunn)

Bad Karlsbrunn, knapp 20 km südöstlich von Jeseník, gilt als höchstgelegener Kurort der Sudeten (775 m). Da hier ist die Luft besonders rein ist, hat man sich auf die Behandlung von Erkrankungen der Atemwege spezialisiert. Benannt wurde Bad Karlsbrunn nach dem Deutschmeister Erzherzog Karl, der im Jahre 1781 hier das erste Badehaus erbauen ließ. Bis 1938 gehörten die Ländereien dem Deutschen Ritterorden. Die Kurhäuser, der Trinkpavillon, wo das eisenhaltige Quellwasser sprudelt, und die Kapelle des hl. Hubertus sind allesamt aus Holz errichtet.

Javorník (Jauernig)

Oberhalb von Javorník, 24 km nordwestlich von Jeseník, thront das Barockschloss Johannesberg (Jánský vrch), einst die Sommerresidenz der Breslauer Bischöfe. Die Mauern atmen noch immer den Lebensstil der kirchlichen Würdenträger. 25 Jahre lang, von 1769 bis 1794, war Carl Ditters von Dittersdorf, der Begründer der Komischen Oper, in Javorník als Hofkomponist in Diensten. Sehenswert ist die Residenz mit einer umfangreichen Pfeifensammlung sowie der hübsche Park (Öffnungszeiten: April, Okt. Sa., So. 9.00 – 11.30 und 12.30 bis 15.00 Uhr, Mai – Aug. Di. – So. 9.00 – 11.30 und 12.30 – 16.00 Uhr, Sept. bis 15.00 Uhr).

Beskiden (Beskydy)

P 5/6

Region: Nordmähren **Höhe:** bis zu 1323 m ü. d. M.

Das bewaldete Gebirge ganz im Nordosten des Landes zählt bereits zum Karpatenbogen und ist ein beliebtes Wander- und Wintersportgebiet. Die höchsten Gipfel sind die 1323 m hohe Lissa (Lysá hora) und der sagenumwobene, 1129 m hohe Radegast (Radhošt').

Ursprüngliches Weidegebiet

Walachische Schafhirten waren einst aus dem heutigen Rumänien hierher eingewandert. Durch die Weidewirtschaft verschob sich die Waldgrenze talwärts. Nur in abgeschiedenen Zonen blieben Urwaldreste erhalten, so in der Umgebung des Dorfes Horní Lomná.

Geschichte der Walachen

Der südliche Teil der Beskiden wird auch **Mährische Walachei** (»Valašsko«) genannt. Die genaue Herkunft der Walachen war lange umstritten. Im 19. Jh. war die Wissenschaft sicher, ihre Einwanderung aus der rumänischen Walachei nachweisen zu können. Als Beleg dienten ein gleichnamiges Fürstentum in dem südosteuropäischen Land sowie zahlreiche rumänische Wörter im walachischen Dialekt. Inzwischen jedoch geht man davon aus, dass die ersten Siedler der Region Tschechen waren, die sich seit dem 13. Jh. in den Tälern Ostmährens niedergelassen hatten. Als diese ihnen nicht mehr genug Raum boten, besiedelten sie auch die Berghänge und trafen dort auf Ziegenhirten, die im Lauf vieler Jahrhunderte von den rumänischen

BESKIDEN ERLEBEN

AUSKUNFT

Informationszentrum
Masarykro nám 128
CZ-75661 Rožnov pod Radhoštěm
Tel. 571 652 444
www.roznov.cz

Informationszentrum
Komenského 169
CZ-75701 Valašské Meziříčí
Tel. 571 615 200, www.agenturavia.eu

ESSEN

▶ Preiswert

Koliba Kordulka
Rekreačni 648
Rožnov pod Radhoštěm
Tel. 571 629 109
In einer 250 Jahre alten walachischen Almhütte kann man u.a. traditionelle walachische Speisen genießen: Darunter Buchweizensuppe mit Räucherkäse, hausgemachtes Bauchfleisch oder Weißkohl aus dem Fass.

ÜBERNACHTEN

▶ Komfortabel

Horal
Horni Paseky 1691
Rožnov pod Radhoštěm
Tel. 571 648 343
Fax 571 647 256
www.horalhotel.cz
Das kleine, aber feine Hotel verfügt über einmit Restaurant und eine Weinstube. Der neue Wellnessbereich mit Pool und Sauna sorgt für die Entspannung der Gäste.

AGH
Čechova 142
Rožnov pod Radhoštěm
Tel. 571 625 666
Fax 571 625 665
www.hotel-agh.cz
Das Haus liegt nahe des Marktes und trotzdem ruhig. Es besitzt ein gutes Restaurant.

Karpaten mit ihren Herden bis in die Slowakei gezogen waren. Mit ihrer Kultur, vor allem mit ihrer Sprache bestimmten die walachischen Hirten von nun an das Leben der Bewohner. Eine Besonderheit am Rande: Aus der würzigen Milch der walachischen Ziegen wurde ein Käse erzeugt, der in Dokumenten eines Bischofhofes bereits im 16. Jh. als »walachischer Parmesan« bezeichnet wurde.

Valašské Meziříčí (Walachisch-Meseritsch)

Ausgangspunkt in die Beskiden

Als Ausgangspunkt für eine Fahrt durch die nordostmährische Berglandschaft bietet sich Valašské Meziříčí (28 000 Einw.) an. Im Jahr 1908 wurde in Valašské Meziříčí die erste Gobelinschule auf dem Gebiet Böhmens und Mährens gegründet; als »Mährische Gobelinmanufaktur« existiert sie bis heute (Husova 4). Der Name der Stadt leitet sich ab von der Region der Mährischen Walachei (Valašsko), in der ein an die slowakische Sprache anklingender Dialekt gesprochen wird.

Baedeker TIPP

Walachischer Kuchen

Im Gebiet der mährischen Walachei sollten Sie nicht versäumen, den berühmten Walachischen Kuchen – Frgál – zu probieren. Eine Köstlichkeit, die mit Mohn-, Quark- oder Birnenfüllung angeboten wird.

Beliebter Treffpunkt ist der von Bürgerhäusern der letzten vier Jahrhunderte umrahmte **Marktplatz**. Das **Rathaus** an der Nordseite stammt aus dem Jahr 1677. Besonders schön ist das Gebäude der ehemaligen Apotheke »Zum roten Adler« (U červého orla), heute Restaurant. An der Ecke zur Křížkovského-Straße steht das wertvollste Kulturdenkmal der Stadt, das **Haus »Zu den Aposteln«** (U apoštolů). Es wurde 1598 erbaut und zeigt in Stuck ausgeführte Heilige aus der zweiten Hälfte des 18. Jh.s.

Durch die Křížkovského ulice sind es vom Marktplatz nur wenige Schritte bis zur **Stadtpfarrkirche Maria Himmelfahrt**, die im 13. Jh. errichtet wurde. Ihr Renaissanceturm stammt aus dem Jahr 1581.

Das ehemalige **Renaissanceschloss** mit seinen drei weitläufigen Flügeln entstand hoch über der Betschwa 1538 an der Stelle einer ehemaligen Festung. Barock umgebaut wurde es 1726 unter Franz Ludwig Zerotín. Nachdem die letzten Besitzer, die Prager Adelsfamilie Kinský, es 1854 an den Staat verkauft hatten, entstand hier des einzige Frauengefängnis Österreich-Ungarns.

Rožnov pod Radhoštěm (Rosenau am Radegast)

Ferienzentrum

Rožnov pod Radhoštěm bietet Wanderern und Skifahrern zahlreiche gute Übernachtungsmöglichkeiten. Die Kleinstadt mit rund 20 000 Einwohnern liegt 15 km östlich von Valašské Meziříčí, am Südwesthang des Radegasts und ist touristischer Mittelpunkt der Beskiden.

✶ Radhošt' (Radegast)

Die Stadt ist Ausgangspunkt für einen Ausflug auf den 7 km nordöstlich aufragenden Berg Radhošt' (1129 m). Für die Auffahrt biegt man in dem 8 km östlich von Rožnov gelegenen Dorf Prostřední Bečva ab. Die gewundene Bergstraße führt durch tiefe Wälder und schöne Wiesen. Bei der Stadt Frenštát pod Radhoštěm erreicht man wieder die Hauptstraße im Tal. Eine lohnende **Wanderung** führt vom Feriengebiet Pustevny, das u. a. einen Sessellift und ein Hotel bietet, zu der modernen steinernen Statue des slawischen Fruchtbarkeitsgottes Radhošt' und weiter bis zum Gipfel des sagenumwobenen Berges.

Pustevny

In Pustevny, auf dem Hauptkamm der Beskiden, baute Ende des 19. Jh.s der slowakische Architekt Jurkovič zwei Pensionen aus Holz im Stil der Volksarchitektur. Mittlerweile wurden sie originalgetreu restauriert. Im Gasthaus **Libušín** kommen traditionelle Speisen wie Sauerkrautsuppe oder der runde Hefekuchen Frgál im buntverzierten Walachischen Saal auf den Tisch. Im entzückenden Haus **Mamnka** kann man sein Haupt in einem Nationalen Kulturdenkmal betten. Von hier blickt man auf die mährisch-slowakische Bergwelt.

★★ Walachisches Freilichtmuseum

Ältestes Freilichtmuseum des Landes

Die Hauptattraktion von Rožnov pod Radhoštěm ist das Walachische Freilichtmuseum östlich des Stadtzentrums (Valašské muzeum v přírodě). Hier kann man authentische Einblicke in die Lebensweise der Bauern und Handwerker im 18. und 19. Jh. gewinnen, denn es wurden nicht nur traditionelle Wohnhäuser, Wirtschaftsgebäude, Kirchen oder Gasthöfe wieder auf- bzw. nachgebaut, sondern auch mit viel Liebe zum Detail der Alltag der Menschen nachgestellt. Fast jedes Sommerwochenende finden **Volkskunst- und Handwerksvorführungen** statt. Das ganze Jahr über werden verschiedenste Veranstaltungen durchgeführt, von traditionellen Jahr- und Weihnachtsmärkten bis zu Faschingsumzügen und Erntefesten. Das aktuelle Programm gibt es unter www.vmp.cz.

Traditionelle Architektur im Holzstädtchen des Walachischen Freilichtmuseums

Seit 1925, als das älteste Freilichtmuseum Mitteleuropas gegründet wurde, wächst es beständig, heute umfasst das Museumsareal das »Holzstädtchen«, das »Walachische Dorf« und das »Mühlental«. Eine folkloristische Dauerausstellung ist im neuen Besucherzentrum eingerichtet (Öffnungszeiten Holzstädtchen: April – Sept. 9.00 – 17.00. Di. – So. 8.00 – 18.00, Sept./Okt. 9.00 – 17.00, sonst Di. – So. bis 16.00 Uhr; Walachisches Dorf und Mühlental: Mitte Mai – Aug. tgl. 9.00 – 17.00, Sept. ab 10.00 Uhr).

Holzstädtchen

Das Holzstädtchen mit Kirche, Rathaus und Glockentürmen lässt die Atmosphäre einer walachischen Kleinstadt aus der zweiten Hälfte des 19. Jh.s wieder lebendig werden. Da kann man z. B. einen Blick in die Poststation werfen, wo der Postmann über der Poststube schlief und alles so aussieht, als sei er gerade mal eben aus dem Raum gegangen. Im »Gasthaus des Vašek«, dem ältesten Gebäude aus dem Jahr 1660, oder direkt daneben im Gasthaus »Zum letzten Groschen« (»Na posledním groší«) werden traditionelle walachische Spezialitäten wie Sauerkrautsuppe oder Riesenkuchen angeboten.

Mühlental

Auf der anderen Seite der Durchgangsstraße liegt das Mühlental. Besonders für Kinder interressant sind Mühle, Sägewerk, Ölpresse und Hammerwerk im Tal eines kleinen Baches, mit dessen Wasserkraft die Maschinen angetrieben werden.

Walachisches Dorf Oberhalb des Mühlentals erstreckt sich das Areal des Walachischen Dorfes, mit über 40 Objekten der größte Bereich des Freilichtmuseums. Neben schönen Bauernhäusern und Almhütten aus dem 18. und 19. Jh. wurden hier auch interessante **Beete und Obstgärten** angelegt, auf denen alte, fast schon vergessene Kräuter und Früchte wachsen. In einem kleinen Gasthaus auf halbem Weg des Rundgangs werden traditionelle Speisen wie Ziegenkäse und Speckknödel serviert. In der Gaststube steht – wie in jedem Bauernhaus – ein offener Backofen, auf dem meist ein Topf mit Sauerkraut vor sich hin kocht.

Eine traditionelle Küche im Walachischen Dorf

✶✶ Böhmerwald (Šumava)

E/F 6–7

Region: West- und Südböhmen **Höhe:** bis zu 1378 m ü. d. M.

Šumava kommt von »šumí«, was so viel wie »rauschen« bedeutet. Wenn ein Höhenzug diesen Namen trägt, dann liegt die Assoziation zu dichten Wäldern, in denen der Wind die Blätter rauschen lässt, auf der Hand. Tatsächlich ist die Šumava, der südliche Teil des Böhmerwaldes – der nördliche heißt Český les.

Naturnahe Landschaft Durch die 40jährige Abschottung nach Westen und das Aussiedeln der Deutschen konnte sich die Natur hier verlorenes Terrain zurückerobern. Leider setzt der saure Regen den Bäumen auf den bayrisch-böhmischen Grenzkämmen zu, viel Schaden richtete auch der Sturm Kyrill an. Fichten- und Laubwälder, Moore und Naturwiesen sind charakteristisch für die hügelige, schwach besiedelte Hochebene, die im äußersten Süden, im Plöckenstein (Plechý), mit 1378 m ihren höchsten Punkt erreicht. Zu den landschaftlichen Höhepunkten des Böhmerwaldes gehört das romantische **Tal der jungen Moldau**, Čertovo jezero (Teufelssee) und Černé jezero (Schwarzer See), die beiden herrlich gelegenen Gletscherseen, sowie die Umgebung des Lipenská přehrada (Lipno-Stausees). Erschlossen ist bislang vor allem das Nordufer dieses Gewässers, doch auch das Südufer wird – vor allem als Wandergebiet – allmählich vom Tourismus entdeckt.

Geschichte Zwischen dem 12. und 14. Jh. wurde der Böhmerwald von Bayern her besiedelt. Die zugewanderte Bevölkerung lebte von der Holzverarbeitung und der Glasherstellung. In den Zeiten des Kalten Krieges

Die Moldau entspringt im südlichen Böhmerwald.
Im Sommer zieht es viele Paddler auf Tschechiens berühmtesten Fluss.

lag die strukturschwache Region an der Südwestgrenze des Landes in einem Dornröschenschlaf, da hier der Eiserne Vorhang verlief. 1991 wurde der **Nationalpark Šumava** gegründet. Mit rund 690 km^2 ist er der größte Nationalpark Tschechiens.

Von Železná Ruda über Sušice nach Prachatice

Železná Ruda (Markt Eisenstein)

Der hübsch gelegene Ort ist bekannt als Wintersportzentrum und Ausgangspunkt für Wanderungen. Gegründet wurde er im 14. Jh. als Station an einem Handelsweg durch den Böhmerwald. Vom 16. bis ins 18. Jh. hat man in der Gegend Eisenerz gefördert, später kam das Glashandwerk hinzu, das im Museum des Böhmerwalds (Muzeum Šumavy) dokumentiert wird.

Čertovo jezero (Teufelssee), Černé jezero (Schwarzer See)

3 km nördlich von Železná Ruda liegt der Spitzbergsattel (Špičácké sedlo; 1000 m) auf der Wasserscheide zwischen Donau und Elbe. Besonders schön ist von hier aus eine Wanderung durch die naturgeschützte, einsame Waldlandschaft zu zwei Gletscherseen (gelb markierter Weg). Der düstere Čertovo jezero ist bis zu 36 m tief, der Černé jezero sogar bis zu 40 m.
Vom Spitzbergsattel gelangt man auch – entweder in einer einstündigen Wanderung oder mit dem Sessellift – auf den **Pancíř** (1214 m), wo sich eine Berghütte befindet. Vom Aussichtsturm auf dem Gipfel sieht man bei günstiger Wetterlage sogar die Alpen.

Highlights Böhmerwald

Urwald Kubany
Eines der ältesten Naturschutzgebiete des Landes mit Bäumen, die bis zu 400 Jahre alt sind.
► Seite 157

Prachatice
Eine Stadt im Dornröschenschlaf: Mittelalter pur!
► Seite 157

Lipno-Stausee
Beeindruckend großer See mit guten Wassersportmöglichkeiten.
► Seite 160

Vyšší Brod
Romantische Stadt an der Moldau. Das Zisterzienserkloster lohnt unbedingt einen Besuch.
► Seite 161

Sušice (Schüttenhofen)

Sušice liegt in einer Talmulde der Wottawa (Otava), rund 30 km nordöstlich von Železná Ruda. In Tschechien kennt jeder den Namen der westböhmischen Kleinstadt, denn hier gründete 1839 Adalbert Scheinost die erste **Zündholzfabrik**, die 2007 wegen übermächtiger Konkurrenz die Produktion einstellen musste. 1707 zerstörte ein Brand den Großteil des mittelalterlichen Ortes, der als Goldgräbersiedlung gegründet und durch den Salzhandel zu Wohlstand gekommen war. Ein paar schmucke Renaissancehäuser mit sgraffitogeschmückten Fassaden überstanden das Feuer, ebenso das spätmittelalterliche Gebäude mit dem eigenwilligen Renaissanceaufsatz, das heute ein Böhmerwaldmuseum beherbergt. Neben Informationen zur Glasherstellung gibt es dort eine umfangreiche Abteilung zum Thema »Streichhölzer« (Öffnungszeiten: Mai – Okt. Di. – Sa. 9.00 bis 12.00, 12.45 – 17.00, So. 9.00 – 12.00 Uhr).

Burgruine Rabí

10 km nordöstlich von Sušice erreicht man den Ort Rabí mit der Ruine der gleichnamigen Burg. Die im 14. Jh. errichtete Festung wurde Ende des 15. Jh.s erheblich erweitert und stark befestigt. Bei ihrer Belagerung verlor der Hussitenführer Jan Žižka sein zweites Auge, das erste hatte er bereits in einer vorherigen Schlacht eingebüßt.

Rejštejn

Folgt man von Sušice der Wottawa flussabwärts, dann kommt man nach Rejštejn (Unterreichenstein; 10 km südlich), einen alten Bergbauort, in dem früher Gold geschürft wurde. Wanderer schätzen ihn als Ausgangspunkt für Touren in das wildromantische, naturgeschützte Tal der Vydra.

Kašperské Hory (Bergreichenstein)

Bergreichenstein liegt rund 15 km südöstlich von Sušice, an der Straße nach Vimperk. Das Bergbaustädtchen breitet sich im Schatten einer weithin sichtbaren, heute nur noch als Ruine erhaltenen Burg aus, die Kaiser Karl IV. im 14. Jh. gegründet hatte. An die Blütezeit des Ortes erinnern am Marktplatz das Renaissancerathaus, das Böhmerwaldmuseum und eine gotische, später barock umgebaute Kirche. In der Friedhofskirche (um 1300) sind sehenswerte gotische Wandmalereien erhalten. Im Winter ist die Stadt vor allem für Langlauffreunde ein guter Tipp, da sie an ein großes Loipennetz angeschlossen ist.

Vimperk (Winterberg)

In Vimperk, ca. 23 km von Kašperské Hory entfernt, wurde 1484 **eine der ersten Buchdruckereien Böhmens** gegründet. Auch die Glasherstellung hat in der beschaulichen Kleinstadt eine lange Tradition. Über dem Ort, der sich an die bewaldeten Hänge eines Tals schmiegt, erhebt sich das Schloss, ursprünglich eine Burg zur Überwachung des Goldenen Steigs (s. u. bei Prachatice). Seine heutige Gestalt ist auf die Umbauten zurückzuführen, die im 18. Jh. die Fürsten Schwarzenberg vornehmen ließen. Das im Schloss beheimatete Stadtmuseum informiert über die Geschichte des Böhmerwaldes, sowie über die ältesten Gewerbe am Ort, die Glasmacherei und den Buchdruck.

! *Baedeker* TIPP

Blick über den Böhmerwald

7 km südlich von Prášily (Stubenbach) erhebt sich der 1315 Meter hohe Mittagsberg. Von seinem 37 Meter hohen Aussichtsturm kann man bei schönem Wetter einen herrlichen Rundblick über Böhmerwald und Bayrischen Wald genießen, bisweilen sogar die Gipfel der Alpen erspähen.

✶ Boubínský prales (Urwald von Kubany)

Nur 7 km südlich von Vimperk erstreckt sich der Urwald um den 1362 m hohen Boubín mit einem 300 bis 400 Jahre alten Baumbestand. Bereits 1858 wurde der Wald unter strengen Schutz gestellt und jedes Eingreifen in die Natur untersagt. Ein grün markierter **Lehrpfad** führt den Besucher zu den botanischen Methusalems.

✶ Prachatice (Prachatitz)

Perle des südlichen Böhmen

Mit seinem hübschen Marktplatz und den vielen sgrafittiverzierten Häuserfassaden gehört Prachatice zu den schönsten Städtchen am Rande des Böhmerwalds. Die Stadt liegt in einem von bewaldeten Hügelketten umgebenen Talkessel, etwa 30 km westlich von České Budějovice. Aufgrund seiner guten Infrastruktur wird Prachatice gern als Ausgangspunkt für Touren durch den südlichen Böhmerwald besucht. Zu Wohlstand kam die 1325 gegründete Stadt, die nach einer verheerenden Feuersbrunst im Jahre 1507 wieder aufgebaut wurde, durch den Salzhandel. Prachatitz war Endpunkt des **»Goldenen Steigs«**, eines von Passau ausgehenden Handelsweges, auf dem bis zum Ende des 17. Jh.s Salz von Bayern nach Böhmen und in umgekehrter Richtung Malz transportiert wurde.

Stadtbefestigung

Das ovale, von Mauern umgebene Zentrum von Prachatice bietet auch heute noch das Bild eines Städtchens am Übergang vom Mittelalter zur Neuzeit. Im Kern mittelalterlich ist das mächtige, 1527

BÖHMERWALD ERLEBEN

AUSKUNFT

Informationszentrum
Nám. Svobody 138
CZ-34202 Sušice
Tel. 376 540 214, Fax 375 540 215
www.sumava.net/icsusice

Informationszentrum
Nám. Svobody 42
CZ-38501 Vimperk
Tel. 388 402 230, Fax 388 414 822
www.vimperk.cz

Informationszentrum
Velké nám. 1
CZ-38301 Prachatice
Tel. 388 607 574, Fax 388 312 563
www.prachatice.cz

ÜBERNACHTEN

► Komfortabel

Albatros
Vodňanská 1321
Prachatice
Tel./Fax 388 311 400
www.hotelalbatros.cz
Entspannung findet man in Pool und Sauna oder auf den Squashcourts. Eine fantasievolle Kinderwerkstatt bietet Abwechslung für die Kleinen.

Engadin
Železná Ruda 35
Železná Ruda
Tel. 376 397 041
Fax 376 397 042
www.engadin.cz
Sehr ruhig im Regental gelegenes, aber nur 2 km vom Stadtzentrum entferntes Haus mit vielen Möglichkeiten zum Wandern und Wintersport. Busausflüge werden ebenfalls geboten.

Malá Paříž
Špičák 17
Železná Ruda
Tel./Fax 376 397 511
www.malapariz.cz
Modernes kleines Hotel, das sich bestens als Ausgangspunkt für Wanderungen, Radtouren und Wintersport-Unternehmungen eignet.

Maxant
Nám. 80
Frymburk
Tel. 380 735 229
www.hotelmaxant.cz
Nett eingerichtetes Haus mit Hallenbad, Sauna und Solarium; weithin gelobtes Restaurant.

erbaute **Piseker Tor** (Pisecká brána). Die Feldseite dieses Stadteingangs schmückt ein Wandgemälde, auf dem Wilhelm von Rosenberg, ein Vertreter des böhmischen Adelsgeschlechtes der Wittigonen, zu Pferd dargestellt ist.
Hinter dem Tor geht es links in eine kleine Parkanlage an der Stelle der ehemaligen Stadtbefestigung. Der wuchtige Chor, zu dem man vom Park hinaufblickt, gehört zur gotischen, später barockisierten **Kirche St. Jacob**, die mit ihrem steilen Dach und dem hoch aufragenden Turm die Silhouette des Städtchens dominiert. Hinter dem Stadttor links steht das **Heydlův-Haus** mit seiner schönen Sgraffito-Fassade, an der u. a. Samson mit dem Löwen kämpft.

Die schönsten Gebäude findet man am Marktplatz. An der Westseite sieht man das Alte Rathaus von 1571, das bis um 1700 von der Familie Rosenberg bewohnt wurde. Die Sgraffiti an der Fassade illustrieren Szenen aus der Bibel sowie den **Totentanz des Malers Hans Holbein**. Sgraffiti zieren auch das Rumpal-Haus (Rumpálův dům) gegenüber. Das stattliche Giebelhaus an der Nordseite des Platzes mit seinen großen Fenstern und bunter Fassadenmalerei beherbergt das **Stadtmuseum**. Hier erfährt man alles über die Blütezeit der Stadt und den sog. Goldenen Steig. Beachtung verdient auch ein Damenzimmer aus dem 19. Jh. (Öffnungszeiten: März – Juni u. Sept. bis Dez. Di. – So. 9.00 – 16.00, Juli u. Aug. bis 17.00 Uhr). Im Süden des Platzes liegt das Kulturzentrum **Otto Herbert Hajek**, das mit rund 100 Exponaten einen Querschnitt der Arbeiten des 1927 in Böhmen geborenen Künstlers zeigt. Hajek, Ehrenbürger der Stadt, war einstmals Schüler am hiesigen Gymnasium (Öffnungszeiten: Juni – Sept. Di. – So. 9.00 – 16.00 Uhr).

★ **Marktplatz**

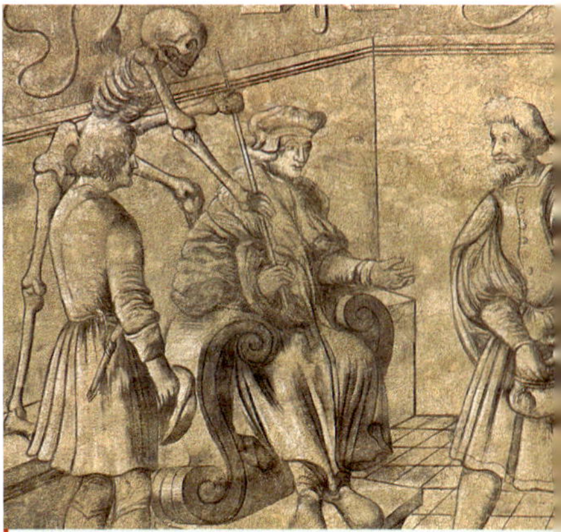

Gut erhalten sind die Sgrafitti auf der Fassade des Alten Rathauses.

Das nur wenige Schritte entfernte Spitzenmuseum hält die Erinnerung an die Kunst des Spitzenklöppelns in der Gegend von Prachatice wach (Öffnungszeiten: Di. – Fr. 10.00 – 17.00, Sa. 9.00 – 16.00, So. 10.00 – 15.00 Uhr).

◄ Museum Krajky

Von Prachatice zum Lipno-Stausee

Volary (Wallern)

Der kürzeste Weg von Prachatice zum Lipno-Stausee führt durch das 18 km südwestlich gelegene Städtchen Volary. Bereits im 15. Jh. ließen sich hier Siedler aus dem Kleinen und dem Großen Walsertal nieder. Ihnen sind die typisch alpenländischen Holzhäuser mit ihren weit herabgezogenen Dächern und galerieartigen Balkonen zu verdanken.

◄ Friedhof

Auf dem Friedhof erinnert ein Denkmal an die Opfer des Todesmarsches vom Außenlager Helmbrechts des KZ Flossenbürg nach Wallern kurz vor dem Ende des Zweiten Weltkrieges. 96 umgekommene Frauen sind hier bestattet.

◄ Museum

In einem der alten sog. Wälderhäuser ist ein Museum eingerichtet, das nicht nur über die Bauweise dieser Häuser und das bäuerliche Leben in Wallern informiert, sondern auch die schlimmen Vorkommnisse gegen Ende des Zweiten Weltkrieges zum Thema hat (Öffnungszeiten: Mai – Sept. Di. – So. 10.00 – 17.00 Uhr).

Lenora 5 km westlich von Volary, im Tal der Warmen Moldau (Teplá Vltava), gründeten die Schwarzenberger eine Glasmanufaktur, um die bald auch ein Ort heranwuchs: Eleonorenhain, benannt nach der Gattin des Gründers, Eleonora von Schwarzenberg. Ein kleines Glasmuseum erinnert an die Geschichte der Glashütte.

Plechý (Plöckenstein) 15 km südlich von Volary erhebt sich zwischen dem bayrischen Plöckenstein (1362 m) und dem böhmischen Pendant Plechý – mit 1378 m **der höchste Berg des Böhmerwaldes** – das Dreiländereck (Trojmezí), wo seit 1765 die Grenzen von Böhmen, Bayern und Österreich zusammentreffen. Es ist von Jelení in 3 Stunden zu Fuß zu erreichen. Der Plöckensteinsee (Plešné jezero) südöstlich unterhalb vom böhmischen Plöckenstein ist bekannt aus den Erzählungen des romantischen Schriftstellers Adalbert Stifter (► Berühmte Persönlichkeiten), dem man hier Denkmal gesetzt hat.

Lipno-Stausee und Umgebung

✶ Feriengebiet Inmitten der sanfthügeligen Landschaft im äußersten Süden des Böhmerwaldes liegt **das größte Gewässer Tschechiens** – der 40 km lange und bis zu 16 km breite Moldaustausee, benannt nach dem nahen Dorf Lipno. Entstanden war er Ende der 1950er-Jahre, als man eine Talsperre errichtete, die die Moldau zur Elektrizitätsgewinnung aufstaute. Das Nordufer des Sees entwickelte sich bald zu einem beliebten Ferienrevier mit Campingplätzen, Hotels und Pensionen. Die Wasserqualität des Lipno-Stausees ist je nach Witterung einigen Schwankungen unterworfen. Hier wird gebadet, gesegelt und gesurft. Erst allmählich für den Tourismus entdeckt wird das Südufer, das bis 1989 ein Niemandsland im Grenzstreifen war.

Horní Planá (Oberplan) Horní Planá ist ein großes Dorf am Lipno-Stausee, in dem viele Gäste ihren Urlaub verbringen. Den zentralen Platz, mit seiner Allee in der Mitte, beherrschen heute zwei große Supermärkte, vor denen in den Sommermonaten reger Betrieb herrscht. Der schmale Sandstrand mit Boots- und Surfbrettverleih ist nur wenige Hundert Meter entfernt. Auch hier ist in der Hochsaison jeder Quadratzentimeter belegt. Noch keine Spur von Ferientrubel herrschte in dem kleinen Ort am 23. Oktober 1805, als **Adalbert Stifter** hier das Licht der Welt erblickte. In seinem Geburtshaus am Ortsrand wird die Erinnerung an den »Dichter des Böhmerwalds« wach gehalten. Auch das Thema »Deutsche in Böhmen« wird hier in sensibler Weise berührt.

Frymburk (Friedberg) Auch Frymburk ist ein Fremdenverkehrsort am Nordufer mit Hotels, Campingplätzen, Gaststätten und Bademöglichkeiten. Von Frymburk verkehren Fähren ans andere Seeufer. Das im 13. Jh. gegründete Städtchen liegt auf einer flachen Halbinsel, die in den Lipno-Stausee hineinragt. Wer Ruhe sucht, sollte auf die nördlichere Halbinsel ausweichen (10 km nördlich; Abzweigung nach Dolní Vltavice).

✶ Vyšší Brod (Hohenfurt)

Lage und Ortsbild

Bei Lipno nad Vltavou mit der hohen Staumauer verlässt die Straße das Seeufer und erreicht nach ca. 10 km das romantisch an der Moldau gelegene Städtchen Vyšší Brod (Hohenfurt). Der nur 7 km von der tschechisch-österreichischen Grenze entfernte Ort wird hauptsächlich wegen seines ehemaligen Klosters besucht.

✶ Vyšší Brod

Das **ehemalige Zisterzienserkloster** wurde 1259 von Peter Vok von Rosenberg gegründet; die Familie ist hier auch beigesetzt worden. Der älteste Teil des Klosters ist der Ostflügel mit dem Kapitelsaal aus dem Jahre 1285; Kreuzgang und Refektorium entstanden im 14. und 15. Jahrhundert. Sehenswert sind vor allem die Klosterkirche (13. bis 15. Jh.), der schöne gotische Kreuzgang und die barocke Klosterbibliothek mit ca. 70 000 Bänden, kostbaren Handschriften und Erstdrucken. Innerhalb der Klostermauern gibt es weiterhin ein Postmuseum zu besichtigen. (Öffnungszeiten Kloster: April – Sept. Di. – Sa. 9.30 – 16.15, So. 13.15 – 16.15 Uhr; Postmuseum: April – Okt. Di – So. 9.00 – 17.00 Uhr).

✶ Umgebung, Čertova stěna (Teufelswand)

4 km nordwestlich liegt oberhalb des von mächtigen Felsblöcken gefüllten Moldau-Flussbettes das **Naturschutzgebiet** Teufelswand. Die Sage von der Entstehung dieser Felsgebilde hat Smetana 1882 zu der gleichnamigen Oper angeregt.

Beschauliches Städtchen mit bedeutendem Kloster: Hohenfurt an der Moldau ist ein Ausflugsziel für Kanufahrer und Kulturinteressierte.

✶ **Rožmberk nad Vltavou (Rosenberg)**

Unbedingt zu empfehlen ist eine Fahrt durch das dicht bewaldete Moldautal von Vyšší Brod nach Český Krumlov. Immer wieder sieht man von der Straße aus auf den Fluss, auf dem im Sommer zahlreiche Kanuten und Schlauchbootfahrer unterwegs sind. Nach etwa 7 km ist Rožmberk nad Vltavou (Rosenberg) erreicht, ein kleiner Ort, der sich an eine Flussschlinge schmiegt und von zwei romantischen Burgen überragt wird. Herrlich sitzt man hier in den **Biergärten an der Moldau**, die bei gutem Wetter ein Treffpunkt für Kanuten, Ausflügler und Wanderer sind. Von der im 16. Jh. durch ein Feuer zerstörten Oberen Burg aus dem 13. Jh., dem Stammsitz der Familie Rosenberg, ist nur ein schlanker Wehrturm erhalten. Besichtigen kann man die 1840 – 1857 im neogotischen Stil umgebaute Untere Burg (Öffnungszeiten: April – Aug. Di. – So. 9.00 – 17.15, Mai u. Sept. bis 16 Uhr, April – Okt. nur Sa., So.). Von Rožmberk sind es noch knapp 30 km bis nach ►Český Krumlov.

✶ Böhmisches Paradies (Český ráj)

J 3 – 4

Region: Ostböhmen **Höhe:** bis 500 m ü. d. M.

Kurgäste nannten im ausgehenden 19. Jh. die nord- und ostböhmische Landschaft im Dreieck zwischen den drei Städten Turnov, Jičín und Mnichovo Hradiště begeistert »Böhmisches Paradies«. Der Name blieb der lieblichen Landschaft mit ihren rauschenden Wäldern, bizarren Felslabyrinthen, einem weit verzweigten Wanderwegenetz, mit interessanten Burgen, restaurierten Schlössern und Ruinen und mit vielen schönen Beispielen einer volkstümlichen Baukunst.

Jičín (Gitschin)

Tor zum Böhmischen Paradies

Jičín liegt am Flüsschen Cidlina, im Südosten des Landschaftsschutzgebietes. Wer Ende September/Anfang Oktober nach Jičín kommt, kann die Märchenstadt-Festspiele miterleben: Eine Woche lang verwandelt sich die Stadt in einen Ort mit vielen Fantasiegestalten, die nicht nur Kinder zu begeistern vermögen.

Benannt ist Jičín nach Judith (Jitka), der Frau von König Wenzel II., der den Ort Anfang des 14. Jh.s gegründet hatte. Albrecht von Waldstein (Wallenstein), 1620 – 1634 Herr über das Städtchen, ließ ein Schloss und eine eigene Münzstätte errichten und plante sogar den Aufbau einer Universität. Doch nach seiner Ermordung 1634 in Eger fiel die Stadt wieder in die Bedeutungslosigkeit zurück. Nordwestlich von Gitschin besiegten am 29. Juni 1866 – vier Tage vor der Entscheidungsschlacht bei Königgrätz – preußische Truppen ein österreichisch-sächsisches Heer.

Highlights Böhmisches Paradies

Jičín
Das Tor zum Böhmischen Paradies lockt mit seinen prächtigen Barock- und Empirehäuser rund um den Markt.
▶ Seite 162

Schloss Sychrov
Romantische Residenz mit Englischem Garten.
▶ Seite 167

Goldener Pfad
Auf dem beliebten Hauptwanderweg reihen sich die Sehenswürdigkeiten: Bizarre Felsen, gewaltige Sandsteintürme und Aussichtspunkte wechseln sich mit interessanten mittelalterlichen und barocken Burgen ab.
▶ Seite 168

★ **Markt**

Der wunderschöne Markt mit den pastellfarbenen Häuserfassaden und den roten Dächern scheint wie aus einem bunten Holzbaukasten zusammengestellt. **Prächtige Barock- und Empirehäuser** mit Laubengängen säumen den Platz, auf dem eine barocke Pestsäule, der so genannte Amphitrite-Brunnen und der als Kopie eines antiken Tempels erbaute Krönungsbrunnen, beide aus den 1830er-Jahren, ein hübsches Ensemble bilden.

Schloss

Das Schloss an der Südseite des Marktplatzes ließ Wallenstein von 1624 bis 1633 zu seiner Residenz erweitern. Nach einem Brand erhielt es dann im 18. Jahrhundert eine imposante Empire-Fassade. Im Dreikaisersaal wurde im Jahr 1813 von dem preußischen König Friedrich Wilhelm III., dem österreichischen Kaiser Franz I. und dem russischen Zaren Alexander I. die »Heilige Allianz« gegen Napoleon besiegelt. Das Schloss beherbergt heute ein kleines **Regionalmuseum** und eine beachtliche **Galerie moderner Kunst** (Öffnungszeiten: Juli und Aug. tgl. 9.00 – 17.00, Sept. bis Juni Di. bis So. 9.00 – 17.00 Uhr).

? WUSSTEN SIE SCHON ...?

- ... dass der berühmte Wiener Schriftsteller Karl Kraus, 1899 – 1936 Herausgeber der kritischen Zeitschrift »Die Fackel«, 1874 in Gitschin geboren wurde? Sein Vater besaß hier ein Kolonialwarengeschäft, das geklebte Papiertüten in ganz Europa vertrieb.

Jakobskirche

Mit dem Schloss durch eine Passage verbunden ist die Jakobskirche – so musste sich die Herrschaft beim Kirchgang nicht unter das Volk mischen. Mit dem Bau wurde 1627 begonnen, Wallensteins Tod beendete die Arbeiten. Erst 100 Jahre später wurde die Kirche im Barockstil vollendet, allerdings viel bescheidener, als es sich Wallenstein erträumt hatte. Die Altarbilder und das Kuppelgemälde schuf der Künstler Josef Kramolín.

Walditzer Tor Das imposante, über 50 m hohe Walditzer Tor (Valdická brána) war Teil der 1568 bis 1578 erbauten Stadtbefestigung und ist heute das Wahrzeichen von Jičín. Der Aufstieg auf den Turm lohnt sich wegen der herrlichen Aussicht. In den winzigen Kämmerchen des Turms befindet sich die Privatgalerie des Architekten Šindlar.

Umgebung, Valdice (Walditz) Auf Wallensteins Gesuch ließ sich der Kartäuser-Orden 3 km nordöstlich von Jičín in Walditz nieder. Schon die Habsburger hatten nach dessen Auflösung das Klostergelände als Gefängnis missbraucht. Berühmt-berüchtigt war das Areal von 1948 bis 1989 als Staatsgefängnis für politische Gegner.

Železnice (Eisenstadt) 2 km nördlich von Valdice erreicht man das Heilbad, wo v. a. Kinder behandelt werden. Das Zentrum des Ortes ist im Empirestil erbaut. Schöne Holzarchitektur prägt die Gasse Na zámkách. Einblicke in die historische Imkerei ermöglicht die Freilichtausstellung »Repeks Bienenzucht«.

Lomnice nad Popelkou (Lomnitz an der Popelka) Die Kleinstadt liegt 8 km nördlich von Železnice und ist für die Produktion von Zuckerzwieback bekannt. Am Hus-Platz (Husovo nám.), gegenüber vom Rathaus, steht das Grobe Haus (Hrubý dům), seit 1947 **Stadtmuseum**. Hübsche Bauernmöbel, zwei Weihnachtskrippen, das Blaue Zimmer im Stil der englischen Tudorgotik und das Leineweberzimmer lohnen den Besuch. Im Stadtteil Karlsberg (Karlov) stehen sehenswerte Blockhäuser.

Typisches nordböhmisches Umgebindehaus in dem Dorf Kyje bei Ječín

Nová Paka (Neu Paka)

Auf der Strecke von Jičín nach Trutnov kommt man nach 15 km durch Nová Paka. Viele Besucher der Gegend kennen das köstlich-bittere **Pils aus der hiesigen Brauerei**, die seit 1870 produziert. Die Kirche des ehemaligen Paulanerklosters ist ein Werk des berühmten Barockarchitekten Kilian Ignaz Dientzenhofer. Die »Kirche der in den Himmel aufgenommenen Jungfrau Maria« schmücken Fresken des Malers Kramolín und eine gotische Madonna. Das Rathaus birgt die Neupakaer Schatzkammer mit einer reichen Sammlung von Halbedelsteinen und einigen Versteinerungen. In der Nähe steht das sgraffittoverzierte Suchardahaus (Suchardův dům). Heute hat hier das Museum des Riesengebirgsvorlandes seinen Sitz, welches das Andenken an die hier gebürtigen Bildhauer Stanislav Sucharda (1866 – 1916) und Bohumil Kafka (1878 – 1942) bewahrt. Mit der Statue von Jan Žižka schuf Kafka das größte Reiterstandbild der Welt; es wurde auf dem Veitsberg in Prag aufgestellt. Östlich vom Markt steht am Berg eine griechisch-orthodoxe Holzkirche aus dem 18. Jh., die 1930 aus den Karpaten hierher versetzt wurde.

> ! *Baedeker* TIPP
>
> **Edle Steine**
>
> In den Ergussgesteinen des Böhmischen Paradieses sowie der anschließenden Vorberge des Riesengebirges gibt es zahlreiche Plätze und Aufschlüsse, an denen man nach wertvolle Edel- und Halbedelsteinen graben kann. Zu finden sind u. a. Achate, Amethyste, Granate sowie Jaspis und Chalzedon. Auskünfte über Fundstellen erhält man bei den Touristeninformationszentren der Region sowie im Museum von Turnov.

Hořice (Horschitz)

Das beliebteste Mitbringsel aus Hořice, das 10 km weiter östlich liegt, sind die süßen **Horschitzer Röllchen** (Hořické trubičky), die seit den Napoleonkriegen hier produziert werden. Bekannt ist Hořice aber auch für die hohe Qualität seines Sandsteins und die lange Tradition des Bildhauer- und Steinmetzhandwerks. Seit 1908 gibt es in der »Stadt der steinernen Schönheit« die **»Galerie unter freiem Himmel«** auf der Gothardhöhe, die während der jährlichen Symposien im Juli und August durch neue Skulpturen erweitert wird. Auf dem Gothardplateau befinden sich auch der Alte und der Neue Friedhof mit vielen interessanten Grabmälern. Das üppig geschmückte Eingangstor des Neuen Friedhofes im Neorenaissancestil entstand 1893 bis 1897 in 140 000 Arbeitsstunden.

Turnov (Turnau)

Zentrum der Schmuckherstellung

Die Stadt am Nordwestrand des Böhmischen Paradieses ist für ihre Schmuckherstellung aus böhmischen Halbedelsteinen bekannt. Seit 1884 wird das Bearbeiten von Achat, Amethyst, Granat, Jaspis, Saphir und anderen Steinen auf der Kunstgewerbeschule gelehrt. Die Turnauer Juwelierschule, die Edelsteinschleifer und -graveure, Metallstecher, Kunstschlosser sowie Gold- und Silberschmiede ausbildet, ist die einzige ihrer Art in Europa.

BÖHMISCHES PARADIES ERLEBEN

AUSKUNFT

Informationszentrum
Náměsti Českého ráje 26
CZ-51101 Turnov
Tel. 481 366 255
www.cesky-raj.info

Informationszentrum
Valdštejnovo nám. 1
CZ-50601 Jičín
Tel./Fax 493 534 390
www.jicin.cz, www.jicin.org

Informationszentrum
Husovo nám. 44
CZ-51251 Lomnice nad Popelkou
Tel./Fax 481 673 107
www.kislomnice.cz

Informationszentrum
Železná 107
CZ-29323 Mladá Boleslav
Tel./Fax 326 322 173
www.kulturamb.eu/ic/

ESSEN

▸ Erschwinglich
U delové koule
(im Hotel Jičín)
Havlíčkova ul. 21
Jičín
Tel. 493 544 250
Freundliches Lokal mit Weinkeller und Sommerterrasse. Die ambitionierte böhmische Küche-bietet auch leckere Wildgerichte.

ÜBERNACHTEN

▸ Komfortabel
Schloss Hrubá Skála
Turnov
Tel. 481 659 111
Fax 481 659 333
www.hrubaskala.cz
Die Schlosszimmer reichen von luxuriösen Appartements bis hin zu einfacheren Touristenunterkünften. Herrliche Lage mit weitem Rundblick. Das Schlossrestaurant bietet auch Wildgerichte an und verfügt über einen gut sortierten Weinkeller.

▸ Günstig
Jičín
Havlíčkova 21, Jičín
Tel. 493 544 250
Fax 493 544 251
www.hoteljicin.cz
Minihotel mit dem sehr gutem Restaurant U dělové koule. Nachts ruhig, aber tagsüber mäßiger Straßenlärm. Im benachbarten Partner-Hotel Rieger können Gäste Sauna und Fitnessraum mitbenutzen.

★ **Museum des Böhmischen Paradieses**

Ein geeigneter Auftakt für Streifzüge in das gleichnamige Gebiet ist ein Besuch im Museum des Böhmischen Paradieses, das sich nahe des Marktplatzes, in der Skálova ulice 71, befindet. Hier kann man **hunderte von funkelnden Halbedelsteinen** bewundern und sich über die Geschichte der böhmischen Granatschmuckproduktion informieren. In der Galerie befindet sich eines der größten europäischen Gemälde, ein 85 m² großes Schlachtenbild nach einem Entwurf von Mikoláš Aleš aus dem Jahr 1895 (Öffnungszeiten: Di. – So. 9.00 bis 12.00 u. 13.00 – 16.00, Mai – Sept. bis 18.00 Uhr).

Am nördlichen Stadtrand steht auf einem hohen Felsen über der Iser das Schloss Groß Rohosetz (Hrubý Rohozec). Neben der Originaleinrichtung werden Wohnkultur und Mode von der Renaissance bis zum Jugendstil präsentiert (Öffnungszeiten: Mai – Sept. Di. –So. 9.00 bis 17.00, April, Okt. Sa., So. 9.00 – 16.00 Uhr).

Schloss

Umgebung von Turnov

Dlask-Gehöft

Nur einige Kilometer weiter in nördlicher Richtung gewährt das Dlask-Gehöft in Dolánku (Dlaskův statek) Einblicke in die Wohn- und Alltagskultur seit Beginn des 18. Jh.s und in die Geschichte des Mühlenwesens (Öffnungszeiten: April – Okt. Di. – So. 9.00 – 16.00, Juni – Aug. bis 17.00 Uhr).

✶ Schloss Sychrov

5 km nordwestlich von Turnau steht das Schloss Sychrow, das 1820 in den Besitz der Familie Rohan kam. Die Rohans gehörten zu den zehn mächtigsten Adelsfamilien Frankreichs. Nach der Französischen Revolution emigrierten die Rohans nach Böhmen, wo sie in Sychrow 125 Jahre herrschten. Die Residenz zeigt sich seit 1862 im romantisch-neugotischen Stil, umgeben von einem 1830 angelegten, englischen Park mit vielen Gehölzen aus aller Welt. Die **Porträtgalerie** der Familie Rohan umfasst nahezu 250 Gemälde, Speisesaal und Bibliothek schmücken kunstvolle Holzschnitzereien von Petr und Dominik Bušek aus Prag. Dem Komponisten Antonín Dvořák ist eine Ausstellung im Schloss und ein alljährliches Musikfestival gewidmet (Öffnungszeiten: Mai – Aug. Di. – So. 9.00 – 12.00 u. 13.00 bis 16.30, April, Sept., Okt. bis 15.30 Uhr).

Železný Brod (Eisenbrod)

Das Industriestädtchen liegt 10 km nordöstlich von Turnau an der Iser (Jizera). Der Stadtname erinnert daran, dass hier bis ins 17. Jh. Eisenerz abgebaut wurde. Heute ist die Zierglasproduktion der bedeutendste Wirtschaftszweig. Am Markt wurde das Klemenshaus (1792) in das moderne Sparkassengebäude integriert. Das schöne Umgebindehaus beherbergt das Heimatmuseum mit der Stube eines Heimglasmachers, alten und neuen Glaserzeugnissen sowie Exponaten zur Lebkuchenproduktion und Leinenherstellung.

Bozkov (Boskau)

Die schönen Boskauer **Tropfsteinhöhlen** befinden sich 6 km östlich von Železný Brod. In den Höhlen versteckt sich der größte böhmische See unter Tage, farbige Tropfsteine, Quarzleisten und Quarzgesimse (Öffnungszeiten: Di. – Fr. 8.00 – 16.00 Uhr, Mai – Okt. auch Sa. und So.).

Mnichovo Hradiště (Münchengrätz)

15 km südwestlich von Turnov liegt Münchengrätz, am linken Ufer der Iser. In der Kleinstadt wurden Lkws der Marke LIAZ produziert, denen man auch heute noch in Tschechien öfter begegnet.

Schloss Wenzel von Budowetz verwandelte die ursprüngliche Feste Anfang des 17. Jh.s in ein Renaissanceschloss. Er beteiligte sich am Böhmischen Ständeaufstand und wurde 1621 hingerichtet. Neuer Eigentümer wurde Albrecht von Waldstein (Wallenstein), der den Besitz im Jahr 1627 seinem Schwager Maximilian von Waldstein übergab. Das Schloss wurde nach einem Brand 1697 bis 1703 barock umgestaltet. Es besitzt eine sehenswerte Einrichtung, Delfter Fayence, historische Kinderwagen und Waffen. Die Flinte mit Radschloss aus dem 16. Jh. ist eine Weltrarität. Blickfang in dem weitläufigen englischen Park ist der Gartensaal aus dem Jahr 1711. Albrecht von Wallensteins Grab befindet sich seit 1784 in der Annenkapelle der Schlosskirche. Im angrenzenden Lapidarium sind Skulpturen aus Barock, Rokoko und Empire zu besichtigen (Öffnungszeiten: Mai – Sept. Di. – So. 9.00 bis 12.00 u. 13.00 – 16.00, April und Okt. bis 15.00 Uhr).

Wallenstein-Grab ►

Umgebung von Mnichovo Hradiště

Mladá Boleslav (Jungbunzlau) Mladá Boleslav, 12 km südlich von Mnichovo Hradiště, ist kein typisches Touristenziel, sondern eine Stadt, die in erster Linie von der **Automobilindustrie** geprägt ist. Im Jahre 1899 wurde in Jungbunzlau das erste Motorrad Österreich-Ungarns gebaut, ab 1905 Automobile. Die Fusion mit den Pilsener Škodawerken 1925 markierte den Beginn der Massenproduktion. Škoda, seit 1991 eine Tochter von VW, wuchs zum größten Unternehmen des Landes.

Automobilfans kommen im **Škoda-Museum** auf ihre Kosten. In einem gläsernen Ausstellungspavillon (Zentrum; třída V. Klementa 210) lernt der Besucher die gesamte Produktpalette des traditionsreichen Unternehmens kennen. Beeindruckend sind die ersten Fahrräder und Motorräder sowie die eleganten schwarzen Limousinen aus den 1930er-Jahren (Öffnungszeiten: tgl. 9.00 – 17.00 Uhr).

Im Zentrum der Stadt sind das Renaissancerathaus aus dem Jahr 1559, das 1912 im Jugendstil erbaute Stadttheater und einige schöne Laubenhäuser sehenswert. Das Renaissanceschloss auf der Westseite des Altstädter Platzes (Staroměstské nám.) beherbergt das Heimatmuseum (Okresní muzeum).

✶✶ Goldener Pfad

Hauptwanderweg Der Goldene Pfad ist der Hauptwanderweg durch die Landschaft zwischen Železný Brod, Turnov und Jičín. Die Route führt von Jičín über die Berge Tábor, Kozákov und Malá Skála, über Frýštejn und Turnov, Hrubá Skála, Trosky und Kost nach Mnichovo Hradiště.

Malá Skála Malá Skála (Klein-Skal) liegt etwa 5 km nordöstlich von Turnov im Flusstal der Iser. Die Boučka-Hofstatt, ein historisches Umgebindehaus direkt an der Iserbrücke, ist das beste Wirtshaus weit und breit. Staunend steht der Besucher am linken Iserufer vor den Dürren Felsen (Suché skály), einer Art Miniatur-Dolomiten aus Sand-

Dürre Felsen ►

stein 1 km östlich der Gemeinde. Die zerklüfteten Felsen, um die ein Wanderweg herum führt, sind ein **Kletterparadies**. Die kleine Kelchgrotte (U Kalicha) birgt einen Sandsteinaltar mit eingemeißeltem Kelch und der Jahreszahl 1634. Während der Gegenreformation fanden die protestantischen Dorfbewohner hier Schutz vor ihren katholischen Verfolgern.

Wranower Kamm

Auf dem rechten Iserufer führt der Weg von Klein-Skal hinauf zum Wranower Kamm. Knapp 60 m über dem Fluss ermöglicht die »Gärtchen« genannte Aussichtsterrasse einen schönen Blick zu den gegenüberliegenden Dürren Felsen. Der Pfad führt weiter zur Gletschermühle (Ledovcový mlýn), wo die Iser in der Klamm vor Jahrtausenden einen gewaltigen Wasserfall bildete.

◄ Burg Vranov (Wranow)

Die Burg Wranow ließ Henning von Waldstein 1414 zur Abwehr der Hussitenheere erbauen. Anfang des 19. Jh.s legte der Fabrikant Römisch hier ein Pantheon berühmter Persönlichkeiten und historischer Ereignisse an. Leider wurde bisher wenig zum Erhalt der vielen reich geschmückten Gräber und Denkmäler getan.

◄ Burg Frydštejn (Friedstein)

Einen Kilometer weiter nordwestlich ragt der Hauptturm der Burg Frydštejn empor. Die Feste wurde im 14. Jh. auf einem Sandsteinfelsen errichtet (Öffnungszeiten Burgen: Mai – Sept. Di. bis So. 9.00 bis 18.00, April u. Okt. nur Sa. und So. 9.00 – 16.00 Uhr).

Burgenbekrönte Hügelkuppen, spitze Felsnadeln und schöne Wälder – das Böhmische Paradies ist ideal für Wanderer.

★ **Burg Valdštejn (Waldstein)**

Von der Burg Friedstein erreicht man auf dem rot markierten Hauptwanderweg zuerst Turnov (s. o.) und von dort in ein bis eineinhalb Stunden die Ruine der Burg Waldstein, die sich mitten im Wald auf drei Felsen erhebt. Die im 13. Jh. errichtete Feste gilt als **Stammsitz des Waldstein-Geschlechts**, aus dem auch Albrecht von Wallenstein (= Waldstein) hervorging. Im Zentrum der Anlage steht heute das barocke, frisch restaurierte St.-Nepomuk-Kirchlein (1722). Das Porträt des hl. Johannes des Täufers in der Kapelle im ersten Burghof halten viele für ein Abbild des böhmischen Romantikers Karel Hynek Mácha. Ein Werk von Josef Jelínek sind die prächtigen Barockstatuen böhmischer Schutzheiliger auf der Schlossbrücke (Öffnungszeiten: Mai – Mitte Sept. tgl. 9.00 – 16.30, April u. Okt. Sa. u. So. 9.00 – 16.00 Uhr).

★ **Hrubá Skála (Groß-Skal)**

Etwa 400 Sandsteintürme bilden bei Groß-Skal, 5 km südöstlich der Stadt Turnov, eine ganze **Felsenstadt**. Mittendrin thront auf einem Plateau das ehemalige **Aehrenthalsche Schloss**, heute ein Hotel. Besucher können den Schlosshof besichtigen und den Turm besteigen (Öffnungszeiten: Di. – So. 10.00 bis 17.00 Uhr). Vom Parkplatz führt das Mäuseloch (Myší díra), eine enge Felsschlucht unterhalb des Schlosses, an den Fuß der schönsten Felstürme. Die einzelnen Teile der Felsenstadt haben so fantasievolle Namen wie »Drachenfelsen mit Schlossschlucht«, »Kapellmeister« oder »Leuchtturm«.

Rund 400 eigenwillige »Sandsteinriesen« bilden die Felsenstadt.

Von der **Marienaussicht** (Mariánská vyhlídka) genießt man den schönsten Blick auf Schloss, Felsen und Umgebung bis hin zur Burgruine Trosky (s. u.). Das nahe gelegene, knapp 3 ha große **Arboretum** Bukovice ist fast 150 Jahre alt. Hier gedeihen stattliche alte Fichten, verschiedene Tannenarten und ein mächtiger Tulpenbaum.

Auf dem Weg zum Arboretum führen nach 1,5 km Stufen hinunter zu **»Adams Sofa«** (Adamovo lože). Ein gewisser Franz Adam ließ es im 18. Jh. zusammen mit einem Altar und einem Liebespaar in das Gestein meißeln.

★★ **Burgruine Trosky**

Die Burg Trosky thront im Herzen des Böhmischen Paradieses, knapp 10 km südöstlich von Turnov. Da ihre charakteristische Silhouette von überall her sichtbar ist, gilt sie als Wahrzeichen des

Schutzgebietes. Auf den Basalttürmen eines ehemaligen Vulkans entstand im 14. Jh. eine Burg. Nach ihrer Plünderung im Dreißigjährigen Krieg verfiel die Anlage. Die romantische Ruine, die schon Alexander von Humboldt und Goethe faszinierte, hat nichts von ihrer Anziehungskraft eingebüßt (Öffnungszeiten: Mai – Sept. Di. – So 8.00 bis 17.00, April und Okt. Sa. und So. 9.00 – 16.00 Uhr).

Rovensko pod Troskami (Rowensko)

Das Städtchen liegt auf halben Wege zwischen Turnov und Jičín, einen Kilometer nördlich der Hauptstraße. Im Stadtteil Tyn (Thein) steht die gotische Wenzelskirche mit einer zugänglichen Gruft. Besichtigen sollte man vor allem den frei stehenden **Glockenturm** wegen seiner drei berühmten Glocken (1630 – 1639) mit den Namen »Heiliger Wenzel« (2,4 t), »Hl. Johannes der Täufer« (1,5 t) und »Hl. Georg« (0,6 t). Sie sind das Werk des Glockengießers Martin Schretter aus Arnau (Hostinné). Das Besondere an den Glocken ist, dass sie verkehrt herum befestigt sind und mit einer Tretvorrichtung nacheinander geläutet werden.

Sobotka

Am Südrand des Böhmischen Paradieses liegt Sobotka auf halber Strecke zwischen Mnichovo Hradiště und Jičín. Etwa 20 Blockhäuser aus dem 19. Jh. haben hier die Zeit überdauert. In der Kirche der hl. Maria Magdalena ruhen Mitglieder der Familie Lobkowitz.
Im 17. Jh. beauftragte Graf Johann Humprecht Czernin von Chudenitz den italienischen Baumeister Carlo Lurago mit Plänen für ein Schloss am Stadtrand von Sobotka. Das 1680 vollendete Bauwerk sollte seine italienische Frau an die Lustschlösser in ihrer Heimat erinnern, doch nach Abschluss der Bauarbeiten wurde die Ehe geschieden. Heute sind in Schloss Humprecht eine Ausstellung zum Leben der Schlossherren und eine **Spielzeugausstellung** zu besichtigen. Der 16 m hohe Festsaal besitzt eine bemerkenswerte Akustik, das Echo hallt sieben Sekunden nach (Öffnungszeiten: Mai – Sept. Di. – So. 8.00 – 12.00 u. 13.00 – 17.00, April u. Okt. Sa. u. So. 9.00 – 12.00 u. 13.00 – 16.00 Uhr).

★ Vesec u Sobotky (Wesetz)

2 km nordwestlich von Sobotka liegt das Dörfchen Wesetz mit seiner farbenfrohen Volksarchitektur. Man wird in Nordböhmen kaum einen Ort finden, der so viele **hübsche Holzhäuser** besitzt. Hier wurden schon viele tschechische Filme gedreht, die im Bauernmilieu spielen. Ein markierter Wanderweg führt von Wesetz durch das reizvolle **Tränental** (Plakánek). Seinen Namen erhielt es von einer Köhler-Familie, die in dem Tal lebte. Weil ihre Augen ständig tränten, nannte man sie Plakáneks und danach später das gesamte Tal.

★★ Burg Kost

Burg Kost am Südrand des Böhmischen Paradieses, ist die am besten erhaltene gotische Feste des Landes. Die Kernburg ließ Benesch von Wartenberg im 14. Jh. errichten. Zu den häufig wechselnden späteren Besitzern gehörte auch Albrecht von Wallenstein. In der Nachbarschaft der Burg wurden drei Teiche angelegt, die bei Gefahr geflutet werden konnten. Für Angreifer war Kost dann unerreichbar. Am eindrucksvollsten ist der mächtige, trapezförmige Wehr- und Wohnturm der inneren Burg. Bei einer Führung wird u. a. auch die alte Burgküche besichtigt (Öffnungszeiten: Mai, Juni, Sept. Di. – So. 9.00 bis 11.30 u. 13.00 – 16.30, April u. Okt. Sa. u. So. bis 15.30, Juli u. Aug. tgl. 9.00 – 18.00 Uhr).

★ **Prachower Felsen**

Wie riesige Fingerkuppen ragen die Sandsteingebilde der Prachower Felsen (Prachovské skály) aus den dunklen Wäldern. Die Felsen reichen bis an den westlichen Stadtrand von Jičín heran. Von der Touristenhütte (Turistická chata) führt ein Wanderweg durch diese beeindruckende Felskulisse. Die größte und schönste heißt **Kaiserschlucht** (Císařská chodba). Sie erhielt ihren Namen zur Erinnerung an den Besuch von Kaiser Franz I. im Jahr 1813. Vom Aussichtspunkt »Böhmisches Paradies« bietet sich ein weiter Blick bis hinüber zur Burg Trosky (s. o.), dem Wahrzeichen des Böhmischen Paradieses.

! *Baedeker* TIPP

Waldfreibad

Mitten in der Felsenstadt lädt das Waldfreibad (koupaliště U Pelíška) zum Schwimmen ein.

★ Brno (Brünn)

M 6

Region: Südmähren
Einwohnerzahl: 370 000
Höhe: 216 m ü. d. M.

An Kleinstädten und beschaulichen Dörfern mangelt es nicht in Südböhmen und Südmähren, doch wer nach vielen ländlichen Impressionen Lust auf Großstadtluft, Geschäfte, Cafés und etwas Nachtleben verspürt, wird in Brünn nicht enttäuscht werden.

Kultur- und Wirtschaftsmetropole

Die Hauptstadt von Mähren und zweitgrößte Stadt Tschechiens ist eine Industriestadt, aber auch eine Kulturmetropole mit vielen interessanten Sehenswürdigkeiten, mehreren Theatern und zahlreichen Museen. Der Tourismus spielt im wirtschaftlichen Leben der Stadt zwar eine nicht unbedeutende Rolle, mehr noch aber die 1926 gegründete **internationale Brünner Messe**, die wichtigste Industriemesse des Landes ist. Motorsportfans kennen die Stadt aus einem anderen Grund: Auf dem Masaryk-Ring (Automotodrom), knapp 10 km westlich von Brno bei Žebětín, werden seit den 1930er-Jahren große Grand-Prix-Motorrad- und Autorennen ausgetragen.

»Mährisches Manchester«

Industrie und Handel haben in Brünn eine lange Tradition: 1763 gründeten die Habsburger hier die erste Tuchmanufaktur, Ende des Jahrhunderts gab es bereits mehr als ein Dutzend davon. Die 1839 fertig gestellte Bahnstrecke nach Wien erhöhte Brünns Attraktivität als Industriestandort. Neben den Spinnereien und Webereien etablierte sich in Brünn der Maschinenbau. Die rasche Entwicklung zur Industriemetropole spiegelt sich auch in den Einwohnerzahlen: Um 1900 war Brünn, das 1770 gerade mal 15 000 Bürger gezählt hatte, bei rund 100 000 Einwohnern angelangt.

10. Jh.	Erste Besiedlung
13. Jh.	Bau der Burg Spielberg
1763	Errichtung der ersten Tuchmanufaktur
1839	Brünn wird durch eine Eisenbahnstrecke mit Wien verbunden.

Sehenswertes in der Altstadt von Brno

*** Kapuzinergruft (Kapucínské náměstí)**

Die Hauptachse der Altstadt ist die Masarykova, eine belebte Geschäftsstraße, die – heute als Fußgängerzone – vom Bahnhof zum Freiheitsplatz (nám. Svobody) verläuft. Schon nach wenigen Metern öffnet sich links der Masarykova der Kapuzinerplatz mit dem im 17. Jh. gegründeten Kapuzinerkloster. In der dazugehörigen Kirche der Auferstehung des Hl. Kreuzes (kostel Nalezení sv. Kříže) erwartet den Besucher eine gruselige Attraktion: Gemeint ist die unterirdische Gruft, in der Mönche und Adelige beigesetzt wurden. Ein raffiniertes Lüftungssystems sorgte dafür, dass Leichname nicht verwesten, sondern als **Mumien** erhalten blieben.

*** Krautmarkt**

Auf dem Zelný trh (Krautmarkt), dem größten Platz der Stadt, der an den Kapuzinerplatz anschließt, wird auch heute noch von montags bis samstags Markt gehalten. Den großen Parnass-Brunnen in der Mitte schuf 1693 bis 1695 der berühmte Barockarchitekt Johann Fischer von Erlach. Die Redoute an der Südostseite des Platzes aus dem 18. Jh. ist das älteste Theater der Stadt, heute ein Musicaltheater.

Highlights *Brno*

Kapuzinergruft
Die Hauptattraktion des Kapuzinerklosters ist die unterirdische Gruft mit den Mumifizierten.
► Seite 173

Krautmarkt
Gemüse- und Blumenmarkt vor schöner Kulisse.
► Seite 173

Freiheitsplatz
Das Zentrum der Stadt mit zahlreichen Cafés, Gaststätten, Theatern und Kinos.
► Seite 177

Villa Tugendhat
Großbürgerliches Wohnen im Stil der Klassischen Moderne. Entworfen vom »Großmeister« Mies van der Rohe.
► Seite 179

Brno Orientierung

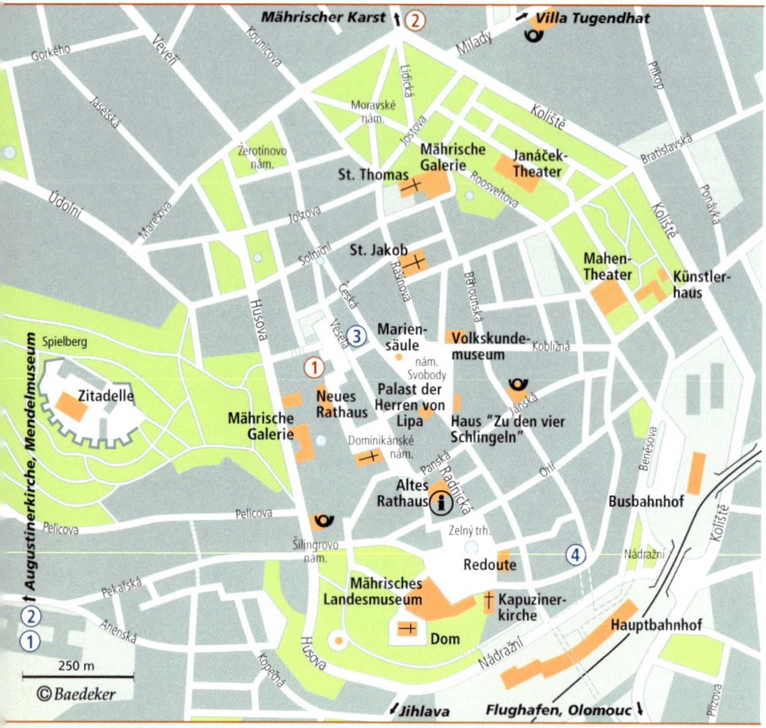

Essen
① Skaneen
② Pivorská
③ Středověka krĕma
④ Brno

Übernachten
① Best Western International
② Noem Arch

Mährisches Landesmuseum Im ehemaligen Palais Dietrichstein, einem stattlichen Barockbau, der die Südwestseite des Platzes beherrscht, sowie im angrenzenden Alten Bischofspalais aus dem 15./16. Jh. mit gotischer Kapelle und schönem Arkadenhof ist das Mährische Landesmuseum untergebracht. Die bereits 1818 zusammengetragene natur- und kulturhistorische Sammlung ist vor allem wegen ihrer vorgeschichtlichen Funde aus der Region interessant. Berühmtestes Exponat ist die **Venus von Věstonice**, eine 25 000 Jahre alte Statuette aus Ton, die in der Nähe von Nikolsburg (Mikulov) gefunden wurde (Öffnungszeiten: Moravské zemské muzeum Di. – Sa. Mo. 9.00 – 17.00 Uhr).

Stöckl

Ein geschlossenes Ensemble von rekonstruierten mittelalterlichen Wohnhäusern bildet der Häuserblock zwischen den Straßen Starobrněnská, Dominikánská und Mečová, genannt Kleiner Stöckl (Malý Špalíček).

★ Petersberg, Dom

Vor allem wegen der Aussicht auf die Stadt lohnt sich der Weg auf den Petersberg (Petrov) südwestlich hinter dem Mährischen Landesmuseum. An der Stelle einer alten slawischen Burg und einer romanischen Basilika aus dem 11. Jh. steht heute der Dom St. Peter und Paul (kostel sv. Petra a Pavla). Der im 15. Jh. im gotischen Stil errichtete Bau wurde 1645 bei der Belagerung der Stadt durch die Schweden zerstört, dann im Barockstil erneuert, zuletzt 1904 bis 1911 außen in gotischem Stil wiederhergestellt und mit zwei Türmen versehen. Im Inneren birgt die Kirche einige barocke Gemälde und eine sehenswerte Madonna aus der Zeit um 1300.

★ Radnická, Altes Rathaus

Die stimmungsvolle Radnická, mit ihren renovierten Häusern von Barock bis Jugendstil **eine der schönsten Gassen in der Altstadt**, verlässt an der Nordseite den Krautmarkt. Im Haus Nr. 5 ist die alte Apotheke »U zlaté koruny« zu Hause, gegenüber befindet sich das Alte Rathaus (Stará radnice), heute Sitz der Touristinformation. Der älteste Teil dieses Hauses geht auf das Jahr 1311 zurück, der Aussichtsturm kam 1489 dazu, die herrliche Renaissanceloggia im Innenhof ist eine Ergänzung aus dem 16. Jahrhundert. Das mittlere Türmchen des spätgotischen Portals soll angeblich deshalb so krumm sein, weil Meister Pilgram, der es 1511 anfertigte, zu wenig Lohn erhielt und sich so dafür rächte. Von dem Krokodil, das im Durchgang hängt, wird erzählt, es sei ein Drache gewesen, der die Brünner bedrohte und schließlich überlistet wurde.

Absicht oder Fehler? Das mittlere Türmchen am Portal des Alten Rathauses ist jedenfalls krumm.

Den nur wenige Schritte vom Rathaus entfernten Dominikanerplatz (Dominikánské náměstí) beherrscht die Dominikanerkirche **St. Michael** (chrám sv. Michala; 1655). Die Terrasse schmücken Steinskulpturen aus dem 18. Jh. Das sich nördlich anschließende Dominikanerkloster mit seinem romanisch-gotischem Kreuzgang (13. – 15. Jh.) und einem gotischen Refektorium bildet heute mit den Anbauten aus dem 19. Jh. das **Neue Rathaus** (Nová radnice).

BRNO ERLEBEN

AUSKUNFT

Informationszentrum
Radnická 2 – 8
im Alten Rathaus
CZ-60200 Brno
Tel. 542 427 150, Fax 542 427 151
www.ticbrno.cz

ESSEN

► Preiswert

① *Skanzeen*
Pekařská 80
(nahe vom Mendelplatz)
Tel. 543 244 962
www.skanzeen.cz
Außen unscheinbar, innen in Gestalt eines Blockhauses; deftige slowakische und mährische Küche, auch Fisch und süße Leckereien.

② *Pivovarská Brno*
Mendlovo nám. 20
(beim Mendelmuseum)

Landestypisch: Krautsuppe, hier einmal mit Gänseblümchen

Tel. 543 420 130
www.pivovarskabrno.cz
Im Hauptgebäude befindet sich im Untergeschoss das urige Restaurant (Pivovarská restaurace), oben ein Café, am Eingang rechts eine Bierkneipe (Pivovarská pivnice). Gezapft werden hier Kvasnicový Spezial, Schöfferhofer Weizenbier, Březňák sowie Starobrno. Große Terrasse.

③ *Středověká krčma*
Česká 6
Tel. 542 210 021
www.stredovekakrcma.com
Mittelalteratmosphäre in dem Restaurant nahe vom Freiheitsplatz (nám. Svobody). Rohe Holztische und Bänke sowie deftige Speisen und Krušovice vom Fass. Die Bedienung serviert in Kostümen.

U královny Elišky/
Uriger Weinkeller
Mendlovo nám. 1
(an der Kirchennordseite)
Tel. 543 212 578
Lokal in einem großen Kellergewölbe.

UNTERKUNFT

► Fein und teuer

① *Best Western International*
Husova 16
Tel. 542 122 111
Fax 542 210 843
www.hotelinternational.cz
Großes modernisiertes Hotel der Best-Western-Kette mitten im Zentrum mit Swimmingpool, Sauna und Fitnesszentrum. Zwei Restaurants und eine Bar sorgen für Abwechslung im lukullischen Bereich.

► Komfortabel

② *Design Hotel Noem Arch*
Cimburkova 9
Tel. 541 216 160
www.noemarch.cz
Einem Schiff nachempfundene edle Herberge im nördlichen Stadtteil Královo Pole mit Gourmetrestaurant.

✶ **Freiheitsplatz**

Was der Oberring für Olmütz und der Altstädter Ring für Prag ist für Brünn der von alten und neuen Geschäftshäusern umgebene Freiheitsplatz (Náměstí Svobody), früher Unterer Markt genannt. Die Tatsache, dass an dem dreieckigen Platz mit seiner barocken Pestsäule aus dem Jahr 1680 noch an verschiedenen Ecken renoviert und modernisiert wird, scheint ihm keinen Abbruch zu tun, im Gegenteil: auf keinem anderen Platz in Brünn findet man so viele **Straßencafés und -restaurants**. Die Häuser um den Platz stammen aus unterschiedlichen Epochen: zu den schönsten Renaissancegebäuden der Stadt gehört der Ende des 16. Jh.s für die **Herren von Lípa** erbaute **Palast** (Nr. 17) mit herrlichem Lichthof und einem Aussichtscafé. Ein spätes Beispiel für den Historismus in Brünn ist das gegenüberliegende Haus »Zu den vier Schlingeln«, zu erkennen an den gebeugten Männerfiguren. Zu seiner Erbauungszeit, vor allem aber in den 1920er- und 1930er-Jahren, galt vielen das Haus als Angriff auf den guten Geschmack.

Die vier muskulösen Schlingel scheinen die ganze Last der Balkone zu tragen.

Böhmische Straße

Vom Freiheitsplatz führt die Böhmische Straße (Česká ulice), die bedeutendste Straße innerhalb der Fußgängerzone, in nordwestliche Richtung. Sie wird gesäumt von bemerkenswerten alten Häusern, u. a. dem Hotel »Avion« im Stil des Konstruktivismus (Nr. 20).

Jakobskirche

Die Rašínova, die vom Freiheitsplatz abgeht, ist die nördliche Verlängerung der Masarykova. Auf der Ostseite steht die Jakobskirche (chrám sv. Jakuba), eine 1874 bis 1879 erneuerte spätgotische Hallenkirche mit einem 92 m hohen Turm. In dem harmonischen Inneren sieht man ein schönes Netzgewölbe und hinter dem Hochaltar versteckt sich das 1722 von Kerker gegossene Grabmal des Feldmarschalls Raduit de Souches († 1683), der 1645 Brünn gegen die Schweden verteidigte. Neu gestaltet ist das Beinhausgewölbe mit Menschenknochen.

Augustinerkloster

Beim ehemaligen Augustinerkloster mit der dazugehörigen Kirche St. Thomas, einem 1665 – 1675 errichteten Barockbau, ist man schon am Nordrand der Brünner Altstadt angelangt. Der spätbarocke Klosterkomplex wird zurzeit von der Mährischen Galerie genutzt, die hier Kunst vom Mittelalter bis zum 19. Jh. zeigt (Öffnungszeiten: ► Mährische Galerie). Einen Blick verdient das Portal der ehemaligen Prälatur mit den Figuren des mährischen Markgrafen Jost und seines Bruders aus dem 18. Jahrhundert.

Mahen-Theater

Am östlichen Rand der Altstadt fanden Oper und Schauspiel ihre Aufführungsstätten: Aus der zweiten Hälfte des 19. Jh.s stammt der Neorenaissancebau des Mahen-Theaters (Mahenovo divadlo), das von dem viel beschäftigten Wiener Architektenduo Fellner und Helmer errichtet worden war und als erstes Theater Europas elektrisch beleuchtet wurde. Etwa 300 m weiter nördlich, in der Nähe des Augustinerklosters, nahm 1965 das **Janáek-Theater** (Janáčkovo divadlo) den Betrieb auf.

Außerhalb der Innenstadt

Mährische Galerie

Die Mährische Galerie (Husova ul. 14) hat zwei Sammlungen, die in getrennten Gebäuden untergebracht sind, der Galerie böhmischer Kunst des 20. Jh.s mit Werken tschechischer Künstler wie Kubišta, Čapek und Gutfreund und dem 1873 gegründeten Kunstgewerbemuseum (Öffnungszeiten Moravská galerie: April – Sept. Mi. – So. 10.00 bis 18.00, Di. bis 19.00 Uhr, Okt. – März bis 17.00 Uhr).

★ Zitadelle

Von der breiten Hus-Straße (Husova třída) am Westrand der Altstadt führen Spazierwege hinauf zum Spielberg (Špilberk), dem 288 m hohen Burghügel, der von der Zitadelle bekrönt wird. Die aus dem 13. Jh. stammende, im 17. und 18. Jh. ausgebaute Festung war zwischen 1349 und 1411 Sitz der Markgrafen von Mähren. Von 1621 bis 1858 diente die Festung als österreichisches Staatsgefängnis. Hinter den dicken Mauern verbüßten vor allem Freiheitskämpfer und Feinde der habsburgischen Monarchie, darunter viele Italiener und Polen, ihre Haftstrafen – zum Teil unter unmenschlichen Bedingungen, wie man sich angesichts der Kerkerzellen in den Kasematten auch heute noch leicht ausmalen kann. Wer von Kerkern und Wehranlagen genug hat, sollte sich die **Dauerausstellung »Brünner Architektur zwischen 1919 und 1939«** oder der **Kunstsammlung** mit Werken von der Renaissance bis ins 20. Jh. von der Militärgeschichte ansehen. Weitere Ausstellungen im Burgareal: Die historische Ausstellung informiert über die Geschichte der Stadt, das Lapidarium präsentiert architektonische Bauteile aus verschiedenen Zeiten und ist in gotischen Räumen untergebracht. Eine Barockapotheke enthält Mobiliar aus dem 18. Jh. (Öffnungszeiten Kasematten: Mai – Sept. Di. – So. 9.00 – 18.00, Okt. bis April bis 17.00 Uhr, Juli u. Aug. auch Mo.; Ausstellungen: Mai bis Sept. Di. – So. 9.00 – 18.00, Okt. u. April bis 17.00, Nov. – März Mi. – So. 10.00 bis 17.00 Uhr).

! *Baedeker* TIPP

Museumspass

Wer sich besonders für die Kulturlandschaft Brünns interessiert, der kann sich einen Museumspass zulegen und damit einiges an Eintrittsgeldern sparen. Bislang beteiligen sich neun Objekte, darunter die Mährische Galerie, das Technische Museum und das Brünner Kulturzentrum. Die Pässe sind in den jeweiligen Museen erhältlich.

Augustinerkloster, Mendelmuseum

Ganz in der Nähe steht das ehemalige Augustinerkloster, in dem der Augustinermönch und Prälat Gregor Mendel (1822 – 1884) zwischen 1858 und 1868 seine Kreuzungsversuche mit Erbsen und Bohnen durchführte. Über den berühmt gewordenen Mönch und Wissenschaftler informiert die Ausstellung des Mendelmuseums (Öffnungszeiten: Mai – Okt. tgl. 10.00 – 18.00, Nov. – April Mi. – So. 10.00 bis 16.00 Uhr).

Anthropos-Museum

Im Pisárecký-Park, westlich des Zentrums am Schwarzau-Ufer, steht das Anthropos-Museum (pavillon Anthropos), das ähnlich wie das Pariser Musée de l'Homme in anschaulicher Weise die Entwicklung des Menschen von seinen frühesten Anfängen zeigt, unter besonderer Berücksichtigung der reichen vorgeschichtlichen Ausgrabungsfunde in der Brünner Umgebung (Öffnungszeiten: April – Nov. Di. bis So. 8.30 – 17.00 Uhr).

★ Villa Tugendhat

Großbürgerliches Wohnen im Stil der klassischen Moderne kann man im noblen Villenviertel nordöstlich der Altstadt, in der Černopolní ulice 45, bestaunen. Zur Straße hin hat die funktionalistische Villa, die Bauhausdirektor **Mies van der Rohe** 1928 – 1930 für den jüdischen Industriellen Tugendhat entworfen hatte, den diskreten

Mies van der Rohe entwarf für die Industriellenfamilie Tugendhat einen für ihn typischen schnörkellosen Flachdachbau mit durchgängigem Fensterband im Hauptgeschoss.

Charme einer Garage, zum großzügigen Garten hin öffnet sich das Bauwerk mit einer riesigen Terrasse und im Hauptgeschoss mit einer versenkbaren (!) Glasfront. Den ballsaalgroßen, offenen Wohnraum schmückt eine Trennwand aus Onyx, die allein ein Fünftel der horrenden Baukosten verschlang. Nicht nur finanziell, auch gestalterisch ließ der Bauherr seinem berühmten Architekten freie Hand, der von den Bodenbelägen bis zu Türklinken und Einbauschränken alles dem funktionalistischen Prinzip unterordnete. Ein Glück, dass den Tugendhats das eine oder andere Detail dann doch nicht gefiel, so z. B. die Lampen, die der Hausherr abmontierte und aufbewahrte. So blieben die Stücke erhalten, im Gegensatz zu den im Krieg zerstörten Ersatzmodellen. Die Tugendhats flohen 1938 nach Venezuela und schenkten die Villa dem Staat, heute gehört sie der Stadt Brünn. Seit 2010 ist die Villa für längere Zeit wegen umfangreicher Sanierungsarbeiten geschlossen (www.tugendhat.eu).

Umgebung von Brno

Brünner Talsperre

8 km nordwestlich von Brno erreicht man die 120 m lange und 34 m hohe Staumauer der Brünner Talsperre (Brněnská přehrada). Der von Wäldern umgebene See erstreckt sich von dort etwa 9 km nach Nordwesten. Er wurde in den 1930er-Jahren zur Regulierung der Schwarzau (Svratka) sowie zur Energiegewinnung angelegt und ist

Dieses Schiff bringt Ausflügler über den Stausee zur Burg Eichhorn.

heute ein **beliebtes Ausflugsziel**, da man hier u. a. baden und Boot fahren kann. Außerdem gibt es einen Campingplatz und Gaststätten. Von dem kleinen Hafen nahe der Staumauer verkehren im Sommer Ausflugsschiffe über den Stausee zur Burg Veveří (Eichhorn).

Moravský Krumlov (Mährisch Krumau)

Die etwas mehr als 30 km südwestlich von Brünn gelegene Kleinstadt besitzt ein großes, allerdings sehr renovierungsbedürftiges Renaissanceschloss von 1557 bis 1562. Im benachbarten Dorf Ivančice wurde der berühmte Jugendstilmaler **Alfons Mucha** (1860 – 1939) geboren. Sein zwischen 1910 und 1928 entstandenes, zwanzigteiliges Monumentalwerk, der Gemäldezyklus »Das Slawische Epos«, ist in einem Gebäude des Schlosses ausgestellt (Öffnungszeiten: März – Okt. Di. –So. 9.00 – 12.00 u. 13.00 – 16.00 Uhr).

Slavkov u Brna (Austerlitz)

Der deutsche Name der Kleinstadt 20 km östlich von Brünn fehlt in keinem Schulbuch zur europäischen Geschichte, denn in der Umgebung von Austerlitz wurde am 2. Dezember 1805 die berühmte **»Dreikaiserschlacht«** geschlagen, bei der die Franzosen unter Napoleon einen triumphalen Sieg über die verbündeten Heere von Österreich und Russland davontrugen. Die anschließenden Waffenstillstandsverhandlungen ebneten den Weg für den Friedensschluss von Pressburg. Geführt wurden sie im großen, ehemals gräflich Kaunitzschen Schloss (1731 – 1752), wo man heute eine sehenswerte Gemäldegalerie, eine Bibliothek und eine ständige Ausstellung über Napoleon und die Dreikaiserschlacht besichtigen kann.

Schlachtfeld von Austerlitz

Der in der Schlacht am meisten umkämpfte Platz heißt heute paradoxerweise Friedenshöhe (Mohyla míru). Zum dortigen Denkmal fährt man von Austerlitz westlich über das kleine Dorf Křenovice (4 km), wo sich das Hauptquartier des russischen und des österreichischen Heeres befand, nach Prace (9 km) und von dort noch 1 km in südliche Richtung zur Friedenshöhe. Zum Gedenken an die hier Gefallenen – etwa 7000 Franzosen sowie 27 000 Österreicher und Russen – wurde 1911 ein 26 m hohes Jugendstil-Ehrenmal in Form einer altslawischen Grabstätte aufgestellt. Von der Friedenshöhe hat man eine weite Aussicht nach Norden über das Schlachtfeld. Unweit unterhalb befindet sich ein kleines **Museum** mit Plänen, Bildern, Waffen und Uniformen. Nördlich der Ortschaft Šlapanice, auf der Žuráň-Höhe, die auch »Kaiserhügel« oder »Napoleonstisch« genannt wird, hatte Kaiser Napoleon sein Feldzelt aufschlagen lassen. Ein 1935 an dieser Stelle errichteter Marmortisch trägt eine Metallreliefplatte, auf der die Schlachtordnung am Morgen vor dem Kampf dargestellt ist.

★ Bučovice (Butschowitz)

Von außen lässt das Schloss in Bučovice, 12 km östlich von Slavkov u Brna, nichts Vielversprechendes erwarten, doch die unscheinbare Hülle täuscht: Die erste Überraschung erlebt der Besucher des 1567 bis 1582 entstandenen Renaissancebauwerks im Innenhof, der mit seinen auf schlanken Säulen ruhenden Arkaden an italienische Palazzi erinnert. Die zweite Überraschung sind die prächtig ausgestatteten Innenräume, vor allem aber die Säle, die mit Stuckaturen und wahrlich beschwingten Renaissancemalereien dekoriert sind (Öffnungszeiten: Mai – Sept. Di. – So. 9.00 – 12.00, 13.00 – 16.00, April u. Okt. Sa. u. So. 9.00 – 16.00 Uhr).

Burg Pernštejn (hrad Pernštejn)

Burg Pernstein (gut 40 km nordwestlich von Brünn) ist eine der besterhaltenen und unverfälschsten Festungen Tschechiens. In den Jahren 1285 bis 1596 gehörte sie dem mährischen Geschlecht derer von Pernstein; der Bergfried stammt aus der zweiten Hälfte des 13. Jh.s. Infolge der Zu- und Umbauten aus dem 15. und 16. Jh. nahm die als uneinnehmbar geltende Burg mit Türmen, Toren und Erkern immer mehr die Gestalt einer Adelsresidenz im Stil der Renaissance an. In den Räumen der im 18. und 19. Jh. umgestalteten Innenburg sind zeitgenössische Einrichtungsgegenstände (Stilmöbel, Gemäldegalerien, Bibliothek) und eine Waffensammlung zu sehen.

Broumov (Braunau)

L 3

Region: Ostböhmen
Höhe: 405 m ü. d. M.
Einwohnerzahl: 8200

Die Kleinstadt Broumov wirkt verschlafen. Und kein Wunder: Der Mittelpunkt des Braunauer Ländchens liegt in einem Grenzzipfel, der weit nach Polen hineinragt, umgeben von den Höhen des schlesischen Eulengebirges und der Braunauer Wände.

Grenzstädtchen

Lärm und Hektik haben den weitläufigen Marktplatz und die engen Gassen von Broumov noch nicht erreicht. Die Stadt wirkt noch sehr mittelalterlich, auch wenn hier und da Rekonstruktionen und Neubauten ins Auge fallen.
Im Vorfeld des Dreißigjährigen Krieges spielte sie eine wichtige Rolle: Auf Befehl des Abtes der Braunauer Benediktinerabtei wurden 1618 zwei evangelische Kirchen geschlossen. Dies war eine der Hauptbeschwerden der böhmischen Stände in Prag, die den Dreißigjährigen Krieg mitauslösten.

Benediktinerabtei

Die Benediktinerabtei aus dem 13. Jh. wurde von 1683 bis 1694 von den Baumeistern Martin und Johann Allio barock erneuert. Die Stiftskirche und das Klostergebäude sind ein Werk von Kilian Ignaz Dientzenhofer, einem der berühmtesten Barockbaumeister Böhmens. Sehenswert im Inneren sind vor allem die kostbaren Sammlungen der Klosterbibliothek (Öffnungszeiten: Mai – Sept. Di. – So. 8.00 bis 12.00 u. 13.00 – 17.00 Uhr) und das Regionalmuseum im ehemaligen Klostergymnasium.

BROUMOV ERLEBEN

AUSKUNFT

Informationszentrum
Mírové nám. 56
550 01 Broumov
Tel./Fax 491 524 168
www.broumov.net

ÜBERNACHTEN

► **Günstig**

Michal
Říčky v Orlických horách 233
Tel. 607 747 333
www.hotelmichal.cz
Das familiär geführte Hotel liegt in 750 m Höhe. Wintersportler finden Anschluss an ein Skizentrum. Im Sommer lockt die herrliche Gegend zum Wandern, Mountainbiken und Reiten.

Adršpach
Dolní Adršpach 10
549 51 Dolní Adršpach
Tel. 491 586 187
Fax 491 586 188
www.hotel-adrspach.cz
Nett am Waldrand gelegen, nur 200 m vom Eingang zu den Adersbacher Felsen entfernt. Reitmöglichkeiten in unmittelbarer Nähe.

Friedhofskirche

Die älteste Holzkirche des Landes steht auf dem Friedhof am südlichen Stadtrand. Sie wurde im 13. Jh. erbaut und 1449 erweitert.

Umgebung von Broumov

Braunauer Wände (Broumovské stěny)

Südwestlich der Stadt ragen die Sandsteinfelsen der Braunauer Wände auf. Der Berg Stern (Hvězda) war früher eine Wallfahrtsstätte. Hier stehen das von Kilian Ignaz Dientzenhofer erbaute Sternenkirchlein (Stella matutina) und eine ehemalige Wallfahrerherberge, heute ein Ausflugsrestaurant. Von der Galerie am Sternenkirchlein genießt man einen herrlichen Blick über das Braunauer Ländchen.

Police nad Metují (Politz an der Mettau)

Das 14 km südwestlich gelegene Städtchen besitzt ein ehemaliges Benediktinerkloster (13. Jh.), das im 18. Jh. von Kilian Ignaz Dientzenhofer barock umgestaltet wurde. Auf dem Markt stehen das barocke Rathaus (1718) sowie eine Pestsäule, östlich vom Markt die gezimmerte Alte Schule (1785). Politz ist ein **idealer Ausgangsort für Touren** in die Braunauer Wände mit Zufahrtsstraße auf den Stern (Hvězda). Auch das nordwestlich gelegene Felslabyrinth am Tafelberg Vostaz (Ostaš) ist nur 3 km entfernt.

★★ Adersbacher und Wekelsdorfer Felsen

Größte Felsenstadt Böhmens

Mit rund 20 km² sind die Adersbacher und Wekelsdorfer Felsen (Adršpašsko-Teplické skály), die man etwa 15 km westlich von Broumov erreicht, nicht nur die schönste, sondern auch die größte »Felsenstadt« Böhmens. Durch Wasser, Sonne, Frost und Wind entstanden hier fantastische Steingebilde, zwischen denen sich Gänge, Spalten und Klammen öffnen.

Adersbacher Felsen

Die Adersbacher Felsen kann man auf dem grün markierten Naturlehrpfad durchwandern. Der **Rundweg** führt in etwa 1 bis 2 Stunden zu den bekanntesten Sehenswürdigkeiten, die schon durch ihre fantasievollen Namen neugierig machen, wie z. B. »Rübezahls Backenzahn« und »Großmutterstuhl«. Der eindrucksvolle Elisabethturm fordert das ganze Können der Kletterer heraus – immerhin der 7. Schwierigkeitsgrad! Am »Großen Marktplatz« befindet sich der Große Mettau-Fall im »Felsendom«. Die Felsen »Liebespaar« und »Bürgermeister mit seiner Frau« sind die gelungensten Kunstwerke, die die Naturkräfte hier hervorgebracht haben.

Wekelsdorfer Felsen

Die Felsenstadt von Wekelsdorf (Teplice nad Metují) wirkt noch gewaltiger, besitzt aber nicht so viele kuriose Gebilde wie das benachbarte Adersbacher Gebiet. In der Wekelsdorfer Felsenstadt unternehmen die Besucher dafür aber eine fünfminütige Reise von »Sibirien« nach »Italien«, denn während in der erstgenannten Felskluft noch im Sommer Schneereste vom Winter den Boden bedecken, weht weiter oben zumeist ein lauwarmes Lüftchen.

Česká Lípa (Böhmisch-Leipa)

H 3

Region: Ostböhmen
Höhe: 250 m ü. d. M.
Einwohnerzahl: 40 000

Böhmisch-Leipa am Polzen, etwa 80 km nördlich von Prag gelegen, ist die größte Stadt des Mácha-Landes (Máchův kraj). Diesen Namen verdankt die Region dem Romantiker Karel Hynek Mácha, der die zauberhafte Landschaft im Südosten von Česká Lípa in mehreren seiner literarischen Werke bedachte.

Sehenswertes

Eine Stippvisite lohnt der hübsche **Markt**, von Plattenbauten umzingelt und von den lieblichen Hügeln des Lausitzer Gebirges gerahmt. Auf dem **Masaryk-Platz** wurden die meisten Häuser nach einem Brand im 19. Jh. wieder aufgebaut. Sie besitzen zum Teil noch sehr schöne alte Portale.

Am südöstlichen Stadtrand blieben von der einstigen **Wasserburg** (Vodní hrad, 13. Jh.) zwei Tore, Wälle und Palastmauern erhalten. Am Aufgang zur Ruine steht das **Rote Haus** (Červený dům), eigentlich ein Renaissance-Jagdschlösschen mit Arkaden und Sgraffiti (1583). Das **Augustinerkloster** am nicht weit entfernten Platz Osvobození stiftete Herzog Albrecht von Wallenstein im Jahr 1627, die Loretokapelle wurde 1698 erbaut. Im ehemaligen Kloster ist heute

ČESKÁ LÍPA ERLEBEN

AUSKUNFT

Informationszentrum
nám. T. G.Masaryka 2
CZ-47001 Česká Lípa
Tel./Fax 487 881 105
www.mucl.cz

ESSEN

▶ Erschwinglich

Český Honza
Zámecká 100
Tel. 605 262 875
Typisch tschechische Küche, die eine Empfehlung wert ist, gemütliche Atmosphäre.

UNTERKUNFT

▶ Komfortabel

Port
Valdštejnská 530
CZ-47201 Doksy
Tel. 487 809 711
Fax 487 809 744
www.hotelport.cz
Ruhige Lage direkt am Ufer das Mácha-Sees, eigene Bucht mit feinem Sandstrand. Viele Zimmer mit Seeblick. Gutes Restaurant mit Terrasse zum See.

Morris
Nám. T. G. Masaryka 132
Tel. 487 829 761
www.hotelmorris.cz
Viersternekomfort im gutbürgerlich-luxuriösem Ambiente eines historischen Gebäudes, zentral am Markt gelegen. Mit gutem Restaurant, benachbartem Café und kleinem Wellnessbereich.

das Heimatmuseum untergebracht (Öffnungszeiten: Mi. – So. 9.00 bis 12.00 u. 13.00 – 17.00 Uhr, Mai –Sept. auch Di.). Freunde schöner Jugendstilarchitektur sollten einen Blick auf das sanierte **Café Union** werfen, das sogar mit einem Architekturpreis bedacht wurde.

Umgebung von Česká Lípa

Kravaře (Graber)

10 km südwestlich von Česká Lípa, in Kravaře, wurde eine Zweigstelle des Leipaer Heimatmuseums eingerichtet. Die Ausstellung in dem Umgebindehaus, eines der größten Holzgebäude Böhmens, informiert über volkstümliches Wohnen (Öffnungszeiten: Mai – Sept. Di. – So. 9.00 – 12.00, 13.00 – 17.00 Uhr; April u. Okt. nur Sa., So. und Fei.).

Zákupy (Reichstadt)

Hauptattraktion von Reichstadt, 7 km östlich von Česká Lípa, ist das Schloss, das zu Zeiten Österreich-Ungarns zum Verbannungsort für eine unerwünschte Person auserkoren war – für Napoleon II., den Sohn von Kaiser Napoleon I. und der österreichischen Kaisertochter Marie Luise von Habsburg. Napoleon II. wurde genötigt, auf alle Erbansprüche zu verzichten und erhielt als »Entschädigung« den Titel eines Großherzogs samt dem Großherzogtum Reichstadt. Der früh Verstorbene hat das Schloss in Reichstadt nicht ein einziges Mal besucht. In der Schlosskapelle heiratete im Jahr 1910 der österreichische Thronfolger Franz Ferdinand gegen den Willen seines Vaters die Gräfin Sophie von Chotek. Knapp vierzig Räume der barockisierten Residenz sind der Öffentlichkeit zugänglich. Im prächtigsten Raum, dem Speisesaal, ist zudem der erste europäische Personenaufzug zu bestaunen (Öffnungszeiten: April und Okt. Sa. u. So. 9.00 bis 16.00, Mai – Sept. Di. – So. 9.00 – 17.00 Uhr).

Rollburg 5 km östlich von Zákupy erreicht man Mimoň. Die Rollburg (Ralsko) deren Ursprung wahrscheinlich schon auf das Ende des 12. Jh.s zurückgeht, thront auf einer Basaltkuppe 2 km nordöstlich von Mimoň über ausgedehnten Kiefernwäldern. Bis 1991 lag die Feste in einem sowjetischen Militärgebiet mit atomaren Mittelstreckenraketen.

Um den Mácha-See

✶ Mácha-See (Máchovo jezero) Die meisten Touristen zieht es zum Mácha-See, auch Hirschberger Großteich genannt, einem Bade- und Segelparadies. In Böhmen gibt es nur wenige Menschen, die den Mácha-See nie besucht haben: Das Gewässer ist zwar nur knapp 300 ha groß, doch im Binnenland Tschechien reicht dies aus, um von einem Meer zu sprechen.

Der Hirschberger Großteich entstand im 14. Jh. auf kaiserliche Anordnung.

In den beiden Urlauberzentren Thammühl und Hirschberg findet man auch in der Hochsaison problemlos eine Bleibe. Der See lädt zum erfrischenden Bad am breiten, goldgelben Strand ein. Vom Thammühler Seeufer eröffnet sich dem Betrachter ein unvergesslicher Anblick auf die von grünen Hügeln gesäumte Wasserfläche mit dem Panorama der Burg Bösig. Die zwei kleinen Inseln inmitten des Sees heißen Mäuseschloss (Myší zámek) und Enteninsel (Kachní ostrov). Viele Besucher mieten einen Wassertreter oder ein Ruderboot und unternehmen damit **Ausflüge auf dem See**. Zwischen beiden Orten verkehrt ein Ausflugsdampfer der »Weißen Flotte«, die Überfahrt dauert nur zehn Minuten.

Staré Splavy (Thammühl)

Ein 3 km langer Promenadenweg am Westufer verbindet Thammühl mit Doksy. Ein Blockhaus (1669) beherbergt das Mácha-Museum.

Doksy (Hirschberg)

Der rot markierte »Mácha-Weg« führt von Doksy durch ausgedehnte Kiefernwälder zur Burg Bezděz (Bösig), die man nach 7 km erreicht. Bis an den Fuß der Burg wandert es sich mühelos, der Aufstieg erfordert Trittsicherheit und Kondition. Die Königsburg stammt aus dem 13. Jh., dank ihrer malerischen Lage und der **unverfälschten Architektur** nimmt sie unter den vielen böhmischen Burgen eine Sonderstellung ein. So blieben Teile der frühgotischen Burgkapelle und des Königspalastes erhalten.

★ Burg Bezděz

> ! *Baedeker* TIPP
>
> **Ein Dorf als Denkmal**
>
> Nur wenige Kilometer südwestlich der Burg Bezděz gibt es im Dorf Žd'ár fast drei Dutzend für die nordböhmische Region typische Umgebindehäuser, einem Mix aus Block- und Fachwerkhaus aus der Zeit um 1800, zu bewundern. Eine kleine Felsenschlucht führt in den unteren Teil des Ortes mit weiteren sehenswerten Bauernhäusern.

Nördlich vom Mácha-See unterhielt das tschechische Militär ein großes Übungsgebiet im Kummergebirge. Jetzt lädt die wilde Landschaft wieder zum Entdecken ein. Das kleine Sandsteingebirge ragt nahe vom Nordufer des Mácha-Sees empor.

Kummergebirge (Hradčanské stěny)

České Budějovice (Budweis)

G/H 6

Region: Südböhmen **Höhe:** 385 m ü. d. M.
Einwohnerzahl: 100 000

Dass man Budweis weit über Böhmen hinaus kennt, ist vor allem dem »Budvar« und dem »Samson« zu verdanken, den beiden populärsten Biersorten aus der Brauerei in Budweis. Doch auch das Schwarzenberger Schloss Hluboká (Frauenberg), eine vielbesuchte Sehenswürdigkeit.

Geschichte König Ottokar II. gründete 1265 eine deutsche Kolonistensiedlung an einer strategisch günstigen Stelle an der Salzstraße, ließ sie befestigen und verlieh ihr deutsches Stadtrecht. Im 16. Jh. brach die Blütezeit der Stadt an, die durch den **Salzhandel**, die **Bierbrauerei** und die königliche Münzstätte zu Wohlstand kam. Im Dreißigjährigen Krieg verwüstete ein Brand die Hälfte aller Häuser. 1751 wurde Budweis Verwaltungsmittelpunkt der Region. Seit 1828 verband die erste, von Pferden gezogene Bahn Kontinentaleuropas Budweis mit Linz.

Stadtbild Wie viele tschechische Städte mit Industrieansiedlungen hat Budweis wenig attraktive Vororte, aber einen weitläufigen Altstadtkern. Dass die Stadt planmäßig auf dem freien Feld angelegt wurde, ist heute noch an dem schachbrettartigen Straßennetz der Altstadt zu erkennen. Die Stelle der einstigen Befestigungsanlagen nehmen heute Parks und Grünflächen ein. Nicht nur am zentralen Přemysla-Platz, auch in den Seitengassen gibt es einige bemerkenswerte Häuser zu entdecken, wo man unter Arkaden wandelt.

České Budějovice Orientierung

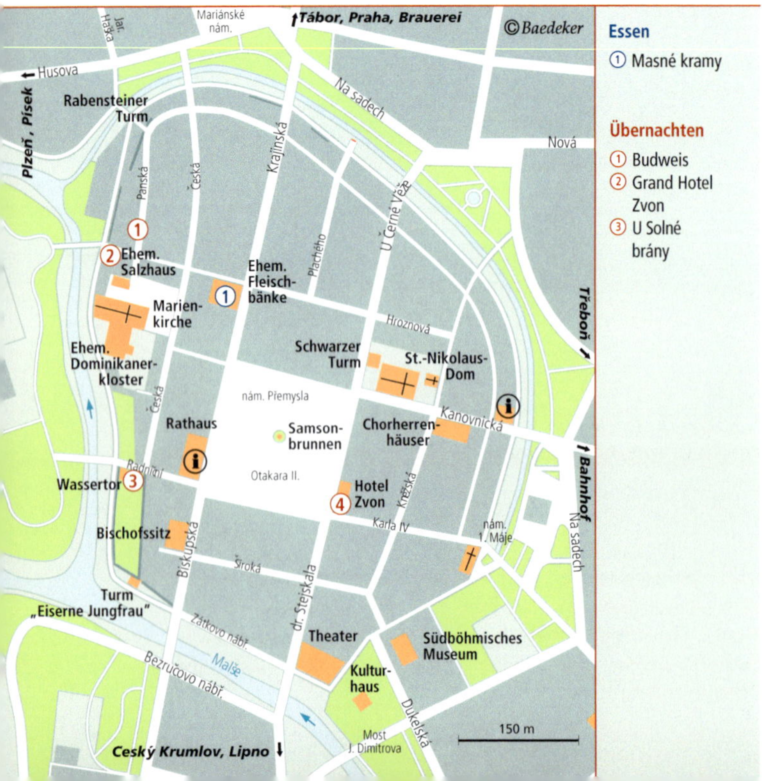

Sehenswertes in České Budějovice

★ Nám. Přemysla

Mittelpunkt der Altstadt ist der quadratische Marktplatz, benannt nach dem Přemyslidenkönig Ottokar II. Mit einer Seitenlänge von 133 m ist er **einer der größten Stadtplätze Böhmens**. Die Laubenhäuser am Platz stammen zum Teil noch aus dem Mittelalter; ihre heutigen Fassaden erhielten sie überwiegend im 18. und 19. Jahrhundert. Die Platzmitte markiert der barocke Samsonbrunnen, ein Werk von Josef Dietrich (1727). Das 1727 bis 1730 von dem Italiener Martinelli im Barockstil errichtete, dreitürmige Rathaus in der Südwestecke des Platzes nimmt die Stelle eines Renaissancebaus ein.

> ! *Baedeker* TIPP
>
> **Die älteste Pferdeeisenbahn Europas**
>
> Die von Pferden auf hölzernen Schienen gezogene Pferdeeisenbahn zwischen Budweis und Linz nahm 1832 ihren Betrieb auf. 14 Stunden dauerte die Personenbeförderung auf der 128 km langen Strecke. Mehr dazu gibt es im winzigen Pferdeeisenbahnmuseum (Muzeum koněspřežky, Mánesova 10, südwestlich der Altstadt; April bis Sept. Di. – So. 9.00 – 12.00, 13.00 – 17.00 Uhr).

Bischofsresidenz

In der Biskupská ulice, die den Platz im Südwesten verlässt, wurde im 18. Jh. die Residenz des Bischofs erbaut. Folgt man der Radniční ulice, die neben dem Rathaus den Platz in westliche Richtung verlässt, dann kommt man zu den alten Stadtbefestigungsanlagen an der Maltsch.

Marienkirche, Dominikanerkloster

Durch die Česká-Gasse erreicht man nordwestlich des Marktplatzes die gotische Marien- oder Piaristenkirche. Das Gotteshaus gehört zum ältesten Baudenkmal der Stadt, dem 1265 von König Přemysl Ottokar II. gestifteten Dominikanerkloster. Der hübsche Klosterkreuzgang kann besichtigt werden.

Salzhaus

Das benachbarte Salzhaus (Solnice) aus dem Jahr 1531 erkennt man an seinem hohen Staffelgiebel und den kleinen, schartenartigen Fensteröffnungen. Hier lagerte man damals das aus Österreich angelieferte Salz. Heute ist hier ein privates Motorradmuseum untergebracht (Öffnungszeiten: März – Okt. Di. – So. 10.00 – 18.00 Uhr).

Rabensteiner Turm, Fleischbänke (Masné krámy)

Der Rabensteiner Turm (Rabenštejnská věž) etwa 200 m nördlich vom Salzhaus stammt aus dem 14./15. Jahrhundert.
Knapp 100 m östlich des Salzhauses, an der Ecke Hroznová/Česká ulice befinden sich die ehemaligen Fleischbänke, ein eingeschossiges Gebäude aus dem Jahr 1560, in dem früher Fleisch verkauft wurde und heute das Budweiser Bier im berühmtesten Gasthaus der Stadt gezapft wird.

Schwarzer Turm, Dom

Durch die Gassen Hroznová und U Černé Věže kommt man zum Schwarzen Turm (Černá věž), einem 72 m hohen Glockenturm, von dessen Galerie man an klaren Tagen bis zum Böhmerwald und zu

ČESKÉ BUDĚJOVICE ERLEBEN

AUSKUNFT

Informationszentrum
Nám. Přemysla Otakara II.
CZ-37092 České Budějovice
Tel. 386 801 413
Fax 386 801 414
www.c-budejovice.cz

ESSEN

► **Günstig**

① *Fleischbänke (Masné krámy)*
Krajinská 13
Tel. 387 201 301
www.masne-kramy.cz
Die Budweiser Institution in Sachen Bier und südböhmischer Küche: Schmankerl zum Bier, der Klassiker Rinderbraten mit Knödeln und Preiselbeeren, außerdem Karpfen aus Třeboň und Geflügel. Sa- und So.-abends sollte man besser einen Platz reservieren.

UNTERKUNFT

► **Luxus**

① *Budweis*
Mlýnská 6
Tel. 389 822 111
www.hotelbudweis.cz
Neues Vier-Sterne-Nichtraucher-Haus in einer historischen Wassermühle am ruhigen Rand der Altstadt, 3 Minuten Fußweg zum Hauptplatz. Barrierefreie und klimatisierte Zimmer mit schnörkellosem Schick. Restaurant und Café.

② *Grand Hotel Zvon*
Nám. Přemysla Otakara II. č.28
Tel. 381 601 601
Fax 381 601 605
www.hotel-zvon.cz
Vornehmes Hotel. Man logiert in mehreren historischen Gebäuden am Marktplatz, einige der Zimmer bieten einen Blick auf dieses Ensemble. In einem der vier Hotelrestaurants ist garantiert für jeden Geschmack etwas dabei.

In Hluboká nad Vltavou:
Štekl
Bezrucova 141
Tel. 387 967 491
Fax 387 965 943
www.hotelstekl.cz
Das Hotel ist in unmittelbarer Nachbarschaft des Schlosses gelegen, am Rand eines herrlichen Parks. Die 44 Zimmer sind individuell ausgestattet, Schwimmbad und Sauna gehören zum Angebot dieses komfortablen Hotels. Ein exquisites Restaurant sorgt für das besondere leibliche Wohl der Gäste.

► **Komfortabel**

③ *U Solné brány*
Radniční 11
Tel. 386 354 121
Fax 386 354 120
www.hotelusolnebrany.cz
Das zentral gelegene kleine Hotel verfügt nur über 12 Zimmern, die dafür aber sogar mit einem Internetanschluss ausgestattet sind. Das gute Hotelrestaurant zeichnet sich durch ein reiches Angebot an Wildspezialitäten aus.

In Hluboká nad Vltavou:
Kapr
Tyršova 966
Tel. 387 956 848
Fax 387 225 017
www.restaurace-kapr.cz
Die gute Pension liegt günstig im Zentrum des Ortes und verfügt über nette Zimmer. Das dazugehörige Restaurant weiß mit Speisen wie Karpfen in Biersoße oder Aal auf Kümmel aufzuwarten.

den Alpen blicken kann (Öffnungszeiten: April – Juni, Sept., Okt. Di. – So. 10.00 – 18.00 Uhr, Juli u. Aug. tgl.). Der Dom daneben ist ein etwas spröder Barockbau, der 1641 bis 1649 an der Stelle einer gotischen Kirche errichtet wurde.

Südböhmisches Museum (Jihočeské krajské muzeum)

Südöstlich vom Hauptplatz von Budweis, in einem neobarocken Gebäude an der Dukelská třída, ist das Südböhmische Museum beheimatet, das sich mit der Natur- und Kulturgeschichte der Region befasst. Die Präsentation wirkt schon etwas angestaubt, obwohl einzelne Bereiche der Ausstellung, wie beispielsweise die reich bestückte Abteilung über heimische Vögel, durchaus einen Besuch verdienen (Öffnungszeiten: Di. – So. 9.00 – 12.30, 13.00 – 17.30 Uhr).

Brauerei

In der heutigen, erst im Jahr 1895 gegründeten Brauerei wird das weltberühmte »Budweiser« gebraut. Der Betrieb, den sich seit Jahren der US-amerikanische Bierkonzern Anheuser-Busch einverleiben will, befindet sich nördlich der Altstadt an der Ausfallstraße nach Prag. Individuelle Führungen finden von Mo. bis Fr. um 14.00 Uhr statt. Interessanter ist jedoch die multimediale Schau »Die Geschichte des Budweiser Bieres«, die man sich tgl. von 9.00 bis 16 Uhr anschauen kann. Danach gibt es die Möglichkeit, das Bier zu probieren.

? WUSSTEN SIE SCHON ...?

- ... dass die Geschichte des Budweiser Bierbrauens bis 1265 zurückreicht, als König Ottokar II. dem Ort das Braurecht einräumte? Das sog. Meilenrecht, d. h. das Recht, dass niemand anders im Umkreis von einer Meile Bier brauen darf, erhielt die Stadt 1351 von Kaiser Karl IV. Mittlerweile werden jährlich 1,2 Mio. hl. Bier produziert.

★★ Schloss Hluboká nad Vltavou (Frauenberg)

»Böhmisches Neuschwanstein«

Hluboká, 10 km nördlich von Budweis gelegen, ist die Ikone des romantischen Schlossbaus in Tschechien, sozusagen das »böhmische Neuschwanstein«. An schönen Sommerwochenenden wird das auf einer felsigen Anhöhe über der Moldau thronende Schloss von Besuchern förmlich überrannt, und **Warteschlangen** vor dem Eingang gehören dann ebenso zum Bild wie Brautpaare, die immer samstags vor der Märchenkulisse für den Fotografen posieren. Man mag den Rummel angesichts der vielen herrlichen Barockschlösser im Land für unangemessen halten – dank seiner reichen und kostbaren Ausstattung mit Kunstwerken und Möbeln aus allen Teilen Europas und aus unterschiedlichsten Epochen ist Schloss Hluboká aber in der Tat eine einmalige Sehenswürdigkeit, die man sich nicht entgehen lassen sollte. Der Besuch ist ein beeindruckendes, wenngleich auch anstrengendes Erlebnis, von dem man sich bei einem Rundgang durch den Park oder bei einem Picknick unter alten Bäumen erholen kann (Öffnungszeiten: April, Sept., Okt. Di. – So. 9.00 – 12.00, 12.30 bis 16.00, Mai u. Juni bis 17.00, Juli u. Aug. tgl. bis 17.00 Uhr).

Geschichte ► Die Stelle, an der sich Schloss Hluboká erhebt, nahm seit dem 13. Jh. eine Burg ein, die später mehrfach umgebaut wurde. Seit 1661 gehörte die Burg den Schwarzenbergern, der mächtigsten Adelsfamilie in Böhmen. Zwischen 1840 und 1871 ließen sie die ehemalige Burg komplett umbauen und einen Landschaftspark anlegen. Das englische Windsor stand dabei Pate. Bereits 1909 gab es hier als einem der ersten Schlösser in Böhmen elektrisches Licht. 1939 wurden die Adligen von den Nazis enteignet, weil sie sich zum Tschechentum bekannten. Hluboká ging 1945 in den Besitz des Staates über.

Aleš-Galerie ► In der einstigen Schlossreitschule, die durch einen Wintergarten mit dem Schlossbau verbunden ist, hat heute die umfangreiche Aleš-Galerie ihren Sitz. Die nach dem tschechischen Maler Mikoláš Aleš (1852 – 1913) benannte Sammlung umfasst kostbare Gemälde und Plastiken aus Südböhmen vom Mittelalter bis heute.

Ohrada 2 km südwestlich von Hluboká steht am Südufer des Teiches Munický rybník das barocke Jagdschloss Ohrada, in dem ein Fischerei-, Jagd- und Forstmuseum untergebracht ist. Zu den Exponaten gehört auch der letzte im Böhmerwald erlegte Bär. Ein kleiner Zoo wartet ebenfalls auf Besucher.

Holašovice 15 km westlich von České Budějovice am nördlichen Rand des Landschaftsschutzgebietes Blanský les (Plansker Wald) hat sich rund um den langgezogenen Dorfplatz ein einzigartiges Beispiel südböhmischer dörflicher Architektur aus der Mitte des 19. Jh.s erhalten, das 1998 in das Verzeichnis des Weltkulturerbes der UNESCO aufgenommen wurde. Rund zwei Dutzend Gehöfte vermitteln ein anschauliches Bild des so genannten Bauernbarock. Die malerischen, farbenfrohen Giebel, entstanden zwischen 1840 und 1860, sind durchsetzt von Barock-, Rokoko- und klassizistischen Elementen und verziert mit unterschiedlichsten Tier-, Pflanzen- und Ornamentalmotiven. Zwei Gaststätten sorgen im Dorf für das leibliche Wohl.

★ Schloss Kratochvíle (Kurzweil)

Rund 25 km nordwestlich von Budweis, direkt an der Hauptstraße nach Prachatice bzw. Vimperk (►Böhmerwald), versteckt sich hinter Bäumen und Hecken ein kleines Renaissanceschloss. Die von einem quadratischen Mauerkarree umgebene, trotz strenger Geometrie sehr heiter wirkende Anlage wurde 1583 für Wilhelm von Rosenberg errichtet. Da das Gelände sumpfig war, holte sich der Bauherr den italienischen Spezialisten Balthasar Maggi, der das von einem Wassergraben umgebene Schloss auf Pfähle stellte. Besichtigt werden können die hübsche Renaissancekapelle und das Schloss selbst, dessen Räume mit Wandmalereien und Stuck verziert sind.

✶✶ Český Krumlov (Krummau)

G 7

Region: Südböhmen **Höhe:** 500 m ü. d. M.
Einwohnerzahl: 14 000

Český Krumlov ist zweifellos eine der schönsten Städte in ganz Tschechien. Ihre zauberhafte Lage an der Moldau (Vltava), die sich hier durch das Vorgebirge des Böhmerwaldes windet, die mittelalterlich anmutenden Gassen in der an drei Seiten vom Wasser umflossenen Altstadt und das riesige, alles überragende Schloss, das nach der Prager Burg der größte Burgkomplex Tschechiens ist, machen Krummau zu einer Sehenswürdigkeit ersten Ranges. Deswegen kommen auch zahlreiche Besucher hierher.

Perle der europäischen Baukunst

Ebenso wie Kuttenberg (► Kutná Hora) besitzt Český Krumlov ein mittelalterliches Stadtbild von seltener Geschlossenheit und wurde deshalb 1992 von der UNESCO als Weltkulturerbe ausgezeichnet. Da es im Zweiten Weltkrieg keine Zerstörungen hinnehmen musste, war viel alte Bausubstanz bewahrt worden. Inzwischen sind die historischen Gebäüde unter strengen Denkmalschutzauflagen wieder saniert worden.

Geschichte

Krummau wurde in der zweiten Hälfte des 13. Jh.s gegründet. Bis 1302 gehörte der durch eine Burg befestigte Ort den Wittigonen, dann der Familie Rosenberg. Silberbergbau in der Umgebung und eine Münzprägestätte machten es wohlhabend. Doch die Rosenberger verschuldeten sich so sehr, dass sie 1602 Stadt und Schloss an Kaiser Rudolph II. verkaufen mussten. Spätere Besitzer von Krummau waren die Eggenberger (ab 1622) und, ab 1719, die Schwarzenberger.

Sehenswertes in Český Krumlov

Latrán

Durch das 1598 errichtete Budweiser Tor (Budějovická brána) betritt man den ältesten Stadtteil von Krummau, Latron oder Latrán genannt, der an der Stelle der ehemaligen Unterburg angelegt worden war. In einem Bogen führt die alte Latrán um den Schlosskomplex herum ans Moldauufer.

Links dieser Gasse liegen das Klarissinnenkloster mit spätgotischem Kreuzgang (1491), an das sich südlich das 1350 gegründete ehemalige Minoritenkloster anschließt. Die zu beiden Klöstern gehörende **Fronleichnamskirche**, 1357 erbaut und im 17. Jh. barockisiert, birgt eine Pietà aus dem 14. Jahrhundert.

Waffen wurden aus dem herrschaftlichen **Zeughaus** über der Moldauschleife schon lange verbannt. Jetzt hat hier die Eggenberger Brauerei mit großer Brauereigaststätte ihren Sitz. Ausgeschenkt wird auch ein besonderes Naturbier.

◄ weiter S. 198

ALLES TRICK

In keinem anderen europäischen Land hat der Trickfilm eine so eigenständige Tradition wie in Tschechien. Bereits wenige Jahre nachdem die Filmwelt auf die (damals noch) tschechoslowakischen Produktionen aufmerksam geworden war, schrieben diese bereits Filmgeschichte. Dank seiner Innovationsfreude und seinem hohen künstlerischen Niveau ist der Zeichen- und Puppentrickfilm bis heute einer der interessantesten »Exportartikel« Tschechiens.

Bis zum Ende des Zweiten Weltkrieges war die Tschechoslowakei in puncto Trickfilm ein Niemandsland. Dies änderte sich schlagartig, als das Preisgericht der Filmfestspiele in Cannes 1946 einen bis dahin unbekannten Künstler mit dem Grand Prix für den besten Zeichentrickfilm auszeichnete. Der Künstler, der mit seinem Film alle namhaften Konkurrenten aus dem Rennen geworfen hatte, hieß **Jiří Trnka**, stammte aus Pilsen und war ein Allround-Genie: Er arbeitete nicht nur als Zeichentrickfilmer, sondern auch als Grafiker, Illustrator, Marionettenspieler und Schriftsteller bzw. Drehbuchautor. Seine größten Erfolge jedoch erntete Trnka mit dem Puppentrickfilm, den er Ende der 1940er Jahre wiederentdeckte und technisch sowie gestalterisch zu einer eigenen Filmgattung entwickelte. Trnka schuf mit den nur etwa 20 cm großen Puppen aus Holz und Stoff völlig neue Figuren mit individuellem Charakter. Obwohl Trnka häufig Märchen als Vorlagen verwendete und so hauptsächlich das junge Publikum ansprechen wollte, begeistern seine Filme kleine und große Zuschauer gleichermaßen.

Švankmajer

Doch nicht nur im Bereich des Kinderfilms, auch im künstlerischen Trickfilm für Erwachsene hat das Land einen Meister hervorgebracht: Jan Švankmajer. Der 1934 in Prag geborene Künstler gilt als **Begründer des surrealistischen Animationsfilms**. Švankmajer ist ebenso wie Trnka ein vielseitiges Talent – er gestaltet surrealistische Objekte, schreibt Poesie und philosophische Essays und hat mittlerweile über 30 Filme gedreht. Der künstlerische Trickfilm verdankt ihm neue Ausdrucksmittel. Er befreite das Medium von formalen Konventionen, indem er Realfilm und Trickfilm kombiniert. Er »beseelt« nicht nur Puppen und Objekte, sondern filmt auch menschliche Darsteller mit der

Unheimliche Metamorphosen ereignen sich in Jan Svankmajers 1988 entstandenen Trickfilm »Männliche Spiele«.

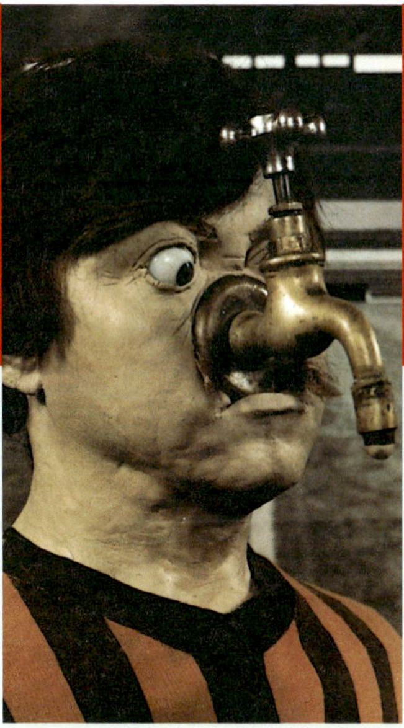

Einzelbildtechnik, wodurch Vertrautes, Alltägliches verfremdet und unheimlich wird. Seine Filme, die in ihrer Machart etwas völlig Neues darstellen, visualisieren Bewusstseinsinhalte und seelische Zustände, sie erzählen keine Geschichte, sondern enthüllen soziale und politische Zusammenhänge, individuelle Obsessionen und gesellschaftliche Machtmechanismen. Ein Beispiel: In dem Film »Byt« (Die Wohnung) aus dem Jahr 1968 verpackt Švankmajer Gesellschaftskritik in einer surrealistischen Satire.
Der Film fiel in der Tschechoslowakei der Zensur zum Opfer, durfte jedoch im Ausland gezeigt werden und gewann auf den internationalen Festivals Preise. »Byt« zeigt eine Person, die in ein Zimmer eingesperrt ist. Sie versucht zu essen, zu trinken, zu schlafen, doch alle Gegenstände des Raumes stellen sich auf absonderliche Weise gegen sie. Für einen Moment ergibt sich die Gelegenheit, dem sinnlosen Ringen zu entkommen, doch hierfür müsste ein Opfer gebracht werden. Der Protagonist zögert und die Chance ist schon verpasst.

Nachwuchs

Trnka und Švankmajer sind zweifelsohne die im Ausland am meisten bekannten Trickfilmer aus Tschechien, wenngleich mittlerweile auch Regisseure wie Pavel Koutský, Jiří Vojta und Michaela Pavlátóva oder der als Dramaturg arbeitende Jiří Kubícek in der Filmszene keine unbekannten Namen mehr sind. Für den Filmnachwuchs sorgen die **Hochschulen in Prag, Zlín und Obdorná**, an denen die beliebten Studiengänge für Animation angeboten werden. So ist sichergestellt, dass wir auch in Zukunft auf tschechische Trickfilme gespannt sein dürfen.

Prag

Lust bekommen auf den tschechischen Trickfilm? Dann besuchen Sie doch Švankmajers surrealistische Galerie Gambra in Prag. Sie befindet sich im Viertel Hradčany in der Straße Černínská 5 (Öffnungszeiten: März bis Okt. Mi. – So., Nov. bis Feb. nur Sa. und So. 12.00 – 18.00 Uhr). Die Galerie präsentiert nicht nur die Werke dieses Künstlers, sondern ist auch der zentrale Ausstellungsort der Prager Surrealisten.

Český Krumlov *Orientierung*

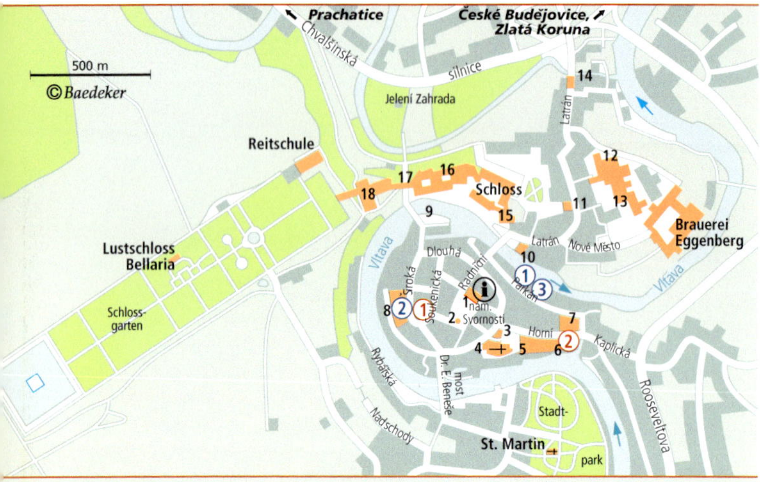

1 Rathaus/Touristeninformation
2 Mariensäule
3 Kaplanei
4 St. Veit
5 Ehemalige Prälatur
6 Ehemaliges Jesuitenkolleg (Hotel Růže)
7 Ehemaliges Jesuitenseminar
8 Egon Schiele Zentrum
9 Zeughaus
10 Ehem. St.-Jost-Kirche
11 Rotes Tor
12 Klarissinnenkloster
13 Minoritenkloster
14 Budweiser Tor
15 Turm
16 Obere Burg
17 Mantelbrücke
18 Barocktheater

Essen
① Laibon
② Café im Schiele-zentrum
③ U Dwau Maryi

Übernachten
① Leonardo
② Růže

★★ **Schloss**

Von der Latrán geht es rechts durch das Rote Tor (Červená brána) zu dem hoch über der Moldau gelegenen Schloss (zámek). Die auf einem lang gestreckten Felsen ruhende Anlage besteht aus einer älteren Unteren Burg, die bereits im 13. Jh. entstand (Dolní hrad), und der im 14. Jh. erbauten, im 16. Jh. unter Wilhelm von Rosenberg zum Renaissanceschloss erweiterten Oberen Burg (Horní hrad). Diese wurde im 18. Jh. im Stil der Zeit verändert und vergrößert.

Für die **Besichtigung** der Oberen Burg werden zwei Führungen angeboten. Eine einstündige Tour führt durch die Renaissance- und Barockräume sowie die Schlosskapelle und den Maskensaal, im zweiten Rundgang werden die im 19. Jh. eingerichteten Räume, darunter die Schwarzenbergsche Porträtgalerie und die Appartments der Fürstin Eleonore, besichtigt (Öffnungszeiten: Juni – Aug. Di. – So. 9.00 bis 12.00 u. 13.00 – 18.00, April, Mai, Sept., Okt. bis 17.00 Uhr).

★ Bärenzwinger, Schlossturm ▶

Vor dem Latroner Tor, dem Eingang zur Unteren Burg, führt eine Brücke über den tiefen Graben, der auch heute noch als Bärenzwinger genutzt wird, eine Tradition, die bis in die erste Hälfte des

16. Jh.s zurückreicht. Im unteren Schlosshof befindet sich der Zugang zu dem 54 m hohen Rundturm, dem **Wahrzeichen der Stadt**. Er erhielt 1580/1590 seine heutige Gestalt mit Renaissance-Bemalung, Aussichtsgalerie und Kuppel. Der Aufstieg lohnt sich, denn von hier oben genießt man einen herrlichen Blick auf das reizende Städtchen. Von einer prachtliebenden Hofhaltung zeugt das um zwei Höfe angelegte Renaissanceschloss.

★

◄ Obere Burg

Die **Highlights** des Besichtigungsrundgangs durch die mit wertvollen Möbeln, Gobelins und Gemälden eingerichteten Renaissance- und Barockräume sind die Gemäldegalerie, die 1750 bis 1753 durch Wiener Künstler ausgestattete Schlosskapelle sowie der Maskensaal, ein 1748 erbauter Theatersaal, der mit illusionistischen Szenen und Figuren ausgemalt ist und bisweilen als passender Aufführungsort für klassische Konzerte dient. Über die 40 m hohe, dreistöckige Mantelbrücke (1764), von der man einen schönen Blick auf die Stadt genießt, geht es hinüber zu dem in den Jahren 1765 bis 1766 errichteten Rokokotheater. Die Besonderheit dieses kleinen fürstlichen Theaterbaus: Er besitzt noch die ursprünglichen Bühneneinrichtungen und Kulissen aus der Zeit seiner Erbauung.
Vom obersten Gang der berühmten Schlossbrücke gelangt man in den herrlichen **Schlossgarten**. Gleich rechts sieht man die Winterreitschule (1745). In der Mitte der Parkanlage stehen das 1706 bis 1708 erbaute Lustschlösschen Bellaria sowie das Freilichttheater (1958) mit einer drehbaren Zuschauertribüne für etwa 500 Personen.

Die mehrstöckige Mantelbrücke verbindet das Schloss mit dem Schlosstheater und -garten.

Von der Vorburg des Schlosses gelangt man über Treppen hinunter zum Latrán-Viertel. Vor der Holzbrücke über die Moldau liegt linkerhand die Kirche St. Jost aus dem 14. Jahrhundert. Nach der Brücke zweigt nach rechts die Dlouhá ulice ab, eine Gasse mit einigen besonders schönen sgraffitigeschmückten Renaissancehäusern, vielen kleinen Geschäften und Restaurants. Im Sommer sitzt man herrlich auf den Terrassen der Lokale mit Blick auf die Moldau und das Schloss.

★

Dlouhá ulice

ČESKÝ KRUMLOV ERLEBEN

AUSKUNFT

Infozentrum
nám. Svornosti 2
CZ-38101 Český Krumlov
Tel. 380 704 622
Fax 380 704 619
www.ckrumlov.info

PARKEN

Die meisten Parkplätze liegen nördlich des Schlosses an der großen Durchgangsstraße Richtung České Budějovice (Chvalšinská), es gibt aber auch Parkplätze am östlichen Zugang zur Altstadt.

BOOTSVERLEIH

Schlauchboote und Kanus verleiht Josef Maleček in der Myší díra an der Moldau. Die Autofahrt und der Kanutransport zurück in die Stadt oder zum Ausgangspunkt sind im Preis inbegriffen.

ESSEN

► Günstig

① *Vegetarierrestaurant Laibon*
Parkán 105
Tel. 721 192 846
Untergebracht in einem Renaissancehaus am Ufer der Moldau mitten in der Altstadt kann man hier unterschiedlichste vegetarische Gerichte genießen, die häufig von der orientalischen Küche inspiriert sind. Die angeschlossene Teestube bietet mehr als 70 Sorten Tee aus aller Welt.

② *Café im Schielezentrum*
Široká 70 – 72
Geschmackvolles Café im Erdgeschoss des Schielezentrums mit einem stimmungsvollen Innenhof, in dem im Sommer ebenfalls Tische stehen.

Baedeker-Empfehlung

► Erschwinglich

③ *U dwau Maryí*
Parkán 104
Tel. 380 717 228
Das mittelalterliche Haus mit seiner Fassadenmalerei birgt auch im Inneren historische Relikte. Im Sommer kann man auf der Terrasse zur Moldau hin sitzen. Hier werden u. a. einige fast vergessene Nahrungsmittel angeboten wie Hirseauflauf und Buchweizengerichte. Eine besondere Spezialität des Hauses ist der Met (Honigwein).

ÜBERNACHTEN

► Luxus

② *Růže*
Horní 154
Tel. 380 772 100
Fax 380 713 146
www.hotelruze.cz
Stilvolles Hotel im ehemaligen Jesuitenkolleg aus dem 16. Jh. – zweifelsohne eine der ersten Adressen am Platz.

► Komfortabel

① *Leonardo*
Soukenická 33
226 201 910
www.cesky-krumlov-hotels.cz/leonardo
Das Hotel liegt nur wenige Schritte vom zentralen Hauptplatz entfernt, so dass sich hier gut die Altstadtatmosphäre genießen lässt. Die Zimmer sind stilvoll eingerichtet, z. T. mit alten Holzdecken, die auf den Ursprung des Gebäudes im 16. Jh. verweisen. Satellitenfernsehen und Internetanschluss sind auch vorhanden.

★ **Široká ulice, Egon Schiele Centrum**

In der stimmungsvollen Široká ulice wurde im Gebäude einer Brauerei das sehenswerte Egon Schiele Centrum eingerichtet. Von Schiele, der einige Zeit in Krumau gelebt hatte, werden dort einige wenige Aquarelle und Zeichnungen sowie eine Dokumentation über sein Leben gezeigt. Wechselnde Ausstellungen mit international renommierten Künstlern ergäzen den Ausstellungsbetrieb. Erfreulich sind nicht nur die geschmackvoll renovierten Ausstellungsräume, sondern auch das stilvolle Café im Erdgeschoss des Hauses (Öffnungszeiten: tgl. 10.00 – 18.00 Uhr).

Náměstí Svornosti, Ringplatz

Von der Široká ulice sind es nur ein paar Meter bis zum Mittelpunkt der Altstadt, dem Ringplatz (Náměstí Svornosti). Den von Renaissancehäusern umgebenen Platz schmückt eine Mariensäule aus dem Jahr 1716. An der Nordseite steht das Rathaus mit gotischen Lauben, einer klassizistisch erneuerten Attika und den Wappen von Böhmen, der Stadt und der Adelsgeschlechter Eggenberg und Schwarzenberg.

Kaplanei, St. Veit, Prälatur

Vom Ringplatz steigt man bergan zur Horní ulice (Obere Gasse). Das zinnenbekrönte und mit einem Erker versehene Eckgebäude links ist die 1520 vom Rosenberger Kanzler Wenzel erbaute Kaplanei. Sie wird überragt von der 1309 gegründeten, 1407 bis 1439 völlig umgebauten Kirche St. Veit. Sehenswert im Inneren des spätgotischen Gotteshauses sind der Hochaltar aus dem 16. Jh., Fresken von 1420 (im nördlichen Seitenschiff) sowie die spätgotische Krypta. Wenige Schritte weiter in der Horní ulice steht man vor der ehemaligen Prälatur, einem mittelalterlichen Bau, der später mehrfach umgestaltet wurde und u. a. eine Rokokotreppe im Hof erhielt.

Ehemaliges Jesuitenkolleg, Stadtmuseum

Das an die Prälatur schließende ehem. Jesuitenkolleg, 1586 bis 1588 von Baltasar Maio da Vomio errichtet, ist seit 1878 ein elegantes Hotel (Hotel Růže). Schräg gegenüber, im barocken Gebäude des ehem. Jesuitenseminars (1650 – 1662), ist heute das Stadtmuseum untergebracht (Öffnungszeiten: Juli/Aug. tgl. 10.00 bis 18.00, Jan. – April u. Okt. – Dez. Di. – Fr. 9.00 – 16.00, Sa./So. 13.00 – 16.00 Uhr).

! Baedeker TIPP

Die Moldau hinab!

An dem Wehr unterhalb des Schlosses, bei der Fußgängerbrücke über der Moldau, versammeln sich bei gutem Wetter jede Menge Schaulustige. Sie verfolgen, wie Kanuten und Schlauchbootfahrer ihre Boote durch den Kanal manövrieren. Gelingt dies dann werden die Beteiligten mit Beifall belohnt, oder sie nehmen ein unfreiwilliges Bad.

Umgebung von Český Krumlov

Plansker Wald

Im Norden von Český Krumlov erstreckt sich der Plansker Wald (Blanský les) mit seiner höchsten Erhebung, dem Klet' (Schöninger, 1084 m). In dem Ort Krasetín befindet sich die Talstation des Sessellifts zum Gipfel. Oben gibt es eine Berghütte mit Aussichtsturm.

✶ Zlatá Koruna (Goldenkron)

7 km nordöstlich von Český Krumlov liegt das befestigte ehemalige Zisterzienserkloster Goldenkron. Das 1263 von König Ottokar II. gegründete und 1300 bis 1370 erbaute Kloster wurde im 17. Jh. aufgelöst. Erhalten sind die gotische Klosterkirche mit wertvoller Inneneinrichtung sowie der gut erhaltene Kapitelsaal vom Ende des 13. Jh.s, der im 17./18. Jh. barock umgestaltet wurde.

Cheb (Eger)

C 4

Region: Westböhmen
Einwohnerzahl: 33 000
Höhe: 460 m ü.d.M

Nur einen Katzensprung von der bayerischen Grenze entfernt liegt die Stadt Cheb auf einer terrassenartigen Anhöhe am rechten Ufer der Eger (Ohře).

Geburtsort Balthasar Neumanns

Seit der Grenzöffnung Tschechiens ist die Geburtsstadt des berühmten Barockbaumeisters Balthasar Neumann ein wichtiger Verkehrsknotenpunkt und wegen ihrer hübschen Altstadt das Ziel vieler deutscher Tagesausflügler. Touristische Hauptattraktion ist das Haus, in dem der Heerführer **Albrecht von Waldstein (Wallenstein)** ermordet wurde.

CHEB ERLEBEN

AUSKUNFT

Informationszentrumcentrum
CZ-30502 Cheb
Nám. Krále Jiřího z Poděbrad 33
Tel. 354 440 111, Fax 354 440 550
www.mestocheb.cz

ESSEN

► Erschwinglich

① *Valdštejn*
Nám. Krále Jiřího z Poděbrad 35
Tel. 354 422 561
Ordentliche böhmische Küche am Marktplatz.

ÜBERNACHTEN

► Komfortabel

① *Barbarossa*
Jateční 7
Tel. 354 423 446
Fax 354 440 330
www.hotel-barbarossa.cz
Zentral gelegenes, modernes Hotel in einer kleinen Seitenstraße des Marktes.

Sehenswertes in Cheb

★ Marktplatz

Mittelpunkt der denkmalgeschützten Altstadt ist der Marktplatz, an dem prächtige Bürgerhäuser mit zahlreichen Cafés und Restaurants versammelt sind. Er trägt den Namen des letzten Tschechen auf dem böhmischen Thron: König Georg von Podiebrad (nám. Krále Jiřího z Poděbrad). **Zwei Brunnen** schmücken den Platz: im Süden der Rolandbrunnen – im Volksmund »Wastl« genannt – und im Norden, vor dem Stöckl, der gotische Herkulesbrunnen. Der wild aussehende Herkules ist mit einer goldenen Keule bewaffnet und bewacht das Stadtwappen.

★ Špalíček (Stöckl)

Das Stöckl ist das architektonische Schmuckstück auf dem Marktplatz. Es handelt sich dabei nicht um ein Gebäude, sondern um elf ehemalige Krämerhäuser aus dem 13. Jh., die als einzige den Stadtbrand von 1270 überstanden.

★ Stadthaus

Nördlich hinter dem Stöckl versteckt sich das ehemalige Stadthaus, auch Pachelbelhaus genannt, heute Sitz des Stadtmuseums (Chebské muzeum). Es ist wohl das bekannteste Gebäude der Stadt, denn hier

Cheb Orientierung

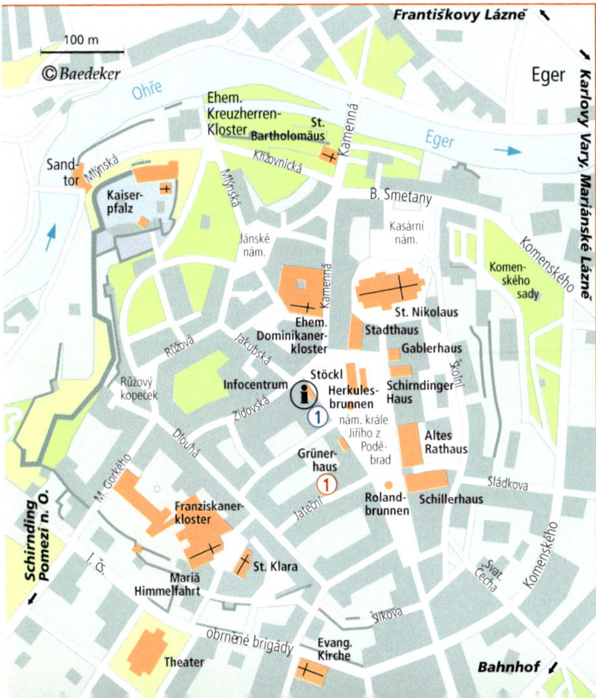

Essen

① Valdštejn

Übernachten

① Hotel Barbarossa

starb am 25. Februar 1634 **Albrecht von Wallenstein**. Dort, wo der Mord geschah, werden jetzt Wallensteins Stiefel sowie die Hellebarde, mit der der kaiserliche Hauptmann Walter von Deveroux den tödlichen Stoß führte, ausgestellt. Im Erdgeschoss steht ein präpariertes Pferd des legendären Feldherrn. Das Haus vermittelt darüber hinaus Einblicke in die Geschichte sowie in die Landes- und Volkskunde des Egerlandes (Öffnungszeiten: Di. – So. 9.00 – 12.00 u. 13.00 bis 17.00 Uhr).

Schirdingerhaus, Gablerhaus

Das gotische Schirdingerhaus (15. Jh.) gegenüber dem Stöckl erkennt man an seinem herrlichen Portal und dem hohen Staffelgiebel. Der Arkadenhof trägt die Handschrift der Renaissance. Im Gablerhaus, mit seiner Rokokofassade eines der schönsten Gebäude am Platz, stieg 1821 Goethe ab.

Neues Rathaus

An der Mitte der Ostseite steht das 1722 bis 1728 von Giovanni Battista Alliprandi erbaute repräsentative Neue Rathaus. In dem Barockbau ist heute die Galerie der Bildenden Künste untergebracht (Öffnungszeiten: tgl. 9.00 – 12.00, 13.00 – 17.00 Uhr).

Schillerhaus

Das Haus Nr. 17 beherbergte im Jahre 1791 Friedrich Schiller, der hier literarische Studien betrieb. Mit seiner »Wallenstein-Trilogie« bewirkte Schiller, dass der böhmische Feldherr im deutschen Sprachraum nur noch unter diesem Namen bekannt ist. Die Tschechen benutzen bis heute den wahren Namen Waldstein.

Der Karpfenverkauf auf der Straße hat in Cheb Tradition.

St. Nikolaus

Ein schmaler Durchgang verbindet den Markt mit dem Platz um die Kirche St. Nikolaus, deren Türme bereits vom Markt aus zu sehen sind. Aus der ersten, romanischen Bauphase (13. Jh.) blieben das Westportal und die beide Osttürme bis zum dritten Geschoss erhalten; die oberen Stockwerke sind ein Werk von **Balthasar Neumann**. Im 15. Jh. wurde der Chor verlängert und der dreischiffige Raum vergrößert. Den schönsten Anblick bietet das Gotteshaus mit dem barocken Kirchsteig vom Kasernenplatz aus (Kasární náměstí).
Westlich von St. Nikolaus liegt das ehemalige Dominikanerkloster (17. Jh.), das heute als Kulturzentrum dient.

St. Bartholomäus

Etwa 150 m weiter nördlich erreicht man das Areal des ehemaligen Kreuzherrenklosters. Die gotische Klosterkirche St. Bartholomäus (1414) wurde durch die Sprengung der benachbarten Egerbrücke im Jahre 1945 schwer beschädigt. Heute wird der rekonstruierte Innenraum als Galerie genutzt, wobei die gotischen Holzplastiken, die Fresken und das Sternengewölbe ein harmonisches Gesamtkunstwerk bilden (Öffnungszeiten: April – Sept. Mi. – Sa. 9.00 – 17.00 Uhr).

✶ Kaiserpfalz

Auf einem Felsen 30 m hoch über der Eger (Ohře), an der Stelle einer Burg aus dem 9. Jh., thront die Kaiserpfalz, ein idealer Standort für einen Blick über die Stadt. Bei der Ankunft der ersten deutschen Kolonisten ließ der Gründer des Klosters Waldsassen, Diepold III. von Vohburg, hier Anfang des 12. Jh.s eine Feste errichten. Kaiser Friedrich I. Barbarossa, der sich im Jahr 1179 erstmals in Eger aufhielt, veranlasste den Ausbau der Burg zur Kaiserpfalz.
Links vom Eingang ragt der Schwarze Turm auf. Das Baumaterial für diesen romanischen Bergfried, Basalttuffblöcke, stammt aus dem ehemaligen Vulkan Kammerbühl (Komorní hůrka). Architektonisch besonders interessant ist die 1188 vollendete **Doppelkapelle** St. Erhard. Über einem romanischen Erdgeschoss mit Kreuzgewölbe auf Granitsäulen erhebt sich die frühgotische Oberkapelle mit ihren grazilen Marmorsäulen und einem Kreuzrippengewölbe. Hier nahm bei Gottesdiensten der Adel Platz, während die düstere Krypta im Erdgeschoss für das Dienstpersonal bestimmt war.
Von dem mächtigen Palas steht im wesentlichen nur eine Mauer mit drei romanischen Rundbogenfenstern (12. Jh.). Das westlich anschließende Wirtschaftsgebäude (Kuchelhaus) ist noch an den Grundmauern zu erkennen. Im Kommandantenhaus gab Burgkommandant Gordon wenige Stunden vor Wallensteins Ermordung ein Festessen für dessen Getreue. Das Gastmahl endete blutig: Die vier Offiziere wurden hinterhältig niedergestochen.

Franziskanerkirche

Südwestlich vom Marktplatz steht die ehemalige Franziskanerkirche, die am 26. Januar 1285 in Anwesenheit des römisch-deutschen Königs Rudolf I. eingeweiht wurde. Der Chor ist durch einen schönen gotischen Kreuzgang aus dem 15. Jh. mit dem benachbarten Klostergebäude verbunden.

Umgebung von Cheb, Stauseen Die Möglichkeit zu einem Bad bietet sich am Steiner Egerstausee (vodní nádrž Skalka) an der westlichen Stadtgrenze sowie am 8 km östlich gelegenen Gaßnitzer Stausee (vodní nádrž Jesenice).

Děčín (Tetschen-Bodenbach)

G 3

Region: Nordböhmen
Einwohnerzahl: 53 000
Höhe: 135 m ü. d. M.

Der deutsche Name für Děčín bis 1945, Tetschen-Bodenbach, bringt die Lage der Stadt im Elbtal gut zum Ausdruck: Der einstige Stadtteil Tetschen bezeichnete das rechte, Bodenbach das linke Elbufer. Touristen nutzen die Industriestadt häufig als Ausgangspunkt für Ausflüge in das nahegelegene Elbsandsteingebirge.

Sehenswertes in Děčín

Schloss Das gewaltige Schloss von Děčín steht auf einer felsigen Anhöhe an der Mündung des Polzen (Ploučnice) in die Elbe. Es war einst die Residenz der Grafen Thun-Hohenstein, die um 1790 den barocken Umbau veranlassten. Vom Schlossplatz (Zámecké nám.) führt die »Lange Fahrt« (Dlouhá jízda) hinauf zum Schloss. Der Weg ist teilweise in den Fels gemeißelt und mit Sandsteinplastiken geschmückt. Von 1969 bis 1991 diente das siebenflüglige Gebäude als Kaserne der sowjetischen Armee. Noch wird gebaut, aber 2013 soll auch die Restauration des Südflügels abgeschlossen sein. Während der Sommermonate kann man aber den sehenswerten Rosengarten (Růžová zahrada) an der Ostseite besichtigen.

✶ Gotische Brücke Von der modernen Hochstraße verborgen, führt südlich vom Schloss eine spätgotische Brücke (1564 – 1567) über den Polzen (Ploučnice). Einst wurde sie von Barockstatuen des Künstlers Michael Josef Brokoff (1710) geschmückt, heute sind die originalen Figuren im Stadtmuseum zu sehen.

Kreuzkirche Die barocke Kreuzkirche am Marktplatz wurde 1687 bis 1691 nach dem Vorbild der Peterskirche in Rom erbaut. Als Baumeister werden Johann Bernhard von Erlach und Giovanni Santini vermutet. Im Inneren befinden sich Fresken von Josef Kramolín, u. a. das Altarbild »Sauls Berufung« (1792).

✶ Schäferwand Gegenüber vom Schloss erhebt sich über dem linken Elbkai (Labské nábřeží) die eindrucksvolle Schäferwand (Pastýřská stěna): Von Norden betrachtet gleicht der obere Sandsteinfelsen dem Haupt eines schlafenden Schäfers. Oben auf dem Plateau steht das Schlösschen mit Ausflugsrestaurant. Von hier genießt man den schönsten Blick

DĚČÍN ERLEBEN

AUSKUNFT

Informationszentrum
Zbrojnická 14
CZ-40501 Děčín
Tel. 412 540 014
www.ceskosaskesvycarsko.info

ÜBERNACHTEN

► **Komfortabel**

Česká Koruna
Masarykovo nám. 60
Tel. 412 516 104
Fax 412 519 086
www.hotelceskakoruna.cz
Zentrale Lage unweit des Schlosses. Modern eingerichtete Zimmer, zum Teil mit Internetanschluss. Restaurant mit Sommergarten.

► **Günstig**

Faust
U Plovárny 43
Tel. 412 516 235
www.hotelfaust.cz
Neueres Hotel unweit des Zentrums am See unterhalb des Schlosses.

auf Stadt, Schloss und Elbe. Am Plateau beginnt der 9 km lange **Wanderweg** zum Hohen Schneeberg (Děčínský Sněžník), dem mit 726 m höchsten Gipfel des Elbsandsteingebirges).

Stadtmuseum

Das Stadtmuseum am Hauptbahnhof (Hlavní nádraží) ist in einem ehemaligen Jagdschloss untergebracht. Hier wird u. a. die Geschichte des Wasserweges zwischen Prag und Hamburg dokumentiert (Öffnungszeiten: Di. – So. 9.00 – 12.00 u. 13.00 – 17.00 Uhr).

Domažlice (Taus)

D 6

Region: Westböhmen
Einwohnerzahl: 12 000
Höhe: 428 m ü. d. M.

Kleine Stadt, großer Marktplatz – so könnte man das Städtchen charakterisieren, das etwa 50 km südwestlich von Plzeň, in Grenznähe zu Bayern liegt und von daher ein beliebtes Ziel für Wochenendurlauber darstellt.

Mittelpunkt des Chodenlandes

Seit dem Mittelalter ist Domažlice Mittelpunkt des Chodenlandes (Chodsko). Ihren Namen erhielt die Region von den Choden, einer slawischen Volksgruppe, die bereits im frühen Mittelalter von den böhmischen Königen mit der Bewachung der Grenze betraut worden war und dafür mit Vorrechten wie der Befreiung von Abgaben belohnt wurde. In ihrem Wappen führten sie einen Hundekopf, Symbol für ihre Treue und Wachsamkeit. Nach dem Dreißigjährigen

DOMAŽLICE ERLEBEN

AUSKUNFT

Informationszentrum
Nám. Míru 51
CZ-34401 Domažlice
Tel./Fax 379 725 852
www.idomazlice.cz

Informationszentrum
Nám. Míru 63
CZ-33901 Klatovy
Tel. 376 347 240, Fax 376 347 390
www.klatovy.cz

ÜBERNACHTEN

▸ Günstig

Ennius
Randova 1
Tel. 376 320 567
www.sweb.cz/ennius
Das Hotel verfügt über große Zimmer mit Ikea-Möbeln. Es ist in einem Bürgerhaus aus dem 16. Jh. untergebrach. Das Restaurant verströmt Mittelalterambiente.

Konšelský Šenk
Vodni 33
Tel. 379 720 222
www.konselskysenk.cz
Dies nette Unterkunft befindet sich in einem mittelalterlichen Gebäude und ist nur wenige Schritte vom Marktplatz entfernt. Auch ein Restaurant gehört zum Angebot.

Krieg war es vorbei mit ihrer Sonderstellung, denn die Habsburger hatten kein Interesse daran, ihnen weiterhin Privilegien einzuräumen. Zunächst wehrten sich die Choden gegen die Einschränkung ihrer Freiheiten und Rechte, doch nachdem die Habsburger 1695 ihren Anführer, Jan Sladký, hingerichtet hatten, gaben sie ihren Widerstand auf. Der Unabhängigkeitsgeist der Choden war damit noch nicht gebrochen, und bis heute haben sie stolz ihr Brauchtum und ihre kulturellen Besonderheiten bewahrt.

Sehenswertes in Domažlice

★★ Marktplatz

Der lang gestreckte, leicht geneigte Marktplatz ist ohne Zweifel das Schönste an Domažlice. Links und rechts wird er gerahmt von hübsch renovierten, zweigeschossigen Laubenhäusern, unter deren Arkaden man auch bei schlechtem Wetter trockenen Fußes auf und ab spazieren kann. Da die meisten Fassaden aus dem Barock stammen, ist der Gesamteindruck des Platzes so einheitlich, wie man es sonst vielleicht nur noch in dem südmährischen Städtchen Telč vorfindet. Im Osten führt der Platz geradewegs auf das **Untere Tor** (Dolní brána) zu. Der um 1270 errichtete Turm ist neben dem Südtor das einzige erhaltene Stadttor. Die Platzmitte markieren das **Neorenaissance-Rathaus** aus dem Jahr 1891 an der Südseite und ihm gegenüber die barocke **Kirche Mariä Geburt** (Kostel Narození Panny Marie) mit ihrem schiefen Glockenturm aus dem 13. Jahrhundert.

Das Kirchenschiff wurde 1747 nach einem verheerenden Stadtbrand durch Kilian Ignaz Dientzenhofer barock erneuert. An der Nordwestecke des Marktplatzes liegt das ehemaligen **Augustinerkloster** mit einer ursprünglich gotischen Kirche.

Chodenburg, Chodenmuseum

Verlässt man auf der Höhe des Augustinerklosters den Platz in südliche Richtung, erreicht man nach etwa 100 m die aus dem 13. Jh. stammende, später im Renaissancestil umgebaute Chodenburg (Chodský hrad) mit ihrem auffallend mächtigen Rundturm. Trachten, Keramik, Waffen, Möbel und Musikinstrumente sowie eine nachgestellte Chodenhochzeit im Museum der Burg, vermitteln ein sehr anschauliches Bild von der **Volkskunst** und der traditionellen Lebensweise dieser Volksgruppe (Öffnungszeiten: April – Okt. Di. bis So. 9 – 12.00 u. 13.00 – 17.00, im Winter nur Mo. – Fr. 10.00 bis 12.00 u. 13.00 – 15.00 Uhr).

! *Baedeker* TIPP

Chodenfestival

Jedes Jahr am zweiten Augustwochenende findet in Domažlice das traditionelle Chodenfest statt. Dann dreht sich alles um die traditionelle Kultur der Choden: die Trachten werden aus den Schränken geholt, traditionelle Gerichte aufgetischt, und Dudelsackmusik erfüllt die Straßen.

Jindřich-Museum

Noch mehr chodische Volkskunst sowie eine umfassende Sammlung von alten Hinterglasbildern gibt es im Jindřich-Museum zu sehen, das nur wenige Schritte hinter dem Unteren Tor liegt. Zusammengetragen wurde die sehenswerte Sammlung von dem Komponisten Jindřich Jindřich, der 1876 in Domažlice das Licht der Welt erblickt hatte (Öffnungszeiten: ►Chodenmuseum).

Horšovský Týn (Bischofteinitz)

An der Radbuza gelegen

Weil das an einer Furt des Flusses Radbusa (Radbuza), knapp 10 km nördlich von Domažlice gelegene Städtchen einst zum Prager Bistum gehörte, erhielt es im 14. Jh. den Namen Bischofteinitz. Oberhalb der Stadt residierte ein Burggraf, der über die bischöflichen Güter wachte, später gehörten Burg und Stadt der Adelsfamilie Lobkowitz, der man in vielen Schlössern und Burgen begegnet. Da sie auf der Seite der Protestanten standen, mussten sie Bischofteinitz nach der Schlacht am Weißen Berg 1620 an die von Trauttmannsdorff abtreten, in deren Besitz es bis zum Ende des Zweiten Weltkriegs blieb.

Sehenswertes

Hauptattraktion des Städtchens ist die ehemalige **Burg**, die im 16. Jh. von den Lobkowitz in ein vierflügeliges Renaissanceschloss umgewandelt wurde. Von der Burg blieb ein Palas und die um 1270 im Stil der Zisterziensergotik entstandene Allerheiligenkapelle erhalten. Das Schloss besitzt eine interessante Innenausstattung mit z. T. originalen Möbeln und verschiedene Sammlungen, darunter Gemälde des 17. Jh.s und ostasiatisches Porzellan. Den großen Landschaftspark hinter dem Schloss ließen im 18. Jh. die Trauttmannsdorffer anlegen. Um den **Marktplatz** gruppieren sich Häuser mit barocken Fassaden sowie die Kirche St. Peter und Paul.

Klatovy (Klattau)

Stadt mit schachbrettartigem Grundriss

Für ihre Nelkenzucht bekannt ist die auf einem Plateau gelegene Stadt 30 km östlich von Domažlice. Den Grundstock für diesen Wirtschaftszweig legte Rittmeister Volšanský, der 1813 während der Napoleonischen Kriege die ersten Nelkensamen nach Klattau brachte. Dass die Stadt, die heute hauptsächlich von der Textil- und Nahrungsmittelindustrie geprägt ist, bereits seit dem Mittelalter ein florierendes Handels- und Gewerbezentrum und zeitweise sogar eine der einflussreichsten Städte Böhmens war, wird spätestens nachvollziehbar, wenn man auf dem quadratischen, großzügen Marktplatz steht, der von stolzen Häusern umrahmt ist.

Sehenswertes

Um den zentralen Platz sind die wichtigsten Sehenswürdigkeiten versammelt. Wer sich zuerst einen Überblick verschaffen möchte, besteige den 76 m hohen Schwarzen Turm (Černá věž), der mit seiner charakteristischen, von vier Helmen begleiteten Turmspitze seit 1557 das Stadtpanorama dominiert (Öffnungszeiten: Mai – Sept. Di. – So. 9.00 – 12.00, 13.00 – 17.00, April u. Okt. Sa., So. 9.00 – 12.00, 13.00 bis 16.00 Uhr).

Der ebenfalls weithin sichtbare Weiße Turm von 1581 gehört zur benachbarten gotischen Marienkirche. Links neben dem Schwarzen Turm ließ die Stadt um die Mitte des 16. Jh.s das Renaissancerathaus erbauen, das man im 19. Jh. mit einer Sgrafitto-Fassade versah. Rechts neben dem Schwarzen Turm schließt sich die zweitürmige, weiß getünchte St.-Ignatius-Kirche an. Sie ist das auffälligste Bauzeugnis der Jesuiten, die im 17. Jh. die Rekatholisierung der ehemals hussitischen Stadt betrieben. Bei dem mächtigen Portal des barocken Gotteshauses handelt es sich vermutlich um eine »Nachbesserung« des berühmten Ignaz Kilian Dientzenhofer.

Die meisten Besucher zieht es aber zuerst in die **Katakomben** unter der Kirche, wo die mumifizierten Leichname von Angehörigen des Ordens ruhen (Eingang an der Nordseite der Kirche; Öffnungszeiten: ► Schwarzer Turm). Weniger schaurig, aber ebenso bemerkenswert ist die alte **Apotheke »Zum weißen Einhorn«**, die sich auch am Marktplatz befindet und ursprünglich zum Jesuitenkolleg gehörte (Nr. 147). Die Laden- und Laboreinrichtung aus der ersten Hälfte des 18. Jh.s steht unter dem Schutz der UNESCO.

Umgebung Burg Švihov (Schwihau)

Zu den wenigen erhaltenen Wasserburgen Böhmens gehört die Feste Švihov, die man knapp 10 km nördlich von Klatovy im gleichnamigen Dorf findet. Auf den Grundmauern einer Burg aus dem 15. Jh. entstand im 15./16. Jh. die heutige Anlage, an deren Bau wohl auch der Festungsbaumeister Benedikt Ried beteiligt war. In der Burg und deren Umgebung wurden viele Szenen des deutsch-tschechischen Märchenklassikers Drei Haselnüsse für Aschenbrödel gedreht, heute der Weihnachtsfilm in vielen Ländern Europas und der Welt! Auf der Burg war im Film der Gutshof der Stiefmutter.

★ Elbsandsteingebirge (Labské piskovce)

F/G 3

Region: Nordböhmen

Die Sandsteinlandschaft zwischen dem sächsischen Städtchen Pirna und dem böhmischen Děčín trägt den gemeinsamen Namen Elbsandsteingebirge (Labské pískovce).

Bizarre Felslandschaft

Der böhmische Teil des rund 300 km² großen Gebirges ist als Böhmische Schweiz (České Švýcarsko) bekannt, wird aber auch als Tetschner Wände (Děčínské stěny) bezeichnet. Die attraktiven Felsen locken Kletterer aus der ganzen Welt an die Elbe. Im Jahr 2000 wurde ein Teil des böhmischen Elbsandsteingebirges zum Nationalpark erklärt.

Von der Natur geschaffen: Das Prebischtor im Elbsandsteingebirge ist Europas größtes natürliches Felstor.

ELBSANDSTEINGEBIRGE ERLEBEN

AUSKUNFT

Informationszentrum Böhmische Schweiz
CZ-40717 Hřensko 82
Tel. 412 554 286, Fax 412 511 376
www.pbrana.cz

Weitere Auskunftstelle in Jetřichovice:
Nr. 91
Tel. 412 555 016
www.ceskosaske-svycarsko.cz

ÜBERNACHTEN

► Komfortabel

Praha
40717 Hrensko
Tel. 412 554 006
Fax 412 554 162
www.hotel-hrensko.cz
Traditionsreiches 4-Sterne-Hotel. Guter Ausgangspunkt zur Erkundung der Böhmischen Schweiz. Restaurant mit Sommerterrasse.

★ Hřensko (Herrnskretschen)

Die Sommerfrische Herrnskretschen liegt 10 km nördlich von der Stadt ►Děčín und besitzt einen Straßengrenzübergang ins sächsische Schmilka. Mit der Elbfähre gelangen Fußgänger nach Schöna (Bahnstation). Hier an der Mündung der Kamnitz (Kamenice) in die Elbe findet sich der tiefste Punkt des Landes (115 m). Zahlreiche landschaftliche Schönheiten ziehen das ganze Jahr über Ausflügler und Touristen in den kleinen Ort. Auf der angestauten Kamnitz werden die Besucher in Kähnen durch die **canyonartige Edmundsklamm** (Tichá soutěska) und durch die Wilde Klamm (Divoká soutěska) gestakt, falls nicht eines der häufigen Hochwasser zu Beschädigungen führt.

★★ Prebischtor (Pravčická brána)

Der Wanderweg von Herrnskretschen zum Prebischtor (Pravčická brána) ist 4 km lang und nimmt etwa 1½ Stunden in Anspruch. Nur in Nordamerika gibt es noch größere **natürliche Felsentore**. Das europäische Exemplar ist 21 m hoch und knapp 26 m breit. Seit Mitte der 1980er-Jahre darf man dieses Gebiet nicht mehr betreten, der schönste Anblick bietet sich von den zugänglichen Sandsteinfelsen gegenüber.
Im Ausflugsschlösschen Falkenhorst (Sokolí hnízdo) neben dem Prebischtor kann man bei Kaffee und Kuchen oder einem Bierchen auf der Terrasse die wilde Felsszenerie bestaunen.

Hoher Schneeberg (Dčínský Sněžník)

Der Hohe Schneeberg ist mit 726 m der höchste Gipfel des Elbsandsteingebirges. Knapp 10 km nordwestlich von Děčín erhebt sich dieser markante Tafelberg. Der Aufstieg von Děčín aus ist recht anstrengend, **fast 600 Höhenmeter** müssen überwunden werden. Das Plateau besteht aus zwei Abschnitten, dem Pferdekopf (Koňská hlava) und der Dresdner Aussicht (Drážd'anská vyhlídka). Manchmal führt der Weg bis an den Rand schroffer Felsabgründe.

Aus der 613 m hohen Sandsteinscholle entstand im Laufe der Jahrmillionen ein zerfurchtes Felsgebiet mit Spalten, Klammen und Gängen – ein wahres **Paradies für Kletterfreunde**. Beim Betrachten der bizarren Gebilde sind der Phantasie keine Grenzen gesetzt: Steinpilz, Schildkröte oder Januskopf – er hat zwei Gesichter – werden die Felsen genannt. Durch das Felslabyrinth der Tyssaer Wände führt ein geologischer Lehrpfad. Vom Rand des Sandsteinplateaus blickt man hinunter auf das Dorf Tyssa (Tisá), das sich als geeigneter Ausgangspunkt für die Erkundung der Region anbietet.

✶ **Tyssaer Wände (Tiské stěny)**

Františkovy Lázně (Franzensbad)

C 4

Region: Westböhmen
Einwohnerzahl: 5200
Höhe: 442 m ü. d. M.

Marienbad, Karlsbad und Franzensbad – die drei Namen sind spätestens seit dem 19. Jh. zum Synonym für den böhmischen Kurtourismus geworden. Das kleinere Franzensbad stand dabei seit jeher im Schatten der beiden mondänen Schwesterbäder, doch dafür kann man hier dem Trubel entfliehen und in den weitläufigen Parkanlagen Ruhe und frische Luft genießen.

Das von waldigen Höhen umgebene Františkovy Lázně besitzt ein mildes Klima – und eine Vielzahl von Quellen: 24 Mineralquellen sowie das einzigartige Franzensbader Mineralmoor und eine Kohlen-

Geruhsamer Kurort mit Tradition

Im Kursaal wagt man mitunter ein Ständchen.

säure-Gasquelle sind das »Kapital« des Badeortes. Ein Großteil des Quellwassers enthält einen hohen CO^2-Gehalt sowie Glaubersalz. Im 18. Jh. wurde das Wasser aus Franzensbad in die gesamte österreich-ungarische Monarchie geliefert, und auch noch heute ist der Tafelwasserversand bedeutend.

Geschichte Die wohltuende Wirkung des Quellwassers war schon seit Jahrhunderten bekannt, die Gründung eines »ordentlichen« Kurortes erfolgte jedoch erst im Jahre 1793 mit einem Erlass Kaiser Franz II. Zum Dank gab man dem Kurort und der Hauptquelle seinen Namen. Auf einem hügeligen Plateau, inmitten von Parkanlagen, wurden im 19. Jh. die neoklassizistischen Kurgebäude erbaut.

Sehenswertes in Františkovy Lázně

Stadtzentrum Das Herz von Franzensbad ist die verkehrsberuhigte Nationalstraße (Národní třída). Diese Promenaden gefiel der Prominenz schon immer: Im heutigen Kurhaus Sevastopol (Nr. 4) weilte 1812 Ludwig van Beethoven und komponierte seine 7. Sinfonie F-Dur. Im Haus »Zu den drei Lilien« (Nr. 3) wohnte Goethe im Jahr 1808. Das Ge-

Františkovy Lázně Orientierung

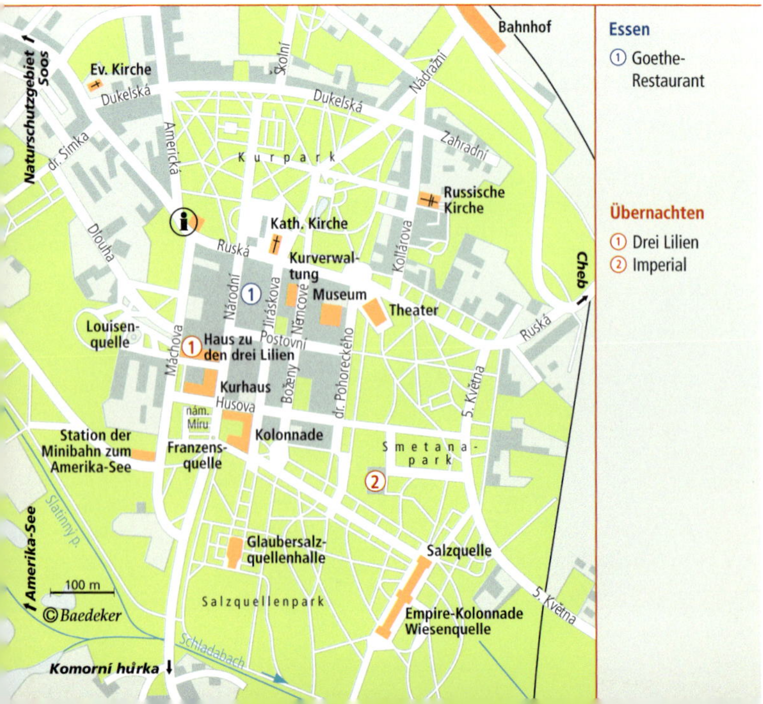

sellschaftshaus (Společenský dům) besitzt ein hervorragendes Restaurant mit Gourmetküche (► Kasten). Unter dem großen Glasfussboden schwimmen Koikarpfen.

Franzensquelle

In einem Pavillon (1832) sprudelt die seit dem Mittelalter bekannte Hauptquelle aus knapp 4 m Tiefe (Trinkwasser). Gegenüber steht der bronzene Franz (František), **Wahrzeichen des Kurortes** und Symbol der Fruchtbarkeit. Der Plastik des Knaben mit dem Fisch in den Händen werden Wunder nachgesagt. Eine Frau, die Franz berührt, soll bald guter Hoffnung sein.

Glaubersalzquelle

In den 1920er-Jahren brachten Bohrungen südlich der Franzensquelle die Glauberquellen III und IV sowie die Kirchenquelle zum Vorschein. Die »Glauber IV« ist mit 22 g Salz pro Liter **die stärkste ihrer Art auf der Welt**. 1930 baute man für die Glauberquelle eine Trinkhalle (Dvorana Glauberových pramenů). Die neueste Attraktion ist das säulengeschmückte **Aquaforum** neben dem Hotel Pawlik, ein großzügiges Bade- und Wellnesszentrum mit Saunalandschaft.

Louisenquelle (Luisin pramen)

Unter einem säulentragenden Rundbau (1827) am Badehaus I (Lázně I) tritt die Louisenquelle ans Tageslicht. Die Quelle wurde nach der Gemahlin Kaiser Napoleons benannt, die 1812 hier kurte.

FRANTIŠKOVY LÁZNĚ ERLEBEN

AUSKUNFT

Touristeninformation
Americká 2
Tel. 354 543 162
Fax 354 544 204
www.franzensbad.cz

ESSEN

► Erschwinglich

① *Goethe-Restaurant*
Gesellschaftshaus
Národní třída
Tel. 354 500 146
K.u.k.-Atmosphäre, Gourmetküche zum günstigen Preis. Zwischen 11.00 und 14.00 Uhr gibt es ein Menü für 12 € inklusive Wein oder Bier, zum Abschluss noch einen Kaffee nach Wahl; große Terrasse auf der Südseite mit Blick auf den Pavillon der Franzensquelle.

ÜBERNACHTEN

► Komfortabel

① *Drei Lilien*
Národní třída 3
Tel. 354 208 900
Fax 354 208 905
Hier wohnen die Gäste da, wo einst Goethe und Fürst Metternich logierten. Komfortabel eingerichtete Zimmer. Heilbehandlungen direkt im Hotel.

► Luxus

② *Imperial*
Dr. Pohoreckého 151/3
Tel. 354 206 600
Fax 354 206 652
Schöne Villa im Grünen. Zahlreiche Anwendungen finden im Haus selbst statt. Schwimmbad und Sauna vorhanden.

Weitere Quellen Vom Gesellschaftshaus führt die schattige Isabella-Promenade (Isabelina promenáda) zur südöstlich gelegenen Wandelhalle (1844) mit Salz- und Wiesenquelle. Gegenüber dem Haupteingang steht ein Denkmal für den Kurortbegründer Dr. Bernhard Adler, daneben sprudelt die Adler-Quelle.

Kirche der hl. Olga Südlich vom Bahnhof, in der Kollárova ulice, steht die russisch-orthodoxe Kirche der hl. Olga (Pravoslávný chrám sv. Olgy). Sie wurde 1889 mit Hilfe von Spenden betuchter russischer Kurgäste erbaut.

Umgebung von Františkovy Lázně

Amerika-See Der einstige Egerer Stadtteich heißt heute »Amerika«. Zu Fuß in einer knappen Stunde erreichbar, gehört der Teich zu den beliebten Zielen für einen Spaziergang außerhalb der Stadt. Das nördliche Teichgebiet wurde zum **Vogelschutzgebiet** erklärt. Während der Sommermonate verkehrt ein Motorzug zum See, die Abfahrt erfolgt nahe vom Pavillon der Franzensquelle.

✶ Naturschutzgebiet Soos Im Naturschutzgebiet Soos, 6 km nördlich von Franzensbad, sind noch aktive spätvulkanische Erscheinungen zu studieren. Die brodelnden Schlammvulkane, eigentlich Mofetten, sind eher hübsch als

Die Kaiserquelle liegt im Naturschutzgebiet Soos.

bedrohlich. In trockenen Sommern verdunstet das Mineralwasser an der Oberfläche. Dann bildet sich auf dem Moor eine weiße Schicht feinster Glaubersalzkristalle. Fast könnte man meinen, es wäre im heißen Sommer Schnee gefallen. Durch das Gebiet führt ein Lehrpfad, vorbei an der Kaiserquelle (Císařský pramen).

Hradec Králové (Königgrätz)

K 4

Region: Ostböhmen
Einwohnerzahl: 95 000
Höhe: 224 m ü. d. M.

Der deutsche Name der Stadt, Königgrätz, fehlt in keinem Geschichtsbuch: Am 3. Juli 1866 wurde in den Hügeln in der Nähe der Stadt eine der blutigsten Schlachten des 19. Jahrhunderts geführt, aus der Preußen als führende Macht im Deutschen Bund hervorging. Heute dagegen gilt die Stadt als Mekka der modernen tschechischen Baukunst.

Geschichte

Hradec Králové heißt eigentlich »Burg der Königinnen«. Gemeint sind die böhmischen Königswitwen, die ab dem 14. Jh. hier lebten und denen die Bürger Abgaben zu leisten hatten. Im 15. Jh. war die Stadt ein wichtiges Zentrum der Hussitenbewegung. Eine Ausdehnung des Stadtgebiets im 19. Jh. verhinderten die jedoch mächtigen Festungswerke, die seit 1789 die Altstadt umgaben.
Die städtebauliche Neuorientierung, die insbesondere die Handschrift der berühmten Architekten Jan Kotera und Josef Gočár trägt, wurde erst möglich, nachdem man um die vorletzte Jahrhundertwende die Stadtbefestigung fast völlig geschleift hatte. Seit 1920er- und 1930er-Jahren wird Königsgratz trefflich als »Salon der Republik« beeichnet.

Sehenswertes in Hradec Králové

★ Marktplatz (Velké náměstí)

Ein spitzes Dreieck, umgeben von stolzen Häusern aus vielen Jahrhunderten und in der Mitte eine barocke Pestsäule – das ist der denkmalgeschützte Velké náměstí, der Marktplatz. Die Westseite dieses Platzes beherrschen fünf Türme: die zweitürmige Hl.-Geist-Kathedrale, der Weiße Turm und das doppeltürmige Alte Rathaus mit Aussichtsgalerie.

Kathedrale

Die Hl.-Geist-Kathedrale wurde von 1307 bis 1463 erbaut. Das Innere birgt einige kostbare Ausstattungsstücke, darunter ein Sakramentsschränkchen (1492), ein Zinn-Taufbecken (1407), einen gotischen Altar (15. Jh.) und das Gemälde »Hl. Antonius« (1730) von Peter Brandl. Gegenüber der Kathedrale befindet sich die barocke Kapelle St. Klemens (1716).

Hradec Králové *Orientierung*

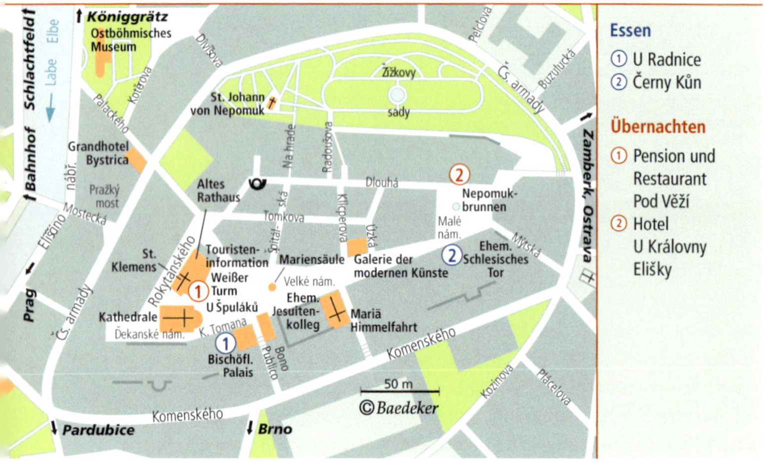

✶ Weißer Turm, Altes Rathaus

Viele Besucher steigen auf die Aussichtsgalerie des 72 m hohen Weißen Turmes. Der ehemalige Wach- und Glockenturm aus weißem Sandstein wurde 1589 vollendet. Die fast zehn Tonnen schwere Glocke namens »Augustin« ist die zweitgrößte des Landes. Der Renaissancebau daneben ist das Alte Rathaus. Es stammt aus dem 16. Jh. und wurde um 1850 im Empirestil erneuert (Öffnungszeiten: Di. bis So. 9.00 – 12.00 u. 13.00 – 17.30 Uhr).

✶ Bischöfliches Palais, Haus »Beim Spulak«

Das barocke Bischöfliche Palais (1709 – 1716) an der Südseite des Platzes besitzt ein von Giovanni Santini entworfenes Portal und ist seit 1994 wieder Sitz des Bischofs. Daneben steht das Haus »Beim Spulak« (U Špuláků), das schönste Königgrätzer Barockgebäude (1750). Seit dem 15. Jh. diente es als Tempel der Böhmischen Brüder. Die überdachte Treppengasse »Bono Publico«, 1810 im klassizistischen Baustil angelegt, führt hinunter zur Comenius-Allee.

Marienkirche, Jesuitenkolleg

An der Marktsüdseite steht die barocke Marienkirche, von 1654 bis 1666 von Carlo Lurago für die Jesuiten errichtet. Die Kapelle des hl. Ignaz von Loyola und die Lurderkapelle schmücken Gemälde von Peter Brandl (1731). Nach der Auflösung des Ordens im Jahre 1773 nutzte man das Gotteshaus als Garnisonskirche, das Jesuitenkolleg wurde eine Kaserne.

Galerie

Wer sich für die tschechische Avantgarde-Kunst des beginnenden 20. Jh.s interessiert, sollte das Jugendstilgebäude am Markt Nr. 139/140 keinesfalls links liegen lassen. Mit Werken vertreten sind u. a. Josef Čapek, Emil Filla und Bohumil Kubišta (Öffnungszeiten: Di. – So. 9.00 – 12.00 und 13.00 – 17.00 Uhr).

HRADEC KRÁLOVÉ ERLEBEN

AUSKUNFT

Informationszentrum
Gočarová 1225 (Neustadt) und
Velké nám. 165 (Altstadt)
Tel. 495 580 492
www.ic-hk.cz

ESSEN

▶ Erschwinglich

① *U Radnice*
Velké nám. 39
Im Sommer ein schönes Plätzchen, wenn man von der Terrasse aus über den Marktplatz schauen kann.

▶ Preiswert

② *Černý kůn*
Pražská 88/77
Tel. 495 512 913
Traditionelle böhmische Küche, einfach und ordentlich.

ÜBERNACHTEN

▶ Komfortabel

① *Grand Hotel*
Čs. armády 295
Tel. 491 614 750
www.grandhk.eu
Das funktionalistische Gebäude wurde kürzlich komplett saniert, nachdem es fast zur Ruine verkommen war. Schöne große Standardzimmer und luxuriöse Apartments.

② *U Královny Elišky*
Malé nám. 117
Tel. 495 518 052, Fax 495 518 872
www.euroagentur.cz
Mitten im historischen Zentrum gelegen und in drei mittelalterlichen Bürgerhäusern untergebracht. Verglaster Innenhof mit Wintergarten, Hallenbad mit Sauna.

★ Ostböhmisches Museum

Ein Muss für Jugendstilliebhaber ist das nach Plänen von Jan Kotěra 1909 bis 1912 am Elbufer erbaute Gebäude des Ostböhmischen Museums (Muzeum Vychodních Čech) – es gilt als eines der besten Werke des tschechischen Architekten. Den Eingang bewachen zwei monumentale Damen, Personifikationen der Geschichte und der Industrie. Hinter der Ziegelsteinfassade verbirgt sich eine reichhaltige Sammlung: Möbel, Trachten, Glas, Keramik, mittelalterliche Gesangbücher und Zeugnisse der Glockengießerei, sowie eine sehenswerte Dauerausstellung über das Schaffen des Architekten Jan Kotěra. Auch ein Blick in den reich geschmückten Lichthof lohnt sich (Öffnungszeiten: Di. – So. 9.00 – 12.00 u. 13.00 – 17.00 Uhr).

Avantgarde-Architektur

Außer in Prag findet man kaum in einer anderen Stadt Tschechiens so viele Beispiele für avantgardistische Architektur aus der ersten Hälfte des 20. Jahrhunderts. Einer ihrer schillerndsten Vertreter war Josef Gočár, der u. a. das Elekrizitätswerk an der Elbe (1910) und, auf der andere Seite des Flusses, die Wohnhäuser am Masarykovo nám. (1924) und das Ensemble am Ulrichovo nám. (1932) mit ehemaligem Stadthaus und früherem Textilhaus, heute Bank (1929), entworfen hat.

Umgebung von Hradec Králové

Schloss Karlova Koruna (Karlskrone)

Eine »Perle des böhmischen Barock« wird Schloss Karlskrone in Chlumec nad Cidlinou genannt. Das Städtchen liegt 25 km südwestlich von Hradec Králové. **Giovanni Santini** baute das Schloss 1721 bis 1723 für die Familie von Kinský, deren Besitz es heute wieder ist. Der Name der prächtigen, allerdings 1943 ausgebrannten Residenz war eine Huldigung des Schlossherrn an Kaiser Karl VI. Die Sammlungen reichen von Werken des Barocks bis zum Thema Pferdezucht (Öffnungszeiten: April u. Okt., Sa., So. 9.00 – 16.00, Mai – Sept. Di. bis So. Mo. 9.00 bis 17.00 Uhr).

Nový Bydžov (Neu Bitschow)

11 km nördlich von Chlumec erreicht man die einst königliche Stadt Neu Bitschow. Der bis heute beibehaltene **quadratische Grundriss** des Zentrums aus dem 14. Jh. ist in Böhmen einzigartig. Die gotische St. Laurentius-Kirche (14. Jh.), das neugotische Rathaus (1865), der jüdische Friedhof (1520) und einige Jugendstilbauten machen den Reiz des Städtchen aus.

Hrádek u Nechanic

12 km westlich von Königgrätz ließ Graf Franz Ernst Harrach von dem Wiener Architekten Karl Fischer ein Schloss im neugotischen Stil erbauen (1839 – 1857). Als Vorlage diente das Schloss Crewe Hall in Cheshire. Interessanter noch als die Sammlung, zu der Glas, Gemälde und wertvolles Mobiliar gehören, sind die Veranstaltungen, die den Besucher in die Geschichte zurückversetzen: So wird u. a. die An- und Abfahrt der Herrschaften nachgestellt (Öffnungszeiten: April u. Okt. Sa., So 9.00 – 12.00 u. 13.00 – 16.00, Mai – Aug. Di. – So. 9.00 bis 12.00 u. 13.00 – 17.00, Sept. nur bis 16.00 Uhr).

Ein lohnendes Tagesausflugsziel: Schloss Hrádek bei Nechanic

Schlacht von Königgrätz

Im Hügelland zwischen Elbe und Bistritz (Bystřice) gewann Preußen am 3. Juli 1866 die Schlacht, die über die Vorherrschaft im Deutschen Bund entschied. Rund 200 000 Österreicher und Sachsen standen einem Heer von 221 000 preußischen Soldaten gegenüber. Das blutige Fazit: 40 000 Tote und Verletzte und 12 000 Gefangene. Im Friedensvertrag von Prag wurde entschieden, dass Österreich den Deutschen Bund verlassen und den von Preußen dominierten Norddeutschen Bund anerkennen muss.
Das einstige **Schlachtfeld** liegt 10 km nordwestlich von Königgrätz (vom Zentrum Richtung Jičín, dann nach Chlum und dort an der Kirche links dem Wegweiser »Ossarium« folgen). Man erreicht so den preußischen Militärfriedhof und das Ossarium und kommt anschließend zur Gedenkstätte aus dem Jahr 1936. Vom Aussichtsturm überblickt man das gesamte Gelände, durch das markierte Wege zu den einzelnen Gedenkstätten führen. Zum Jahrestag der Schlacht werden an den Originalschauplätzen Kampfszenen in historischen Kostümen nachgestellt (Öffnungszeiten Turm: Di. – So. 9.00 – 12.00 u. 13.30 – 16.00 Uhr).

✱ Jaroměř (Jermer)

In dem hübschen Städtchen Jaroměř, auf halber Strecke zwischen Hradec Králové und Náchod, an der Mündung der Flüsse Mettau und Aupa in die Elbe, ließ Kaiser Joseph II. 1780 – 1787 eine spätbarocke Festung bauen, die seinen Namen erhielt – Josephstadt (Josefov). Das Garnisonshospital und die Kirche sind aus dieser Zeit erhalten und Teile der Kasematten kann man besichtigen. Eisenbahnliebhaber besuchen das Bahnmuseum (Železniční muzeum).

✱ Kuks

6 km nördlich von Jaroměř ließ Reichsgraf Franz Anton von Sporck in den Jahren 1694 bis 1724 von dem italienischen Architekten Alliprandi an der Elbe ein **Kurbad** auf beiden Seiten des Flusses anlegen. Von dem weitläufigen Komplex blieb nach verheerenden Hochwasserkatastrophen leider nur wenig erhalten. Am rechten Elbufer errichtete Alliprandi ein Spital, zu dem auch eine Apotheke (1711) und eine Kirche gehören. Die Apotheke kann man besichtigen (Öffnungszeiten: April u. Okt. Sa., So. 9.00 – 16.00, Mai – Sept. Di. – So. 9.00 – 18.00 Uhr).
Die **Hauptsehenswürdigkeit** von Kuks sind aber die barocken Plastiken auf der Terrasse vor dem Spital, hervorragende Werke des berühmten Tiroler Bildhauers Matthias Bernhard Braun, die dieser zwischen 1715 und 1718 geschaf-

! *Baedeker* TIPP

Safari in Böhmen

Am Westrand von Dvůr Králové, einer Kleinstadt 6 km nordwestlich von Kuks, entstand einer der größten europäischen Safariparks, der einen Hauch von Afrika in die böhmische Landschaft zaubert. Das Freigehege umfasst knapp 60 ha. Die Zucht afrikanischer Huftiere und Breitmaulnashörner ist weltbekannt, denn 90 % aller in Zoos gehaltenen Tiere stammen aus dem hiesigen Nachwuchs. Angeboten werden Autobus-Safaris, bei denen fotografiert werden kann (Öffnungszeiten: tgl. 9.00 – 18.00, im Winter bis 15.00 Uhr).

fen hatte. Sie verkörpern die Tugenden und Laster der Menschheit und spielen spannungsreich mit der genialen Architektur Alliprandis zusammen.

Betlém (Bethlehem) 3 km westlich von Kuks, in einem Wäldchen bei dem Dorf Stanovice (Stangendorf) schuf derselbe Bildhauer 1723 bis 1731 im anstehenden Sandstein knapp 30 Plastiken. Der Krippen-Skulptur verdankt die Stätte den Namen Bethlehem. Obwohl viele der Skulpturen bereits zerstört oder verwittert sind, ist diese Naturgalerie immer noch eine sehr eindrucksvoll Stätte.

★ Třebochovice pod Orebem Das bekannteste Ausstellungsstück im Weihnachtskrippenmuseum (Muzeum Betlémů; Masarykplatz 24) in Třebochovice, 13 km östlich von Hradec Králové, ist die Probostkrippe. Ende des 19. Jh.s hatte der Bauer Probost geprahlt, er werde eine Krippe bauen, die selbst der Kaiser in Augenschein nehmen würde. 40 Jahre arbeiteten daraufhin drei Männer an dieser riesigen **Krippe**, die tatsächlich 2000 geschnitzte Teile und 120 bewegliche Figuren umfasst (Öffnungszeiten: Okt., Dez. – April Di. – So. 9.00 – 11.30 u. 13.00 – 15.30, Mai – Sept. bis 16.30 Uhr).

★ Isergebirge (Jizerské hory)

J 3

Region: Nordböhmen **Höhe:** bis 1124 m ü. d. M.

Fast menschenleere Gebiete, ein hartes Klima, ausgedehnte Hochmoore und Gebirgsdörfer mit vielen schönen Umgebindehäusern sind die charakteristischen Merkmale des Isergebirges. Kein Wunder, dass sich die Region zu einem anspruchsvollen Mountainbiketerrain entwickelt hat, das auf vielen Routen durchquert werden kann.

An der Grenze zu Polen Dem Riesengebirge westlich vorgelagert, erstreckt sich das Isergebirge im Norden Böhmens beiderseits der tschechisch-polnischen Grenze. Ein großer Teil der alten Fichtenwälder wurde Opfer des sauren Regens, von dessen Schäden sich die Natur erstaunlich schnell erholt. Auf der Nordseite fällt das Gebirge steil ab, im Nordwestbereich bei Hejnice existiert der **größte Buchenwald des Landes**. Im südlichen Isergebirge wurden zahlreiche Trinkwassertalsperren angelegt. Im Norden fließt das Wasser noch ungebändigt zu Tale und bildet dabei sehenswerte Wasserfälle. Ab den 1870er-Jahren entstanden auf den Höhen zwischen Liberec und Jablonec nad Nisou insgesamt 26 Aussichtstürme – gemessen an der kleinen Fläche ein europäischer Rekord! Elf dieser Türme stehen noch heute. Eine weitere Besonderheit sind die vielen Marterln, Stein- und Sühnekreuze entlang der alten Gebirgspfade.

ISERGEBIRGE ERLEBEN

AUSKUNFT

Informationszentrum Bedřichov
CZ-46812 Bedřichov 218
Tel. 483 380 034
www.bedrichov.tschechische-gebirge.de

ÜBERNACHTEN

Panský Dům
Jizerka 20, Horní Polubný
Tel. 483 384 985, www.dudovi.cz
Inmitten wilder Natur stilvoll in einem nationalen Kulturdenkmal, dem holzschindelgedeckten Herrenhaus des einstigen Glashüttenbesitzers, speisen und übernachten.

Sehenswertes im Isergebirge

Bedřichov (Friedrichswald)

Das 680 m hoch gelegene Gebirgsdorf etwa 7 km nordöstlich von Liberec ist sommers wie winters gut besucht; im Winter vor allem von Skilangläufern. Hier befindet sich die westlichste Haupteinstiegsstelle der 115 km langen und schönen Isergebirgsloipe, **eine der meistbesuchten Langlaufstrecken** Tschechiens. Die nahe Königshöhe (Královka) mit Baude ist ein beliebtes Ausflugsziel.

Nová Louka (Neuwiese)

Weitere 2 km nordöstlich erreicht man die Ortschaft Nová Louka. Um 1620 ließ der Feldherr Albrecht von Waldstein (Wallenstein) hier Bäume für den Bau der Reichenberger Neustadt fällen. Anfangs weidete auf den Lichtungen das Vieh, später entstand eine Glashütte, die bis 1817 produzierte. Die Manufaktur verfiel, aber das einstige Herrenhaus wurde im Auftrag des Grafen Clam-Gallas im Jahr 1844 zum Jagdschlösschen umgebaut. Es ist **das einzige Umgebindeschloss der Welt**, heute ein einfaches Gasthaus mit Unterkunft.

? WUSSTEN SIE SCHON ...?

- Am 29. Juli 1897 wurde in Neuwiese der europäische Regenrekord gemessen: Innerhalb weniger Stunden fielen 345 Liter pro Quadratmeter. Die so entstandene Flutwelle riss 120 Menschen in den Tod.

Kristiánov (Christiansthal)

Von Neuwiese führt ein Wanderweg ins das 2 km entfernte ehemalige Glasmacherdorf Christiansthal. Nur wenige Gebäude und der Friedhof künden von der einstigen deutschen Siedlung. In der Fuchsbaude (Liščí bouda) ist ein kleines **Glasmuseum** eingerichtet, das von der Bedeutung der hiesigen Glashütte bereits im 18. Jh. erzählt. Neben dem Blockhaus sprudelt eine erfrischende Quelle – das beste Trinkwasser des Isergebirges, wie Kenner versichern (Öffnungszeiten Museum: Juni – Sept. Sa. u. So. 8.00 – 16.00 Uhr).

Jizera (Siechhübel) Vom Parkplatz am Wittighaus nimmt der Aufstieg zum 1122 m hohen Siechhübel etwa 1 ½ Stunden in Anspruch. Den zweithöchsten Isergebirgsgipfel krönt eine Granitfelsgruppe, die als natürliche Aussichtplattform dient und eine weite Rundsicht ermöglicht.

Jizerka (Klein-Iser) Jizerka breitet sich auf einer ausgedehnten Hochfläche aus und ist der höchstgelegene Ort des Gebirges. In das im Mittelalter von böhmischen Vogelstellern und Köhlern gegründete Dorf kamen im 16. Jh. Glücksritter aus ganz Europa und suchten nach Gold und Edelsteinen. Vor allem im Bächlein Saphirflössel (Safírový potůček) entdeckten sie Goldplättchen, rote Rubine, blaue Saphire und die schwarzen Iserine. Im 18. und 19. Jh. wurden die Wälder für Brennöfen zweier Glashütten gelichtet. Heute leben nur wenige ständige Bewohner im Ort, aber es gibt mehrere Gasthäuser und Herbergen, darunter das denkmalgeschützte Herrenhaus (Panský dům).

Bukovec, Malá Jizerská louka Der Buchberg thront über den Häusern von Klein-Iser und ist mit 1005 m der dritthöchste Vulkankegel des Landes. Wegen seiner wertvollen Flora trägt er den Beinamen »Garten des Isergebirges«. Am Fuße des Berges sprudeln einige Schwefelquellen, die auch im strengen Winter nicht zufrieren. Westlich des Ortes breitet sich die Kleine Iserwiese aus. Ein Naturlehrpfad führt teils auf Bohlenstegen sicher durch das Moorgebiet.

Frýdlant v Čechách (Friedland in Böhmen)

Verträumte Kleinstadt Die Stadt mit ihrem großen Marktplatz liegt an der Nordwestseite des Isergebirges, in unmittelbarer Grenznähe. Im Sommer 2010 wurde es überflutet, die Schäden werden nach und nach beseitigt.

✶ Burg und Schloss Auf einem Basaltfelsen hoch über der Wittig (Smĕda) überragen Schloss und Burg die Stadt. Die Burg mit ihrem 60 m hohen, »Indica« genannten Turm entstand im 13. Jh., das unterhalb gelegene Renaissanceschloss wurde im 16. Jh. von der Familie Rädern hinzugefügt. Mit der Teilnahme am böhmischen Ständeaufstand verwirkte die Familie – wie schon die Besitzer der Burg im 13. Jh. – ihren Anspruch auf die Festung, so dass Albrecht von Wallenstein zum Zug kam. Der Kaiser hatte ihn für seine Verdienste zum Herzog von Friedland ernannt. Nach seinem Tod ging es an die Grafen Gallas und ab 1759 an deren Erben, die Grafen Clam-Gallas, über. Noch im 19. Jh. öffneten sie das Schloss für Besucher, so dass Frýdlant **das älteste mitteleuropäische Burgmuseum** ist.

Die Hauptfassade und den Turm schmücken großflächige Sgraffiti. Neben Waffen, Jagdtrophäen und Stilmöbeln verdient das Wallenstein-Porträt besondere Aufmerksamkeit: Das Gemälde wurde im Jahre 1626 von einem unbekannten Künstler geschaffen, es gilt als das einzige erhaltene Bildnis, bei dem der Feldherr Modell saß. Auch Wallensteins Lieblingspferd ist in Lebensgröße abgebildet. Die Ge-

Burg und Schloss Frýdlant thronen vereint auf dem Felsen über dem Ort.

mäldegalerie glänzt mit barocken Werken von Peter Brandl, Wenzel Lorenz Reiner und Karel Škréta. Es sind auch Bade- und Kinderzimmer sowie die eingerichtete Schlossküche zu besichtigen (Öffnungszeiten: Di. – So. April u. Okt. 9.00 – 15.30, Mai, Juni u. Sept. 9.00 bis 16.00, Juli u. Aug. bis 16.30 Uhr).

Marktplatz, Trotzhaus

Im Rathaus aus dem Jahr 1897 hat das Heimatmuseum seinen Sitz. Auf der südlichen Marktfront hat sich die ehemalige Burgherrin Gräfin Katharina von Rädern, eine rach- und streitsüchtige Frau, ein bleibendes Denkmal gesetzt: Das Trotzhaus steht abweichend von der Häuserflucht drei Meter in den Markt hinein und erboste damit die Friedländer Bürgerschaft. Es beherbergt heute die Kommertbank.

Dekanatskirche

Ein Besuch der gotischen, im 15./16. Jh. umgebauten Kirche lohnt sich vor allem wegen der Gruftkapelle der Familie von Rädern mit schönen Renaissance-Grabmälern. Die Bronzeplastiken der Verstorbenen schuf der Niederländer Chr. G. Heinrich im Jahre 1610.

Umgebung von Frýdlant

★ Hejnice (Haindorf)

10 km südöstlich von Friedland steht in Haindorf die barocke Wallfahrtskirche. Dank ihrer herrlichen Lage unter dem Nusssteinfelsen (Ořešník) besitzt der Ort den Ruf als »Böhmisches Mariazell«. Das Gotteshaus wurde 1729 von Thomas Hafenecker erbaut und bietet Platz für fast 7000 Gläubige. Auf dem Hochaltar steht die wundertätige gotische Holzmadonna Maria Formosa. Die Fresken schuf der Wiener Maler Andreas Groll (1902 – 1906).

Lázně Libverda (Bad Liebwerda) In dem kleinen Kurort nordöstlich von Hejnice stehen noch zwei hübsche Quellpavillons im Rokoko-Stil. Von weither kommen die Ausflügler zum Restaurant »Obří sud« (»Riesenfaß«) oberhalb der Ortschaft und genießen den Ausblick auf das Isergebirge.

Jihlava (Iglau)

K 6

Region: Südmähren **Höhe:** 520 m ü. d. M.
Einwohnerzahl: 52 000

Die älteste Bergbaustadt Böhmens brachte es im 13. und 14. Jh. aufgrund reicher Silberfunde zu beträchtlichem Wohlstand und besitzt noch sehenswerte Bauten aus der großen Vergangenheit.

Bergbaustadt Ihren Namen erhielt die Stadt von dem Fluss, an dem sich im 13. Jh. die ersten Siedler niederließen. Bevor die Silbervorkommen von Kuttenberg erschlossen wurden, war Iglau nach Freiberg in Sachsen die bedeutendste Silberbergbaustadt Mitteleuropas. Das um 1300 vom böhmischen König Wenzel II. gewährte Iglauer Bergrecht galt lange Zeit für alle deutschen Bergstädte zwischen Erzgebirge und Karpaten, und es wurde zum Muster für viele andere, auch außereuropäische Länder. Gegen Ende des Mittelalters war Iglau ein bedeutendes Zentrum der Tuchmacherei; an diese Zeit erinnern die so genannten gedeckten Höfe, turmartige, eingewölbte Räume in den Häusern der wohlhabenden Tuchmachermeister.

Sehenswertes in Jihlava

Stadtbefestigung Die überschaubare Altstadt ist von einem gut erhaltenen, 3 km langen mittelalterlichen Mauerring umgeben. Im Westen betritt man die Altstadt durch das im 14. Jh. erbaute Tor der Mutter Gottes (Brána Matky Boží), das einzige von ursprünglich fünf Stadttoren, das erhalten blieb.

*** Masarykplatz** Schon nach wenigen Metern stadteinwärts steht man auf dem lang gestreckten Masarykplatz (Masarykovo náměstí). Den Hauptplatz der Stadt, mit seinen 36 000 m² **einer der größten des Landes**, rahmen stolze, zwei- und dreigeschossige Bürgerhäuser, die den Wohlstand der einstigen Bergbau- und Tuchmacherstadt widerspiegeln. Gerade so, als ginge es darum, das schöne historische Ensemble zu stören, stellten die Stadtplaner allerdings während der sozialistischen Ära mitten auf den Platz ein hässliches Kaufhaus. An der Ostseite des nach Süden leicht geneigten Platzes, in der Achse des Neptunbrunnens, steht das Rathaus, ursprünglich ein gotischer, im 16. und 18. Jh. vergrößerter Bau, dem 1786 eine Barockfassade vorgeblendet wurde.

Jihlava Orientierung

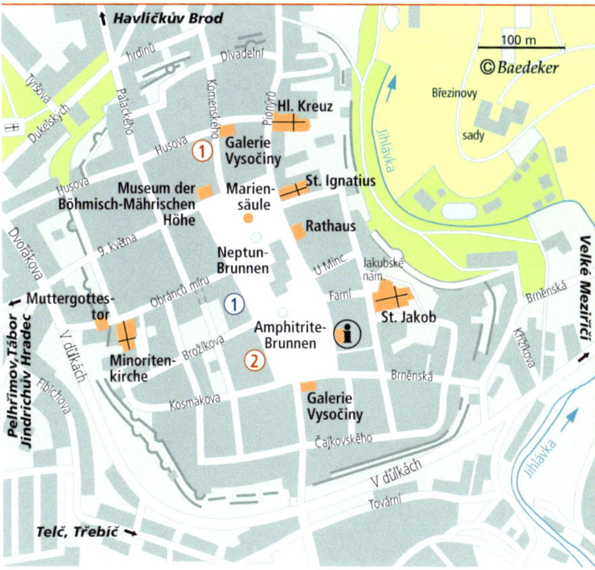

Essen

① U Vévody Albrechta

Übernachten

① Grandhotel Jihlava

② Hotel Zlatá Hvězda

Unterirdische Gänge

Unter dem Masarykplatz verbirgt sich ein Labyrinth von kilometerlangen unterirdischen Gängen, im 14. – 16. Jh. als Vorratsräume und Versteck vor Angreifern angelegt. Den Eingang findet man am ehemaligen Jesuitenkolleg neben der Kirche des hl. Ignatius (Führungen: Apr. – Sept. tgl.).

Jesuitenkirche St. Ignatius

Ebenfalls an der Ostseite ragt die zweitürmige Barockfassade der zwischen 1680 und 1689 von Jacopo Brasca erbauten Jesuitenkirche St. Ignatius (Kostel sv. Ignáce) in den Himmel. **Prachtvolle Deckengemälde** aus dem 18. Jh. und gotische Skulpturen prägen den Eindruck des Innenraums. König Přemysl Ottokar II. soll das wertvollste Ausstattungsstück (Seitenkapelle), das so genannte Přemyslidenkreuz aus dem 14. Jh., gestiftet haben. In der Kirche werden manchmal Orgelkonzerte veranstaltet.

Museum der Böhmisch-Mährischen Höhe (Muzeum Vysočiny), Hochlandgalerie (Oblastní galerie Vysočiny)

Am Masarykplatz Nr. 57 trafen sich seit dem 17. Jh. die Tuchmacher von Iglau. Heute ist dieses schöne Renaissancehaus zusammen mit dem Nachbargebäude (Nr. 58) Sitz des Museums der Böhmisch-Mährischen Höhe. Hier blieb auch der größte gedeckte Hof mit einer Arkadengalerie auf toskanischen Säulen erhalten. Neben der Regionalgeschichte wird hier auch die Entwicklung des Iglauer Bergbaus verdeutlicht.

Die Hochlandgalerie (Oblastní galerie Vysočiny) ist in zwei verschiedenen historischen Gebäuden untergebracht: Kunst des 19. und

JIHLAVA ERLEBEN

AUSKUNFT

Informationszentrum
Masarykovo nám. 96/2
CZ-58601 Jihlava 1
Tel. 567 167 157
Fax 567 167 158
www.visitjihlava.eu

Informationszentrum
Masarykovo nám. 10
CZ-393 01 Pelhřimov
Tel. 565 326 924
www.pelhrimovsko.cz

ESSEN

► Günstig

① *U Vévody Albrechta*
Masarykovo nám. 10
Tel. 567 308 074
Hier gibt es typisch böhmische Küche mitten im Herzen der Stadt.

ÜBERNACHTEN

► Komfortabel

① *Grandhotel Jihlava*
Husova 1
Tel. 567 303 541
Fax 567 310 199
www.grandjihlava.cz
Das zentral gelegene Hotel ist in einem im sezessionistischen Stil gehaltenen Gebäude eingerichtet. Die Zimmer sind eher nüchtern gehalten.

② *Zlatá hvězda*
Masarykovo nám. 32
Tel./Fax 567 309 421
www.zlatahvezda.cz
Hier ist man am Marktplatz untergebracht. Der Hotel besitzt einfache, aber nette Zimmer.

20. Jh.s sowie zeitgenössische Werke findet man in der Vysočina Komenského 10 sowie am Masarykovo nám. 24.

★ Sv. Jakuba (St. Jakob)

Die Pfarrgasse (Farní ulice) führt direkt vor die doppeltürmige Fassade der Pfarrkirche St. Jakob (sv. Jakuba) am östlichen Altstadtrand. Die dreischiffige, um die Mitte des 13. Jh.s begonnene und bis Ende des 14. Jh.s vollendete Basilika ist die interessanteste Kirche in Jihlava. Durch das schöne Hauptportal aus dem Jahr 1260 betritt man den Innenraum, eine Mischung aus barockem Interieur und wertvollen gotischen Ausstattungsstücken. Verhüllt von den weich fließenden Stoffmassen ihres Mantels und mit einem grazilen Hüftschwung auf ihr beigestelltes Symbol, ein Rad, gestützt, verkörpert die wunderbare Skulptur der hl. Katharina geradezu exemplarisch die künstlerischen Ideale des beginnenden 14. Jahrhunderts. Von vergleichbarer Qualität ist das 1599 von einem Nürnberger Goldschmied gefertigte große Renaissancetaufbecken.

Gustav Mahler in Iglau

Seinem berühmtesten Bürger, dem Komponisten Gustav Mahler (1860 – 1911), widmet die Stadt in seinem Geburtshaus (Znojemská 4/1089) eine kleine Dauerausstellung. Mahler, der im benachbarten

Dorf Kaliště als Sohn eines Schnapsbrenners und Kneipenbesitzers geboren wurde, verbrachte seine ärmliche Kindheit und Jugend in Iglau. Im Alter von 15 Jahren gestattete ihm der Vater den Besuch des Konservatoriums in Wien, wo er seine Laufbahn als Komponist und Dirigent begann.

Umgebung von Jihlava

Pelhřimov (Pilgram)

Das südböhmische Städtchen Pelhřimov liegt 37 km westlich von Jihlava an der Landstraße nach Tábor. Den im Westteil der ovalen, denkmalgeschützten Altstadt gelegenen Marktplatz säumen gut erhaltene Giebelhäuser aus der Zeit von Renaissance und Barock. Stilistisch aus dem Rahmen fällt das Haus Nr. 13, dem Pavel Janák 1913 ein **kubistisches Erscheinungsbild** verlieh. Das aus dem 16. Jh. stammende Schloss am Westrand der Altstadt ist heute Sitz des Stadtmuseums. Von der Stadtbefestigung blieben zwei ursprünglich gotische, später barockisierte Stadttore erhalten: im Süden das Obere Tor (Horní oder Rynárecká brána) und im Osten das Untere Tor (Dolní oder Jihlavská brána). So einiges, was nicht ins »Normalmaß« passt, wurde im dortigen **Kuriositätenmuseum** versammelt, so z. B. ein Bild, das auf einer Nagelspitze Platz findet.

! *Baedeker* TIPP

Josef Hoffmann-Museum in Brtnice

Kaum bekannt ist, dass der vornehmlich in Wien wirkende Architekt und Künstler Josef Hoffmann in Brtnice südöstlich von Jihlava das Licht der Welt erblickte. Sein Geburtshaus wurde in ein Museum verwandelt und erinnert anschaulich an das Werk dieser berühmten Persönlichkeit der Wiener Sezession. Öffnungszeiten: Mo – Fr. 10.00 – 17.00, Sa., So. 10.00 – 16.00 Uhr.

Lipnice nad Sázavou (Lipnitz)

In dem Dorf Lipnitz an der Sazau, 12 km westlich von Havlíčkův Brod, lebte und starb **Jaroslav Hašek** (1883 – 1923; ►Berühmte Persönlichkeiten), der als Autor des »Braven Soldaten Schwejk« Literaturgeschichte schrieb. In seinem Wohnhaus wurde eine Gedenkstätte eingerichtet. Das Grab des Volksdichters befindet sich auf dem Ortsfriedhof.

✶ Žd'ár nad Sázavou (Saar)

Die Hauptsehenswürdigkeit der südmährischen Stadt 30 km östlich von Havlíčkův Brod steht an der Peripherie, 2 km nördlich außerhalb des Zentrums, an der Ausfallstraße nach Chrudim. Hier gründeten 1252 Zisterzienser ein **Kloster**, das in der Zeit der Hussitenkriege zerstört, aber im 18. Jh. erneut besiedelt wurde. Nach Plänen von **Giovanni Santini** (1677 – 1723) wurde die aus dem 14. Jh. stammende Klosterkirche im Stil der Barockgotik modernisiert und die Klostergebäude errichtet. In der Prälatur ist heute das Museum des Buches (Muzeum knihy) mit Exponaten zur Entwicklung der Schrift und des Buchdrucks, in den renovierten Marställen eine Ausstellung über Giovanni Santini eingerichtet. Der viel beschäftigte Baumeister hat in

Tschechien einige interessante Gebäude hinterlassen, u. a. auch die ebenso eigenwillige wie eindrucksvolle Klosterkirche in Kladruby bei ►Plzeň.

✱ ✱ Wallfahrtskirche ►

Das bedeutendste Bauwerk im Klosterbezirk thront auf dem benachbarten Hügel Zelená hora (Grünberg). Es handelt sich um die barocke Wallfahrtskapelle zu Ehren des hl. Nepomuk, die ebenfalls von Santini erbaut wurde. Der kleine, 1722 fertiggestellte Zentralbau steht auf sternförmigem Grundriss, inmitten eines Friedhofs. Dieser ist von einem zehneckigen Kreuzgang umschlossen – ein ungewöhnliches, von einer konsequenten **Zahlensymbolik** durchdrungenes Spätwerk von Santini, das 1994 Eingang in das Verzeichnis des Kulturerbes der UNESCO fand.

Jindřichův Hradec (Neuhaus)

J 6

Region: Südböhmen
Höhe: 478 m ü. d. M.
Einwohnerzahl: 23 000

Die geruhsame Kleinstadt, umgeben von Wäldern und Teichen, blieb trotz ihrer vielen Sehenswürdigkeiten bislang vom lauten Trubel des Massenturismus verschont.

Drittgrößte Burganlage Tschechiens

Das aus der Burg hervorgegangene Schloss der Herren von Hradec, der drittgrößte Burg- und Schlosskomplex Tschechiens, ist heute die wichtigste Besucherattraktion in dem ansonsten doch eher unspektakulären Städtchen.

JINDŘICHŮV HRADEC ERLEBEN

AUSKUNFT

Touristeninformation
Panská 136
CZ-37701 Jindřichuv Hradec
Tel. 384 363 546, Fax 384 361 503
www.jh.cz

ÜBERNACHTEN

► Luxus

Concertino
Nám. Míru 141/II
Tel. 384 362 320
Fax 384 362 323
www.concertino.cz
Erstes Haus am Platz.

► Komfortabel

Bílá paní
Dobrovského 5/1
Tel. 384 362 660
Fax 384 363 329
www.hotelbilapani.cz
Nur einen Steinwurf vom Schloss entfernt wohnt man in dem nur neun Zimmer umfassenden Hotel fast familiär. Es gibt auch ein Restaurant im Haus, das für das leibliche Wohl der Gäste sorgt.

Sehenswertes in Jindřichův Hradec

★★ **Schloss**

Vom Schloss blickt man auf Wasser: An der Westseite fließt gemählich die Nežárka vorbei, die durch einen schmalen Kanal mit dem Vajgar-See auf der Ostseite des Schlosses verbunden ist. Über eine alte Steinbrücke gelangt man hinüber zum Schlosseingang. Bereits im beginnenden 13. Jh. stand hier eine Burg, die im Lauf der Jahrhunderte mehrfach dem wechselnden Zeitgeschmack und neuen Bedürfnissen angepasst wurde. Von der gotischen Anlage blieb die Burgkapelle mit einer Darstellung der Georgslegende (um 1340) erhalten, wo die berühmte Neuhäuser Madonna (1460) zu sehen ist. Zudem kann man heute noch die Schwarze Küche (14./15. Jh.) besichtigen, die zu den größten mittelalterlichen Kochstellen Europas zählt.
In der zweiten Hälfte des 16. Jh.s holten die Herren von Hradec italienische Baumeister in die Stadt und ließen die Burg modernisieren und einen großen Renaissancebau hinzufügen. In dieser Bauphase entstanden auch die schönen, dreigeschossigen Renaissance-Arkaden

Als erstes fällt der manieristische Rundpavillon ins Auge, wenn man das mächtige Schloss vom Hochufer gegenüber betrachtet.

in einem der drei Innenhöfe und der manieristische, von Ziergiebeln bekrönte Rondell im Schlossgarten, der schönste seiner Art auf dem Kontinent. Die **kostbare Innenausstattung** der über 300 Wohn- und Repräsentationsräume aus unterschiedlichen Epochen von der Renaissance bis zum ausgehenden 19. Jh. stammt nicht nur aus den Zeiten der Schlossherren von Hradec waren, sondern auch von den späteren Besitzern. In der Gemäldegalerie sind u. a. Bilder der Barockmaler Škréta und Brandl sowie eine auf Holz gemalte »Madonna von Hradec« ausgestellt (Öffnungszeiten: Mai – Sept. Di. – So. 9.00 bis 12.00, 13.00 – 17.00, April u. Okt. 9.00 – 16.00 Uhr).

Marktplatz

Vom Schloss geht es über eine romantische Brücke und durch eine schmale Gasse hinauf zum dreieckigen Marktplatz (náměstí Míru), an dem einige Bürgerhäuser aus Renaissance, Barock und Klassizismus sich mit neueren Gebäuden abwechseln. An die Furcht vor den Pestepidemien erinnert die große, figurenreiche Dreifaltigkeitssäule, die im Jahr 1764 hier aufgestellt wurde. An der Nordseite des Marktes steht das ursprünglich aus gotischer Zeit stammende, 1807 erneuerte **Rathaus**.

Jesuitenseminar

Nordwestlich oberhalb des Marktplatzes erreicht man den Balbinplatz (Balbínovo nám.). In dem schönen Renaissancebau des ehemaligen Jesuitenseminars zeigt das Bezirksmuseum von Jindřichův Hradec seine Schätze, darunter archäologische Funde, gotische Holzplastiken, Uhren, Trachten und Gemälde. Bekannt ist die Sammlung für die 60 m² große Weihnachtskrippe mit rund 1000 Figuren, von denen sich 150 bewegen lassen – kein Wunder, dass der Strumpfwirker Tomáš Krýza für dieses Werk 60 Jahre benötigte (Öffnungszeiten: Juni – Sept. tgl. 8.30 – 12.00 u. 12.30 – 17.00, Okt. bis Dez. u. April, Mai Mo. geschlossen).

St. Johann Baptist

Gut erhaltene gotische Wandmalereien aus dem 14./15. Jh. schmücken das Innere der Kirche St. Johann Baptist (kostel sv. Jana Křtitele) am nordöstlichen Altstadtrand. Auch im Kreuzgang des anschließenden Minoritenklosters sind Fresken aus dem 14. Jh. erhalten geblieben.

Umgebung von Jindřichův Hradec

★ Wasserschloss Červená Lhota

Das rot getünchte Wasserschlösschen (15 km nordwestlich von Neuhaus) steht auf felsigem Untergrund in einem Teich, mitten im Wald und über eine steinerne Bogenbrücke mit dem Ufer verbunden. Sein kompaktes Erscheinungsbild lässt auch heute noch erahnen, dass das Renaissancebauwerk aus einer mittelalterlichen Burg aus dem 14. Jh. hervorging. Zur Wasserburg wurde Červená Lhota erst, als man im 15. Jh. den Teich um den Burgfelsen anlegte. Möbel und Innenausstattung der Räume stammen hauptsächlich aus der zweiten Hälfte des 19. Jahrhunderts.

★★ Karlovy Vary (Karlsbad)

D 4

Region: Westböhmen **Höhe:** 370 m ü. d. M.
Einwohnerzahl: 52 000

»Was ich dort gelebt, genossen / Was mir all dorther ersprossen / Welche Freude, welche Kenntnis / Wär' ein allzulang Geständnis! / Mög' es jeden so erfreuen, / Die Erfahrenen, die Neuen!« Goethes besondere Beziehung zu Karlsbad, die in seinen Versen zum Ausdruck kommt, teilen auch heute wieder viele Besucher des herausgeputzten Kurbades.

Berühmtestes Kurbad Tschechiens

Goethe hielt Karlsbad neben Rom und Weimar für den angenehmsten Ort auf der Welt, und dementsprechend häufig – ingesamt 13 Mal – zog es den Dichterfürsten in das böhmische Bad. Mit seiner Begeisterung war er nicht alleine, denn im 19. Jh. traf sich die Prominenz aus Politik, Wirtschaft und Kultur zur jährlichen Kur in Europas Modebad Nummer eins.
Das fantastische Tal mit grünen Hängen hält kalte Winde ab, dazu gesellen sich die zwölf gesundheitsfördernden Quellen (40 bis 73 °C). Es wird erzählt, dass Kaiser Karl IV. im Jahr 1348 die warmen Quellen entdeckt habe, als bei einer Hirschjagd sich sein Jagdhund die Pfoten im heißen Wasser verbrannte. Der Kaiser gründete an dieser

Ein beliebter Treffpunkt für Kurgäste sind die weiß gestrichenen, mit Schnitzereien verzierten Marktkolonnaden in Karlsbad.

Stelle eine Siedlung, die er 1370 zur königlichen Stadt erhob. Dem Beispiel Karls IV., der angeblich mehrmals die nach ihm benannte Stadt zu einem Bad in den Quellen aufsuchte, folgten im 15. und 16. Jh. bereits die ersten »Kurgäste«, seit Beginn des 16. Jh.s nicht nur zur Bade-, sondern auch zur Trinkkur. 1762 wurde in Karlsbad das erste größere Badehaus erbaut, etwa zur gleichen Zeit erforschte Doktor David Becher (1725 – 1792) die genaue Zusammensetzung der Quellen und entwickelte neue Behandlungsmethoden.

Ihm zu Ehren nannte man den aus 20 Heilkräutern gewonnenen Likör seit 1807 »Becherbitter« (Becherovka). Das beliebte Touristenmitbringsel wird scherzhaft als dreizehnte Quelle Karlsbads bezeichnet und vielerorts verkauft. Spätestens seit dem frühen 18. Jh. war Karlsbad **eines der ersten Bäder des Kontinents**. Ob König August der Starke, Zar Peter der Große, Fürst Otto von Bismarck oder König Eduard VII. – sie alle kamen nicht nur aus gesundheitlichen Gründen nach Karlsbad, sondern auch, um diplomatische Gespräche zu führen, Verträge auszuhandeln, rauschende Feste zu feiern und den herausragenden Vertretern der Musik- und Literaturwelt zu begegnen.

? WUSSTEN SIE SCHON ...?

- ... dass in Karlsbad täglich 2,8 Mio. l Thermalwasser aus einer Tiefe von rund 2000 m an die Oberfläche kommen? Und dass allein der Sprudel, die bekannteste und kräftigste Quelle des Kurbades, pro Minute in einer bis zu 12 m hohen Fontäne 2000 l aus dem Erdinneren freigibt?

Sehenswertes in Karlsbad

✶ Stadtbild Die an allen Seiten von Wald umgebene Stadt schmiegt sich in das Tal der Tepl (Teplá), die hier in die Eger (Ohře) mündet. Abgesehen von einigen Bausünden aus der jüngeren Vergangenheit trägt das Kurviertel die Handschrift der Wiener Architekten Ferdinand Fellner und Hermann Helmer, die hier um die vorletzte Jahrhundertwende die bedeutendsten Gebäude im Stil des späten Historismus und des frühen Jugendstils errichteten.

Hauptpost Am nordwestlichen Eingang zum Kurviertel steht die Hauptpost, ein 1900 bis 1903 entstandenes Eckgebäude um einen Lichthof. Vier Figuren an der Fassade versinnbildlichen Telegraf, Eisenbahn, Schiffsverkehr und Post.

Kursanatorium Thermal Der Monumentalbau mit 16 Stockwerken entstand Mitte der 1970er-Jahre und galt als Paradebeispiel sozialistischer Baukultur. Heute passt das riesige Haus nicht so recht in die Kurstadtatmosphäre. Die zwei Kinosäle im Kongresszentrum sind Austragungsort des alljährlichen **Internationalen Filmfestivals**. Zum Hotel gehört ein Freiluftthermalbecken mit mehreren 50-Meter-Bahnen (ganzjähriger Betrieb). Von der Aussichtsterrasse eröffnet sich einer der schönsten

Highlights Karlovy Vary

Mühlbrunn-Kolonnade
Neorenaissancehalle mit fünf heißen Heilquellen.
▶ Seite 235

Internationales Filmfestival
Internationale Stars und Sternchen der Filmbranche kommen alljährlich im Juli nach Karlovy Vary. Das Festival zählt zu einem der tradtionsreichsten seiner Art in Europa.
▶ Seite 235

Promenadenstraßen
Reich dekorierte Fassaden und einige Nobelgeschäfte begleiten den Besucher auf seinem Weg über die Alte und die Neue Wiese.
▶ Seite 237

Stadttheater
Die Perle des Jugendstils wurden u. a von den Brüdern Gustav und Erich Klimt mit Fresken geschmückt.
▶ Seite 237

Panoramablicke auf das Kurviertel (Öffnungszeiten: Mo. – Sa. 8.00 bis 20.30, So. 9.00 – 20.30, während der Saison bis 21.30 Uhr).

★ **Dvořák-Park**

Im nahen Dvořák-Park mit der Statue des berühmten tschechischen Komponisten wird man daran erinnert, dass Karlsbad sich einer langjährigen Dvořák-Tradition rühmt. So fand hier am 20. Juli 1894 die Erstaufführung seiner Symphonie »Aus der neuen Welt« statt. Die gusseiserne Parkkolonnade der Architekten Fellner und Helmer aus den Jahren 1880/1881 blieb nur zum Teil erhalten.

★ **Mühlbrunn-Kolonnade**

An der Mühlbrunn-Kolonnade (Mlýnská kolonáda) spielt sich das Kurleben ab, denn hier schlendern Kurgäste mit ihren Trinkbechern auf und ab oder sitzen auf einer der Bänke am linken Teplá-Ufer. In der 1871 bis 1881 im Neorenaissance-Stil erbauten Halle, die auf 100 Granitsäulen ruht, entspringen die Rosenquelle (Rusalčin pramen), die Fürst-Wenzel-Quelle (pramen knížete Václava), die Libussaquelle (Libušin pramen) und der Mühlbrunnen (Mlýnský pramen). Der Teil der Kolonnade an der Felsenquelle (Skální pramen) wurde erst 1892 vollendet.
Zwischen Mühlbrunn-Kolonnade und Badehaus III, 1863 bis 1866 im Stil der englischen Tudorgotik erbaut, sprudelt im hölzernen Pavillon die **Freiheitsquelle** (pramen Svobody).

Markt

Von der Mühlbrunn-Kolonnade gelangt man flussaufwärts durch die Lázeňská zum Markt (Tržiště). Die hölzerne Marktkolonnade (Tržní kolonáda) mit hübschen Verzierungen über der Kaiser-Karl-IV.-Quelle entstand nach einem Entwurf von Fellner und Helmer, ausgeführt vom Zimmermeister Österreicher aus Wien im Jahr 1893. Wie die Quelle angeblich entdeckt wurde, veranschaulicht ein Relief über der Quelle.

Karlovy Vary Orientierung

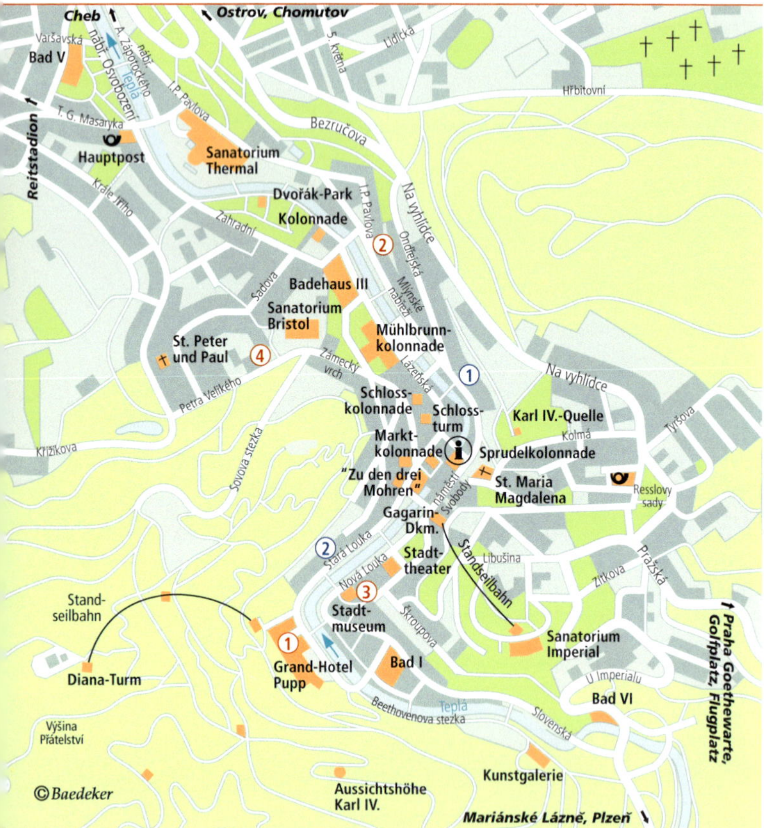

Essen
① XXX Long
② Café Elefant

Übernachten
① Grandhotel Pupp
② Kolonáda
③ Embassy
④ Villa Charlotte

Schlossturm Auf einer Anhöhe über dem Markt stand einst ein Jagdschloss Kaiser Karls IV., das Anfang des 17. Jh.s einem Stadtbrand zum Opfer fiel. Auf den Resten dieses Schlosses erbaute man 1766 den Schlossturm (Zámecká věž). Das Schlossbad (Zámecké Lázně) unterhalb, das in den Jahren 1911 bis 1913 errichtet wurde, entpuppt sich als ein traumhaftes Spa- und Wellnesszentrum. Das hiesige Mineralbad, das mit einem Abbild des Quellgeistes geschmückt ist, zählt zu den schönsten Bädern Europas.

Sprudel-kolonnade

Vom unteren Markt führt eine Brücke über die Teplá zur Sprudelkolonnade (Vřídelní kolonáda). Die alte gusseiserne Kolonnade der Architekten Fellner und Helmer wurde 1939 von den Nationalsozialisten demontiert und 1975 durch eine moderne ersetzt. Dennoch ist die Sprudelkolonnade heute ein **beliebter Treffpunkt** in Karlsbad. Der Sprudel schießt hier durch seinen hohen Kohlendioxid-Gehalt geysirartig bis 12 m in die Höhe. Das Wasser kommt aus 2000 m Tiefe und besitzt eine Temperatur von 72,3 °C (Öffnungszeiten: tgl. 6.00 – 18.30 Uhr).

✶✶ Maria-Magdalenen-Kirche (kostel sv. Mai Magdaleny)

Oberhalb der Sprudelkolonnade erblickt man die katholische Maria-Magdalenen-Kirche, die zu den künstlerisch bedeutsamen Baudenkmälern Karlsbads und den schönsten böhmischen Barockkirchen zählt. Die zweitürmige Kuppelkirche mit wertvollem Interieur entstand 1732 bis 1736 nach Plänen von Kilian Ignaz Dientzenhofer.

Imperial-Höhe

Auf halbem Weg zwischen Kirche und Stadttheater befindet sich die Talstation der Tunnelstandseilbahn zur Imperial-Höhe. Das **Kurhotel Imperial** wurde von 1912 bis 1914 im neugotischen Stil erbaut. Dieses imposante Gebäude mit seinen rotleuchtenden Dächern und mehreren Türmchen gleicht mehr einem Schloss als einem Hotel und dominiert das Stadtbild.

✶ Promenadenstraßen

Am Sprudel nehmen zwei Promenadenstraßen ihren Anfang, die Alte Wiese (Stará Louka) am linken, die Neue Wiese (Nová Louka) am rechten Tepl-Ufer. Dass in Karlsbad viele betuchte Gäste absteigen, machen die vielen **Schmuckgeschäfte** deutlich, die sich an der Alten Wiese aneinander reihen. In dem prachtvollen Haus »Zu den drei Mohren« (Stará Louka 2) unweit der Sprudlerbrücke war Goethe insgesamt neunmal zu Gast. Nach einem Umbau im Jahr 1910 blieb allerdings nur die Eingangspforte aus jener Zeit erhalten.

✶ Stadttheater

An der Neuen Wiese liegt der Theaterplatz mit dem Karlsbader Musentempel, ebenfalls ein Werk des Architektenduos Fellner und Helmer. Das 1884 bis 1886 errichtete Theater ist innen bis in die kleinsten Details ein **Musterbeispiel des Jugendstils**. Den Bühnenvorhang mit einer Darstellung der »Apotheose der Dichtkunst« gestalteten Gustav und Erich Klimt sowie Franz von Matsch gemeinsam; die Fresken stammen von den Brüdern Klimt. Das Haus kann auch im Rahmen von Führungen besichtigt werden.

Stadtmuseum

Das Stadtmuseum, untergebracht im Haus Nová Louka 23, ist hauptsächlich der Natur- und Kulturgeschichte der Region gewidmet. Dass Johann Wolfgang von Goethe gelegentlich auch zum Zeichenstift griff, belegen die hier gezeigten Originalzeichnungen des Dichterfürsten, die während seiner dreizehn Aufenthalte zwischen 1785 und 1823 in der Stadt entstanden (Öffnungszeiten: Mi. – So. 9.00 – 12.00 und 13.00 – 17.00 Uhr).

KARLOVY VARY ERLEBEN

AUSKUNFT

Infocentrum
Lázeňská 1
CZ-36001 Karlovy Vary
Tel. 353 224 097, Fax 353 224 667
www.karlovyvary.cz

EINKAUFEN

Karlsbad ist nicht nur berühmt für seine Quellen, den Becherbitter (Becherovka) und die herrlich süßen Oblaten, sondern auch für Glas und Porzellan. Im westlichen Stadtteil Meierhöfen (Dvory), Kpt. Jaroše 19, ermöglicht die Kristallglashütte Moser Einblicke in die Glasmacherkunst. Das weltberühmte Unternehmen wurde 1857 gegründet (Öffnungszeiten Museum und Verkaufsstätte: Mo. – Fr. 9.00 – 17.00, Sa. 9.00 – 15.00 Uhr; Manufaktur Mo. – Fr. 9.00 – 13.00 Uhr). Im Stadtteil Pirkenhammer (Březová), in der Tovární 125, befinden sich ein Porzellanmuseum und eine Verkaufsstelle der bekannten Pirkenhammer-Porzellanfabrik.

FESTE

Anders als das benachbarte Marienbad hatte Karlsbad immer den Ruf eines mondänen Kurortes mit einem breiten Unterhaltungsangebot – und das ist bis heute so geblieben. Erhöht wird die Attraktivität der Kurstadt durch renommierte Kulturveranstaltungen wie das internationale Jazzfestival im Mai, das Filmfestival im Juli – übrigens eines der drei ältesten der Welt – sowie den »Karlsbader Herbst« zu Ehren von Antonín Dvořák.

ESSEN

► Erschwinglich

① *XXX Long*
Vřídelní 23
Tel. 353 224 232
Mitten im Zentrum der Stadt gelegen kann man hier beste italienische Küche genießen, die keinen Vergleich mit italienischen Restaurants anderswo zu scheuen braucht. Trotzdem bleibt der Preis angemessen für das Gebotene. Im Sommer kann man nett auf der Terrasse sitzen.

Baedeker-Empfehlung

② *Café Elefant*
Stará Louka 30
Tel. 353 222 544
Im Haus, wo einst Goethe weilte, treffen sich Einheimische und Kurgäste gleichermaßen zu exzellentem Kaffee und Kuchen, Sehen und Gesehen werden ist in dem Café inbegriffen.

ÜBERNACHTEN

► Luxus

① *Grandhotel Pupp*
Mírové nám. 2
Tel. 353 109 630
Fax 353 226 638
www.pupp.cz
Bekannteste Nobelherberge der Stadt mit entsprechendem luxuriösem Ambiente. Bisweilen gibt es saisonale Pauschalangebote, die einen günstigeren Preis ermöglichen. Auch das dem Hotel Pupp angeschlossene Parkhotel gleich daneben bietet günstigere Preise.

② *Kolonáda*
I. P. Pavlova 8
Tel. 353 345 555
Fax 353 347 818
www.bristol.cz
Modern und unterschiedlich eingerichtete Zimmer. Vielfältige Kureinrichtungen im Haus, auch Pool.

▶ Komfortabel

③ *Embassy*
Nová Louka 21
Tel. 353 221 161
Fax 353 223 146
www.embassy.cz
Familäres Hotel, das sich mit seinem Angebot besonders an Freunde des Golfsports richtet. Traditionsreiches und sehr gutes Restaurant.

④ *Villa Charlotte*
Petra Velikého 4
Tel. 35 585 401
Fax 353 223 424
www.villa-charlotte.com
Die mit ihren Türmchen und Erkern geschmückte Villa liegt am Rand des Kurbereichs. Mit nur 30 Betten geht es hier fast familiär zu.

Inbegriff eines luxuriösen Badehotels um die Jahrhundertwende ist das Grandhotel Pupp, das Fellner und Helmer 1896 bis 1913 realisierten. Die Ursprünge des Hauses reichen bis in das Jahr 1701 zurück. Damals ließ der sächsische Kurfürst August I. den Sächsischen Saal errichten, der den Kern des jetzigen Hotels bildet. Für das 300-jährige Jubiläum der Nobelherberge wurden die 33 First-Class-Apartments, die nach berühmten Gästen wie Kaiser Franz Joseph I., Ludwig van Beethoven oder Antonín Dvořák benannt sind, auf Hochglanz poliert. — ★ **Grandhotel Pupp, Kaiserbad**

Von Fellner und Helmer stammen auch die Pläne für das 1895 fertig gestellte Kaiserbad (Lázně I) schräg gegenüber vom Grandhotel Pupp. Die monumentale Hauptfassade wird vom Karlsbader Stadtwappen und allegorischen Statuen geschmückt.

Kunstgalerie

Geht man auf dem Goethova stezka die Tepl auf der linken Seite noch einige Schritte flussaufwärts, steht man bald vor der Kunstgalerie (Galerie umění), die im Jahre 1912 gegründet wurde. Die Ausstellung präsentiert moderne tschechische Kunst.

St. Peter und Paul

Am westlichen Stadtrand setzt die russisch-orthodoxe Kirche mit ihren vergoldeten Zwiebeltürmchen einen städtebaulichen Akzent. Russische Adlige finanzierten das Gotteshaus, um während des Kuraufenthaltes nicht auf den Gottesdienst in gewohnter Umgebung verzichten zu müssen (Öffnungszeiten: tgl. 10.00 – 17.00 Uhr).

Wanderungen

★ **Hirschensprung, Petershöhe**

Der Weg auf die Petershöhe beginnt am Markt, wo man am Beginn der Schlossbergstraße (Zámecký vrch) linkerhand die Stufen emporsteigt. Am Hirschensprung, auf halber Höhe, schaut die Statue einer kleinen Gemse vom Felsen hinab ins Tal. Sie scheint der gängigen Legende zu widersprechen, nach der ein Hirsch Kaiser Karl IV. zu den Thermalquellen geführt haben soll. Das hübsche Standbild ließ der Sonderling und Kunstliebhaber Graf Lützow errichten. Auf dem

Gipfel kann man sich im Restaurant »Hirschensprung« (Jelení skok) stärken. Von der oberhalb gelegenen Petershöhe (Petrova výšina) hat man ebenso wie vom darunterliegenden Aussichtspavillon den besten Blick auf das Kurviertel.

Freundschaftshöhe, Aussichtstürme

Nur einige Schritte vom Grandhotel Pupp befindet sich die Talstation der Standseilbahn auf die Freundschaftshöhe (Výšina Přátelství). Sie verkehrt täglich zwischen 9.00 und 17.00 Uhr. Von der Zwischenstation läuft man bequem zur nahen Petershöhe. Nur wenige Meter von der Bergstation entfernt, geht es mit einem Lift auf den Dianaturm (tgl. 9.00 – 19.00 Uhr in Betrieb). Aus luftiger Höhe überblickt man den Großteil des Karlsbader Stadtgebietes und schaut hinüber zum Erzgebirge.
Eine halbe Stunde geht man vom Dianaturm in südöstliche Richtung zur Aussichtshöhe Kaiser Karl IV.

Goethewarte

Von der Hauptstraße Na vyhlídce schlängelt sich der Turgeniewweg (Turgeněvova) hinauf zum Plateau des Dreikreuzberges (Tři kříže) mit schöner Aussicht auf das Kurviertel. Bis zur Goethewarte muss man ab hier kaum noch Höhenunterschiede überwinden, etwa eine Stunde dauert der Spaziergang. Die Gothewarte (Goethova vyhlídka) auf 641 m Höhe entstand 1888/1889 zum Andenken an den Besuch der österreichischen Erzherzogin Stephanie. Selten wurde ein Turm so oft umbenannt: Anfangs war es die Stephaniewarte, nach 1918 die Adalbert-Stifter-Aussicht und 1949 gar der Stalinturm. Weil auch Goethe diesen Ort schätzte, erhielt das Bauwerk schließlich seinen Namen (Öffnungszeiten: Mi. – So. 11.30 – 20. 00 Uhr).

Kyselka (Gießhübel)

Der rot markierte Wanderweg führt von der Goethewarte in das etwa 10 km nordöstlich gelegene ehemalige Bad Gießhübel. Den Kurort gründete Heinrich Mattoni in den 1930er-Jahren des 19. Jh.s. Sein Sohn ließ 1873 die heute zum technischen Denkmal erklärte Flaschenabfüllanlage errichten. Der Badebetrieb wurde später wieder aufgelöst. Die Hauptquelle erhielt den Namen Otto, nachdem der griechische König im Jahr 1852 hier zur Kur weilte. Die **Mineralquelle** befindet sich in einer künstlichen Höhle und ist zugänglich. Wem das warme und salzhaltige Quellwasser im Kurviertel nicht schmeckt, wird dieses besonders gut munden.

? WUSSTEN SIE SCHON ...?

- In Flaschen abgefüllt, ist Mattoni-Mineralwasser das populärste im Land, es kommt auch in Nobelhotels auf den Tisch.

✶ Jáchymov (St. Joachimsthal) und Umgebung

Malerische Lage

Der Kurort Jáchymov schmiegt sich an einen Ausläufer des Erzgebirges, eingebettet ins malerische Weseritztal, knapp 20 km nordöstlich von Karlsbad. Von 1519 an prägte man in der hiesigen Münze Gul-

dengroschen, die »Joachimsthaler«. Aus dieser Bezeichnung entwickelte sich sprachgeschichtlich der »Taler« und später der »Dollar«. Grundlage bildeten die reichen Silbererzfunde der Umgebung – so in Gottesgab.
Nachdem im späten 17. Jh. die Erzlagerstätten ausgebeutet waren, erlebte die Stadt eine Renaissance, als 1898 das Ehepaar Curie in den Pechblendenrückständen des Joachimsthaler Silberbergbaus die Elemente Radium und Polonium entdeckt hatte. 1906 wurde in St. Joachimsthal **das erste Radium-Heilbad der Welt** eröffnet. Von 1945 bis Mitte der 1960er-Jahre beutete die Sowjetunion die reichen Uranerzlagerstätten aus und schickte vorwiegend politische Gefangene zur Zwangsarbeit in die »Hölle von Jáchymov«. Heute ist Jáchymov vor allem vom Kurbetrieb geprägt: Drei 26 – 34 °C warme Quellen sowie zwei radioaktive Thermalquellen werden therapeutisch genutzt.

Kurviertel, Altstadt

Das Kurviertel erstreckt sich südöstlich der Altstadt. Nach Plänen von Architekt Burian wurde 1910 bis 1912 das imposante Sanatorium Radium Palace im Jugendstil erbaut. Das moderne Curie-Sanatorium empfing 1992 die ersten Gäste. Die Altstadt mit dem steil ansteigendem, lang gestreckten Marktplatz steht zwar unter Denkmalschutz, dennoch sind sehr viele Häuser in bedauernswertem Zustand. Mittlerweile bereits renoviert ist die einstige Königliche Münze (Královská mincovna), wo die Joachimsthaler geprägt wurden. Das Haus beherbergt neben der numismatischen auch eine Ausstellung zum Thema Bergbau und Badewesen. Das Rathaus nebenan entstand um die Mitte des 16. Jh.s. Das heutige Erscheinungsbild des Rathauses bestimmt der klassizistische Umbau (1784). **Der älteste Urangrubenförderturm der Welt** steht an der Grube »Eintracht« (Svornost).

Boži Dar (Gottesgab)

5 km nördlich von St. Joachimsthal breitet sich Boži Dar, das höchstgelegene Städtchen Mitteleuropas auf über 1000 m aus. Im Winter ist es ein **guter Ausgangspunkt für Langläufer**, im Sommer für Wanderer und Fahrradtouristen. Die Bergbausiedlung entstand zu Beginn des Silber-Booms nach dem Muster sächsischer Renaissancestädte. Bis 1547 lag der Ort auf sächsischem Territorium. Die Bergleute fertigten anlässlich eines Besuches ihres Landesherrn eine Bank aus purem Silber. Kurfürst Johann Friedrich dankte ihnen mit den Worten: »Dieses edle Metall ist euer Brot, das ist eine Gottesgabe« – so kam die Stadt zu ihrem Namen.

Erzgebirge, Keilberg (Klínovec)

Der Keilberg ist mit 1244 m der höchste Gipfel des Erzgebirges (Krusné hory), das aus dem Mittelsächsischen Hügelland langsam auf 800 bis 900 m ansteigt und jenseits der Staatsgrenze zwischen Deutschland und Tschechien steil zum Graben der Eger abfällt. Auf dem Gipfel befinden sich zwei Hotels und ein Gasthaus. Das Skiareal Klínovec ist mittlerweile das größte Skizentrum im Erzgebirge.

Kroměříž (Kremsier)

N 6

Region: Südmähren **Höhe:** 201 m ü. d. M.
Einwohnerzahl: 30 000

Als ehemalige Residenz der Bischöfe und Erzbischöfe von Olmütz blickt Kremsier auf eine blühende Vergangenheit zurück, die sich auch dem heutigen Besucher durchaus noch mitteilt.

Ruhiges Provinzstädtchen

Allein schon das erzbischöfliche Schloss und die Gemäldegalerie, aber auch die hübschen Parkanlagen und die renovierte Altstadt bieten Anlass genug für eine Visite in Kroměříž, das sich rund 40 km südlich von Olmütz auf dem rechten Ufer der March ausbreitet.

Sehenswertes in Kroměříž

★ Schloss

Zwischen 1664 und 1695 ließ Bischof Karl Eusebius Liechtenstein-Castelkorn an der Stelle einer alten Burg ein stattliches Barockschloss erbauen. Die reich ausgestatteten, mit Fresken und Stuck verzierten Räume haben schon für so manchen Film als Kulisse gedient – u. a. auch für den Hollywood-Mozartfilm »Amadeus« von Miloš Forman. Bedingt durch die Revolutionswirren wurde das österreichische Parlament 1848 von Wien nach Kremsier verlegt. Im Kongresssaal des Schlosses gab man der Habsburger Monarchie eine neue Verfassung. Der Kunstsinnigkeit der Olmützer Bischöfe ist es zu verdanken, dass Kroměříž heute eine wertvolle Bibliothek mit einem Bestand von etwa 40 000 Bänden, eine stattliche Münzsammlung, eines der größten

Kroměříž Orientierung

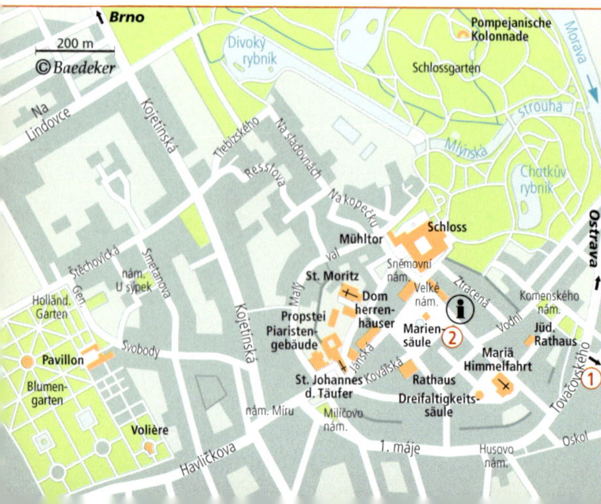

Übernachten

① Octarna
② Bouček

Musikarchive Europas und – last but not least – eine hervorragende Gemäldegalerie besitzt, die als zweitwichtigste Sammlung des Landes nach der Prager Nationalgalerie gilt. Gemälde von Tizian, van Dyck, Cranach d. Ä., Jan und Pieter Brueghel, Veronese u. a. verleihen der Sammlung ihr überragendes Format. Seit einiger Zeit können nicht nur die Repräsentationsräume des Schlosses von Kroměříž, sondern auch der 1266 gegründete Erzbischöfliche Weinkeller besichtigt werden (Öffnungzeiten: Mai – Sept. Di – So., April/Okt. nur Sa. u. So. 9.00 – 17.00 Uhr; Auskunft Weinkeller: bei der Stadtinformation).

✶ Schlossgarten, Blumengarten

Kroměříž besitzt zwei große Parkanlagen, die zusammen mit dem Schloss seit 1998 zum **Weltkulturerbe der UNESCO** zählen. Der weitläufige Schlossgarten (Podzámecká zahrada) erstreckt sich nördlich und westlich des Schlosses bis an das Ufer der March. Im 19. Jh. wurde er in einen Park nach englischem Vorbild umgewandelt. Pavillons, Teiche, Kanäle und bislang vernachlässigte Parkbauten wie die »Pompejanische Kolonnade« mit antiken Statuen aus Pompeji verleihen dem Garten seinen eigenen Charme. Knapp 500 m westlich vom Hauptplatz kommt man in den Blumengarten (Květná zahrada). Mit seinen kunstvollen Rabatten und den akurat geschnittenen Hecken verkörpert er den Typus des französischen Barockgartens.

St. Moritz

In der Pilařova steht nahe beim Schloss die 1260 vollendete, später mehrfach veränderte gotische Kirche St. Moritz (kostel sv. Mořice), die Hauptkirche der Stadt.

✶ Hauptplatz

Der annähernd quadratische Hauptplatz der Stadt mit barocker Mariensäule (1680) und hübschem Triton-Brunnen überrascht durch seine Weiträumigkeit. Die stattlichen Häuser, z. T. mit Laubengängen, stammen aus unterschiedlichen Epochen und sind fast alle liebevoll renoviert. Im Haus Nr. 38 werden Arbeiten des aus Kroměříž

KROMĚŘÍŽ ERLEBEN

AUSKUNFT

Informationszentrum
Velké nám. 50
CZ-76701 Kroměříž
Tel./Fax 573 331 473
www.mesto-kromeriz.cz

ÜBERNACHTEN

► Komfortabel

① *Octárna*
Tovačovského 318
Tel. 573 505 655
www.octarna.cz
Gediegene Zimmer in einem kleinen Viersternehaus im ehemaligen Franziskanerkloster, etwa zehn Minuten Fußweg zum Schloss und Blumengarten; sehr gutes Restaurant.

② *Bouček*
Velké nám. 108
Tel. 573 342 777
www.hotelboucek.cz
Viersternehaus direkt am Marktplatz; Zimmer in freundlichen Farben, Doppelzimmer und Apartments.

gebürtigen Künstlers Max Švabinsky (1873 – 1962) gezeigt. In der Südwestecke, zu erkennen an dem Turm, überragt das Rathaus den Platz. In der gegenüberliegenden Ecke grenzt das mächtige Schloss, die Residenz des geistlichen Stadtherrn, an den Platz.

Kovářská, Piaristenkirche Neben dem Rathaus verlässt die hübsche Kovářská den Hauptplatz. Sie mündet in den Masaryk-Platz mit der schönen St. Johanneskirche an der rechten Seite (Sv. Jana Křtitele), eines der Prunkstücke des Barock in Mähren. Die mächtige Kuppel verleiht dem 1768 vollendeten Barockbau ein majestätisches Aussehen.

Umgebung von Kroměříž

Tovačov (Tobitschau) Knapp 20 km nordwestlich von Kroměříž liegt an der March (Morava) die Kleinstadt Tovačov. Das Portal (1492) am Turm des mehrmals umgebauten Schlosses gehört zu den ersten Werken der Renaissance in Mähren. Im Schloss wurde ein Museum eingerichtet. In der Umgebung von Tovačov gibt es schöne Bade-Teiche.

Zlín

»Schuhstadt« Die Stadt (83 500 Einw.) im bewaldeten Tal der Dřevnice, rund 25 km südöstlich von Kroměříž, ist wie keine andere in Tschechien von einem einzigen Unternehmen geprägt: In Zlín begann 1894 Tomáš Bat'a mit der Herstellung von Filzpantoffeln und legte damit den Grundstein für sein Schuh-Imperium. Nachdem in den **Bat'a-Werken** 1918 die industrielle Produktion eingeführt worden war, lieferte das Unternehmen Schuhe in die ganze Welt. Heute existieren Bat'a-Ableger in Frankreich, Indien und England; weltweit hat das Unternehmen 50 000 Angestellte in 68 Ländern. Die Konzernzentrale befindet sich im kanadischen Batawa. Da die Familie im Zweiten Weltkrieg auch die deutsche Wehrmacht belieferte, wurde sie 1945 enteignet und das Unternehmen unter dem Namen Svit verstaatlicht. Nach der Wende nicht restituiert, ging es in die Insolvenz.

Stadt des Funktionalismus Bat'a machte aus Zlín nicht nur die »Schuh-Metropole«, er drückte ihr auch städtebaulich seinen Stempel auf. Fabrikhallen, Büro- und Verwaltungsgebäude und sogar die Wohnhäuser für seine Angestellten ließ er von namhaften Vertretern der architektonischen Moderne, u. a. Josef Kotěra und dem Kotěra-Schüler František Gahura, entwerfen. Pläne für zwei Gebäude stammen zudem von Le Corbusier. Das Prinzip der industriellen Fertigung wurde dabei auch auf die Architektur übertragen: Gerasterte Stahlbetonskelettbauten mit roten Ziegel- oder Glasfüllungen beherrschen seither das Bild von Zlín. So entstand eine im Stil des Funktionalismus erbaute Industriestadt.

Sehenswertes Auch wenn für Architekturbegeisterte Zlín mittlerweile zu den Ikonen der modernen Architektur gehört – angesichts des doch eher tristen Gesamteindrucks der Stadt muss man diesen Enthusiasmus nicht unbedingt teilen. Die Durchgangsstraße von Otrokovice nach Vizovice, třída T. Bati, bildet die breite Hauptachse der Innenstadt. Noch bevor man das Zentrum erreicht, sieht man zu Seiten der Straße die von Gärten umgebenen, kleinen kubischen Einfamilienhäuser aus rotem Ziegelstein, insgesamt 1500 in drei Wohnsiedlungen. Das Zentrum von Zlín ist im Grund eine ausufernde Kreuzung, überragt vom Verwaltungsgebäude der Bat'a-Fabrik auf der einen und dem aus den 1930er-Jahren stammenden Hochhaus des **Hotel Moskva**. Ein Blick in das Hotel-Hochhaus lohnt sich, da die arg in die Jahre gekommene, schwülstige Einrichtung einen schrillen Kontrast bildet zur nüchternen Außenarchitektur.

✶ **Schuhmuseum**

In jedem Fall besuchen sollte man das Schuhmuseum (Obuvnické muzeum), unweit des »Wokenkratzers« neben dem Parkhaus. Die Ausstellung besticht weniger durch die Form ihrer Präsentation als durch ihre zum Teil wirklich **originellen oder seltenen Exponate**. Sowohl zeitlich als auch geografisch ist der Bogen weit gespannt: von sagenhaften spitzen Schuhen des 14. Jh.s über derbe Kavaliersstiefel aus dem 17. Jh. bis zu steilen Pumps, von handgefertigten Eskimo-Fellstiefeln bis zu zierlichen Geisha-Slippern, von ausgefallenen Designerschuhen bis zu den Standardmodellen aus der Bat'a-Produktion. Über die Firmengeschichte und den Lebensweg des Gründers Tomáš Bat'a informiert ein interessantes 15-minütiges Video in deutscher Sprache (Öffnungszeiten: Di. – So. 10.00 – 12.00 und 13.00 bis 17.00 Uhr).

Das Schuhmuseum zeigt auch eine alte Werkstatt.

Das barocke **Schlösschen** in einem kleinen Park gegenüber dem Busbahnhof beherbergt das Heimatmuseum und die Städtische Galerie mit tschechischer Kunst des 20. Jh.s sowie eine Ausstellung über die Filmstudios von Zlín (Öffnungszeiten: Di. – So. 10.00 – 17.00 Uhr).

✶ **Umgebung Vizovice**

15 km östlich von Zlín erreicht man den Ort Vizovice, der wegen des **Barockschlosses** mit englischem Park den kleinen Abstecher lohnt. Der überschaubare Dreiflügelbau wurde 1770 für Hermann Hannibal von Blümegen errichtet. Das Innere ist mit Möbeln und Gemälden des 17. – 19. Jh.s eingerichtet.

★★ Kutná Hora (Kuttenberg)

J 5

Region: Mittelböhmen **Höhe:** 273 m ü. d. M.
Einwohnerzahl: 21 000

Obwohl die Stadt heute gerade 21 000 Einwohner zählt, ist sie als ehemaliger Sitz der königlichen Münze und nach Prag und Olmütz die kunstgeschichtlich bedeutendste des Landes und auch auf der Liste des UNESCO-Weltkulturerbes zu finden.

Charakteristisches Stadtbild

Von welcher Seite man sich Kutná Hora auch nähert, immer ist schon aus der Ferne das charakteristische dreiteilige Zeltdach der Barbarakirche oder der hohe, schlichte Turm von Sankt Jakob zu sehen. Gotik und Barock, die beiden Blütezeiten Böhmens, prägen das Bild von Kuttenberg. In ihren engen Gassen haben nach der Wende Antiquitäten- und Schmuckhändler kleine Geschäfte eröffnet, und auf den weiten Plätzen kann man bei einem Kuttenberger Bier beim Stadtrundgang rasten.

Stadt des Silberbergbaus

Untrennbar ist die Geschichte der Stadt mit dem Silberbergbau verbunden, denn die Kuttenberger Minen gehörten im Mittelalter zu den ergiebigsten Europas: Etwa ein Drittel des kostbaren Erzes stammte von hier. Im 14. Jh. waren in Kuttenberg bis zu 3000 Menschen im Bergbau beschäftigt, im Welschen Hof wurde der **»Prager Groschen«** geprägt, eines der wichtigsten Zahlungsmittel der damaligen Zeit. König Wenzel IV., der politisch eher unbedarfte Nachfolger Kaiser Karls IV., erließ hier 1409 das Kuttenberger Dekret, das die Position der Tschechen an der Prager Karlsuniversität unter ihrem Rektor Jan Hus bedeutend stärkte und dazu führte, dass rund 1000 deutsche Professoren und Studenten die Hauptstadt verließen. So blieb die Stadt auch in den Hussitenkriegen nicht verschont – zweimal wurde sie niedergebrannt. Mitte des 16. Jh.s waren die Silberstollen weitgehend erschöpft, die Fördermethoden veraltet, die Konkurrenz aus Südamerika zu groß. 1547 wurde der letzte Groschen in Kuttenberg geprägt, 1726 die Münze geschlossen.

Sehenswertes in Kutná Hora

Rundgang

Ein Spaziergang durch die Stadt beginnt am besten beim Ursulinenkloster, an der Straße Na valech. Über den Marktplatz erreicht man den Welschen Hof und die Jakobskirche. Von hier hat man den vielleicht schönsten Blick auf die Barbarakirche, der Weg führt über das Kastell und das Jesuitenkolleg zu dieser wichtigsten Sehenswürdigkeit Kuttenbergs. Danach kann man vorbei am spätgotischen polygonalen Steinernen Brunnen (Kamenná kašna) zur Barockkirche des Johannes von Nepomuk und dem Steinernen Haus gehen. Über die Šultysova mit ihrer Pestsäule erreicht man wieder den Marktplatz.

Kutná Hora Orientierung

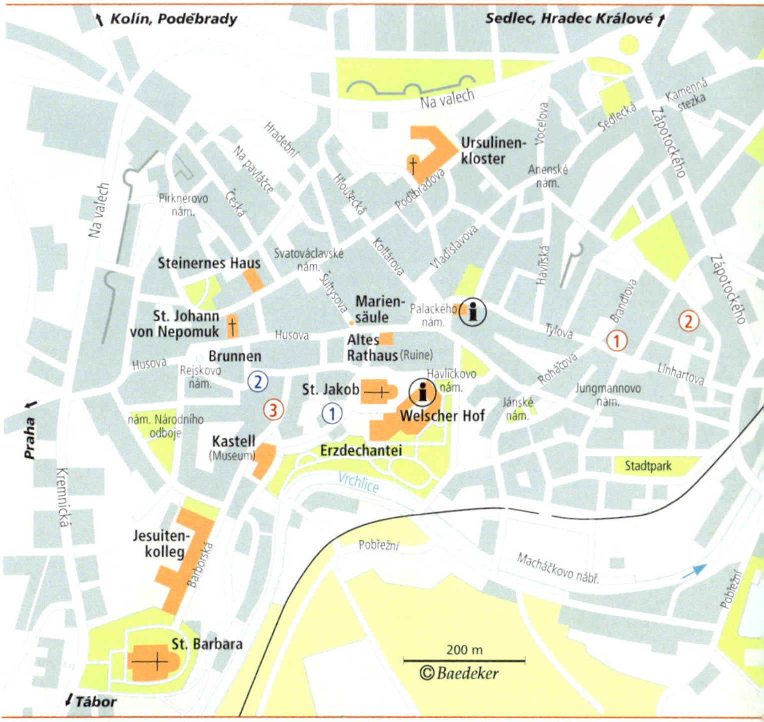

Essen
① Kavárna Na Kozím Plácku
② Dačická pivnice

Übernachten
① U Růže
② U Kata
③ U Hrnčíře

Ursulinenkloster (Klášter ádu sv. Voršily)

Es war der bedeutendste Barockarchitekt Böhmens, **Kilian Ignaz Dientzenhofer**, der unmittelbar neben der ehemaligen Stadtbefestigung sein bisher größtes Bauprojekt verwirklichen wollte: Eine vierflügelige Klosteranlage, die von einer Kuppel mit einem Durchmesser von 19 m bekrönt werden sollte. Aus finanziellen Gründen mussten die Arbeiten jedoch 1743 eingestellt werden. Verwirklicht wurden so nur zwei Flügel, und statt der Kirche entstand erst zu Beginn des 20. Jh.s eine bescheidene Kapelle. Die restliche Fläche wurde nicht bebaut, und daher lassen sich die ursprünglichen Pläne Dientzenhofers bis heute nachvollziehen. Die Ursulinerinnen mussten 1950 ihr Kloster verlassen, erhielten es nach 1989 jedoch zurück (Öffnungszeiten: Mai – Sept. tgl. 8.00 – 17.00, April, Okt. nur Sa., So. 9.00 – 16.00 Uhr).

Marktplatz Der große, von Renaissancehäusern gesäumte Platz trägt den Namen des tschechischen Historikers František Palacký. An der Südwestseite des Platzes sieht man noch die Reste des 1770 niedergebrannten alten Rathauses.

✶ **Vlašský dvůr, (Welscher Hof)** Der Welsche Hof entstand vermutlich im 13. Jh. unmittelbar an einer wichtigen Straße nach Mähren. Da der Platz durch seine natürliche Lage auf einer Anhöhe als besonders sicher galt, wurde hier seit dem Ende des 13. Jh.s Silber gelagert, und auch der königliche Beamte, der den Bergbau kontrollierte, nahm hier seinen Sitz. Die königliche Münze entstand dann im ersten Drittel des 14. Jh.s. Seinen Namen erhielt der Hof von Spezialisten aus Florenz, die der König für die Münzprägung nach Kuttenberg geholt hatte. Entscheidend für das heutige Aussehen des um einen romantischen Innenhof angelegten Gebäudekomplexes waren die Baumaßnahmen Ende des 14. Jh.s: Die Räume im Ostflügel, die der König bei seinen häufigen Aufenthalten in der Stadt bewohnte, wurden erweitert. Es entstanden der Turm und die **Wenzelskapelle**, die heute als eines der wichtigsten Werke der böhmischen Gotik gilt. Seine besondere Wirkung erhält der Raum durch das herrliche, auf einem Mittelpfeiler ruhende Kreuzrippengewölbe, den maßwerkverzierten Chorerker und die spätgotischen Flügelaltäre. Wandgemälde (1904) des Jugendstilmalers František Urban schildern die Wenzelslegende.
Im ehemaligen Haus des Münzmeisters ist eine **Ausstellung zur Geschichte des »Prager Groschens«** untergebracht. Im ersten Stock befindet sich der Sitzungssaal mit einer Kassettendecke und schönem Renaissancegestühl.

Erzdechantei Neben dem Welschen Hof steht die im Jahre 1595 errichtete Erzdechantei (Arciděkanství), in der einst besonders begabte Schüler auf die Universität vorbereitet wurden. An dem reich verzierten Marmorportal wird ein Cicero-Spruch über die Bedeutung des Studierens zitiert.

St. Jakob (sv. Jakuba) Zu Beginn des 14. Jh.s waren in den Nachbargemeinden Kuttenbergs repräsentative Stadtpfarrkirchen errichtet worden. In dem Ort selbst jedoch gab es lediglich eine hölzerne Kapelle am Rande des Bergbaugebietes – für die ehrgeizigen Bürger der Stadt ein unhaltbarer Zustand. So entstanden die Pläne für die zweitürmige, gotische Jakobskirche, die von der bedeutendsten Prager Bauhütte unmittelbar neben dem Welschen Hof errichtet werden sollte. Zu spät jedoch stellte man fest, dass das von Bergwerksstollen durchzogene Gelände das mächtige Bauwerk nicht tragen konnte. 90 Jahre, von 1330 bis 1420, bemühte man sich, die statischen Probleme zu lösen, doch der zweite Turm wurde nie fertiggestellt.
Ein Blick ins Innere – die Kirche ist nur zur Zeit der Gottesdienste zugänglich – lohnt sich wegen der Altarblätter und der Gemälde von den Barockmalern Peter Brandl und Karel Škréta.

KUTNÁ HORA ERLEBEN

AUSKUNFT

Informationszentrum
Palackého nám. 377
CZ-28401 Kutná Hora
Tel./Fax 327 512 378
www.kutnahora.cz

ESSEN

► Erschwinglich

① *Kavárna Na Kozím Plácku*
Dačického nám. 10
Tel. 724 372 834
Winziges gemütliches Café nahe der St. Jakobskirche; ausgewählte Kaffeesorten aus aller Welt, heiße Schokolade, Weine, Hochprozentiges, Desserts.

② *Dačický pivnice*
Rakova 82
Tel. 327 512 248
Traditionelles Gasthaus im Herzen der Stadt mit klassischer böhmischer bzw. tschechischer Küche und mehreren Sorten Bier.

ÜBERNACHTEN

► Komfortabel

① *Zlatá Stoupa*
Tylova 426
Tel. 327 51 15 40
Fax 327 51 38 08
www.zlatastoupa.cz
Annehmbares Mittelklassehotel östlich des Zentrums; gediegene Einrichtung. Ein eigener Parkplatz steht zur Verfügung.

► Günstig

② *U Kata (Zum Henker)*
Uhelná 596
Tel. 327 515 096, www.ukata.cz
Nahe vom Bahnhof Kutná Hora-město. Standardzimmer zum günstigen Preis. An den Wänden im Gasthaus Wappen, Henkerbeil, Schwert, Morgensterne und Handschellen, großer schmiedeeiserner Kronleuchter, flackernder Kamin. Im Sommer auch Terrassenbetrieb. Fassbiere Dačický 10° und 12°, Bohnensuppe im Brotlaib.

③ *U Hrnčíře*
Barborská 24
Tel. 327 512 113
Verwinkeltes Haus nahe der kleinen Festung; kleines Restaurant mit guter Weinauswahl; Freiluftplätze im idyllischen Garten.

Kastell

Das Kastell (Hrádek) in der Barborská (Nr. 28) war einst Teil der städtischen Befestigungsanlagen, erstmals erwähnt wurde es 1312. Im Jahr 1490 kaufte es dann der Bergwerksbesitzer Jan Smíšek und ließ es zu einer fürstlichen Residenz ausbauen. Erhalten blieben zwei Räume mit bemalten Renaissance-Holzdecken und ein Saal mit spätgotischem Rippengewölbe. In der Wenzelskapelle sind Wandmalereien aus dem Jahr 1504 zu sehen. Heute ist das Kastell Sitz des **Böhmischen Silbermuseums** und beherbergt eine Ausstellung zum Münzwesen. Besonders attraktiv: die Besichtigung eines mittelalterlichen Silberstollens unter dem Kastell (Öffnungszeiten: April bis Okt. Di. – So. 9.00 – 12.00 und 13.00 – 17.00 Uhr).

Jesuitenkolleg Mitten im Dreißigjährigen Krieg, 1626, kamen die Jesuiten in die Stadt und gründeten als Zentrum der Gegenreformation ihr Kolleg (Jezuitská kolej). Die riesige Anlage wurde von dem italienischen **Baumeister Domenico Orsi** in Form eines »F« errichtet – zu Ehren des damaligen österreichischen Kaisers Ferdinand II. Auf der Balustrade, die zur Barbarakirche führt, stehen – ähnlich wie auf der Prager Karlsbrücke – Barockstatuen, Werke des Jesuiten-Bildhauers Franz Baugut. Heute wird die weitläufige Anlage als **Galerie** genutzt.

✶✶ Barbarakirche Das dreiteilige Zeltdach, die hohen, weiträumigen Emporen, das teilweise ausgemalte Sternrippengewölbe, die fehlenden Türme: Sankt Barbara (Chrám Svaté Barbory) ist sicher **eine der ungewöhnlichsten gotischen Kirchen Europas** und ein Baudenkmal von Weltrang. Am Beginn ihrer Geschichte steht ein Streit: Ein ganzes Jahrhundert lang kämpfte die Stadt, repräsentiert durch die reichen Bergwerksbesitzer, mit dem Orden der Zisterzienser um die kirchliche Selbstverwaltung. Schließlich beschlossen die Kuttenberger, auf einem Gelände, das dem Prager Domkapitell gehörte und auf das der Orden keinen Zugriff hatte, eine Kirche bauen zu lassen. Als Namenspatronin wählten sie die Heilige Barbara, die Schutzheilige der Bergleute.

Die Barbarakirche ist ein besonderes Beispiel für die Gotik in Böhmen.

Baubeginn war 1388, der erste Architekt des Gotteshauses war **Johann Parler**, der bereits am Bau des Prager Veitsdoms mitwirkte. Und ebenso wie St. Veit erhielt die Barbarakirche als Chorabschluss einen Kapellenkranz nach dem Vorbild der französischen Kathedralen. Statt drei Schiffen wie in Prag entstanden in Kuttenberg jedoch fünf, wobei die äußeren Schiffe breiter als die inneren sind. Die Hussitenkriege unterbrachen die Arbeiten für 60 Jahre, danach waren es die Baumeister Matthias Rejsek und Benedikt Ried, die der Kirche ihre außergewöhnlichen Formen verliehen. Einzigartig in der Kunst des Mittelalters sind die spätgotischen Wandmalereien mit Szenen aus dem Leben der Bergleute. Die kunsthistorisch interessantesten Malereien findet man in der Grabkapelle der Unternehmerfamilie Smíšek. Sie stammen von einem unbekannten Künstler, der sein Handwerk offenkundig in den Niederlanden erlernt hatte. Die böhmische Wandmalerei, die bisher vor allem italienisch beeinflusst war, erhielt durch sein Werk neue Impulse. Im Jahr 1558 musste der Bau aus finanziellen Gründen erneut unterbrochen werden, endgültig fertiggestellt wurde er 1905. Aus den jüngsten Bauphasen stammen unter anderem die Fenster im Stil von Historismus und Jugendstil.

★★ **Steinernes Haus**

Das Steinerne Haus (Kamenný dům) ist einer der schönsten spätgotischen Profanbauten des Landes. Herausragend sind die Steinmetzarbeiten (1489), die u. a. die Aufnahme des Besitzers Prokop Kroupa in den Adelsstand zeigen. Typisch für die damalige Zeit ist die zweiteilige Eingangshalle, durch die man zu Wohn- und Arbeitsräumen gelangte. Im Haus ist heute das **Kunsthandwerksmuseum** eingerichtet. Interessant ist die rußgeschwärzte »Schwarze Küche« (Öffnungszeiten: April – Okt. Di. – So. 9.00 – 12.00 u. 13.00 – 17.00 Uhr).

Sedlec (Sedletz)

Im Stadtteil Sedlec, 3 km nordöstlich des Zentrums, gibt es eine gruselige Kuriosität: Eine im 12. Jh. errichtete **Beinhauskapelle**, die mit den Knochen von circa 40 000 Menschen »ausgeschmückt« ist.
Mitte des 12. Jh.s gründeten bayerische Mönche in Sedletz ein Zisterzienserkloster. Die **Kathedrale Mariä Himmelfahrt** ist ein fünfschiffiger Bau, der älteste gotische in Mitteleuropa. Abt Snopek beauftragte P. I. Bayer und Johann Blasius Santini-Aichel mit ihrer Rekonstruktion. Sie bauten die Kirche im Stil der Barockgotik um, wobei sie gefühlvoll die einstige gotische Atmosphäre konservieren konnten, was 1995 mit der Aufnahme in die Weltkulturerbeliste der UNESCO gewürdigt wurde.

Kolín (Kolin)

Industriestandort

Die alte Stadt (31 000 Einw.) 10 km nordwestlich von Kutná Hora ist seit der Mitte des 19. Jh.s der wichtigste Industriestandort Mittelböhmens. Dazu beigetragen hat die verkehrsgünstige Lage: Bereits 1843 bis 1845 entstand die Eisenbahnlinie Prag – Olomouc, zudem liegt die Stadt direkt an der Elbe (Labe), an ihrem linken Ufer breitet sich die Altstadt aus, am rechten das Industriegebiet. Und so ist klar: Gäbe es nicht die Bartholomäuskirche, eines der wichtigsten Werke der mitteleuropäischen Gotik, wohl kaum ein Besucher würde sich in die Elbstadt verirren. Sehenswert ist freilich auch der Marktplatz. Da rund um Kolín Obst, Gemüse und Blumen angebaut werden, ist jeder Tag auch ein Markttag.

★★ **St. Bartholomäus**

Es ist, als wäre die Zeit stehen geblieben in dieser Ecke am Rand der Altstadt. Neben alten Bürgerhäusern aus heimischem Sandstein erhebt sich groß und mächtig der vielgliedrige Bau der Bartholomäuskirche (Chrám sv. Bartoloměje). Bereits unmittelbar nach der Gründung der Stadt wurde sie in der zweiten Hälfte des 13. Jh.s errichtet, und schon damals zählte die dreischiffige Kirche zu den bedeutendsten Werken der mitteleuropäischen Frühgotik. Doch durch ein Versehen geriet das alte Presbyterium in Brand, und so konnte in der Zeit der Hochgotik zwischen 1360 und 1378 **Peter Parler** eines seiner wichtigsten Werke verwirklichen: einen 23 m hohen Umgangschor mit sieben Chorkapellen und einem komplizierten Kreuzrippengewölbe. Das Monumentale des Bauwerks wird unterstrichen durch den hohen, frei stehenden Glockenturm aus dem Jahr 1504.

Jüdisches Ghetto

In Kolin existierte bereits seit dem 14. Jh. die nach Prag größte jüdische Gemeinde Böhmens. Zwischen Kirche und Marktplatz blieben Teile des ehemaligen Ghettos (Židovské ghetto) erhalten, so etwa die wertvolle frühbarocke Synagoge aus dem Jahre 1642 (Na hradbach Nr. 157). In der Karolíny Světlé gibt es eine Gruppe von so genannten **»geteilten Häusern«**. An ihnen wird deutlich, dass die Menschen hier nicht nur lebten, sondern auch arbeiteten: Im ersten Stock waren die Wohnräume, im Erdgeschoss der Laden oder die Werkstatt (Hausnummern 140, 141, 147 – 150). Auf dem jüdischen Friedhof in der Kmochová, fünf Gehminuten östlich des Marktplatzes, wurde bis 1887 beerdigt.

Museum

Als eine der wenigen Städte des Protektorats Böhmen und Mähren wurde Kolín 1944 und 1945 bombardiert. Ein Museum zur Geschichte der Stadt und ihrer christlichen und jüdischen Einwohner findet sich im gotischen Kremlička-Haus, Brandlova-Straße 27 gegenüber der Kirche.

Marktplatz und Umgebung

Nicht mehr die »Verteidiger des Friedens«, sondern Kaiser Karl IV. ist heute wieder der Namenspatron des riesigen Platzes im Zentrum von Kolín. Es heißt, der Regent hätte die Stadt besonders gerne besucht – schließlich baute hier auch sein Hofarchitekt Peter Parler. Die ehemals gotischen Häuser des Marktplatzes tragen heute freilich Fassaden späterer Epochen, so wurde etwa das Rathaus im 16., 18. und 19. Jh. umgebaut, die neogotischen Malereien stammen aus dem Jahre 1887. Westlich des Marktplatzes befand sich einst das Stadtschloss, das im 19. Jh. zu einer Brauerei umgebaut wurde. Erhalten blieb eine spätgotische Pforte aus der Zeit um 1500 mit dem Relief eines Drachens.

Poděbrady (Podiebrad)

Kleinstadt an der Elbe

Stadtbild und Atmosphäre von Poděbrady (13 000 Einw; 15 km nordwestlich von Kolín) werden von zwei völlig unterschiedlichen Attraktionen bestimmt. Da ist zunächst das mächtige Schloss des »Hussitenkönigs« Georg (Jiří) von Podiebrad, in dem vor allem tschechische Kinder früh eine Einführung in die Geschichte erhalten. Und dann sind da noch die weitläufigen städtischen Parkanlagen mit 13 alkalischen und kohlensäurehaltigen Thermalquellen, die die Kleinstadt an der Elbe (Labe) zu einem Kurort vor den Toren der nur 45 km entfernten Hauptstadt machten. Die heilenden Wasser der Stadt wurden erst 1905 von dem Wünschelrutengänger Karel Bülow entdeckt, der auf der Suche nach Trinkwasser für die Stadt und die Burg war. Im Jahr 1908 öffnete dann das Bad seine Pforten, und bereits in der zweiten Saison zählte man über 2000 Kurgäste. Heute kommen jedes Jahr rund 10 000 Patienten nach Poděbrady.

Die ehemalige slawische Burgstätte wurde im 13. und erneut im 14. Jh. zu einer gotischen Burg erweitert. 1545 bis 1582 entstand dann unter italienischen und deutschen Baumeistern ein Renaissanceschloss, das 200 Jahre später dem Stil des Barock angepasst wurde. So stammt das mit Wappen geschmückte Eingangsportal aus dem 16., die Brücke zu diesem Portal aus dem 18. Jahrhundert. Durch ein zweites Renaissancetor gelangt man in den eigentlichen Burghof. Zwischen den beiden Trakten aus der Frühgotik und dem zylindrischen Wachturm könnten einige der zahlreichen Märchenverfilmungen des Landes entstanden sein. ★ **Schloss**

Aber auch das Innere ist sehenswert: Im Südflügel befindet sich das Geburtszimmer des späteren Königs Georg, der letzte Böhme auf dem Thron. Im 16. Jh. wurde die Decke entfernt und so entstand ein Raum mit einer Höhe von sieben Metern! In der spätgotischen Kapelle blieben zahlreiche Fresken erhalten.

Lausitzer Gebirge (Lužické hory)

G/H 3

Region: Nordböhmen **Höhe:** 793 m ü. d. M.

Das Lausitzer Gebirge zieht sich entlang der böhmisch-sächsischen Grenze zwischen Česká Lípa im Süden und Liberec im Osten. Mehrere eindrucksvolle Basalt- und Klingsteinkuppen sowie Sandsteinfelsen geben dem bewaldeten Landschaftsschutzgebiet ein besonderes Gepräge. In fast jedem Dorf blieben sehenswerte Beispiele der nordböhmischen Volksarchitektur, die so genannten Umgebindehäuser, erhalten.

Sehenswertes im Lausitzer Gebirge

Rumburk (Rumburg)

Im Norden des Lausitzer Gebirges ist Rumburk, an der sächsisch-böhmischen Grenze gelegen, einen Besuch wert. Die Barockepoche hatte in Böhmen um 1630 mit dem Bau von Loretokapellen eingesetzt, und Rumburk besitzt einen besonders imposanten Kirchenbau dieses Typs. Die Pläne für die 1709 errichtete **Loretokapelle** lieferte Johann Lukas Hildebrandt, die Ausschmückung folgte dem italienischen Vorbild. Der Rundblick vom Tannenberg (Jedlová; 774 m), ca. 10 km südlich von Rumburk, hat im Jahr 1779 schon Kaiser Franz Josef II. begeistert.

LAUSITZER GEBIRGE ERLEBEN

AUSKUNFT

Informationszentrum
Míru nám. 23
CZ-47125 Jablonné v Podještědí
Tel. 487 829 970, Fax 487 829 979
www.jablonnevp.cz

Informationszentrum
T. G. Masaryka 46
473 01 Nový Bor
Tel./Fax 487 726 815
www.novy-bor.cz

ÜBERNACHTEN

► **Komfortabel**

Parkhotel
Žižkova 269
Nový Bor
Tel./Fax 487 723 157
www.parkhotelnovybor.cz
Modernes Hotel in gepflegter Parkanlage im Zentrum. Ein Teil des Betriebes ist in einer renovierten neoklassizistischen Villa untergebracht.

✶ Lausche (Lu)

Vom Parkplatz an der **Lauschebaude** (Chata Luž) in Myslivny (Jägerdörfl) lässt sich der höchste Gipfel des Lausitzer Gebirges in gut einer halben Stunde erwandern (rot markierter Weg).
Auf dem bis zu 793 m hohen Lausche-Plateau verläuft die böhmisch-sächsische Grenze, die im EU-Zeitalter ihre Bedeutung verloren hat. Von hier oben bietet sich ein herrlicher Rundblick auf das Lausitzer und das Zittauer Gebirge sowie das Iser- und das Riesengebirge.

Nový Bor (Haida)

Die Stadt 23 km südlich von Rumburk ist ein Zentrum der böhmischen Glasindustrie mit mehreren Barock- und Empirehäusern sowie einer Spätbarockkirche (18. Jh.). Das **Glasmuseum** (Sklářské muzeum) am Náměstí Míru in der Stadtmitte bietet einen sehenswerten Einblick in die Glaskunst vom 17. Jh. bis zur Gegenwart (Öffnungszeiten: Di. – So. 9.00 – 12.00 und 13.00 – 16.00 Uhr).

Kleis (Klíč) ►

Nördlich des Städtchens erhebt sich die **Vulkankuppe** des Kleis, der »Zuckerhut Nordböhmens«. Der kahle Gipfel ermöglicht eine freie Rundsicht. Bester Ausgangsbasis für einen Aufstieg ist der Ort Svor.

✶ Herrenhausfelsen (Panská skála)

6 km westlich von Nový Bor ist der schönste und größte Basaltaufschluss Europas zu besichtigen. Die Besaltsäulen der »Steinernen Orgel« von Kamenický Šenov (Steinschönau) sind 25 m hoch. Der sehr harte und widerstandsfähige Baustoff wurde bis 1925 im Steinbruchbetrieb gewonnen. In kaum einem geologischen Fachbuch fehlt ein Foto des Herrenhausfelsens.

Šenov

Das Glasmuseum in Šenov besitzt eine umfangreiche Sammlung gravierter und geschliffener Gläser des 17. – 20. Jh.s sowie herrliche Kristalllüster aus der hiesigen Glashütte (Öffnungszeiten: April – Okt. Di. bis So. 8.30 – 16.00, Nov. – März Mo. – Fr. 8.30 – 16.00 Uhr).

Jablonné v Podještědí (Deutsch-Gabel)

18 km östlich von Nový Bor, an der Straße nach Liberec, liegt der Ort Jablonné v Podještědí. Das Dominikanerkloster und die schöne **St. Laurentiuskirche** stammen aus dem 13. Jh. und wurden 1690 bis 1696 nach einem Entwurf des Wiener Architekten Hildebrandt barockisiert. In den zugänglichen Grüften ruhen die Heilige Zdislava von Lemberg – »Mutter der Armen« genannt –, Mönche, Angehörige der Familie von Berka und drei Arbeiter, die beim Bau der Kirche ums Leben kamen.
Die kunstvolle **Pestsäule** auf dem Markt sollte man nicht übersehen; sie ist mit mehreren lebensgroßen Heiligenfiguren ebenso ein Meisterwerk.

Schloss Lemberk (Löwenberg)

Am nordöstlichen Ortsrand von Jablonné steht Schloss Lemberk, um 1240 als Grenzwachburg am Handelsweg nach Zittau erbaut. Die im 17. Jh. barock veränderten Schlossräume beherbergen heute ein Museum der Wohnkultur von der Zeit der Gotik bis zum 19. Jh. (Öffnungszeiten: April u. Okt. Mi. – So. 9.00 – 16.00, Mai – Sept. Di. – So. 9.00 – 18.00 Uhr).

Grabštejn (Grafenstein)

Auf einem Hügel über der Lausitzer Neiße, nahe der Bahnstrecke Zittau – Liberec (Haltepunkt Chotyně), thront das reizende **Renaissanceschlösschen Grafenstein**. Die Kapelle der hl. Barbara mit herrlichen Wandmalereien aus dem 16. Jh. wurde erst jüngst nach langer Renovierung wiedereröffnet.

Liberec (Reichenberg)

J 3

Region: Nordböhmen
Höhe: 340 – 413 m. ü. d. M.
Einwohnerzahl: 98 000

Wegen seiner grenznahen Lage ist Liberec ein beliebtes Ausflugsziel zahlreicher Besucher aus Deutschland und Polen, die vor allem zum Bummeln und Einkaufen, aber auch wegen der schönen Umgebung hierher kommen.

Zentrum der Tuchmacherei

Die an der Lausitzer Neiße (Lužická Nisa) gelegene Stadt wird im Westen von ihrem stolzen Hausberg, dem Jeschken (Ještěd) und im Osten von den Ausläufern des Isergebirges eingerahmt. Bereits im Mittelalter war Reichenberg ein **Zentrum der Tuchmacherei** und auch heute noch ist sie Sitz einer Hochschule für Textilwesen, später schätzte man auch Glaserzeugnisse und Maschinen aus Reichenberg als Markenartikel. Die Neustadt geht auf den kaiserlichen Feldherrn Albrecht von Waldstein (Wallenstein; ► Berühmte Persönlichkeiten) zurück, dem Reichenberg ab 1622 gehörte. Zwischen 1938 und 1945 war Reichenberg das administrative Zentrum des von Deutschland okkupierten Sudetenlandes.

Stadtbild Das Stadtbild wird von Gebäuden aus der Zeit der Jahrhundertwende geprägt. Auf dem Altstädter Platz (Benešovo nám.) mit seinen Cafés und Restaurants herrscht ein ständiges Kommen und Gehen. Die schmale Pražská, die vom Tuchplatz (Soukenné nám.) zum Altstädter Platz hinaufführt, war die beliebteste Einkaufs- und Bummelmeile, jetzt von fünf Shopping-Malls »abgehängt«. Alle Konsumtempel zusammen ergeben mehr Einkaufsfläche pro Einwohner als in Prag! Neben dem Altstadtzentrum lohnen Garten- und Parkstadt am östlichen Stadtrand einen Besuch.

Sehenswertes in Liberec

✶ Altstädter Platz, Rathaus Ausgangspunkt eines Stadtrundgangs ist der verkehrsberuhigte Altstädter Platz (Benešovo náměstí). Das Neorenaissance-Rathaus an der Nordseite entstand 1893 als verkleinerte Kopie des Wiener Originals – beide entwarf der Wiener Architekt Franz Neumann. Auf den schlanken, 65 m hohen Hauptturm kann man hinaufsteigen, um aus der Vogelperspektive die reizvolle Tallage der Stadt besonders gut zu überblicken. Im Inneren sind prächtige Handwerkerarbeiten zu betrachten, so die farbigen Bleiglasfenster. Von Andreas Groll stammen zwei Deckenbilder: Ein Motiv im 2. Stockwerk über der Treppe zeigt die Tuchproduktion, das in der Zeremonienhalle ein »Duell der Wahrheit mit der Lüge« (Öffnungszeiten Turm: Juni – Sept. Mo. – Fr. 9.00 – 15.00, Okt. – Mai Do. 9.00 – 15.00 Uhr).

Das Rathaus in ist eine verkleinerte Kopie des Wiener Vorbilds.

Im Jahr 1990 wurde rechts vom Rathauseingang ein **Denkmal für die Gefallen des Prager Frühlings** enthüllt: Auf einer nachgebildeten Panzerkette stehen die Namen der Opfer in Spiegelschrift. An der Nordwestseite wird der Platz vom in die Jahre gekommenen Jugendstilhotel »Europa« und mehreren Laubenhäusern gerahmt.

Stadttheater Wenige Schritte nördlich des Rathauses steht das Reichenberger Stadttheater, das von 1881 bis 1883 von den Wiener Stararchitekten Fellner und Helmer im Neorenaissancestil erbaut wurde und mit seinem monumentalen Fassadenschmuck ein **typisches Werk des späten Historismus** darstellt. Nach 1945 erhielt das Theater den Namen des Reichenberger Schriftstellers, Kritikers und Dramatikers František Xaver Šalda (1867 – 1937). Einer der beiden Kunststudenten, die den Bühnenvorhang malten, war Gustav Klimt, der später als Jugendstilmaler berühmt wurde.

LIBEREC ERLEBEN

AUSKUNFT

Informationszentrum
Dr. E. Beneše nám
CZ-46059 Liberec
Tel. 485 101 709
Fax 485 243 589
www.infolbc.cz

ESSEN

▸ Fein und teuer

③ *Ambiente*
Sokolská 1365
Tel. 485 108 815
www.ambi.cz
Zwei gelbgetünchte Kellerräume; hervorragende texanisch-mexikanische Küche. Das Fleisch kommt aus Argentinien und Südböhmen. Pilsner Urquell vom Fass; aufmerksamer und schneller Service.

▸ Erschwinglich

① *Ananda*
Frýdlantská 210/12
Tel. 485 103 741
Für alle, die rein vegetarisch essen wollen, genau das richtige Restaurant.

② *Bílý mlýn*
tr. Svobody 295/30
Tel. 482 750 863
Bekannt für Wild-, Lamm- und Fischspezialitäten. Angeschlossen ist eine kleine Pension.

ÜBERNACHTEN

▸ Komfortabel

① *Praha*
Železná 2/1
Tel. 485 102 655
Fax 485 113 138
www.hotelpraha.net
In die Jahre gekommenes Jugendstil-Hotel am Altmarkt.

② *Ještěd*
Horní Hanychov
Tel. 485 104 291, Fax 485 104 295
www.jested.cz
Es ist die einzigartige Lage mit herrlicher Weitsicht, die das architektonisch spektakuläre Hotel auf dem Gipfel des Jeschken zu etwas Besonderem machen.

③ *Babylon*
Nitranská 1
Tel. 485 249 311
Fax 485 249 930
www.centrumbabylon.cz
Das mit 410 Zimmern derzeit größte Hotel des Landes ist Teil des im Las-Vegas-Stil gehaltenen Vergnügungszentrums mit Spielkasino.

Wallensteinhäuser

Vom Rathaus gelangt man durch die Kostelní schnell zum Neustädter Platz (Sokolovské nám.). An der Nordwestecke führt die Windgasse (Větrná ulička) zu den so genannten Wallensteinhäusern (Valdštejnské domky). Die drei Fachwerk-Laubenhäuser entstanden zwischen 1678 und 1681.

Hl. Kreuz

Die Windgasse führt zur barocken Kreuzkirche (1695/1756), die am ersten Altar links ein Albrecht Dürer zugeschriebenes Gemälde mit der Darstellung der hl. Anna Selbdritt (um 1650) besitzt.

Liberec Orientierung

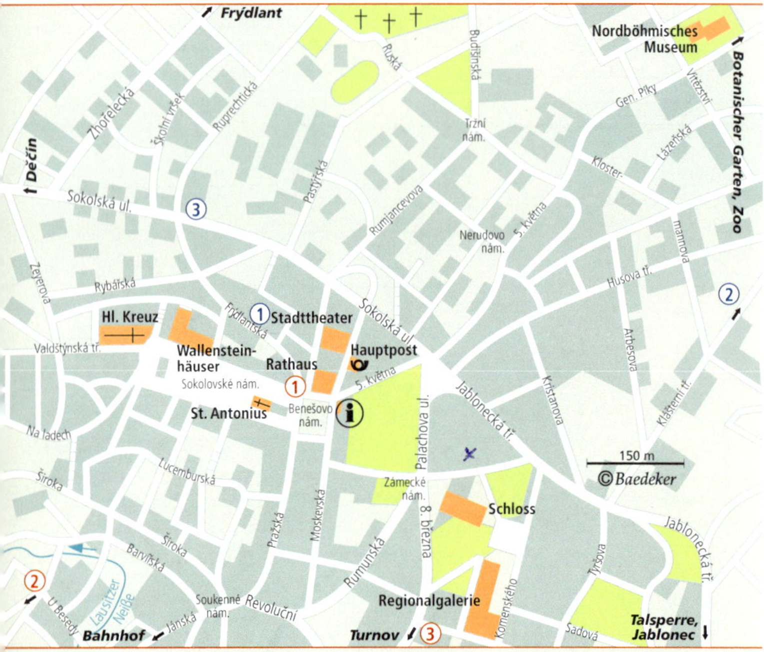

Essen
① Ánanda
② Bílý mlýn
③ Ambiente

Übernachten
① Praha
② Ještěd
③ Babylon

Schloss Der Schlossplatz (Zámecké nám.) wird von der die im 16. Jh. erbauten und mit barocken und klassizistischen Umbauten versehene Residenz der Grafen von Rädern beherrscht. Die Schlosskapelle (1604) gilt als **Schatzkästchen deutscher Renaissancekunst**. Heute im Besitz des Glasunternehmens Skloexport AG, bezeichnen die Reichenberger Einwohner die Residenz auch als »Glasschloss« bezeichnet. Die Musterschau, die hier zusammengestellt ist, besitzt Arbeiten aller tschechischen Produktionsstätten für Glas, ist jedoch seit Jahren unzugänglich.

★ **Regionalgalerie** Einige Schritte weiter südlich, in der einstigen Villa des Textilunternehmers Johann Liebig (U tiskárny 1) ist seit 1953 die Regionalgalerie (Oblastní galerie) mit einer Sammlung niederländischer Malerei des 17. Jh.s, französischer Landschaftsmalerei des 19. Jh.s und tschechischer Kunst des 20. Jahrhunderts beheimatet (Öffnungszeiten: Di. – So. 10.00 – 18.00 Uhr).

Am nordwestlichen Stadtrand, in der Masaryk-Allee 11, steht Tschechiens ältestes Kunstgewerbemuseum (Severočeské muzeum): Es wurde 1873 nach dem Vorbild des Victoria and Albert Museums in London gegründet (Öffnungszeiten: Di. – So. 9.00 – 17.00 Uhr).

Nordböhmisches Museum

Nahe dem Museum gibt es im Botanischen Garten (Botanická zahrada) in modernen Gewächshäusern tropische und subtropische Pflanzen, über 1400 Orchideenarten, den ältesten europäischen Bonsai und 250 Jahre alten Kamelien zu entdecken. Der benachbarte Zoo liegt in einer grünen Oase an den Ausläufern des Isergebirges.

Botanischer Garten, Zoo

Umgebung von Liberec

Südwestlich der Stadt erhebt sich der 1012 m hohe Jeschken. Die Talstation der **Schwebebahn** hinaufl liegt im Ortsteil Horní Hanychov. Das Gipfelplateau wird von einem Fernsehturm mit Berghotel und Restaurant bekrönt, das mit einem internationalen Architekturpreis bedacht wurde (Betriebszeiten der Bahn; tgl. 7.00 – 19.00 Uhr).

★ Jeschken (Ještěd)

Am Nordrand des Jeschkenkamms wurden Silber- und Bleierze gefunden. Im Jahr 1518 gründeten Bergleute das Dorf in idyllischer Lage, umgeben von den urwaldartigen Karlswalder Buchenwäldern (Karlovské bučiny). Die frühbarocke, 1686 erbaute **Pfarrkirche St. Christophori** ist die einzige nordböhmische Holzkirche in Blockbauweise. Bis zum Kriegsende besaßen jedes Bauernhaus und die damals 13 (!) Gasthäuser eine **Weihnachtskrippe**. Manche blieben erhalten und werden im Obergeschoss des Gasthauses »U Kryštofa« ausgestellt (Öffnungszeiten: Apr. – Sept, Sa./So. 13.00 – 16.00, Weihnachten tgl. 10.00 – 17.00 Uhr).

Christophsgrund (Kryštofovo Údolí)

Seit 1830 ist Gablonz an der Neiße, an den südlichen Ausläufern des Isergebirges gelegen, das Zentrum der böhmischen Modeschmuckherstellung. Einblicke in die Produktion einst und jetzt gewährt das **Glas- und Bijouterie-Museum** (U Muzea 398/4; Öffnungszeiten: tgl. 9.00 – 17.00 Uhr). Von den vielen Jugendstilbauten ist die altkatholische Kirche (1902) an der Hauptstraße am schönsten.

Jablonec nad Nisou (Gablonz an der Neiße)

★ Litoměřice (Leitmeritz)

G 3

Region: Nordböhmen
Höhe: 171 m ü. d. M.
Einwohnerzahl: 26 000

60 km nordwestlich von Prag weicht das Böhmische Mittelgebirge der Ebene. An der Mündung der Eger in die Elbe ist Litoměřice zwischen Obstgärten und Weinbergen eingebettet.

Stadt am Zusammenfluss von Elbe und Eger

Die historische, denkmalgeschützte Altstadt zählt zu den schönsten Böhmens, und in den Weinkellern des Dominikanerklosters lagert der beste Rebensaft der Umgebung – wer den guten Tropfen gleich vor Ort probieren will, hat dazu Gelegenheit.

Sehenswertes in Litoměřice

★ Marktplatz

Mittelpunkt der Altstadt ist der riesige, annähernd 2 ha große Marktplatz (Mirové nám.) mit mittelalterlichem Pflaster, barocker Pestsäule in der Mitte und Bürgerhäusern aus mehreren Epochen. Das Renaissancerathaus an der Ostseite des Platzes entstand 1537 bis 1539 durch den Umbau von zwei frühgotischen Häusern. Am linken Pfeiler des zweistöckigen Laubenhauses steht die Figur des Roland, Symbol der städtischen Freiheiten. Im Innern sind die steinerne Stiege und der Sitzungssaal mit Kassettendecke beachtenswert. Das kostbarste Ausstellungsstück des hier beheimateten Kreismuseums ist das »Leitmeritzer Kantionale« (16. Jh.), ein hussitisches Gesangbuch (Öffnungszeiten: Di. – So. 10.00 – 17.00 Uhr).

Allerheiligenkirche

Die Allerheiligenkirche steht unmittelbar neben dem Alten Rathaus. Ihr Glockenturm bildete ursprünglich einen Teil der Stadtbefestigung. Der viel beschäftigte Barockbaumeister Octavio Broggio leitete zwischen 1717 und 1729 die Umbauarbeiten der Kirche. Er wurde später mit seinem Vater Giulio hier beigesetzt. Sehenswert ist das Altargemälde »Christus auf dem Ölberg« (15. Jh.).

Der Dom bestimmt das Stadtbild von Leitmeritz.

Litoměřice Orientierung

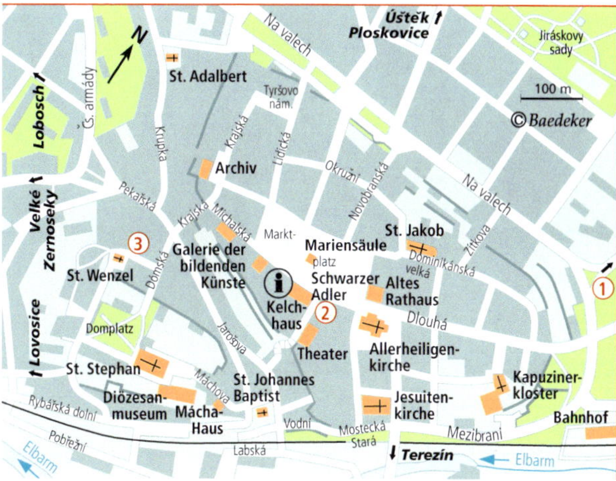

Übernachten

① Hotel Labe
② Hotel Salva Guarda
③ Pension U Svatého Václava

✱ Haus »Zum schwarzen Adler«

An dem prächtigen Renaissancegiebel und dem Sgraffiti-Schmuck, ein Werk des Italieners Ambroggio Balli (1560), erkennt man das Laubenhaus am Markt Nr. 12/4. Als 1566 Kaiser Ferdinand III. in der Stadt weilte, verlieh er dem Haus den Status eines Rittersitzes mit dem Privileg »Salva guarda«, sicheres Geleit: Damit war das Gebäude vor Plünderern sicher.

✱ Kelchhaus

Warum das Kelchhaus nebenan, das Wahrzeichen der Stadt, auch als Haus »Unter der Kuppel« bezeichnet wird, bedarf keiner Erklärung, wenn man davorsteht: Während der Hussitenbewegung ließ der fromme Hauseigentümer eine Kuppel mit einem Kelch als Abschluss auf dem Dach des Gebäudes anbringen – eine deutliche Anspielung auf die Forderung der Hussiten, das Abendmahl auch für Laien zuzulassen. Zwischen 1560 und 1570 wurde das Gebäude im Renaissancestil umgebaut. Im 17. Jh. diente es der Stadt als Salzamt.

Unterirdische Gänge

Die mittelalterlichen, bis zu drei Etagen tiefen Kellerräume im Stadtzentrum sind durch Gänge miteinander verbunden. Ursprünglich war dieses 3 km lange Gangsystem Teil der städtischen Verteidigungsanlage. Von der Weinstube »Radniční sklípek« aus (Haus Nr. 21/13) sind knapp 400 m dieser Gänge zugänglich (Führungen: nach Anmeldung bei der Touristeninformation).

Galerie der bildenden Künste

Vom Markt führt die Michaelsgasse (Michalská) zum Domplatz (Dómské nám.). Das Haus Michalská Nr. 29 beherbergt die Galerie der bildenden Künste (Galerie výtvarného umění) mit einer schönen Gemälde- und Skulpturensammlung (Öffnungszeiten: April – Sept. Di. – So. 9.00 – 12.00, 13.00 – 18.00, sonst bis 17.00 Uhr). ⌚

LITOMĚŘICE ERLEBEN

AUSKUNFT

Informationszentrum
Mírové nám. 15/7
CZ-41201 Litoměřice
Tel. 416 732 440, Fax 416 916 211
www.litomerice.cz

ÜBERNACHTEN

► Komfortabel

① *Labe*
Vrchlického 292/10
Tel./Fax 416 735 442
www.hotellabe.com
Etwas außerhalb des Zentrums gelegenes Hochhaus mit ordentlichen Zimmern.

② *Salva Guarda*
Mírové nám. 12
Tel. 416 732 506
Fax 416 732 798
www.salva-guarda.cz
Bestes Hotel der Stadt in einem mit Sgraffiti verzierten Gebäude aus dem 14. Jh. Gute Küche mit Wild und böhmischen Spezialitäten.

③ *U Svatého Václava*
Svatováclavská 12
Tel. 416 737 500
www.upfront.cz/pension
Zentrale Pension mit freundlichem Service und ordentlichen Zimmern.

✶ **Stephansdom**

Auf dem Domhügel (Dómský vrch) südwestlich vom Markt befand sich im 10. Jh. eine große Přemyslidenburg. An der Stelle einer älteren Kirche vollendete Baumeister Dominik Orsi im Jahr 1681 den Bau des barocken Stephansdoms. Der Hauptarchitekt ist unbekannt. Das Interieur bietet ein geschlossenes Bild, da es fast ausnahmlos vom Ende des 17. Jh.s stammt. Zur wertvollen Ausstattung gehören Werke des Barockmalers Karel Škréta und Gemälde aus der Cranach-Schule. Eine Arkadenbrücke verbindet den Dom mit dem 1889 im Neorenaissancestil errichteten, frei stehenden Glockenturm. Die benachbarte **Bischofsresidenz** aus dem 17. Jh. ist heute wieder Sitz des Leitmeritzer Bischofs und des Diözesanmuseums.

Mácha-Haus

Im Gebäude der Weinstube »Na Vikárce«, unterhalb des Stephansdoms in der Máchagasse (Máchova 177/55), lebte und starb der romantische **Dichter Karel Hynek Mácha**, an den mit einer Ausstellung erinnert wird.

✶ Terezín (Theresienstadt)

Einstige Festung

Theresienstadt steht als größtes Konzentrationslager im Protektorat Böhmen und Mähren für ein trauriges Kapitel deutsch-tschechischer Geschichte. Nahe der Mündung der Eger in die Elbe ließ Kaiser Joseph II. ab 1780 eine Festungsstadt als Bollwerk gegen die Preußen errichten. Zu Ehren seiner Mutter Maria Theresia wurde die neue

Siedlung Theresienstadt (Terezín) getauft. In nur sieben Jahren Bauzeit entstand nach Plänen von General Pellegrini eine einheitliche Stadt im Stil des Empire und Klassizismus, in der rund 30 000 Menschen wohnten. Bereits 100 Jahre später, 1887, wurde die gewaltige Festung allerdings aufgegeben. Theresienstadt blieb eine Garnisonsstadt, die auf der anderen Seite der Eger gelegene Kleine Festung (Malá pevnost) diente seit 1882 als Staatsgefängnis Österreich-Ungarns. Hier waren u. a. der griechische Freiheitskämpfer Alexander Graf Ypsilanti und der Attentäter von Sarajevo inhaftiert.

Ehemaliges Ghetto und KZ

Während des Zweiten Weltkrieges wurde die tschechische Bevölkerung aus Theresienstadt vertrieben und ein jüdisches Ghetto errichtet, in dem durch Krankheiten, Misshandlungen und Unterernährung schätzungsweise 35 000 Menschen umkamen. Aus der **Kleinen Festung** machten die Nationalsozialisten ein Durchgangs- und Sammellager für die Transporte zu den Vernichtungslagern. Während sie von der Kleinen Festung die Menschen in die Waggons nach Auschwitz trieben, benutzten sie das jüdische Ghetto in der **Großen Festung** auch, um die Weltöffentlichkeit zu täuschen: In der angeblich selbstverwalteten Stadt gab es kulturelle Einrichtungen, Theater, sowie Konzerte und Sportveranstaltungen, und hier wurde der Nazi-Propagandafilm »Der Führer baut den Juden eine Stadt« gedreht.

Gedenkstätte, KZ-Museum

Die Kleine Festung ist seit 1945 eine Gedenkstätte. Auf dem Gelände vor der Kleinen Festung erstreckt sich der Nationalfriedhof mit etwa 30 000 Gräbern. Besonders bedrückend ist der Anblick der Reste des Krematoriums (Öffnungszeiten: Gedenkstätte April – Okt. tgl. 8.00 bis 18.00, Nov. – März bis 16.30 Uhr; Krematorium April – Okt. So. bis Fr. 10.00 – 17.00, Nov. – März bis 16.00 Uhr).

Theresienstadt Orientierung

1 Eingangstor
2 Verwaltungshof
3 Häftlingskartei
4 Wachstube
5 Kommandantenkanzlei
6 Kleiderkammer
7 Tor mit der Aufschrift »Arbeit macht frei«
8 Baderaum
9 Marodenzimmer
10 Musterfriseurraum
11 Krankenrevier
12 Unterirdischer Gang
13 Leichenkammer
14 Hinrichtungsplatz
15 Kino
16 Massenzellentrakt
17 Gedenkraum
18 Museum
19 Herrenhaus

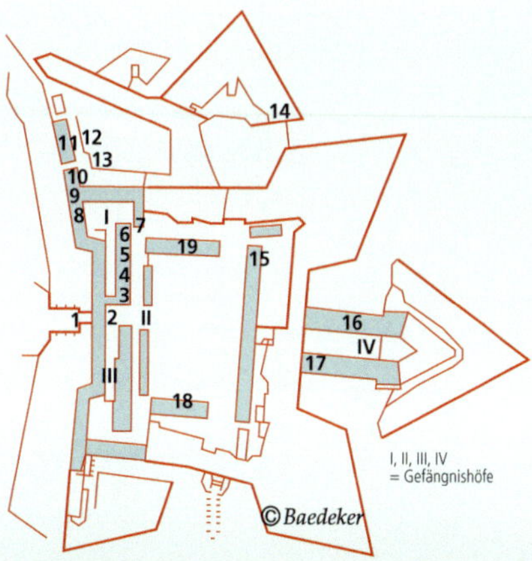

Ghetto-Museum Über die Geschichte des KZ Theresienstadt und des Ghettos informiert das Museum im Ortszentrum, Komenského 148. Eine Ausstellung in der Magdeburger Kaserne informiert in erster Linie über das künstlerische Leben im KZ. An der Stelle, wo 1944 die Asche von über 20 000 verbrannten Juden verstreut wurde, steht heute ein Denkmal in Gestalt eines überdimensionalen siebenarmigen Leuchters (Öffnungszeiten: Museum tgl. 9.00 – 18.00 Uhr).

Umgebung von Litoměřice

*** Velké Žernoseky, Böhmische Pforte** Um die Ortschaft Velké Žernoseky (Groß-Tschernosek) reifen Reben auf den nördlichsten Weinbergen Böhmens. Auf dem Gelände des spätgotischen Schlosses befinden sich große, alte Weinkeller. 3 km elbabwärts erhebt sich der Dreikreuzberg. Der Berggipfel ermöglicht den Blick auf die berühmte Böhmische Pforte (Porta Bohemica): Ab hier bahnt sich die Elbe ihren malerischen Weg durch das Böhmische Mittelgebirge.

Třebenice (Trebnitz) Wer sich für Edelsteine begeistert, sollte noch 5 km weiter fahren nach Třebenice (Trebnitz), das für seine Granate bekannt ist. Tausende sind im **Museum des Granatschmucks** in der ehemaligen Lutheranerkirche ausgestellt. Neben Turnov zählt diese Sammlung zu den meistbesuchten im Land. Das Glanzstück des Museums ist der Schmuck der Ulrike von Levetzow (►Loket und Třebivlice). Halskette, Armbänder, Ohrringe, Brosche und Ring bestehen aus 448 erbsengroßen Granaten. Ihre blutrote Farbe wird durch den Chromgehalt (1,6 %) hervorgerufen. Auf 50 000 Rohsteine kommt nur einer in der Größe einer Erbse!

*** Úštěk (Auscha)** 15 km nordöstlich von Leitmeritz lohnt das Städtchen Auscha einen Besuch. Besonders sehenswert sind neben der fast intakt wirkenden mittelalterlichen Innenstadt, die Vogelhäuser (Ptačí domky) am Rand der Stadt. Dieser Komplex hölzerner Anbauten und Keller wurde im 19. Jh. von italienischen Eisenbahn-Bauarbeitern in das Gestein gehauen und auf Felsvorsprüngen errichtet.

Litomyšl (Leitomischl)

L 5

Region: Ostböhmen
Einwohnerzahl: 10 000
Höhe: 330 m ü. d. M.

Das Städtchen am Fluss Loučná nennt ein herrliches, sgrafittogeschmücktes Schloss sein Eigen. Seit dieses 1999 in das Verzeichnis des Weltkulturerbes der UNESCO eingetragen wurde, hat auch das internationale Besucherinteresse zugenommen.

Kein geringerer als der **Komponist** Bedřich Smetana erblickte in der ruhigen Kleinstadt am Nordhang der Böhmisch-Mährischen Höhe das Licht der Welt. Ihrem berühmtesten Bürger widmet die Stadt alljährlich einige Musikveranstaltungen, u. a. das internationale Opernfestival »Smetanas Litomyšl«.

Geburtsort Smetanas

Eine bedeutende Rolle spielte die Stadt in der »nationalen Wiedergeburtsbewegung« der Tschechen: Im 17. Jh. gründeten die Piaristen hier ein philosophisches Institut und in der Aufklärungszeit waren viele bedeutende Gelehrte in Litomyšl tätig, die durch ihr Wirken die Ausprägung des tschechischen Nationalbewusstseins förderten.

? WUSSTEN SIE SCHON ...?

- ... dass wesentliche Handlungsabläufe im Roman »Die Fassade«, erzählt von Libuše Moníková, in Litomyšl spielen?

Sehenswertes in Litomyšl

✶ Marktplatz

Das denkmalgeschützte Zentrum der Stadt gruppiert sich um den lang gestreckten, schmalen Marktplatz, der nach Smetana benannt wurde. Dort stehen das gotische Rathaus und eine Reihe schöner Renaissance- und Barockhäuser, u. a. das Haus »Zu den Rittern« (U rytířu; Nr. 110) aus dem 16. Jh., eines der schönsten Beispiele der Renaissancearchitektur in Böhmen. Das Smetana-Denkmal schuf Jan Štursa im Jahr 1924.

✶ Schloss

Auf einer Anhöhe östlich vom Markt ließ sich die Familie Pernstein 1568 bis 1580 von Giovanni Battista Aostalli und Ulrico Aostalli das Renaissanceschloss erbauen. Die imposante, gut erhaltene Vierflügelanlage bietet mit ihren bemalten Fassaden, den Sgrafitti an den Mauern, Ziergiebeln und den Arkaden im Innenhof das typische Bild einer Renaissance-Residenz nördlich der Alpen.

In die Liste des Weltkulturerbes der UNESCO wurde es nicht nur aufgrund der Qualität seiner Architektur aufgenommen, sondern auch wegen seiner hochwertigen Innenausstattung. Später erwarben die Waldstein-Wartenbergs die Residenz. Während ihrer Aufenthalte wollten sie kulturell unterhalten sein und ließen deshalb im Schloss einen **Theatersaal für 150 Personen** einrichten, den man unbedingt besichtigen sollte: Die Originalku-

Eindrucksvolle historische Originalkulissen im Schlosstheater

LITOMYŠL ERLEBEN

AUSKUNFT

Informationszentrum
Smetanovo nám. 72
CZ-57001 Litomyšl
Tel./Fax 461 612 161
www.litomysl.cz

Informationszentrum
Míru 48 nám.
CZ-57001 Svitavy
Tel. 461 534 300, Fax 461 532 057
www.svitavy.cz

ESSEN

► Erschwinglich

Malý svět
Mariánská 1097
Tel. 777 293 203
Neben tschechischer Küche auch Gerichte italienischer, französischer und amerikanischer Provenienz.

ÜBERNACHTEN

► Komfortabel

Petra
B. Nemcové 166
Tel. 461 613 061
Fax 461 613 051
www.pension-petra.cz
Kleine Pension mit vier nett eingerichteten Zimmern mitten im historischen Zentrum zwischen Marktplatz und Schloss.

Aplaus
Šantovo nám. 181
Tel. 461 614 900
www.hotel-aplaus.cz
Kleine Viersterne-Herberge in drei 500jährigen Bürgerhäusern; 21 Zimmer und zwei Apartments in schickem Design; Restaurant und Café.

lissen, von dem Dekorationsmaler Josef Platzer 1796 bis 1798 angefertigt, sind noch an Ort und Stelle. In der benachbarten Schlossbrauerei wurde am 2. März 1824 der berühmte Komponist Smetana geboren. Über ihn und die tschechische Musik im allgemeinen informiert eine sehenswerte Ausstellung im Schloss und in der Brauerei (Öffnungszeiten: April/Okt. Sa., So., und Fei. 9.00 – 12.00 und 13.00 bis 16.00, Mai – Sept. Di. – So. bis 17.00 Uhr).

Stadtmuseum Neben dem Schloss erbaute Giovanni Battista Alliprandi 1714 bis 1726 die Piaristenkirche mit Kolleg, heute das Stadtmuseum. Besonders wertvoll ist das hier ausgestellte Gesangbuch von 1563.

Portmoneum Eine ungewöhnliche Sehenswürdigkeit besitzt Litomyšl mit dem ehemaligen Wohnhaus des **Druckers und Herausgebers Josef Portman** (Terezy Novákové 75). In den 1920er-Jahren verschönerte der Autodidakt Josef Váchal das Haus mit ungewöhnlichen Wandmalereien und reich geschnitzten Möbeln. Die Arbeiten lassen sich keinem Kunststil zuordnen, sind aber in jedem Fall sehenswert (Öffnungszeiten: Mai bis Sept. Di. – So. 9.00 – 12.00 u. 13.00 – 17.00 Uhr).

Umgebung von Litomyšl

Seit 1970 ist das größte böhmische Freilichtmuseum (Soubor lidových staveb a řemesel Vysočina) im Aufbau, das sehr anschaulich über alte Handwerkstechniken informiert. Die Bauten der ursprünglichen Holzfällersiedlung aus dem 16. Jh. wurden ergänzt durch Gebäude aus der nördlich gelegenen Böhmisch-Mährischen Höhe und aus dem Eisengebirge. In dem Stadtteil Hlinsko-Betlém blieb ein **historisches Handwerkerviertel** mit elf Holzhäusern erhalten (Öffnungszeiten: Mai – Sept. Di. – So. 8.00 – 17.00, April u. Okt. nur Sa., So. 9.00 – 16.00 Uhr).

★ **Vysočina Hlinsko, Freilichtmuseum**

Eifrigen Kinogängern dürfte die 16 km südöstlich gelegene Kleinstadt ein Begriff sein: In Zwittau, in der Poličská 24, wurde 1908 **Oskar Schindler** geboren, in Deutschland berühmt geworden durch den Steven-Spielberg-Film »Schindlers Liste«. Während des Holocausts beschäftigte der Unternehmer in seinem Betrieb 1200 Juden und rettete ihnen damit das Leben. Dennoch musste er vor dem Ende des Zweiten Weltkrieges als ehemaliger Nationalsozialist vor den Sowjets fliehen. Eine Ausstellung im Stadtmuseum informiert über das Leben des ungewöhnlichen Mannes.

Svitavy (Zwittau)

★★ Loket (Elbogen)

D 4

Region: Westböhmen
Höhe: 427 m ü. d. M.
Einwohnerzahl: 3000

»Heute waren wir in Elbogen, das über alle Beschreibung schön liegt und sich als ein Kunstwerk von allen Seiten betrachten lässt«, vermerkte Goethe in seinen Aufzeichnungen vom 1. Juli 1807. Der Herr Geheimrat weilte mehr als ein Dutzend Mal in der schönen alten Bergstadt, die heute Loket heißt.

In der Burg wurde der spätere Kaiser Karl IV. als dreijähriger Knabe von seinem Vater gefangen gehalten. Trotzdem gehörte die Feste später zu seinen bevorzugten Aufenthaltsorten. Weil er von hier besonders gern zur Jagd aufbrach und dabei der Legende zufolge die Thermalquellen Karlsbads (▸ Karlovy Vary) entdeckte, nennt man Elbogen auch die »Wiege Karlsbads«. Seit 1815 sind hier mehrere Porzellanmanufakturen ansässig.

»Wiege Karlsbads«

Sehenswertes in Loket und Umgebung

Die Burg entstand im 13. Jh. an der Grenze zwischen Böhmen und dem Egerland. Weil sie häufig umgebaut wurde, trägt sie Züge der Romanik, Gotik, Renaissance und des Barock. Im 16. Jh. ging das

★ **Burg**

Loket beeindruckt mit mittelalterlicher Sihouette auf einem Felsplateau.

Gemäuer in den Besitz der Stadt über und diente als Speicher, vom 18. Jh. bis 1948 als Gefängnis. Seit 1992 ist die Burg wieder im Besitz der Stadt. Sie ist heute auch Kulisse für kulturelle Darbietungen. In den ehemaligen Verliesen wurde ein Foltermuseum eröffnet. Darüber ist eine regionale Porzellansammlung zu besichtigen. Außerdem wird der Elbogener Meteorit gezeigt, der vor 600 Jahren vom Himmel fiel und im Burggraben gefunden wurde, sowie spätgotische Fresken aus dem 14. Jh. und die kleinste böhmische Rotunde mit einem Durchmesser von dreieinhalb Metern (Öffnungszeiten: Mai – Okt. 9.00 bis 12.00 u. 13.00 – 17.00, sonst 9.00 bis 16.00 Uhr).

Stadtzentrum

Der **Markt** mit seinen historischen Häusern mehrerer Epochen und die nahe gelegene Wenzelskirche stehen unter Denkmalschutz. Neben dem frühbarocken Rathaus (1687) und der Pestsäule (1718), die hierzulande auf keinem Marktplatz fehlt, gehört auch das **Hotel und Gasthaus »Weißes Roß«** (Bílý kůň) zu den Sehenswürdigkeiten. Hier feierte Goethe seinen 74. Geburtstag und bat vergeblich um die Hand der erst 19-jährigen Baroness Ulrike von Levetzow. Der »Korb« schmerzte den Dichterfürsten offenbar so sehr, dass er Westböhmen für immer den Rücken kehrte. Ulrike starb unverheiratet in der Stadt Triblitz (Třebívlice).

LOKET ERLEBEN

AUSKUNFT

Infozentrum
T. G.Masaryka 12
CZ-35733 Loket
Tel./Fax 352 684 123
www.loket.cz

ÜBERNACHTEN

► Komfortabel

Actus
T. G. Masaryka 16/17
Tel. 168 684 103
Im Stil mittelalterlicher Rittergasthäuser, am Markt gelegen.

Am Marktplatz in Loket beginnt ein **Wanderweg** durch das romantische Egertal zu den 7 km entfernten Hans-Heiling-Felsen (Svatošské skály). Schon seit Jahrhunderten sind diese ein beliebter Ausflugsziel für Karlsbader Kurgäste. Der Legende nach bilden die Granitfelsen einen versteinerten Hochzeitszug. Sie inspirierten Goethe, Theodor Körner und die Gebrüder Grimm, und der Komponist H. Marschner schrieb nach einem Besuch der Felsen die Hans-Heiling-Oper. ★ Egertal

Auch das leibliche Wohl kommt auf dieser Wanderroute nicht zu kurz – dafür sorgt das angenehme **Ausflugslokal** am rechten Flussufer. Von hier wandert man über Doubí noch 11 Kilometer bis nach Karlsbad.

6 km westlich von Falkenau thront auf einer Anhöhe die barocke Wallfahrtskirche Mariakulm mit wertvollen Fresken. Vom Mariahilfsberg (Drsný) aus liegt dem Betrachter das Egertal zu Füßen. Chlum sv. Máří

Luhačovice (Luhatschowitz)

06

Region: Südmähren
Einwohnerzahl: 6000
Höhe: 250 – 300 m ü. d. M.

Vieles an dem mährischen Kurbad Luhačovice ist idyllisch, neben einer reizvollen Architektur besonders aber seine Lage am Fuß der Weißen Karpaten (Bílé karpaty) und des Wisowitzer Waldwinkels (Vizovické vrchy).

Die Kleinstadt im äußersten Südosten stand bisher im Schatten des weltbekannten Bäderdreiecks, doch mittlerweile ist Luhačovice zum fünftgrößten Kurzentrum des Landes aufgestiegen. Insbesondere österreichische Gäste haben den Badeort entdeckt. Fünfzehn Quellen werden für Kuranwendungen genutzt, vor allem bei Erkrankungen des Atem- und Verdauungssystems. ★ Kurort

LUHAČOVICE ERLEBEN

AUSKUNFT

Informationszentrum
Masarykova 950
CZ-76326 Luhačovice
Tel. 577 133 980, Fax 577 133 980
www.luhacovice.cz

ÜBERNACHTEN

► Komfortabel

Wellness & SPA Hotel Augustiniánský dům
Václavika 241
Tel. 577 113 666
www.augustian.cz
Luxuriös, gleicht äußerlich einem Schlösschen, innen überrascht das modern-frische Design, so ist das Bad nur mit einer Glaswand vom Schlafteil getrennt – alles in angenehm warmen Naturfarben gestaltet. Restaurant mit großer Sonnenterrasse.

Wellnesshotel Jurkovičův dům
Lázeňské nám.109
Tel. 577 682 100
www.lazneluhacovice.cz/jurkovic
Märchenhaftes Viersternehaus im volkstümlichen Jugendstil vom Architekten D. Jurkovič, Restaurant mit Atrium nur für Hausgäste, Sommergarten; Sauna, kleines Schwimmbecken, Whirlpool und Kohlensäurebäder.

Sehenswertes Luhačovice ist kein elegantes Bad, sondern verströmt eher einen ländlichen Charme. Hübsch sind die alten Kurhäuser, die farbenfroh renoviert wurden. Einige Gebäude tragen die Handschrift des viel beschäftigten slowakischen Architekten Dušan Jurkovič. Seine von der walachischen Romantik inspirierten Bauten binden auch Elemente des Jugendstils mit ein. Im alten Kurhaus »Vila Lipova« hat man das Kurortmuseum eingerichtet (Öffnungszeiten: April – Okt. Di., Do. u. So. 9.00 bis 12.00 u. 13.00 – 17.00 Uhr).

Talsperre Vom Kurzentrum führt ein Fußweg entlang der Horní Olšava flussaufwärts zur Talsperre Pozlovice (Přehradní nádrž).

Umgebung von Luhačovice

Weiße Karpaten (Bilé Karpaty) Die nahen Weißen Karpaten erreichen zwar nur knapp 1000 m Höhe, doch dank ihrer reichen Tier- und Pflanzenwelt wurden die Berge im mährisch-slowakischen Grenzgebiet schon frühzeitig unter Schutz gestellt. In den Sommermonaten erfreuen sich Besucher an den Wiesen mit **zahlreichen Orchideenarten** und bunten Schmetterlingen. Das Areal um den höchsten Gipfel der Weißen Karpaten, Velká Javorina (970 m), wird noch von Bergmischwäldern bedeckt.

Uherský Brod (Ungarisch-Brod) Ungarisch-Brod breitet sich 11 km südwestlich von Luhačovice an der Olšava (Olsawa) aus. Barocke Kirchtürme prägen das Gesicht der Stadt, in der es auch ein Schloss aus dem 16. Jh. gibt. Ob der berühmte Prediger und Pädagoge Johann Amos Comenius (1592 bis 1670) tatsächlich in Ungarisch-Brod oder vielleicht in dem benachbarten Städtchen Nivnice geboren wurde, ist nicht gesichert. Dennoch wird das Andenken an ihn hier hochgehalten. Seltene Drucke seiner Werke, wie z. B. »Orbis pictus« kann man im Comenius-Museum (Přemysla Otakara II.) bestaunen. Der Barockkomplex mit schöner Säulenhalle diente einst als Pferdestall (Öffnungszeiten: Di. bis So. 9.00 – 17.00 Uhr).

Vizovice

►Kroměříž, Umgebung

★★ Mährischer Karst (Moravský kras)

M 6

Region: Südmähren **Höhe:** bis 724 m ü. d. M.

Der von Höhlen, Tälern und Schluchten durchzogene Mährische Karst ist für Naturliebhaber ein Anziehungspunkt der besonderen Art. Wanderer und Kletterer kommen hier ebenso auf ihre Kosten wie Höhlenfreunde, die in die dunklen Tiefen der Erde hinabsteigen möchten.

Einzigartiges Karstgebiet

Wenn die Reiseleiterin ihre Taschenlampe ausknipst, schreien die Besucher auf. Denn in den **Tropfsteinhöhlen** können sie dann die Hand vor ihren Augen nicht mehr erkennen. Dann folgt ein weiterer Schrei. Das Licht ist wieder angegangen und lässt eine kleine alte Hexe, die gestützt auf ihrem Stab die Besucher zu betrachten scheint, zum Vorschein kommen und erschreckt die Touristen. Jahrtausende lang hat das durch den Kalk dringende Wasser die Figur entstehen lassen, ebenso wie tausend andere Stalaktiten und Stalagmiten in den seltsamsten Formen. Eine ruckartige Anhebung der Devon-Kalkplatte hatte die unterirdischen Flüsse, Seen, Höhlen und Schluchten entstehen lassen. Kaum ein Zehntel davon ist bisher erforscht, doch das, was man heute bereits an Formationen besichtigen kann, ist sensationell.

Besiedlung des Karsts

Archäologische Funde belegen, dass die Höhlen des Mährischen Karstes schon in der Steinzeit bewohnt waren. Aus dieser Zeit stammen die ältesten Belege für eine Besiedlung dieses Gebiets: Kiefer von Neandertalern aus der Höhle Kulna bei der Gemeinde Sloup sowie der Höhle Švédský stůl bei dem Ort Ochoz. Entdeckt wurden auch die **Spuren von Mammutjägern**.
All diese Funde sind nun im Anthropos-Pavillon in ►Brno zu besichtigen. In der mittleren Steinzeit (8000 v. Ch.) verließen die Menschen die Höhlen und siedelten auf den zwischen 400 und 700 m hohen Hügeln des Karsts. Die höchste Erhebung bildet mit 724 m der Gipfel Skály bei dem Dorf Suchý.

Mährischer Karst Orientierung

Lage und Anfahrt Von der mährischen Hauptstadt Brno erreicht man den Karst über die Stadt Blansko (18 km nördlich). Seine westliche Begrenzung bildet der Fluss Zwittawa (Svitava), von hier aus erstreckt sich das rund 22 bis 24 km lange und 2 bis 6 km breite Gebiet ostwärts. Der zentrale Parkplatz, Endstation für Autos und Reisebusse, befindet sich beim Hotel Felsenmühle (Skalní Mlýn). Man fährt die Abzweigung kurz vor Blansko. Zu Fuß oder mit dem Motorzug erreicht man bequem die wichtigsten Sehenswürdigkeiten: Die Katharinenhöhle (Kateřinská jeskyně), die Punkva-Höhlen (Punkevní jeskyně) und die Macocha-Schlucht (Macocha). Von den Punkva-Höhlen führt eine Kabi-

nenseilbahn zur oberen Aussichtsplattform der Macocha-Schlucht. Tickets gibt es am Parkplatz.
Skalní Mlýn ist auch ein beliebter Ausgangspunkt für **Wanderungen** durch den Karst, die Wege sind gut gekennzeichnet. Etwa einen halben Tag benötigt man für eine Rundfahrt durch die Wälder und Dörfer des Karstgebietes (s. u.). Allerdings sind viele Straßen für Motorfahrzeuge gesperrt.

✶✶ Höhlen im Punkva-Tal

✶ **Katharinen-Höhle**

Von der Felsenmühle erreicht man in etwa fünf Minuten den spitzbogigen Eingang zur Katharinenhöhle (Kateřinská jeskyně; ca. 500 m). Ein unterirdischer Fluss aus dem östlichen Dürren Tal (Suchý žleb) bildete die riesigen Räume aus. Der »Dom« ist der größte des ganzen Karstes: 97 m x 44 m x 20 m sind seine Ausmaße. Im Sommer werden hier Konzerte veranstaltet, um die gute Akustik zu demonstrieren. **Weltweit einzigartig sind die Stalagmiten**. Bei einem Durchmesser von nur wenigen Zentimetern erreichen sie eine Länge von bis zu 4 m und bilden das so genannte »Bambuswäldchen«. In der Katharinenhöhle gibt es neben der erwähnten Hexe auch Fasane, Kakteen und ein Buddha. Der Sage nach wurde die Höhle von der Schmugglerin Katherina entdeckt, als sie nach einem verlorenen Schaf suchte. Tatsächlich jedoch war es der Besitzer des nahen Hotels, der Anfang des 20. Jh.s den Eingang freilegte. Ein Rundgang dauert circa 30 Minuten (Öffnungszeiten: Feb./März: 10.00, 12.00 u. 14.00, April – Sept. 8.20 – 16.00, Okt. bis 14.00 Uhr).

> **! Baedeker TIPP**
>
> **Beim Besuch zu beachten**
>
> Vor allem in den Sommermonaten ist es unbedingt ratsam, die Eintrittskarten für die Punkva-Höhlen Tage im Voraus zu reservieren. Durch die beschränkte Kapazität der Boote ist die tägliche Besucherzahl limitiert. Vergessen Sie nicht, warme Kleidung mitzunehmen, die Höhlentemperaturen betragen ganzjährig 7 – 8 °C! Weitere Informationen: Tel. 516 418 602, Internet: www.cavemk.cz

✶✶ **Macocha-Schlucht**

In bis zu drei Stockwerken übereinander liegen die Höhlen des Mährischen Karsts. Durch den Einbruch einer Gesteinsdecke entstand die Stiefmutter-Schlucht (Macocha), ein 174 m x 76 m großer Felskrater mit senkrecht abfallenden Wänden. Von der Aussichtsplattform »Obere Gloriette« blickt man über 138 m in die Tiefe! Versteckt zwischen den Felsen liegen der Obere und der Untere See. Ein markierter Serpentinenweg führt hinab zum Eingang der Punkva-Höhlen, alternativ kann man auch die **Seilbahn** benutzen. Unten plätschert das Flüsschen Punkva, das bei den gleichnamigen Höhlen entsteht und sich seinen Weg zum Teil unterirdisch durch das Karstgebiet bahnt. Der erste, der es wagte, in die unendlich scheinende Tiefe hinabzusteigen, war im Jahre 1723 Lazarus Schopper, ein Mönch des Brünner Minoritenklosters, der jedoch aus Angst vor einem schnellen Ende seiner kirchlichen Karriere sein Abenteuer geheim hielt. So konnte er bis zum obersten Würdenträger des Ordens in Mähren aufsteigen, und erst nach seinem Tod veröffentlichte im Jahr 1772 einer seiner Schüler die Entdeckungen.

✶✶ Punkva-Höhlen Die Punkva-Höhlen (Punkevní jeskyny) bilden ein rund 30 km langes, weit verzweigtes Labyrinth von Grotten und Gängen, die Besucher z. T. mit Booten erkunden können. Zunächst erreicht man den »Vorderen Dom« mit 26 m Höhe und einer Länge von 62 m. Bis zu 4 m lang sind hier die Stalaktiten. Durch einen Tunnel führt der Weg zum 40 m hohen »Mittleren Dom« und zum »Hinteren Dom« (26 m). Als **schönste Höhle des Karstes** gilt der »Masaryk-Dom«, mit einer unendlichen Zahl von Stalaktiten und Stalagmiten – eine unglaubliche unterirdische Zauberwelt! Die Besichtigung der Punkva-Höhlen dauert 60 Min. (Öffnungszeiten: Jan. – März Di. – So. 8.40 bis 14.00, April, Mai, Sept. Di. – So. 8.20 – 15.50 Uhr, Juni – Aug. Mo. 10.00 – 15.50, Di. – So. 8.20 – 15.50, Okt. Di. – Fr. 8.40 – 14.00, Sa., So. 8.20 – 15.40, Nov., Dez. Di. –So. 8.40 – 14.00 Uhr).

Rundfahrt durch den Mährischen Karst

Rudice Vom Parkplatz beim Hotel Skalní Mlýn führt der Weg zunächst durch das Punkva-Tal Richtung Blansko bis zur Abzweigung bei Arnostov. Über die Straße 379 erreicht man Rudice, wo es eine alte Windmühle und ein Museum des örtlichen Bergbaus zu besichtigen gibt. **Baden** kann man im See von Jedovnice, dem Dorf 2 km östlich.

Balcarka-Höhle, Sloup-Höhlen Die Straße 382 führt durch das Dürre Tal (Suchý žleb) nach Ostrov. Hier liegt der Zugang zur zweistöckigen Höhle Balcarka mit einem 90 m langen »Dom«. Unweit des Dorfes Sloup, etwa 5 km nördlich, befinden sich die Sloup- und Šošůvka-Höhlen (Sloupsko-šošůvské jeskyny), ein rund 6,5 km langes System von Gängen. Ein abgetrennter Teil der Höhlen wird zur Behandlung von Asthmaleiden bei Kindern genutzt.

Rájec-Jestřebí, Boskovice Die Straße 377 führt in den zweitgrößten Ort des Gebiets, nach Rájec-Jestřebí, mit einem wunderschönen, dreiflügeligen Barockschloss mit Gemäldegalerie und stattlicher Bibliothek. Ein Abstecher führt 8 km nordwärts in das Städtchen Boskovice, wo nach der Vertreibung der Juden aus den königlichen Städten die einst größte jüdische Gemeinde Mährens entstand. Daran erinnern bis heute eine Synagoge aus dem Jahre 1697 und der jüdische Friedhof.

Blansko Nach 13 km ist Blansko erreicht. Das bedeutendste Baudenkmal der durch Eisen und Stahl groß gewordenen Stadt ist ein Renaissanceschloss aus den Jahren 1643 bis 1645, Sitz des **Museums des Mährischen Karsts**, das sich auch der Geschichte der Eisenverhüttung seit dem Mittelalter widmet.

★★ Mariánské Lázně (Marienbad)

D 5

Region: Westböhmen **Höhe:** 600 m ü. d. M.
Einwohnerzahl: 15 000

Das »Gästebuch« der Stadt kann mit illustren Namen aufwarten: Wiederholt logierten hier der englische König Eduard VII., Maxim Gorki, Friedrich Nietzsche und Sigmund Freud, um nur einige zu nennen. Und natürlich weilte auch Goethe hier.

Kurbad mit k.-u.-k.-Charme

Sind es die verschnörkelten Fassaden in Schönbrunnergelb oder die herrliche Lage in einem grünen Talkessel des Kaiserwaldes, oder ist es vielleicht die gemächliche, einem Kurort angemessen scheinende Atmosphäre, die Marienbad so sympathisch machen? Vermutlich liegt es daran, dass die Neubausünden sich in Marienbad in Grenzen halten, die Stadt sich noch nicht in ein »Spaßbad« verwandelt hat und auch sonst viele neumodischen Erscheinungen hier offenbar noch nicht Fuß fassen konnten. Rund 40 Mineralwasserquellen, die gute Luft, die vielen Spazierwege und abends ein musikalisches Ständchen an der Neuen Kolonnade oder ein Tänzchen im Casino – das muss auch heute noch genügen, wenn man in Marienbad gesund bleiben oder gesund werden will.

Die Gusseisen-Konstruktion und die großen Glasflächen verleihen der Neuen Kolonnade eine spielerische Leichtigkeit.

Geschichte

Obwohl in Mariánské Lázně wie in keinem anderen Bad Westböhmens die Vergangenheit lebendig ist, hat das Kuren in Marienbad eine vergleichsweise kurze Tradition. Zwar nutzten die Mönche des Klosters Tepl (Teplá) die Quellen auf ihrem Grundbesitz bereits seit dem Mittelalter, doch erst um 1800 etablierte sich so etwas wie ein bescheidener **Kurbetrieb**. Angestoßen wurde diese Entwicklung vom Stiftsarzt und späteren Kurarzt Dr. Josef Nehr, der durch den Landschaftsgärtner und späteren Bürgermeister Václav Skalník die Sümpfe in Parkanlagen verwandeln und die ersten Badehäuser errichten ließ. 1808 verlieh der Abt von Tepl dem immer stärker besuchten Ort den Namen Marienbad – nach einer Quelle, an der Gäste ein Marienbild aufgestellt hatten. Als sich Goethe 1821 dort in Ulrike von Levetzow verliebte, war Marienbad bereits so etabliert wie das benachbarte Karlsbad, legt man der Popularität die Liste prominenter Gäste als Maßstab zugrunde.

Sehenswertes in Mariánské Lázně

*** Hauptstraße**

Die im Tal verlaufende Hauptstraße namens Hlavní třída durchzieht das alte Zentrum der Stadt von Norden nach Süden. Auf der einen, der Westseite, wird sie von prächtigen Hotelbauten mit flankiert, deren reich dekorierte **Fassaden aus der späten Gründerzeit** in frischem Gelb-Weiß leuchten. Teure Hotels wie das schöne alte Excelsior, Informationsbüros sowie die meisten Restaurants und jede Menge Souvenirgeschäfte sind an der Hlavní třída versammelt. Eine Parallelstraße weiter westlich, in der Ruská ulice, steht die originelle, mit vielen Kuppeln bekrönte russisch-orthodoxe Kirche aus dem Jahr 1902.

*** Kurpark**

Auf der anderen Seite der Hauptstraße liegt der Kurpark (Skalníkovy sady), der sich wie ein grünes Band durch die Stadt schlängelt. Seinen Namen verdankt er dem Landschaftsarchitekten Václav Skalník, nach dessen Plänen Marienbad im 19. Jh. die großzügige Parklandschaft anlegen ließ.

Friedensplatz

Im Norden mündet die Hauptstraße auf den Friedensplatz (Mírové náměstí), der von der Zuckerbäckerfassade des Pazifik-Hotels be-

! *Baedeker* TIPP

Süße Verführung

Gegen Heißhunger auf Süßes gibt es ein wirkungsvolles »Heilmittel«: die berühmten, nach Vanille, Schokolade oder Kakao schmeckenden Waffeln namens »oplatky« (Oblaten), eine Spezialität in allen tschechischen Badeorten.

Mariánské Lázně Orientierung

Essen

① Villa Romano
② U Zlaté Koule

Übernachten

① Hotel Helga
② Hotel Esplanade
③ Hotel Koliba
④ Hotel Nové lázně
⑤ Falkensteiner Grand Spa Hotel
⑥ Hotel Saint Antonius

herrscht wird. Ein verwaister Bauplatz klafft an der Südseite des Friedensplatzes: Die Lücke füllte einst ein Häuserblock mit historischen Gebäuden, bis dieser in den 1970er-Jahren einem geplanten, aber nie realisierten Kurzentrum weichen musste.

★★ Neue Kolonnade, Kreuzbrunnen

Der beliebteste Treffpunkt und das Wahrzeichen von Marienbad ist die 120 m lange gusseiserne Hauptkolonnade, die sich auf einer Anhöhe oberhalb des Kurparks wie ein Riegel ins Stadtpanorama schiebt. Seine Leichtigkeit und Eleganz verdankt das 1889 fertig gestellte Bauwerk der filigranen **Gusseisen-Konstruktion**, die man im 19. Jh. vor allem bei Bahnhöfen und Palmenhäusern angewendet hatte. Dem damaligen Zeitgeschmack folgend wurde die moderne Konstruktion durch pavillonartige Eingänge im Neobarockstil »veredelt«. Im Erdgeschoss der offenen Wandelhalle, deren Decke luftige Malereien schmücken, herrscht schon morgens reger Betrieb, denn hier holen sich die Kurgäste ihre erste Portion Quellwasser ab. Getrunken wird das Wasser auch heute noch aus den traditionellen Schnabeltassen aus Porzellan, die man in der Kolonnade kaufen und dann dort deponieren kann. Die **Hauptquelle Marienbads**, der Křížový pramen (Kreuzquelle), sprudelt unter dem klassizistischen Pavillon am nördlichen Ende der Hauptkolonnade, der sich mit der Wandelhalle harmonisch zu einer Einheit fügt.

Eine moderne Zutat aus den 1980er-Jahren ist der Musikbrunnen, auch »Singende Fontäne« genannt – ein Anziehungspunkt für Jung und Alt. Wenn die Dunkelheit hereinbricht, sind zur Musik farbige Lichtspiele zu erleben. Den südlichen Abschluss der Kurpromenade bildet die klassizistische, strahlend weiße Kolonnade der Karolinenquelle (Karolinin pramen).

Casino, Neubad

Tritt man durch die Kolonnade der Karolinenquelle, steht man auf der Reitenbergerova, die von der Hauptstraße durch den Kurpark führt in das Viertel um den Goethe-Platz. Von der Kolonnade aus sieht man rechts, das 1901 als Kurhaus erbaute Casino, in dessen Tanzsaal man sich auch heute noch zu geselligen Anlässen trifft, sowie das ebenfalls im Stilmix von Neorenaissance und Neobarock prunkende Neubad (Nové lázně), in dem seit seiner Einweihung 1896 Kuranwendungen verabreicht werden. Vorbei an der hübschen Mariä-Himmelfahrt-Kirche (Nanebevzetí Panna Marie), einem Zentralbau im neobyzantinischen Stil, geht es hinauf zum Goetheplatz.

✶ Goethehaus

Hinter der Kirche erstreckt sich der leicht ansteigende, begrünte Goetheplatz mit dem Denkmal des Dichters. Auch dieser Platz ist umgeben von noblen alten Hotels und Kurhäusern wie dem ehemaligen noch immer leerstehenden Haus Weimar (Kurhaus Kavkaz), doch die meisten erhielten zumindest an der Fassade wieder ihren alten Glanz zurück. Im ehemaligen **Gasthaus »Zur Goldenen Traube«**, dem 1818 erbauten, ältesten Gebäude der Kurstadt mit einer vornehmen klassizistischen Fassade, wohnte Goethe 1823. Der alte Herr verliebte sich in die 19-jährige Ulrike von Levetzow, doch um ihre Hand hielt er vergeblich an. »Mir ist das All, ich bin mir selbst verloren, der ich noch erst den Göttern Liebling war« klagte er in der berühmten »Marienbader Elegie« über sein Herzeleid. Heute wird das Goethehaus vom **Städtischen Museum** (Městské muzeum) genutzt, das die Geschichte des Kurortes darstellt (Öffnungszeiten: Di. – So. 9.00 – 16.00 Uhr).

MARIÁNSKÉ LÁZNĚ ERLEBEN

AUSKUNFT

Informationszentrum
Hlavní 47
CZ-35301 Mariánské Lázně
Tel. 354 622 474
www.marieskelazne.cz

ESSEN

► Fein und teuer

① *Villa Patriot*
Anglická 62
Tel. 354 673 143
Das Restaurant zeichnet sich durch nobles Ambiente und schickes Interieur aus. Die Gourmet-Küche wird geradezu inszeniert.

② *U Zlaté koule*
Nehrova 26
Tel. 354 624 455
Stimmungsvolles Restaurant mit typisch böhmischer Speisekarte, knusprige Gans ebenso wie altböhmische Powidelntatscherln. Geigen- und Klaviermusik live entsprechen dem Ambiente. Reservierung ist nötig.

ÜBERNACHTEN

► Luxus

② *Esplanade Spa und Golf Resort*
Karlovarská 438
Tel. 354 676 111
Fax 354 627 850
www.esplanade-marienbad.cz
Eines der vornehmsten Hotels der Stadt mit luxuriöser Ausstattung. Kuranwendungen stehen für die Gäste bereit. Schöner Swimming Pool.

⑤ *Falkensteiner Grand Spa Hotel*
Ruská 123
Tel. 354 929 396
Fax 354 929 398
www.falkensteiner.com
Hinter der Jugendstilfassade verbirgt sich ein modernes Hotel mit einer beeindruckenden Wellnesslandschaft, die ein breites therapeutisches Programm bereithält.

④ *Danubius Health Spa Resort*
Reitenbergerova 53
Tel. 354 644 111
Fax 354 644 044
E-Mail: novelazne@badmarienbad.cz
Das prachtvolles Kurhotel im alten Stil, das 1896 eröffnet wurde, verfügt über einen herrlicher Bade- und Wellnessbereich.

► Komfortabel

① *Helga*
Třebízkého 428/10
Tel. 354 620 433
Fax 354 626 241
www.hotelhelga.cz
Nur ein paar Schritte vom Zentrum entfernt und doch ruhig liegt dieses gepflegte Hotel, das den Gästen auch verschiedene Kuranwendungen anbietet. Die meisten Zimmer haben einen Balkon.

⑥ *Saint Antonius*
Anglická 472
Tel. 354 622 888
Fax 354 620 831
http://st-antonius.hyperlink.cz
Das hübsche Hotel punktet mit einer ruhigen Lage oberhalb des Stadtparks.

③ *Koliba*
Dusíkova 592
Tel. 354 625 169
Fax 354 626 310
http://koliba.xercom.cz
Kleines Hotel am Waldrand mit Kabinenseilbahn in unmittelbarer Nähe. Das Zentrum liegt einen halben Kilometer entfernt.

Wanderwege Die Spaziermöglichkeiten in Marienbad beschränken sich nicht nur auf den Kurpark, denn das alte Zentrum des Kurortes ist an fast allen Seiten von Wäldern umgeben, die ein Netz von Spazierwegen durchzieht. Bequem zu Fuß erreicht man sowohl die Quellen in der näheren Umgebung als auch Aussichtspunkte wie den Kaiserturm südwestlich von Marienbad. Eine **Karte mit allen Wanderwegen** ist in Buchläden und an Kiosken erhältlich.

Umgebung von Mariánské Lázně

★ **Naturschutzgebiet** Wer Ruhe tanken und wilde Natur erleben möchte, sollte in das naturgeschützte Torfmoor um die winzige Ortschaft Kladská 10 km nördlich von Marienbad (Ausfallstraße Richtung Lázně Kynžvart) hinauffahren. Der hinter einem breiten Schilfgürtel versteckte, dunkelbraune Kladská-See in unmittelbarer Nähe des Ortes ist zwar der größte, aber nicht der einzige See in dieser idyllischen Waldland-

Dunkle Seen und Teiche, versteckt in kleinen Waldlichtungen: Das Naturschutzgebiet Kladská ist ein stilles, erholsames Refugium.

schaft. Die mit Mooren, Tümpeln und Seen an nordeuropäische Regionen erinnernde Landschaft kann auf einem Brettersteig sicher durchquert werden. Wie geschaffen für diese traumhafte Kulisse scheint das alte Jagdschloss von Prinz Schönburg im Stil eines Forsthauses, heute Hotel Garni. In dem gemütlichen **Ausflugslokal »Zum Auerhahn«** neben dem Jagdschloss werden stilgerecht auch leckere Wildgerichte aufgetischt.

★ **Lázně Kynžvart (Bad Königswart)**

Dass Lázně Kynžvart, 4 km südwestlich von Kladská, einmal Kurort war, merkt man nur noch an den Kurhäusern im oberen, bewaldeten Ortsteil, die heute als Kindererholungsheim genutzt werden. Die meisten Besucher kommen wegen des 2 km außerhalb des Ortes im Tal gelegenen Schlosses hierher. Die von einem englischen Park umgebene, hufeisenförmige Anlage entstand 1833 bis 1839 als Wohnsitz für den österreichischen Staatskanzler Fürst von Metternich. Das **Juwel des Schlosses ist die Bibliothek** mit rund 25 000 Bänden, darunter kostbare Drucke und Handschriften, die Metternich aus der aufgelösten Bibliothek des oberschwäbischen Klosters Ochsenhausen hierher bringen ließ (Öffnungszeiten: April, Okt. 9.00 – 12.00, 12.30 bis 16.00, Mai – Sept. Di. – So. 9.00 – 12.00, 12.30 – 16.00, Juli u. Aug. bis 17.00 Uhr).

★ **Kloster Teplá (Tepl)**

Wer von dem Bücherbestand in Kynžvart beeindruckt war, sollte das Stift Teplá auch eines Besuchs würdigen. Die Prämonstratenser-Abtei liegt südöstlich außerhalb des gleichnamigen Städtchens in einer sanfthügeligen Wiesenlandschaft, 12 km östlich von Mariánské Lázně. Das 1193 gegründete Kloster befindet sich seit 1990 wieder im Besitz des Prämonstratenser-Ordens, der nicht nur die Renovierung der weitläufigen, aber zum Teil sehr mitgenommenen Anlage, sondern auch ein Gäste-Hospiz und ein Restaurant im Klosterkomplex betreibt. Mittelpunkt des Klosters ist die zweitürmige romanische Basilika mit prächtiger Barockausstattung. Im ebenfalls barocken Konventsbau, den Christoph Dientzenhofer zwischen 1685 und 1721 errichtet hatte, ist die berühmte Bibliothek untergebracht, die rund 100 000 Bände, darunter ein im 9. Jh. in Regensburg verfasstes Gebetsbuch, zu ihren Schätzen zählt (Öffnungszeiten: Feb. – April Mo. – Sa. 9.00 – 15.30, So. 11.00 – 15.30, Mai – Sept. Mo. – Sa. 9.00 bis 17.00, So. 11.00 –17.00, Okt. – Dez. Mo. – Sa. 9.00 – 15.30, So. 11.00 bis 15.30 Uhr).

★ **Bečov nad Teplou (Petschau)**

Auf einer Anhöhe in einer Talweitung thront das alte Städtchen Bečov nad Teplou, überragt von einer Burg, deren gotischer Palas auf dem höchsten Punkt des Felsplateaus steht. Unter der Burg steht das **Schloss** (18. Jh.). Hier präsentiert man einen der wertvollsten Kunstschätze in Tschechien: Der Reliquienschrein des hl. Maurus erstrahlt in einem abgedunkelten Raum. Kleine Lämpchen beleuchten ihn, dazu erklingt feierliche Kirchenmusik. Der Schrein aus dem 12. Jh. besteht aus 3000 Einzelteilen mit 300 Edelsteinen

Mělník (Melnik)

G 4

Region: Mittelböhmen **Höhe:** 222 m ü. d. M.
Einwohnerzahl: 19 600

Bei Mělník mündet die Moldau (Vltava) in die Elbe (Labe). Nicht wenige Tschechen sind allerdings dennoch der Ansicht, dass der Fluss von dieser Stelle an ebenfalls den Namen Moldau tragen müsste. Ihre Begründung: Bei der Mündung ist der wichtigste Strom des Landes länger als die Elbe.

Beliebtes Ausflugsziel

Der Wein, der auf den Terrassen am Elbufer und im nördlichen Hinterland gedeiht, hat Mělník zum wichtigsten **Weinbaugebiet** Böhmens gemacht. Bereits Kaiser Karl IV., der am Hof des französischen Königs erzogen worden war und dort auch Burgunderweine kennen lernte, ließ den Pinot Noir auf den Hanggärten anpflanzen. Seit der politischen Wende gehören die Weinberge wieder der Adelsfamilie Lobkowitz, die in mühevoller Arbeit versucht, dem Wein seine alte Bedeutung zurückzugegeben. Die berühmteste Sorte heißt »Ludmilla«. Im September wird in Mělník das traditionelle Weinlesefest gefeiert.

Geschichte

Bereits im 9. Jh. gab es hier hoch über der Elbe die Burg eines slawischen Stammes. Sie war die Residenz Ludmillas, der Großmutter

Am Zusammenfluss von Moldau und Elbe entstanden Schloss und Stadt Mělník. Heute ist der Ort vor allem für seine Weine bekannt.

Herzog Wenzels und Landespatronin Böhmens. 921 wurde sie vermutlich im Auftrag ihrer Schwiegertochter ermordet, da diese das hohe Ansehen, das die gläubige Fürstin im ganzen Land genoss, nicht ertragen konnte. Von 1542 an wechselte die Burg von Mělník mehrmals den Besitzer: Die Waldsteins, die Kolowrats, die Czěrnins und seit 1753 die Lobkowitzer, alle zu den bedeutendsten Adelsfamilien des Landes gehörend, waren Herren zu Mělník.

Sehenswertes in Mělník

**** Schloss**

Hoch über der Elbe erhebt sich das wohl schönste Renaissanceschloss Böhmens. Zum Innenhof öffnen sich lichte Arkaden, auf der sonnenüberfluteten Terrasse des Schlossrestaurants kann man bei einem Glas Ludmilla-Wein weit hinein ins Land blicken. Die Ursprünge der dreiflügeligen Anlage gehen auf das 9. Jh. zurück, sein heutiges Aussehen erhielt es aber um die Mitte des 16. Jh.s. Aus dem Jahr 1553 stammt **eines der ältesten erhaltenen Sgraffiti Böhmens**, zu sehen am Nordflügel. Zugänglich sind zehn reich möblierte Zimmer, hier ist auch die Lobkowitz-Galerie untergebracht mit Werken bedeutender Barockmaler wie etwa Peter Brandl und Wenzel Lorenz Reiner. Seit 1992 wieder zugänglich ist die Kapelle der hl. Ludmilla.

Melniker Baienhaus

Die Krypta der **Petrus- und Pauluskirche** beherbergt das Melniker Beinhaus: Hier lagern die Knochen von etwa 15000 Menschen.

MĚLNÍK ERLEBEN

Auskunft

Informationszentrum
Míru 11 nám.
CZ-27601 Mělník
Tel./Fax 315 627 503
www.melnik.cz

ESSEN

► Erschwinglich

Restaurant im Schloss
Tel. 315 622 108
Im Schloss findet man das beste Restaurant der Stadt. Zu regionalen, aber auch internationalen Spezialitäten (Wildpastete, Forellen-filet, Kalbsleber) kann man hier angebauten Weine probieren.

ÜBERNAVCHTEN

► Komfortabel

U Rytířu
Svatováclavská 17
Tel. 315 621 440, Fax 315 621 439
www.urytiru.cz
In der historischen Altstadt gelegene Appartements, dazu gehört ein nettes Gartenrestaurant.

U Cinku
Českolipská 1166
Tel. 315 671 024, Fax 315 671 720
www.ucinku.cz
Modernes, zentral gelegenes Hotel, 2 km vom Schloss entfernt, mit großem Gartenrestaurant.

Petrus - und Pauluskirche Der Bau der aus dem 15. Jh. stammenden Kirche Petrus und Paulus (Sv. Petra und Pavla) wird dominiert von seinem mächtigen Turm, den man auf 177 Stufen ersteigen kann. Aber auch von der Aussichtsterrasse vor der Kirche genießt man einen schönen Blick auf die Mündung von Moldau und Moldaukanal in die Elbe.

Altstadt Von den zahlreichen Besuchern, die das Melniker Schloss anzieht, hat die Stadt in den letzten Jahren profitiert. So konnten auch viele der heruntergekommenen Bürgerhäuser in der Altstadt renoviert werden, und mehrere neue Restaurants und Pensionen warten jetzt auf Gäste. Am **Marktplatz** steht das Alte Rathaus aus dem 14. Jh., das in der zweiten Hälfte des 18. Jh.s barockisiert wurde, das Regionalmuseum mit Ausstellungen zu Weinbau und historischen Kinderwagen sowie in der Mitte des Platzes ein Weinlesebrunnen. Ein paar Schritte weiter nördlich erreicht man das Kapuzinerkloster mit der Kirche der Vierzehn Nothelfer.

Umgebung von Mělník

✶ **Schloss Nelahozeves (Mühlhausen)** Auf der gegenüberliegenden Seite der Moldau, in Nelahozeves, wurde 1841 der Komponist Antonín Dvořák geboren. Die Hauptsehenswürdigkeit des Ortes, ein im 16. Jh. erbautes Renaissanceschloss, ist durch seine Lage auf einem Plateau weithin sichtbar. Seit die wehrhafte Anlage an die Erben der einstigen Besitzer zurückgegeben wurde, präsentiert sie sich außen und innen als kleines Schmuckstück. Was Schloss Nelahozeves aber vor allem interessant macht, ist die aus verschiedenen Schlössern der Familie Lobkowitz hierher zusammengetragene **Kunstsammlung**, in der fast alle berühmten europäischen »alten Meister« mit erstklassigen Werken vertreten sind.

Liběchov (Liboch) Etwa 7 km flussaufwärts liegt am rechten Ufer der Elbe der von Weinbergen umgebene Ort Liběchov am Eingang der romantischen »Libocher Gründe«. Sein im Stil der Renaissance erbautes Schloss aus dem 16. Jh. birgt heute eine ständige Ausstellung über die Kulturen asiatischer Völker.

✶ **Naturschutzgebiet Kokořínsko** Weitab von Stadtleben und Hektik fühlt man sich bei einer Fahrt oder – noch besser – bei einer Wanderung durch das herrliche Naturschutzgebiet Kokořínsko, einer bewaldeten Sandsteinlandschaft mit **romantischen Tälern und pittoresken Felsformationen**. Besonders reizvoll ist die Landschaftskulisse im Pšovka-Tal bei dem kleinen Dorf Kokořín (Kokorschin), das man von Liběchov nach ungefähr 10 Kilometern erreicht. Wie ein Adlernest sitzt auf den bewaldeten Sandsteinfelsen über dem Tal die gleichnamige Burg, welche durch eine Zugbrücke vor unerwünschten Gästen abgesichert war. Die ursprüngliche Burg aus dem 14. Jh. war in den Hussitenkriegen schwer beschädigt worden und blieb Ruine – bis der böhmische Industrielle Vacláv Spaček sie erwarb und 1911 bis 1918 wieder aufbauen ließ.

★ Mikulov (Nikolsburg)

M 7

Region: Südmähren **Höhe:** 280 m ü. d. M.
Einwohnerzahl: 7 500

Mikulov, ein traditionsreiches Weinbaustädtchen nahe der mährisch-österreichischen Grenze, erweist sich als ausgezeichneter Ausgangspunkt zur Erkundung einer abwechslungsreichen Umgebung. Darunter auch das zum Weltkulturerbe erhobene Lednice und Valtice, Schloss- und Parkanlagen, die einen längeren Besuch verdienen.

Weinstädtchen

Mikulov ist eine hübsche Kleinstadt im äußersten Süden Mährens, nur wenige Kilometer von der tschechisch-österreichischen Grenze entfernt. Nähert man sich der Stadt, so fährt man vorbei an Mais- und Sonnenblumenfeldern, an Weingärten und durch Dörfer, in denen die Weinkellerhäuschen das Bild bestimmen. Das zwischen sanft ansteigende Rebhänge gebettete Weinstädtchen erkennt man schon von weitem an dem mächtigen Schloss und dem markanten Haus-

MIKULOV ERLEBEN

AUSKUNFT

Informationszentrum
Nám. 30
CZ-69201 Mikulov
Tel./Fax 519 510 855
www.mikulov.cz

Informationszentrum Valtice
Svobody č. nám. 4
CZ-69142 Valtice
Tel./Fax 519 352 978
www.radnice-valtice.cz

Informationszentrum Lednice
Zámecké nám. 68
CZ-69144 Lednice
Tel./Fax 519 340 986
www.lednice.cz

EINKAUFEN

Im Zentrum von Mikulov gibt es zahlreiche Weinhandlungen mit einer großen Auswahl von edlen Tropfen aus der Region Südmähren.

ESSEN

► Erschwinglich

Valtická Rychta
Mikulovská 165
Tel. 519 352 366
Deftige südmährische Spezialitäten stehen auf der Speisekarte.

ÜBERNACHTEN

► Komfortabel

Tempel
Husova 50
Tel. 519 323 095, www.templ.cz
Romantisches kleines Hotel unterhalb vom Schloss in einem Renaissancehaus mit beeindruckenden Gewölben. Individuelle Zimmer.

Eliška
Piaristu 4
Tel./Fax 519 513 073
www.hoteleliska.cz
Freundliche Unterkunft mit gemütlichem Weinkeller.

berg, dem Heiligen Berg (Svatý kopeček). Etwa eine ¾ Stunde dauert der Aufstieg zur Kirche des hl. Sebastian mit ihrem frei stehenden Glockenturm. Von der kahlen Hügelkuppe bietet sich ein herrlicher Blick über die Stadt und die Umgebung von Mikulov.

Sehenswertes in Mikulov

Schloss Den höchsten Punkt der Stadt markiert das Schloss. Die steirische Familie Dietrichstein ließ die mittelalterliche Burg im 17. und 18. Jh. umbauen. Heute beherbergt der mächtige Residenz ein Weinbaumuseum. Der Clou ist das riesige Weinfass von 1643, welches 1010 hl fassen kann. Weil es nach einer Missernte nicht befüllt wurde, bekam es Risse, wurde undicht, aber glücklicherweise trotzdem nicht zu Brennholz verarbeitet (Öffnungszeiten: Di. – So. Mai – Sept. 8.00 bis 17.00, April u. Okt. 9.00 – 16.00 Uhr).

Marktplatz Unterhalb des Schlosses liegt der kleine, von barocken Laubenhäusern gerahmte Marktplatz mit Brunnen und mächtiger Pestsäule. Ins Auge fällt hier vor allem das Renaissancehaus Urytířů (Zu den Rittern) durch seine reichhaltige Sgraffito-Verzierung. Die hochbarocke Doppelturmfassade an der Schmalseite des Platzes gehört zur Annakirche, deren Chor im 19. Jh. zu einer Familiengruft, dem Ditrichsteiner Grabmal, umgebaut wurde.

Ehemaliges Judenviertel Westlich unterhalb des Schlosses, in der Hus-Straße (Husova), liegt das einstige Judenviertel, zu dem eine als Museum wieder eröffnete Synagoge aus dem 15. Jh. gehört. Der benachbarte Friedhof mit mehr als 2000 Gräbern aus dem 17. bis 19. Jh. (Schlüssel in der Brněnská 28) macht deutlich, dass die jüdische Gemeinde von Mikulov noch im 19. Jh. eine der größten in Mähren war.

Pollauer Berge (Pavlovské vrchy) Mikulov eignet sich als Ausgangspunkt für Wanderungen in diesen Karsthöhenzug, an dessen Ausläufer die Stadt gelegen ist. Zwei Burgruinen bekrönen die unbewaldeten Kämme. An der Nordseite der Pollauer Berge wurde die Thaya (Dyje) zum Staubecken Nové Mlýny aufgestaut. Ganz in der Nähe dieses künstlichen Sees fanden Archäologen den **bedeutenden Mammutjägerplatz** von Dolní Věstonice mit ca. 25 000 Jahre alten Steinzeitfunden. Auch die berühmte **»Venus von Westonitz«**, heute im Mährischen Landesmuseum in Brünn, stammt von dieser Fundstelle.

Dolní Věstonice ►

✶✶ Schloss und Park Lednice (Eisgrub)

✶ **Schloss** Zu den meistbesuchten Touristenzielen in Tschechien gehört das Liechtensteiner Schloss Lednice am Rand der gleichnamigen Ortschaft, 16 km östlich von Mikulov. Aufgrund ihrer kulturhistorischen Bedeutung wurden die Schlösser Lednice und Valtice samt Parkanlagen 1996 in die Liste des Weltkulturerbes der UNESCO aufge-

Schloss Eisgrub Orientierung

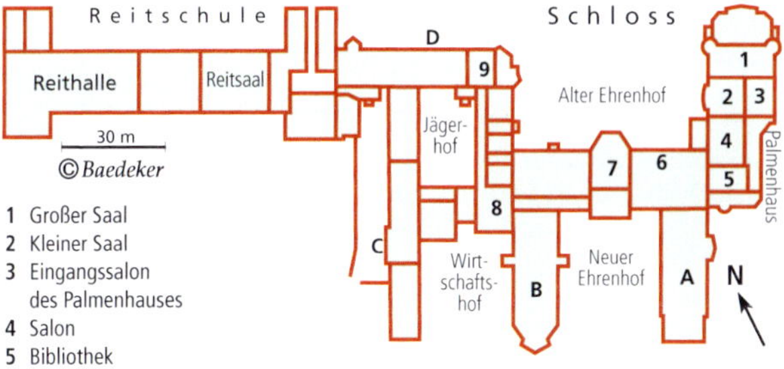

1 Großer Saal
2 Kleiner Saal
3 Eingangssalon des Palmenhauses
4 Salon
5 Bibliothek
6 Speisesaal
7 Gartenhalle
8 Treppenhaus
9 Billardzimmer

A Eingangsflügel
B Schlosskapelle

C Küchenflügel
D Gästeflügel

nommen. Die Liechtensteiner besaßen hier bereits eine Burg, die später in ein Renaissanceschloss umgewandelt und im 17. Jh. barock umgestaltet wurde. Aus dieser Zeit blieb die um 1690 von Johann Bernhard Fischer von Erlach erbaute Reithalle samt Stallungen erhalten. Bestimmend für das heutige Erscheinungsbild ist jedoch der grundlegende Umbau des Schlosses 1846 bis 1856 im Tudorstil. Auch das Innere wurde mit Wandvertäfelungen und Möbeln im Stil der Zeit, Waffen, Porzellan und Jagdtrophäen ausgestattet. Architektonisch bemerkenswert ist das im Osten an das neugotische Schloss anschließende **Palmenhaus** (1835). Die mit exotischen Plflanzen gefüllte, filigrane Glas-Gusseisen-Konstruktion besitzt einen separaten Eingang und kann auch montags besichtigt werden.

✱✱ **Schlosspark**

Viele Besucher kommen weniger wegen des Schlosses nach Lednice, sondern wegen des dazugehörigen Parks, der in ganz Tschechien seinesgleichen sucht. Direkt an das Schloss grenzt ein großer, sehr gepflegter **Barockgarten**, der nach Osten und Süden nahtlos in einen riesigen **Landschaftspark** übergeht. Dem Schloss gegenüber, am Nordufer des Schlossteichs (Zámecký rybník) entdeckt man ein kurioses Bauwerk, das Minarett von 1797. Von dem 63 m hohen Turm genießt man einen herrlichen Blick über das riesige Parkareal, das sich bis nach Valtice ausdehnt. Ein rot markierter Spazierweg führt durch diese waldige Parklandschaft, vorbei an romantischen Denkmälern und Parkbauten wie einer künstlichen Burgruine oder dem Diana-Tempel. In dem großen Saal dieses Bauwerks, das der Jagdgöttin Diana gewidmet war, wurde bei den zahlreichen Jagden das Frühstück serviert (Öffnungszeiten/Führungen: Mai – Aug. Di – So. 9.00 – 12.00 u. 13.00 – 18.00, Sept. – 17.00 Uhr, April u. Okt. Sa. u. So. 9.00 – 12.00 u. 13.00 – 16.00; Schlossgarten: Mai – Sept. 5.00 bis 23.00, Okt. – April 6.00 – 20.00 Uhr).

Valtice (Feldsberg)

Weinstädtchen Nicht nur verschlungene Spazierwege, sondern auch eine gerade Allee verbinden Lednice und Valtice, ein kleines, 7 km südwestlich gelegenes Städtchen, das für seine Weine und für sein prächtiges Barockschloss bekannt ist. In Valtice befindet sich auch **die älteste Winzerfachschule Tschechiens**. Als die Liechtensteiner im 17. Jahrhundert zu Reichsfürsten aufstiegen, wurde Feldsberg ihre Residenz. Sie ließen das Städtchen ausbauen und die barocke Mariä-Himmelfahrts-Kirche (1671) errichten.

! *Baedeker* TIPP

Barockfestival

Jeden Sommer findet im Schloss und im Garten von Valtice ein Festival barocker Musik statt. Die Aufführungen reichen von der Barockoper und Ballettaufführungen bis hin zu Jazzkonzerten und einem Gartenfest mit historischen Speisen.

★ **Schloss** Für den Bau des Schlosses (1725) verpflichtete Karl Eusebius von Liechtenstein u. a. den österreichischen Baumeister Johann Fischer von Erlach. Die Innenräume sind üppig dekoriert und besitzen eine kostbare Ausstattung. Die Parkanlagen sind in ihrer heutigen Form das Ergebnis ihrer Umgestaltung im frühen 19. Jahrhundert (Öffnungszeiten: April, Okt. Sa. u. So. 9.00 – 16.00, Mai bis Aug. 8.00 bis 17.00, Sept. 9.00 – 17.00 Uhr).

Náchod (Nachod)

L 4

Region: Ostböhmen **Höhe:** 350 m ü. d. M.
Einwohnerzahl: 20 000

Zwei mächtige Schlösser laden historisch Interessierte zum Besuch ein: Das als gotische Burg im 13. Jh. gegründete, barockisierte Schloss von Náchod und das Renaissanceschloss von Nové Město nad Metují (16./17. Jh.), dessen Marktplatz zu den schönsten im Norden Böhmens zählt

Grenzstadt Náchod liegt 40 km nordöstlich von Hradec Králové, nur knappe 5 km von der tschechisch-polnischen Grenze entfernt. Wirtschaftlich von Bedeutung für die Stadt sind der Straßen- und Eisenbahngrenzübergang nach Polen und die Textilindustrie.

★ **Schloss** Bereits im 13. Jh. wachte hier oben eine Grenzburg, die 1566 bis 1614 im Stil der Renaissance umgebaut wurde. Um 1850 holte der neue Besitzer, der Florentiner Ottavio Piccolomini, italienische Künstler und ließ das Schloss in eine barocke Residenz umwandeln. Sehenswert ist vor allem die reichhaltige Sammlung herrlicher Gobelins, die ursprünglich für die Brüsseler Residenz der Piccolomini angefertigt wurde. (Öffnungszeiten: April u. Okt. Sa., So., Fei. 9.00 bis 16.00, Mai – Aug. Di. – So. 9.00 bis 17.00, Sept. bis 17.00 Uhr).

Am **Marktplatz** fällt die gotische, aus dem 14. Jahrhundert stammende St.-Laurentius-Kirche wegen ihrer holzschindelgedeckten Zwiebeltürme ins Auge.
Das **Jugendstilhotel** »U Beránka« (Zum Lamm) ist seit seiner Restaurierung wieder ein architektonisches Schmuckstück. Das **Neue Rathaus**, das im Neorenaissancestil erbaut wurde, schmücken Sgraffiti des Jugendstilmalers Mikoláš Aleš. Auf dem fast 50 m hohen Turm thront die Statue des Ritters Hron, des Stadtgründers.

Schloss Náchod Orientierung

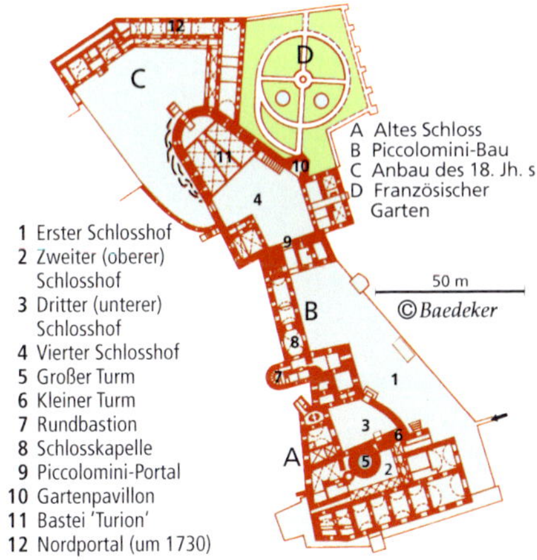

Umgebung von Náchod

Dobrošov (Dobruschow)

Ein weiter Blick hinüber zum Adlergebirge und zum Glatzer Bergland bietet sich von dem 2 km südöstlich aufragenden Gipfel (624 m) mit Hütte und Aussichtsturm.
Oberhalb des Dorfes Dobrošov führt ein Lehrpfad zur Artilleriefestung Březimka, Teil der tschechischen Verteidigungslinie, die zwischen 1935 und 1938 an der Grenze zu Hitler-Deutschland erbaut wurde. 30 m unter der Erde befinden sich Waffen und technische Einrichtungen, ein 500 m langer Gang führt zum Kommandoblockhaus »Můstek« (Öffnungszeiten: Mai – Sept. Di. – So.).

✶ Ratibořice (Ratiborschitz)

8 km südwestlich von Náchod, bei Česká Skalice, lädt der **Stausee Rozkoš** zu einem erfrischenden Bad ein. Von Česká Skalice führt ein Wanderweg entlang des Flüsschens Aupa (Úpa) in das 2 km nördlich gelegene Ratibořice mit einem sehenswerten **Empireschloss** (1810 bis 1812). Hier lebte die Herzogin Katharina Wilhelmine von Sagan, eine Vertraute des österreichischen Kanzlers Fürst Metternich. Im Schloss berieten 1813 Metternich, König Wilhelm III. von Preußen und Zar Alexander I. ihre gemeinsame Strategie gegen Kaiser Napoleon I. (Öffnungszeiten: Juni, Juli, Aug. Di.–So. 9.00 – 18.00, Mai u. Sept bis 17.00, April u. Okt. Sa., So. u. Fei. 9.00 – 12.00 u. 13.00 bis 16.00 Uhr).

Božena Němcová

Zur Dienerschaft der Herzogin von Sagan gehörten Magdalena Novotná und Jan Pankl, die Eltern von Barunka Panklová, die später als Schriftstellerin unter dem Künstlernamen Božena Němcová eine der bekanntesten tschechischen Autorinnen wurde. Zehn Jahre lebte die Großfamilie in der nahen Alten Bleiche (Staré bělidlo) – heute ein nationaler Wallfahrtsort, denn die Romane der Němcová sind in Tschechien noch immer sehr populär. In Česká Skalice sind ihr gleich zwei Museen gewidmet. Božena Němcová setzte ihrer Großmutter, der Fürstin von Sagan und dem lieblichen Aupatal im Roman »Die Großmutter« (»Babička«) ein literarisches Denkmal. Seit der Erstausgabe in deutscher Sprache im Jahr 1855 erschienen etwa 200 Ausgaben in 26 Sprachen.

★★ Nové Město nad Metují (Neustadt an der Mettau)

Schöne Altstadt

In malerischer Lage hoch auf einem Felssporn, der von der Mettau umflossen wird, thront 10 km südlich von Náchod die Kleinstadt Nové Město (10 000 Einw.). Die mittelalterliche Altstadt zählt zu den schönsten Nordostböhmens. Der großzügige Marktplatz beeindruckt durch seine liebevoll renovierten Laubenhäuser mit einheitlichen Renaissancefassaden aus dem 16. Jahrhundert.

★ Schloss

Zweite Hauptsehenswürdigkeit neben dem schönen Platzensemble ist das im 16. Jh. erbaute Schloss, eine gelungene Mischung aus Renaissancebau und barocken Ergänzungen. Als es 1908 der Neustäd-

Die barocken Zwergenfiguren auf der Terrasse des Schlosses in Neustadt verleihen dem Bauwerk eine heitere Note.

ter Textilunternehmer Cyril Bartoň erwarb, war es nahezu verfallen. Mit enormen Kosten wurde die Residenz nach Plänen des slowakischen Architekten Dušan Jukovič wieder aufgebaut. Diese Tat würdigte sogar die sozialistische Staatsmacht: Dem alten Besitzer wurde im Schloss ein Wohnrecht auf Lebenszeit gewährt. Namhafte Künstler beteiligten sich bei der Einrichtung der Räume, deren **Ausstattung von Jugendstil über Kubismus bis zur Moderne** reicht. Vom Schlossturm hat man einen schönen Blick auf die Altstadt und auf den in Terrassen angelegten Schlosspark. Die skurrilen steinernen Zwergenskulpturen auf den Mauern der Terrassen entstanden in der Werkstatt des berühmten Barockbildhauers Matthias Braun. Unbedingt ansehen sollte man sich auch die zauberhafte überdachte Holzbrücke über den einstigen Schlossgraben, die Dušan Jurkovič 1910 im Stil walachischer Volksarchitektur entworfen hatte (Öffnungszeiten Schloss: Juli/Aug. Di. – So. 9.00 – 17.00, Mai – Sept. bis 16.00, April/Okt. Sa. u. So. 9.00 – 16.00 Uhr).

! *Baedeker* TIPP

Slavoňov

5 km östlich von Neustadt an der Mettau, in der kleinen Ortschaft Slavoňov, findet man eine der schönsten Holzkirchen Tschechiens. Sie geht auf das 16. Jh. zurück.

Umgebung Mettautal

Entlang des tief eingeschnittenen Mettautals führt ein 8 km langer Wanderweg von Neustadt nach Náchod. Auf halben Wege erreicht man das urige Ausflugslokal »Peklo« (Hölle). Das volkstümliche Erscheinungsbild der Gaststätte, die durch einen Roman von Alois Jirásek bekannt wurde, ist Dušan Jurkovičs Wirken zu verdanken.

Nový Jičín (Neutitschein)

P 5

Region: Nordmähren
Einwohnerzahl: 27 000
Höhe: 285 m ü. d. M.

Nový Jičín ist eine moderne, lebendige Industriestadt, die sich mit der Herstellung von Hüten im ganzen Land einen guten Ruf erwarb. Sitzt man jedoch bei einem Glas mährischen Weins unter den Arkaden des Marktplatzes, ist davon nichts zu spüren. In dem von einer Ringstraße, der ehemaligen Stadtbefestigung, umgebenen Zentrum von Nový Jičín fühlt man sich in die Zeit der Renaissance zurückgesetzt.

Geschichte

Einer Sage nach soll der Ort von Jitka, der Tochter des Besitzers der nahen Burg Alttitschein, gegründet worden sein. Von dieser Frau könnte sich demnach auch der Name Jičín abgeleitet haben. Tatsächlich ist Jičín etymologisch jedoch mit dem altslawischen Wort »dik«

verbunden, was so viel wie »dichte Wälder« bedeutet. Die Stadt liegt in den Ausläufern der ►Beskiden, einem waldreichen Gebirge. Historisch belegt ist Neutitschein seit 1313, Ende des 16. Jh.s wanderten viele Deutsche ein. Friedrich von der Pfalz erhob es daher 1618 zur königlichen Stadt. Ende des 19. Jh.s wurde die 1799 gegründete Hückelsche Hutfabrik zu einer der größten der Welt, am Rande des Zentrums entstanden großzügige Gründerzeitvillen. Rund 1000 Arbeiter produzieren hier täglich etwa 5000 Kopfbedeckungen.

Sehenswertes in Nový Jičín

Stadtbild Der freundliche **Masarykplatz (Masarykovo námstí)** ist das Zentrum der Stadt, von hier kann man alle Sehenswürdigkeiten in wenigen Minuten erreichen. Zu empfehlen ist ein Spaziergang durch die Kostelní (Kirchgasse), die östlich des Marktplatzes von der Pfarrkirche zum klassizistischen Bureš-Haus führt. In der bei der Pfarrkirche beginnenden Žerotínova-Straße hatten Handwerker ihre Werkstätten. Im Haus Nr. 2 befanden sich die Fleischbänke, im ersten Stock ein Tanzsaal, in dem u. a. auch Johann Strauß zum Walzer aufspielte.

**** Marktplatz** Das schönste Gebäude am Platz ist die Apotheke »Zum weißen Engel« (Nr. 26), ein zweistöckiges Barockhaus mit einer anmutigen Rokoko-Fassade, die allerdings erst 1913 entstand. Das baugeschichtlich interessanteste Haus ist die »Alte Post« (Stará Pošta; Nr. 20), mit der

Mediterran angehaucht ist der Marktplatz von Neutitschein.

ein ehemaliger Bürgermeister für alle sichtbar seinen Reichtum demonstriert. Seine ursprünglichen Baupläne sahen einen Arkadenhof vor, italienische Baumeister überzeugten ihn jedoch davon, dass es besser sei, die Arkaden gegen die Sonne und damit den Marktplatz zu richten. In der ehemaligen Postkutschenstation übernachtete 1813 auch der russische Zar Alexander I., heute ist das Renaissancegebäude das städtische Kulturzentrum. In der Mitte des Marktplatzes steht eine Pestsäule aus dem Jahr 1710, die man sich genauer ansehen sollte: In Tschechien einmalig ist die Darstellung der in einer Höhle schlafenden Pest-Heiligen Rosalia von Palermo.

Schloss

Die Lidická-Gasse führt von der Südecke des Marktplatzes zum Žerotíner Schloss (Žerotínský zámek). Das Renaissancegebäude, errichtet in Form eines »F«, geht auf ein befestigtes Haus aus dem 14. Jh. zurück. Ungewöhnlich sind die zwei schmalen Türmchen auf dem südwestlichen Flügel. Heute befindet sich im Schloss das Stadtmuseum mit diversen Spezialsammlungen. 1949, zum 150. Jubiläum der ersten Hutfabrik in Nový Jičín, wurde hier eine **Hutmuseum** eröffnet. Die Sammlung umfasst rund 170 Hüte, unter anderem die Kopfbedeckungen des Historikers František Palacký, des Schriftstellers Alois Jirásek und des Malers Max Švabinský. Im romantischen Innenhof des Schlosses kann man die mährische Küche kennen lernen.

Ringstraße

Wer sich für den Baustil des Historismus begeistern kann, sollte wenige Meter weiter durch die Divadelní-Straße zum Gebäude des **Stadttheaters** gehen: Das Neorenaissancegebäude stammt aus den Jahren 1885 – 1886. Begeistert von der Wiener Ringstraße hatte auch der Gemeinderat von Nový Jičín Ende des 19. Jh.s den Plan für einen Prachtboulevard entwickelt. Die ursprüngliche Bebauung wurde abgetragen, Häuser in Jugendstil und Historismus entstanden. Der Erste Weltkrieg verhinderte jedoch die Vollendung, verwirklicht wurden neben dem Theater das Kreisgericht, die Blum-Villa sowie einige Gebäude in der Šramek-Straße.

Pfarrkirche

Östlich des Marktplatzes erhebt sich die Pfarrkirche Maria-Himmelfahrt. Der Barockbau aus den Jahren 1729 – 1732 ist ein Beispiel für den strengen Stil der nordmährischen Jesuitenkirchen. Unmittelbar daneben erhebt sich der Pfarrturm, den die protestantische Gemeinde als weithin sichtbares Zeichen ihres Sieges über den katholischen Bischof von Olmütz errichten ließ. Baubeginn war, wie auch die Jahreszahl auf dem Schwippbogen verrät, 1587, der 66 m hohe Turm wurde jedoch erst 1818 fertig gestellt – da herrschten über die Stadt schon lange wieder die Katholiken.

Bastei

Einen Teil der ehemaligen Stadtbefestigung bildete die Bastei (1614) nahe der Kirche. Sie sollte nicht nur das Gemeindevermögen, sondern auch die Glaubensfreiheit schützen.

Příbor (Freiberg) und Umgebung

Geburtsort Sigmund Freuds

Wäre Příbor, 11 km nordöstlich von Nový Jičín, nicht der Geburtsort von Sigmund Freud, würde sich wohl nur selten ein Besucher in die kleine, verträumte Stadt über dem Tal der Lubina verirren. Bis heute blieb das Geburtshaus des Begründers der Psychoanalyse erhalten. Das heutige Museum erinnert an seine Jugendjahre, und im unmittelbaren Zentrum der Stadt steht sein Denkmal.

Příbor ist die älteste Stadt Nordostmährens. Bereits im Jahre 1251 gründete der damalige mährische Markgraf und spätere böhmische König Přemysl Ottokar II. hier die Maria-Geburt-Kirche. Berühmt wurde die Stadt im 16. Jh. durch die **Tuchwebereien**, deren Produkte bis nach Moskau und in die Türkei exportiert wurden.

Marktplatz

Auch der zentrale Platz der Stadt trägt den Namen Freuds (Náměstí S. Freuda). Ihn umgeben kleine, zweistöckige Arkadenhäuser aus Renaissance und Barock, in seiner Mitte erhebt sich eine Marienstatue mit den Heiligen Rochus und Florian aus dem Jahr 1713. Das Haus Nr. 6 trägt das Wappen des Olmützer Kardinals Franz Dietrichstein, der hier bei seinen zahlreichen Aufenthalten wohnte.

Kirche Maria Geburt

Wenige Schritte vom Marktplatz entfernt steht die Kirche Maria Geburt (Chrám Narození Panny Marie) aus dem Jahr 1251. Trotz zahlreicher Umbauten blieben gotische Elemente erhalten, so etwa die Marienstatue von 1420 auf dem Hauptaltar. Der Turm entstammt dem Jahr 1590. Stimmungsvoll ist der Kreuzgang mit bemalten Gipsfiguren.

Geburtshaus Freuds

Vom Südwesten des Marktplatzes führt eine schmale, steil abfallende Gasse zu dem einstöckigen Haus, in dem am 6. Mai 1856 Sigismund Schlomo Freud geboren wurde (Zámečnická Nr. 117). Da sein Vater Jakob, ein jüdischer Kaufmann aus der Ostslowakei, 1860 sein Geschäft aufgab und nach Wien übersiedelte, lebte Freud hier nur vier Jahre, und kehrte auch in den Ferien nur einmal, 1872, nach Freiberg zurück. Dennoch schrieb er 1931 in einem Brief an den hiesigen Bürgermeister: »... eines bin ich mir jedoch bewusst: unter vielen Schichten lebt tief in mir immer noch dieses glückliche Freiberger Kind, der erstgeborene Sohn einer jungen Mutter, das aus dieser Atmosphäre, diesem Boden seine ersten unvergesslichen Eindrücke entgegennahm.« Gemeint war hiermit wohl auch die Erinnerung an seine erste Liebe, die Fabrikantentocher Gisela Fluss, die er im Haus seines Freundes Emil Fluss (Marktplatz

! *Baedeker* TIPP

Starý Jičín

Südwestlich von Nový Jičín liegt Starý Jičín (Alttitschein), das von einer markanten Burgruine überragt wird. Die einstige Burg aus dem 13. Jh. war im Verlauf des 19. Jh.s zur Ruine verfallen, ist jedoch mittlerweile teilweise rekonstruiert worden. Eine Ausstellung historischer Waffen findet sich im Turm der Anlage.

Nr. 20) kennen gelernt hatte. Über den Parkplatz erreicht man die – wieder zum Markt führende – Jičínská-Straße, wo auch das Freud-Denkmal steht.

Piaristenkloster

Am Ende der Jičínská steht gegenüber dem Masaryk-Gymnasium das größte Gebäude der Stadt, das ehemalige Piaristenkloster (Klášter piaristů, 1694 – 1700) aus. Hier ist heute das **Städtische Museum** mit einem Erinnerungssaal für Sigmund Freud untergebracht. Ausgestellt sind Briefe und Bilder zu seinen Freiberger Jahren, aber auch über sein späteres Wirken. Sehenswert ist auch der Speisesaal der Mönche mit einer bemalten Stuckdecke.

Hukvaldy (Hochwald)

Das Dorf Hukvaldy, 8 km östlich von Příbor, ist der Geburtsort des tschechischen Komponisten Leoš Janáček (1854 – 1928). In seinem Geburtshaus, der einstigen Dorfschule, hat man eine Gedenkstätte eingerichtet; jährlich im Mai werden die Lachischen Janáček-Musikfestspiele veranstaltet. Hukvaldy ist auch bekannt wegen der dortigen weitläufigen Ruine einer mittelalterlichen Burg (13. Jh.), in deren Umgebung sich ein ausgedehntes Wildgehege befindet.

★★ Olomouc (Olmütz)

N 5

Region: Nordmähren **Höhe:** 221 m ü. d. M.
Einwohnerzahl: 101 000

Die knapp 1000-jährige Geschichte der Stadt Olomouc brachte es mit sich, dass hier fast 200 Baudenkmäler auf den interessierten Besucher warten. Die Stadt ist das zweitgrößte Denkmalschutzgebiet nach Prag. Doch weitläufige Parkanlagen versprechen Erholung von der Stein gewordenen Geschichte.

»Mährisches Salzburg«

Olmütz ist zwar keine offizielle Hauptstadt Mährens, aber noch immer das urbane Herz dieses Landesteils. Die lebendige, von der Universität ebenso wie vom Tourismus und von der Industrie geprägte Großstadt liegt in der fruchtbaren Hanna-Ebene (Haná) an der March. Ähnlich wie Salzburg, mit dem es gerne verglichen wird, war die alte Bischofsstadt lange Zeit eine Hochburg der Jesuiten und des Katholizismus. Mit ihrem Dom und vielen anderen Kirchen, den schönen alten Adelspalästen und vor allem den herrlichen Brunnen ist Olomouc eine der interessantesten Städte der Tschechiens.

Geschichte

Spätestens seit dem 11. Jh., nach dem Anschluss Mährens an Böhmen, war Olmütz ein wichtiger Stützpunkt der Přemysliden. Unterhalb der Burg sowie um die beiden heutigen Hauptplätze Oberring und Niederring wuchs eine Siedlung heran, deren Entwicklung der Dreißigjährige Krieg unterbrach: Nach neunjähriger Besatzung durch die Schweden waren viele Häuser zerstört, ein Großteil der Bevölkerung tot oder abgewandert und die Verwaltung Mährens nach Brünn verlegt. Im 18. Jh. entstand unter Kaiserin Maria Theresia auf dem mittelalterlichen Grundriss eine prächtige Barockstadt. 1848 floh die österreichische Kaiserfamilie von Wien nach Olmütz. Von dort gab Kaiser Ferdinand seinen Thronverzicht zugunsten seines Neffen Franz Joseph I. bekannt.

Sehenswertes in Olomouc

✶✶ **Oberring**

Im Mittelpunkt der unteren Altstadt liegt der von schönen Patrizierhäusern aus unterschiedlichen Epochen umgebene Oberring (Horní náměstí). Das markante Wahrzeichen dieses Platzes ist die 32 m hohe Dreifaltigkeitssäule aus dem Jahr 1754, in deren mächtigem Sockel sogar eine kleine Kapelle Platz fand. Das mit 18 vergoldeten Kupferstatuen geschmückte Denkmal ist **die größte Pestsäule Tschechiens** und fand Eingang in die Weltkulturerbeliste der UNESCO. Geradezu klein mutet dagegen der benachbarte barocke Herkulesbrunnen aus dem Jahr 1687 an. Ein weiterer Brunnen schmückt die südöstliche Ecke des Platzes, der 1725 entstandene Caesarbrunnen mit dem Reiterbild Caesars und einem Hund. Der Grund für diese ungewöhnliche Brunnenfigur: Caesar soll nach einer Sage der Gründer von Olmütz gewesen sein. Der jüngste Brunnen am Platz, der Arionbrunnen im Südwesten, gefällt wegen seiner lebendigen Delphin- und Schildkötenplastiken.

Den Hauptplatz von Olomouc, den Oberring, schmücken drei große Brunnen, darunter der moderne Arionbrunnen.

Das Eckgebäude an der Ostseite des Platzes, »Zum goldenen Hirsch«, gehört zu den schönsten Häusern am Oberring. An der Westseite des Oberrings steht das 1830 von dem Wiener Architekten Kornhäusel erbaute Theater (Divadlo Oldřicha Stibora), an dem der berühmte Dirigent und Komponist Gustav Mahler seine Laufbahn begonnen hatte.

✶ Rathaus

In mehreren Bauphasen entstand ab dem 14. Jh. mitten auf dem Platz das Rathaus mit seinem 70 m hohen Turm. Anziehungspunkt Nummer eins an diesem Gebäude ist die **große astronomische Uhr** an seiner Nordseite. Sie stammt aus dem Jahr 1422 und ist nach der in Prag die zweitälteste Tschechiens. Die goldunterlegten Mosaiken und die Figuren um die Scheiben schuf 1955 ein tschechischer Künstler. An der Ostseite wurde dem Rathaus 1564 eine Freitreppe mit Loggia im Spätrenaissancestil angebaut. Darunter lag der Eingang in Form eines prächtigen, 1592 fertig gestellten Renaissanceportals. Im Inneren des Rathauses führt ein schönes Treppenhaus zum gotischen Rittersaal, der mehr als einen Blick lohnt.

> **!** *Baedeker* TIPP
>
> **Olomouc Card**
>
> Wer sich länger in Olomouc aufhält, für den lohnt sich die Olomouc Card, eine Ermäßigungskarte, die Vergünstigungen in zahlreichen Museen, Schlössern, Galerien und Restaurants ermöglicht. Sie ist für einen Zeitraum von 48 Stunden oder fünf Tagen verfügbar und wird in Informationsstellen und Hotels verkauft.

St. Mauritius

Wenige Schritte nördlich vom Oberring erhebt sich am Mauritiusplatz die gotische Kirche St. Mauritius (Kostel sv. Mořice; 15./16. Jh.), eine mächtige Hallenkirche, deren Türme unvollendet blieben. Das weiträumige Innere enthält eine prächtige spätgotische Kanzel und eine große Barockorgel.

Niederring

Vom Oberring gelangt man südwärts zum zweiten großen Platz in der unteren Altstadt, dem dreieckigen Niederring (Dolní náměstí) mit Neptun- und Jupiterbrunnen (1695 bzw. 1707) sowie einer Mariensäule (1726). Einen näheren Blick verdienen das Haus Nr. 174 und das im 16. Jh. erbaute Haunschildpalais, ein schönes Renaissancegebäude mit reich verziertem Portal und Erker. Der elfjährige Mozart hatte 1767 hier mit seiner Familie logiert.

✶ Altstadtgassen

Sehr lebendig und mit vielen z. T. winzigen Geschäften zeigt sich Olmütz in den Sträßchen zwischen der unteren und der oberen Innenstadt. Die Panská oder die Školní, eine alte Gasse mit gemauerten Bögen, führen auf den stimmungsvollen, von barocken Wohnhäusern umgebenen Žerotínovo-Platz (Žerotínovo nám.) mit der **Michaelskirche (chrám sv. Michala)**. Die Silhouette des 1674 bis 1700 barock umgebauten Gotteshauses wird von drei Kuppeln dominiert. Das Innere schwelgt in Gold und rotem Kunstmarmor.

Olomouc Orientierung

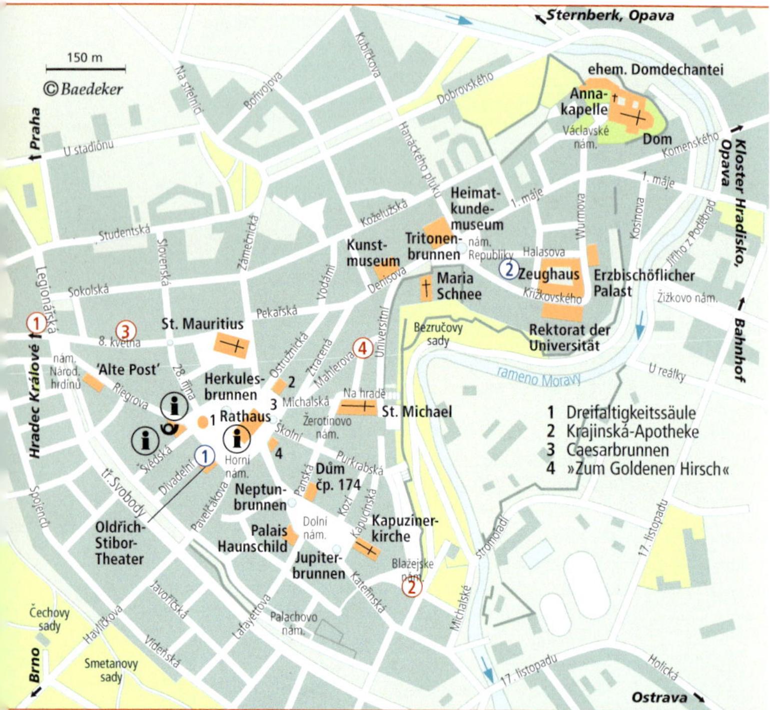

Essen
① Mährisches Restaurant
② Svatováclavský pivovar

Übernachten
① Prachárna
② Alley
③ U Jakuba
④ Antigone

★ **Platz der Republik**

Der dreieckige Platz (Náměstí Republiky) mit dem schönen Tritonenbrunnen (1708) ist der wichtigste Ort im Universitätsviertel. Auf dem Platz und in der Denisova ulice, die vom Oberring heraufführt, gibt es Cafés und Studentenkneipen wie z. B. das Depot No. 8, Mode- und Musikgeschäfte ebenso wie Trödel- und Buchläden. Ein markanter Blickfang am unteren Ende des Platzes ist die erhöht stehende **Barockkirche Maria-Schnee** (chrám panny Marie Sněžné), die 1712 bis 1719 die Jesuiten errichtet hatten. Ein Genuss, ihrer einzigartigen Barockorgel aus dem Jahr 1729 zu lauschen. In dem Gebäude schräg gegenüber befindet sich das **Kunstmuseum** (Muzeum umění) mit einer Ausstellung zur Kunst in Olomouc zwischen 1889 und 1989 (Öffnungszeiten: April – Sept. Di. – So. 9.00 – 18.00, Okt. – März Mi. bis So. 10.00 – 17.00 Uhr; Mi. u. So. freier Eintritt).

Vom Platz der Republik empfiehlt sich ein Spaziergang durch die von alten Domherrenhäusern eingefasste ulice Křížkovského zum Bischofsplatz (Biskupské náměstí). Seitdem die hier versammelten Barockbauten renoviert sind, vermitteln sie wieder eine Vorstellung von der einstigen Macht des Olmützer Bistums. Bereits 1063 war die Stadt Sitz eines Bischofs, 700 Jahre später, 1777, rückte es zum Erzbistum auf. Maria Theresia ließ 1771 in unmittelbarer Nähe zum Erzbischöflichen Palast (1674) das Zeughaus (Zbrojnice) am Bischofsplatz errichten. In den Gebäuden um diesen Platz sind heute die wichtigsten Einrichtungen der Palacky-Universität (Univerzita Palackého) untergebracht. Die Universität war zwar bereits 1573 gegründet, zwei Jahrhunderte später aber nach Brünn verlegt und 1946 hier wieder ins Leben gerufen worden.

✶ Universitätsviertel

? WUSSTEN SIE SCHON ...?

- ... dass der »Olmützer Quargel« die Spezialität der Stadt ist? Es handelt sich um einen Sauermilchkäse mit einem kräftigen, leicht säuerlichen Geschmack und geringem Fettgehalt. Sein markanter Geruch ist allerdings nicht jedermanns Sache. Probieren Sie einfach mal, in Olmütz finden Sie ihn vielerorts.

Wenzelsplatz

Auf der Anhöhe im äußersten Nordosten der Altstadt begann die Geschichte von Olmütz. Hier, oberhalb der Mittleren March, die den Hügel umfließt, errichteten die Přemysliden bereits im 11. Jh. eine Burg. Wenig später legte man den Grundstein für eine Basilika, aus der später der Dom St. Wenzel hervorging. Spätestens mit dem Aussterben der Přemysliden allerdings – der letzte Spross der Hauptlinie, der damals 16-jährige Wenzel III., wurde 1306 hier ermordet – verlor die Burg an Bedeutung, und die Kirche nahm mit Dom und den dazugehörigen Bauten von dem Hügel Besitz.
Seit dem 17. Jh. nimmt die Domdechantei (Dómské děkanstív) den Platz der Burganlage ein. Heute sind hier die kunstgeschichtlich wertvollen Sammlungen des neuen **Erzdiözesanmuseums** zu bewundern, u. a. die Sternberger Madonna und die vergoldete Festkutsche des Bischofs.

✶ Dom St. Wenzel (Chrám sv. Václava)

Der imposante Dom beherrscht den Wenzelsplatz. Er wurde von 1107 bis 1131 unter Bischof Heinrich Zdik als romanische Basilika erbaut. Sein heutiges Erscheinungsbild mit den beiden Westtürmen und dem 100 m hohen Ostturm verdankt die Bischofskirche der letzten Umgestaltung ab 1883 im neugotischen Stil. Bei den Bauarbeiten stießen die Restauratoren in der Sakristei auf **prächtige romanische Rundbogenfenster** aus der Zeit um 1200, die vermutlich zum alten Bischofs- oder zum ehemaligen Přemyslidenpalast gehörten. An die linke Seite der Westfassade grenzt die St.-Anna-Kapelle, die alte Wahlkapelle der Olmützer Bischöfe, an deren Chor ein Rundturm von der Befestigung aus romanischer Zeit stößt. Östlich hinter der Kapelle liegt der gotische Kreuzgang mit schönen Wandmalereien, die um 1500 entstanden.

OLOMOUC ERLEBEN

AUSKUNFT

Rathaus
Horní nam.
CZ-77911 Olomouc
Tel. 585 513 385
Fax 585 220 843
www.olomouc-tourism.cz

ESSEN

► Fein und teuer

① *Mährisches Restaurant*
Horní nám. 23
Tel. 585 222 868
www.moravskarestaurace.cz.
Am Oberring; rustikale Einrichtung mit viel Majolikakeramik. Mährische Spezialitäten zu gehobenen Preisen. Vorbestellung ratsam, da öfters ausgebucht.

► Preiswert

② *Svatováclavský pivovar*
Mariánska 4
Tel. 585 242 219
Minibrauerei: sechs naturtrübe Fassbiere. Nebenan Bierbad.

ÜBERNACHTEN

► Komfortabel

② *Alley*
Michalské stromořadí 5
Tel. 585 502 999
www.hotel-alley.cz
Neues kleineres Haus, komfortabel mit klimatisierten Zimmern, ruhig am südlichen Rand der Altstadt gelegen. Zehn Minuten Fußweg braucht man bis zum Oberring

① *Prachárna*
Křeslovská 91
Tel./Fax 585 411 271
www.hotel-pracharna.cz
Für all diejenigen die nur wenige Autominuten vom Zentrum von Olomouc entfernt mitten in der Natur wohnen möchten. Kleiner See in unmittelbarer Nähe. Tennis, Reiten, Sauna und Massagen.

③ *U Jakuba*
Ul. 8. května 9
Tel. 585 209 995
www.pensionujakuba.com
Luxuriöse Apartments und Standardzimmer in einem 400jährigen Bürgerhaus. Bis zum Oberring sind es etwa 200 m.

④ *Antigone*
Univerzitní 20/234
Tel./Fax 585 32 23 50
E-Mail: arigone.olomuc@tiscali.cz
Charmantes, kleines Hotel im historischen Zentrum, Restaurant zum Hof hin mit preisgünstigem Tagesmenü.

Umgebung von Olomouc

✶ **Burg Bouzov (Busum)**

Etwa 30 km nordwestlich von Olomouc ragt die mächtige Burg Bouzov in den Himmel – eine beliebte Kulisse für Filmaufnahmen. Im 14. Jh. erbaut, gilt sie als wahrscheinlicher Geburtsort des letzten Tschechen auf dem böhmischen Thron, Georg von Podiebrad (1420). Im Dreißigjährigen Krieg wurde sie stark zerstört, danach erwarb der Deutsche Ritterorden die Ruine zusammen mit großen

Ländereien in Nordmähren. Ordensgroßmeister Erzherzog Eugen von Habsburg veranlasste den Umbau zum neugotischen Ordensschloss (1895 – 1910). Im Rahmen einer **Führung** kann man heute die Zimmer des Erzherzogs, Grafikkabinett, Burgküche, Gefängnis, Hunger- und Wachturm sowie den eindrucksvollen Rittersaal besichtigen (Öffnungszeiten: Mai – Sept. Di. – So. 9.00 – 16.00, April u. Okt. Sa., So., Fei. 9.00 – 15.00 Uhr).

★ Höhlen

Höhlenfreunde sollten einen Ausflug zu den 5 km südlich der Burg gelegenen Grotten **Javoíské jeskyn** bei dem Dorf Javoříčko unternehmen – der Tropfsteinschmuck in den Karsthöhlen ist beachtlich (Öffnungszeiten: April – Sept. Di. – So. 8.00 – 17.00, Okt. Di. – So. 9.00 – 15.00 Uhr).
Bei Mladeč, etwa 10 km östlich von Bouzov, entdeckte man 1826 die **Höhlen von Mlade (Mladeské jeskyn)**, die die Forschung mit bedeutenden Funden überraschte. Die hier gefundenen Schädel- und Knochenreste sind etwa 31 000 Jahre alt und gelten als **älteste Komplettreste des homo sapiens in Europa** (Öffnungszeiten: Mai – Sept. Di. bis So. 9.00 – 17.00, April, Okt. Sa., So. 9.00 – 15.00 Uhr).

Beeindruckend ist der Rittersaal in der ehemaligen Ordensburg Bouzov.

Opava (Troppau)

05

Region: Nordmähren (Mähren-Schlesien) **Höhe:** 257 m ü. d. M.
Einwohnerzahl: 61 000

Wer sich für die Geschichte Schlesiens interessiert, kommt um einen Besuch von Opava nicht herum. Obwohl die an der Oppa (Opava), dicht an der Grenze zu Polen gelegene Stadt am Ende des Zweiten Weltkriegs stark zerstört war, gibt es noch eine Reihe von Baudenkmälern sowie das beeindruckende Schlesische Museum.

Zentrum des mährischen Schlesien

Seit dem 14. Jh. gehörte Schlesien zu Böhmen. Nachdem die Habsburger Regentin Maria Theresia im 18. Jh. fast das gesamte Schlesien an Preußen verloren hatten, verblieb nur ein kleiner Rest in ihrem Machtbereich, Österreichisch-Schlesien, dessen Hauptstadt Troppau Mitte des 19. Jh.s wurde.

Sehenswertes in Opava

Oberring

Die Altstadt von Opava ist durch Luftangriffe während des Zweiten Weltkrieges zerstört worden – rund 70 % der Häuser fielen den Bomben zum Opfer.
Übrig blieb u. a. der schöne Stadtturm (Hláska), der den größten Platz der Altstadt, den Oberring (Horní náměstí), überragt. Er ist Teil des mehrfach umgebauten Alten Rathauses. Nur wenige Meter entfernt steht man vor der größten Backsteinkirche des Landes, der gotischen **Pfarrkirche Maria Himmelfahrt** (Nanebevzetí Panna Maří), deren Turm ein barocker Aufsatz bekrönt.

Jesuitenkolleg

Der zweite Hauptplatz der Altstadt, Niederring (Dolní náměstí), liegt zwischen Oberring und Oppa. Im dortigen Jesuitenkolleg trat nach der Aufhebung des Ordens bis 1918 der Schlesische Landtag zusammen. An der Masarykstraße (Masarykova třída), die vom Jesuitenkolleg nach Süden führt, sind schöne alte Bürgerhäuser und Barockpaläste versammelt. Schräg gegenüber dem reich stuckierten Palais Sobek, am Südende der Masarykstraße, sieht man das ehemalige Minoritenkloster, in dessen Kirche zum Heiligen Geist (13. Jh.) die Troppauer Herzöge beigesetzt wurden.

Schlesisches Landesmuseum

Durch die Parkanlagen, die heute die Stelle der alten Stadtbefestigung einnehmen, kommt man zum Schlesischen Landesmuseum (Slezské zemské muzeum) in der Komenského ulice. Der prächtige Neorenaissance-Kuppelbau von 1893 besitzt kunstgewerbliche und naturkundliche Sammlungen, die z. T. seit 1814 vom Österreichisch-Schlesischen Provinzialmuseum zusammengetragen wurden. Weit über 1 Mio. Exponate sind in dem Museum ausgestellt.

OPAVA ERLEBEN

AUSKUNFT

Informationszentrum
Horní nam. 67
CZ-74626 Opava
Tel. 553 756 143
www.infocentrum.opava.cz

ÜBERNACHTEN/ESSEN

▶ **Günstig**

Koruna
Nám. Republiky 17
Tel. 553 621 132
Fax 553 621 900
www.hotelkoruna.cz
Angenehme Unterkunft im Stadtzentrum von Opava mit frisch renovierten und zeitgemäß eingerichteten Zimmern. Gut speist man in den beiden Restaurants des Hauses. Auch ein nettes Café gibt es hier.

Iberia
Pekařská 11
Tel. 553 776 700
Fax 553 776 702
www.hoteliberia.cz
Zentrumsnahes Hotel mit nett eingerichteten Zimmern und zwei Restaurants, die nicht nur internationale Gerichte, sondern auch spanische Spezialitäten wie Paella oder Tintenfisch nach galizischer Art bieten.

Umgebung von Opava

Hradec nad Moravicí (Grätz)

Der Ort 10 km südlich von Opava wird vor allem wegen des Weißen Schlosses (Bílý zámek) besucht. Einst eine mittelalterliche Burg, wurde es später im Renaissancestil umgebaut und Ende des 18. Jh.s im Empirestil erneuert. Der Schlossherr Fürst Lichnowsky war ein Förderer der Musik: Beethoven komponierte hier angeblich seine Vierte Sinfonie und das Violinenkonzert. Das neugotische Rote Schloss (Červený zámek) wurde im 19. Jh. errichtet und bewahrt eine Gemäldesammlung und Andenken an berühmte Gäste (Öffnungszeiten: Di. – So. 9.00 – 12.00, 13.00 – 16.00 Uhr).

Ostrava (Mährisch-Ostrau)

P 5

Region: Nordmähren **Höhe:** 217 m ü. d. M.
Einwohnerzahl: 320 000

Die drittgrößte Stadt Tschechiens war bis in die 1990er-Jahre Mittelpunkt einer der wichtigsten Schwerindustrieregionen Europas. Heute kämpft sie mit Problemen der Umstrukturierung.

Industriestadt

Um 1830 begann mit dem Aufbau der Witkowitzer Eisenwerke und der Inbetriebnahme des ersten Hochofens das Industriezeitalter in

Ostrava Orientierung

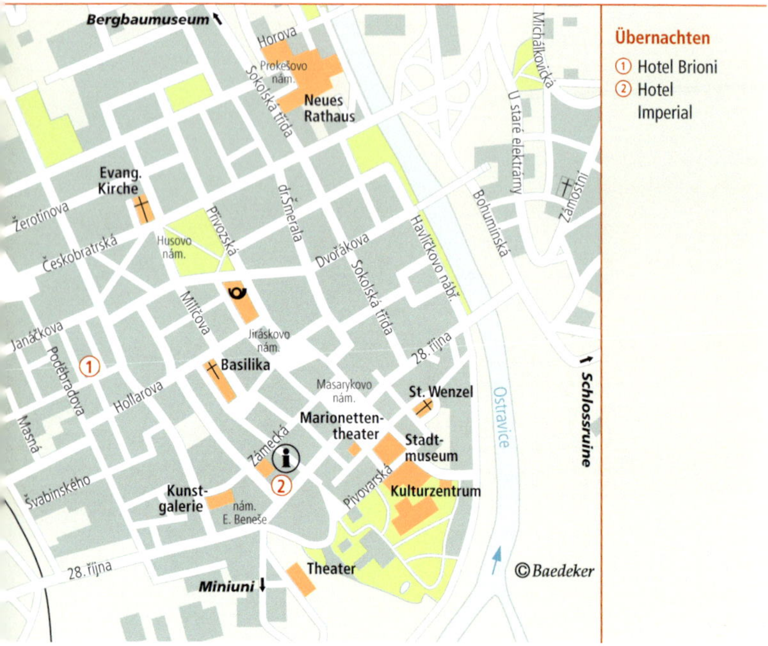

Mährisch Ostrau. Bald war die hiesige Eisenhütte die größte auf dem Gebiet der Habsburger Monarchie, und auch heute noch prägen alte Fördertürme und riesige Abraumhalden die Silhouette der Stadt, die sich zwischen Sudeten und Karpaten beidseitig der Ostrawitza (Ostravice) ausbreitet. Der Strukturwandel traditioneller Industriereviere, den beispielsweise das Ruhrgebiet bereits weitgehend vollzogen hat, macht Ostrava derzeit schwer zu schaffen. Die für Touristen bislang noch wenig attraktive Großstadt soll ein Anziehungspunkt für wirtschaftshistorisch Interessierte werden, die hier Industriedenkmäler und alte Bergwerke besichtigen können.

Sehenswertes in Ostrava

Masarykplatz (Masarykovo náměstí)

Der Masarykplatz (Masarykovo náměstí) mit einigen schönen Jugendstilhäusern, Grünflächen und Geschäften erinnert an das historische Ostrau. Das **Alte Rathaus** (1556) an der Südostseite des Platzes erhielt im Jahr 1687 einen Barockturm. Seit den 1930er-Jahren ist hier das **Stadtmuseum** mit einer Dokumentation zur Indus-triegeschichte sowie zur Fauna, Flora und Volkskunde Nordmährens untergebracht (Öffnungszeiten: Mo. – Fr. 9.00 – 17.00, Sa., So. 9.00 bis 13.00 Uhr; während der Ferien So. geschlossen).

OSTRAVA ERLEBEN

AUSKUNFT

Informationszentrum
Nádražní 196
CZ-702 00 Ostrava
Tel./Fax 596 123 218
www.ostravainfo.cz

ÜBERNACHTEN

▶ **Luxus**

② *Imperial*
Tyršova 6
Tel. 599 099 099
Fax 599 099 599
www.imperial.cz
Bestes Hotel der Stadt mit zeitgemäß eingerichteten Zimmern. Sauna, Swimmingpool und Fitnesscenter im Hause.

▶ **Komfortabel**

① *Brioni*
Stodolní ulice 8
Tel. 599 500 000
Fax 599 500 100
www.hotelbrioni.cz
Vom Standardzimmer bis zur teuren Suite kann man hier je nach Geldbeutel auswählen. Ein Restaurant und eine Disco-Bar stehen für die Gäste bereit.

Neues Rathaus

Ein Beispiel für die Architektur des Funktionalsismus ist das Neue Rathaus im Stadtzentrum. Es wurde von 1925 bis 1930 erbaut. Von seinem 85 m hohen **Turm** bietet sich ein guter Blick über die Stadt.

Künstlerhaus

Das Künstlerhaus (Dům umění) liegt einige Querstraßen westlich des Masarykplatzes in der Jurečkova 9. Es beherbergt die **Städtische Galerie** mit tschechischer Kunst des 19. Jahrhunderts.

Industriedenkmale

Auf dem Gelände der ehemaligen **Witkowitzer Eisenwerke** kann man die Grube Hlubina, die Kokerei und Hochöfen besichtigen. Alles über den hiesigen Bergbau erfährt man in der Grube Důl Michal im Stadtteil Michálkovice.

Pardubice (Pardubitz)

K 4

Region: Ostböhmen
Einwohnerzahl: 93 000
Höhe: 218 m ü. d. M.

Aus der Stadt in der fruchtbaren Elbniederung kommen berühmte Lebkuchen. Berühmt-berüchtigt ist hingegen die »Große Pardubitzer Steelpe Chase«, eines der härtesten Pferderennen in Europa, das allen Protesten zum Trotz seit 1874 alljährlich im Oktober in Pardubitz stattfindet.

Pardubice Orientierung

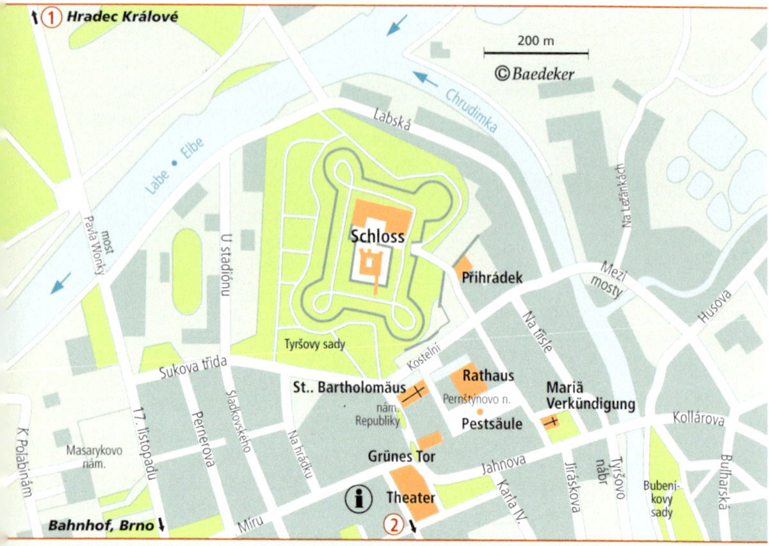

Übernachten
① Harmony Club Hotel
② Club Hotel Arnošt

Sehenswertes in Pardubice

★ **Pernsteinplatz** Das denkmalgeschützte Zentrum von Pardubice um den Pernsteinplatz (Pernštýnovo náměstí) bietet auch heute noch das Bild einer Renaissancestadt. Im 16. Jh. ließen die Herren von Pernstein die Siedlung planmäßig ausbauen und mit Befestigungen versehen. Der nach ihnen benannte Hauptplatz wurde ab 1507 angelegt. An ihm reihen sich viele schöne Bürgerhäuser mit Elementen der Spätgotik, Renaissance, des Spätbarock und Klassizismus aneinander. Die figurenreiche Pestsäule auf dem Platz stammt aus dem Jahr 1680, die Rokokobalustrade kam 1777 hinzu. Das Rathaus mit Sgraffiti von Mikoláš Aleš wurde 1892 bis 1894 erbaut. Das älteste und schönste **Bürgerhaus, »Zum Jonas«** (U Jonáše), steht an der Ostseite des Platzes (Nr. 50). Seine vielbewunderte Fassade schmückt ein Relief mit dem Propheten Jonas im Maul des Walfischs (1515).

Mariä Verkündigung In der Nähe der Südostecke des Pernsteinplatzes steht in der Klostergasse (Klášterní) die Kirche Mariä Verkündigung. Wilhelm von Pernstein ließ sie im 16. Jh. verändern. Aus jener Zeit stammen das herrliche Rautengewölbe im Chor und das Taufbecken.

PARDUBICE ERLEBEN

AUSKUNFT

Informationszentrum
Nám. Republiky 1
CZ-53021 Pardubice
Tel. 466 768 390
Fax 466 768 396
www.ipardubice.cz

ÜBERNACHTEN

► Günstig

② *Arnošt*
Arnošta z Pardubic 676
Tel. 466 054 211
www.hotel-arnost.cz
Südlich des Stadtzentrums übernachtet man in modern eingerichteten Zimmern.

① *Harmony Club Hotel*
Bělehradská 458
Tel. 466 435 020
Fax 466 435 025
www.harmonyclub.cz
Nördlich des Zentrums an der Straße Richtung Hradec Králové. Die Zimmer verfügen zusätzlich über eine kleine Küche mit Kochgelegenheit und Kühlschrank.

★ **Grünes Tor**

Zum westlich des Hauptplatzes gelegenen Platz der Republik (s. u.) kommt man durch das imposante Grüne Tor (Zelená brána), das bereits vor der Pernsteiner Epoche erbaut und 1507 spätgotisch verändert wurde. Die Patina des schönen Kupferdaches gab dem 60 m hohen Turm seinen heutigen Namen (Öffnungszeiten: Mai – Sept. tgl., Okt. nur Sa., So. 9.00 – 12.00 u. 13.00 – 17.00 Uhr.)

Platz der Republik

Die St.-Bartholomäus-Kirche an der Nordseite des Platzes der Republik (Náměstí Republiky) ließen die Pernsteiner 1507 bis 1514 zu ihrem Familiengrab umbauen. Der schöne Sarkophag des Vojtěch von Pernstein († 1534) und die ungewöhnlichen, farbigen Sandsteinreliefs an den Emporen zählen zu den Kostbarkeiten des Gotteshauses. In einem Jugendstilbau südöstlich des Platzes ist das Ostböhmische Theater zu Hause.

Schloss

Durch Pernstein- und Schlossgasse gelangt man über die Vorburg (Příhrádek) zum Pardubitzer Schloss. Die einstige Wasserburg verwandelten die Pernsteiner 1519 bis 1543 in ein weiträumiges Schloss mit Rondellbefestigung. Das Hauptportal (1529), Wandmalereien (1532) und farbige Kassettendecken blieben erhalten. In der ersten Hälfte des 16. Jh.s war das Schloss ein beliebter Aufenthaltsort des böhmischen Adels. Wegen ihrer hohen Schulden verkauften die Pernsteins den Pardubitzer Besitz an Kaiser Ferdinand I., der die Residenz für seinen Sohn und Thronfolger Maximilian umbauen ließ. Heute sind im Schloss das **Ostböhmische Museum** und die **Ostböhmische Galerie** mit tschechischer Kunst des 20. Jh.s untergebracht (Öffnungszeiten: Di. – So. 9.00 – 18.00 Uhr).

Umgebung von Pardubice

Kladruby (Kladrub) 17 km westlich von Pardubitz gründete Kaiser Rudolf II. im Jahr 1579 ein Gestüt, um besonders geeignete Pferde für die kaiserlichen Kutschen zu züchten. Gestüt und benachbartes Barockschloss kann man besichtigen.

Chrudim 7 km südlich von Pardubitz liegt am Fuß des Eisengebirges (Železné hory) die Stadt Chrudim mit gotischer Hauptkirche Mariä Himmelfahrt (14. Jh.; im 19. Jh. erneuert), barockem Rathaus mit Empirefassade sowie vielen sehenswerten Bürgerhäusern verschiedener Stilepochen. Im schönsten, dem Mydlař-Haus (Břetislavova 74), gibt es ein einzigartiges Marionettenmuseum mit Holzpuppen aus 70 Ländern (ganzjährig tgl. geöffnet). Alljährlich im Juli findet ein Marionettentheater-Festival statt.

Písek (Pisek)

G 6

Region: Südböhmen **Höhe:** 398 m ü. d. M.
Einwohnerzahl: 28 000

Die Nähe der Moldaustauseen mit ihren zahlreichen Wassersportmöglichkeiten, mehrere sehenswerte Schlösser sowie die nur geringe Entfernung von Prag machen die Region um Písek zu einem beliebten Ausflugsziel während der Sommermonate.

Goldwäscherstadt Der Sand, tschechisch písek, aus dem früher Gold herausgewaschen wurde, gab der Stadt an der Wottawa (Otava) ihren Namen. Die gepflegte kleine Altstadt am östlichen Flussufer und die Nähe zum Orlík-Stausee mit den beiden vielbesuchten Burgen machen Písek zu einem attraktiven Reiseziel in Südböhmen. Wer im August nach Písek kommt, kann beim alljährlichen Goldwäscher-Wettbewerb im benachbarten Dorf Staré Kestřany zuschauen, wie andere ihr Glück versuchen: Gewonnen hat der, der nach 15 Minuten die meisten Goldkörnchen in seiner Pfanne vorweisen kann.

✶ Hirschbrücke Dass Písek an einer wichtigen Handelsroute von Prag nach Prachatice lag, wird an der Hirschbrücke (Kamenný most) erfahrbar: Um den Übergang über die Furt zu verbessern, ließ Přemysl Ottokar II. im 13. Jh. die Stadt befestigen und eine steinerne Brücke über die Wottawa bauen. Sie ist damit **die älteste Steinbrücke in Böhmen** – noch älter als die Prager Karlsbrücke. Ebenso wie diese besitzt sie barocke Brückenfiguren, die Mitte des 18. Jh.s aufgestellt wurden.

Wasserkraftwerk Geht man von der Brücke am Fluss entlang südwärts, dann kommt man zum alten Wasserkraftwerk, das heute als Museum eingerichtet

Alt- und Neustadt von Písek sind durch die hübsche steinerne Bogenbrücke verbunden. Sie ist älter als ihre berühmte »Schwester« in Prag.

ist. Von hier geht es entlang der alten Stadtmauer zum südlichen Stadteingang, wo eine kleine Brücke über den Burggraben führt (Öffnungszeiten: April – Okt. Di. –So. 9.00 – 12.00, 13.00 - 16.00 Uhr).

Marktplatz

Nach wenigen Schritten in nördliche Richtung ist das Zentrum von Písek erreicht, das von zwei Plätzen gebildet wird. Belebter ist der näher am Fluss liegende Marktplatz (Velké náměstí) mit hübschen Fassaden, vorwiegend aus Renaissance und Barock und ein paar weniger geglückten Gebäuden aus der jüngsten Vergangenheit dazwischen. An ihrem 74 m hohen Turm erkennt man die barock erneuerte Stadtkirche Mariä Geburt aus dem 13. Jahrhundert. Zu den kostbarsten Ausstattungsstücken gehörte das im 14. Jh. entstandene gotische Tafelbild »Madonna von Písek«. Da das Original gestohlen wurde, ist heute nur noch eine Kopie zu sehen.

Altes Rathaus, Stadtmuseum

Im Hof des zweitürmigen, 1740 bis 1765 errichteten Alten Rathauses liegt der Eingang in das Stadtmuseum von Písek (Prácheňské muzeum), das sich der Regionalgeschichte, vor allem aber der Goldgewinnung und der Fischerei widmet. Es ist im ehemaligen Palas der 1532 abgebrannten Burg untergebracht, die im 13. Jh. zur Befestigung der Stadt und zum Schutz der Brücke gebaut worden war (Öffnungszeiten: März – Sept. Di. – So. 9.00 – 18.00, Okt. – Dez. bis 17.00 Uhr).

PÍSEK ERLEBEN

AUSKUNFT

Informationszentrum
Heydukova 97
CZ-39701 Písek
Tel./Fax 382 213 592
www.pisek.eu

ÜBERNACHTEN

► **Luxus**

Biograf
Gregorova 124
Tel. 380 425 510
www.hotelbiograf.cz
Das schicke Haus ist in einem ehemaligen Kino aus den 1920er-Jahren untergebracht und zeichnet sich durch eine ruhige Lage nahe der Dekanatskirche aus. Es verfügt über ein Design-Restaurant.

► **Komfortabel**

Villa Conti
Lesné 1277
Tel. 382 212 663
Fax 382 224 523
www.villaconti.cz
Sehr ruhig in einem erholsamen Waldgebiet östlich der Stadt gelegenes Mittelklassehotel (garni) mit sehr schön eingerichteten Zimmern.

Umgebung von Písek

Strakonice (Strakonitz)

Die einzige Sehenswürdigkeit in Strakonice, einer modernen Industriestadt etwa 25 km südwestlich von Písek, ist die riesige, um 1180 errichtete Burg, die sich von der Mitte des 13. Jh.s bis 1694 im Besitz des Johanniterordens befand. Von den Johanniterbauten sind der romanische Alte Palas mit Kapitelsaal, die Kirche des Hl. Prokop und der Kreuzgang mit Fresken aus dem 14. Jh. erhalten. Wer erfahren möchte, warum das Dudelsackpfeifen in Strakonice Tradition hat, der besuche das Museum im Neuen Palas (Öffnungszeiten: Muzeum středního Pootaví Juni – Aug. Di. – So. 9.00 – 17.00, Mai, Sept., Okt. 8.00 – 16.00 Uhr).

Blatná (Blatna)

Blatná, 25 km nordwestlich von Písek und bekannt für seine Rosenzucht, besitzt wenig Charme, um so mehr aber das auf einer Insel gelegene und von einem romantischen Park umgebene Renaissanceschloss, das aus einer Wasserburg hervorgegangen war.

✶ Burg Zvíkov

Am Zusammenfluss von Wottawa und Moldau, 15 km nördlich von Písek, bekrönt die Burg Zvíkov (Klingenberg) eine steile, schmale Landzunge. Vom Parkplatz führt ein schattiger Waldweg zu der malerisch gelegenen Burg, die 1234 erstmals in den Urkunden auftauchte und als **Aufbewahrungsort der Reichskleinodien** eine wichtige Rolle in der Geschichte Böhmens gespielt hatte. Im 19. Jh. gelangte die verfallene Burg an die einflussreiche Adelsfamilie Schwarzenberg, der heute wieder u. a. auch Schloss Worlik wieder gehört. Die neuen

Eigentümer ließen einen Teil der Gebäude auf dem Burgareal rekonstruieren. Besonders der Palast, ein aus fünf Flügeln bestehendes Bauwerk um einen Arkadenhof, vermittelt noch am ehesten einen Eindruck von der früheren Bedeutung der Burg. Sehenswert sind vor allem die Wenzelskapelle, die mit dem bemerkenswerte Relief »Beweinung Christi« ausgestattet ist, und der große Saal im Obergeschoss mit einem herrlichen spätgotischen Fresko, das eine adelige Gesellschaft beim Festbankett zeigt (Öffnungszeiten: Di. – So. 9.00 bis 12.00 – 13.00 – 17.00 Uhr; Okt. und April nur Sa., So.).

✶ Moldau-Stauseen

Zwischen Prag und Písek wird die Moldau immer wieder aufgestaut, um Strom zu gewinnen und Hochwasser abzumildern. Entstanden sind so die beiden großen Stauseen, der rund 70 km lange Orlík-Stausee (Orlická přehradní nádrž) und der nördlich anschließende, 44 km lange Slapy-See (Slapská přehrada). Die von Wäldern umgebenen, lang gestreckten Gewässer gehören zu den bevorzugten Naherholungszielen der Prager. Slapy, Živohošt und Rabyně – dort legen die **Ausflugsschiffe** aus Prag an – sind am Stausee von Slapy, Orlík und Zvíkov am Orlík-See die meistbesuchten Orte. Im Sommer tummeln sich zahlreiche Segelboote auf der meist ruhigen Wasserfläche, aber auch baden, angeln oder wandern stehen als Freizeitvergnügen hoch im Kurs. Trotz der Campingplätze und Ferienhauskolonien, die sich vor allem am Ostufer in den Wäldern verstecken, gibt es an den Stauseen noch viele ruhige Plätze.

! *Baedeker* TIPP

Dudelsackfestival

Jeden Sommer treffen sich in Strakonice Dudelsackpfeifer aus der ganzen Welt zu einem Internationalen Festival. Hunderte von Musikern, ob aus Schottland, Spanien oder der Türkei, erfüllen die Stadt tagelang mit ihrer Musik.

✶ Schloss Orlík (Worlik)

Bis zur Aufstauung der Moldau thronte Schloss Orlík wie ein Adlerhorst hoch über dem tief eingeschnittenen Flusstal – deshalb auch der Name Orlík, der »Adler« bedeutet. Heute erhebt es sich nicht mehr ganz so majestätisch nur noch wenige Meter über dem Wasserspiegel, doch das tut der Popularität der Burg keinen Abbruch. Ein Zweig der Schwarzenberg-Familie wählte die im 13. Jh. gegründete Burgfeste zur Residenz und ließ sie 1849 bis 1860 im neogotischen Stil umbauen, so dass Orlík heute weit mehr den Vorstellungen einer mittelalterlichen Burg entspricht als beispielsweise das benachbarte Zvíkov. In den reich ausgestatteten Räumen – Jagdsaal, Rittersaal, Museum, Bibliothek und Chinesischer Salon – sind schöne Schnitzdecken, Stilmöbel, Waffen, Jagdtrophäen, Gemälde und Porzellan zu sehen (Öffnungszeiten: Juni – Aug. Di – Sa. 9.00 – 18.00 Mai u. Sept. bis 17.00, April u. Okt. bis 16.00 Uhr; im Sommer pendeln zwischen den beiden Burgen Zvíkov und Orlík Ausflugsschiffe – Fahrtdauer ca. eine ¾ Stunde).

★ **Wallfahrtskirche in Příbram**

Die Industrie- und Bergbaustadt Příbram (Pribraus), 28 km nordwestlich von Orlík, könnte man getrost umfahren, wäre da nicht die Marienkirche auf dem Heiligen Berg, Svatá Hora, die zu den meistbesuchten Wallfahrtsstätten in Tschechien gehört. Auf dem Altar der kleinen gotischen Kirche, die im 17. Jh. barock erweitert und umgestaltet wurde, steht die spätgotische Marienstatue, die der Bischof von Pardubitz dort aufstellen ließ.

Plzeň (Pilsen)

E 5

Region: Westböhmen
Höhe: 322 m ü. d. M.
Einwohnerzahl: 170 000

Plzeň, nach Prag die größte Stadt Böhmens, ist vor allem für eines bekannt: das Pilsner Urquell (Plzeňský Prazdroj), das seit 1842 hier gebraut wird und weltweite Berühmheit erlangte.

»Bierstadt«

Obwohl man das berühmte Getränk fast überall auf der Welt bekommt, gibt es natürlich kaum einen besseren Ort, um das einzig wahre Pilsener zu genießen, als die Brauereigaststätte im Bürgerlichen Brauhaus. Die Stadt Pilsen selbst steht zumeist im Schatten der berühmten Biermarke, zumal ihr der Ruf einer unattraktiven Industriemetropole vorauseilt und die Umgebung des Brauereiareals kaum dazu geeignet ist, den Besucher vom Gegenteil zu überzeugen. Dennoch sollte man sich die Zeit nehmen für einen Spaziergang auf die andere Seite des Flusses, hinüber ins historische Pilsen, wo die Bierstadt mit einem großzügigen Hauptplatz, einigen sehenswerten Museen und Einkaufsmöglichkeiten eine Entdeckung wert ist.

Das Markenzeichen der Stadt: Pilsner Urquell

PLZEŇ ERLEBEN

AUSKUNFT

Informationszentrum
Nám. Republiky 41
Tel. 378 035 330
Fax 378 035 332
www.pilsen.eu

ESSEN

▶ Erschwinglich

② *Na Spilce*
U Prazdroje 7
Tel. 377 062 755
Das Restaurant, das sich auf dem Gelände der Brauerei Pilsner Urquell angesiedelt hat, ist das größte Restaurant in Tschechien. Trotzdem speist es sich hier recht gut.

① *Na Parkánu*
Veleslavínova 6
Tel. 377 324 485
Typische alttschechische Schenke, in der es u. a. unfiltriertes Hefebier gibt.

ÜBERNACHTEN

▶ Komfortabel

① *Gondola*
Pallova 12
Tel. 377 994 211
www.hotelgondola.cz
Viersterneherberge mit klimatisierten Zimmern in einem historischem Gebäude nahe der Altstadt in ruhiger Lage am ehemaligen Stadtgraben mit Biorestaurant und Wellnesszentrum.

König Wenzel II. gründete 1295 am Schnittpunkt wichtiger Handelswege nach Prag die Stadt, in der 1468 das erste böhmische Buch, die »Trojanische Chronik« gedruckt wurde. Im Dreißigjährigen Krieg, an der Jahreswende 1633/1634 schlug Wallenstein in Pilsen sein Hauptquartier auf und verlangte von seinen Offizieren den Treueschwur, die so genannte »Pilsner Reverse«. Im 19. Jh. wuchs Pilsen, das über Steinkohle- und Eisenerzvorkommen verfügte, zu einer Industriestadt heran. Dazu trugen u. a. die 1866 gegründeten Škoda-Werke bei, die bis heute der größte Arbeitgeber am Ort sind.

Sehenswertes in Plzeň

★ Bürgerliches Brauhaus

An dem prunkvollen, an den Eingang eines Schlosses erinnernden Tor erkennt man Pilsens älteste und größte Brauerei, das 1842 gegründete »Bürgerliche Brauhaus« (Měštanský pivovar). Hier trifft man sich täglich, um an Führungen durch die Brauerei teilzunehmen, bei der man u. a. einen Blick in das 9 km lange Labyrinth von Gärkammern und Lagerkellern werfen kann.

Brauereimuseum

Natürlich muss es in einer Stadt wie Plzeň auch ein Museum zum Thema Bier geben. Das Brauereimuseum (Pivovarské muzeum) in einem mittelalterlichen Malzhaus in der Altstadt (Veleslavínova ulice 6) gibt einen interessanten Überblick über die Entwicklung des Pilsener Brauereiwesens (Öffnungszeiten: tgl. 10.00 – 18.00 Uhr).

Plzeň Orientierung

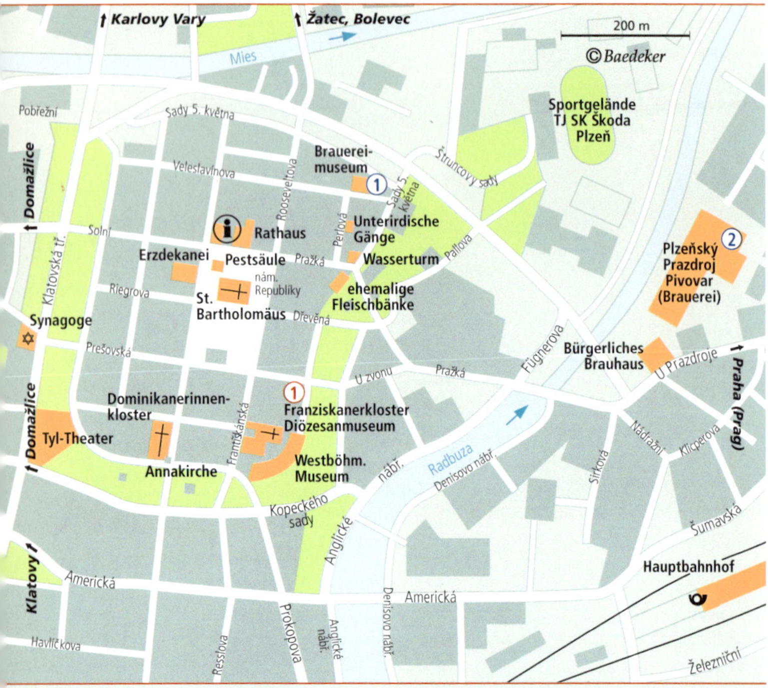

Essen
① Na Parkánu
② Na Spilce

Übernachten
① Gondola

✶ **Platz der Republik**

Von der Perlová kommt man durch die Pražská zum Hauptplatz der schachbrettartig angelegten und von Parkanlagen umrahmten Altstadt, den weiten Platz der Republik (Náměstí Republiky). 193 m lang und 139 m breit ist dieser Platz, der durch die Bartholomäuskirche in zwei ungleiche Hälften geteilt wird. Auch wenn den Häusern die strahlende Heiterkeit vieler anderer Fassaden in Böhmen fehlt, so gibt es doch einige schöne Renaissance- und Barockgebäude, so z. B. das 1710 erbaute Barockpalais der Erzdechantei gegenüber der Kirche. Von einem italienischen Architekten entworfen wurde das von 1554 bis 1559 an der Nordseite des Platzes errichtete Rathaus (radnice), ein hoher Renaissancebau mit wuchtigem Quadermauerwerk im Erdgeschoss und Sgraffitofassade.

✶ Bartholomäuskirche ▶

Platzbeherrschend ist die große gotische Kirche St. Bartholomäus (chrám sv. Bartoloměje), die 1297 begonnene und Ende des 15. Jh.s vollendete Hauptkirche der Stadt. Ein Blick ins Innere der dreischiffigen Hallenkirche lohnt wegen des **Sterngewölbes** und der berühmten **»Pilsner Madonna«** (1390).

✶ **Diözesanmuseum**

Der Kreuzgang des ehemaligen Franziskanerklosters, Františkánská ulice 11, gibt einen stimmungsvollen Rahmen ab für die Exponate des Diözesanmuseums (Diecézní muzeum). Es handelt sich dabei hauptsächlich um böhmische Plastiken von der frühen Gotik bis zum Barock, darunter so herrliche Arbeiten wie der lebensgroße »Christus am Kreuz«, den Matthias Braun 1720 für das Zisterzienserkloster in Plasy (s. u.) fertigte (Öffnungszeiten: April – Sept. Di. bis So. 10.00 – 18.00 Uhr). Ein architektonisches Kleinod ist die an den Ostflügel anschließende **Barbara-Kapelle**, in der sich Wandmalereien aus der Zeit zwischen 1460 und 1480 erhalten haben.

Westböhmisches Museum und Galerie

Der industrielle Aufschwung machte aus Pilsen in der zweiten Hälfte des 19. Jh.s eine prosperierende Stadt, die sich nicht nur einen repräsentativen Bahnhof (1908), sondern auch eine Reihe kultureller Einrichtungen leisten konnte. An der Ringstraße entstanden um die Jahrhundertwende das große, nach dem Dramatiker Josef Kajetán Tyl benannte Theater und das neobarocke Gebäude des Westböhmischen Museums. Die wechselnden Ausstellungen der Westböhmischen Galerie, Pražská 13, umfassen umfangreiche Sammlungen des böhmischen Kunstgewerbes vom Mittelalter bis zur Gegenwart. (Öffnungszeiten: Západočeské muzeum; Di. – So. 9.00 – 17.00 Uhr).

✶ **Große Synagoge**

Die große Synagoge der Stadt westlich des Zentrums in der sady Pětatřicátníků 11, 1893 im maurisch-romanischen Stil errichtet, gehört zu den drei größten Synagogen weltweit. Sie wird heute aufgrund ihrer guten Akustik als Konzert- und Austellungssaal genutzt.

✶ **Zoo**

Der Pilsener Zoo erstreckt sich über eine Fläche von 21 ha und beherbergt mehr als 1000 Tierarten. Darunter mehr als 20 Affenarten, ein großes Bärenfreigehege und als Besonderheit **die größten Echsen der Welt**, die Komodo-Warane. Im Zoo ist ein japanischer Garten integriert (Öffnungszeiten: tgl. 10.00 – 19.00 Uhr).

Umgebung von Plzeň

✶✶ **Kloster Kladruby**

Eines der eindrucksvollsten Baudenkmäler Böhmens steht in Kladruby (Kladrau), rund 35 km westlich von Plzeň. Zu Beginn des 12. Jh.s gründete Herzog Vladislav I. hier ein Benediktinerkloster, das im Dreißigjährigen Krieg niedergebrannt und zwischen 1712 und 1770 barock wieder aufgebaut wurde. Die Klosterkirche St. Marien gehört zu den eigenwilligsten Barockkirchen des Landes. Aus dem Material des romanischen Vorgängerbaus errichtete Giovanni Battista Santini 1712 – 1728 eine gewaltige, kuppelbekrönte Basilika, bei der Gotik und Barock eine seltene Stilmischung eingehen.

✶✶ Praha (Prag)

G/H 4–5

Region: Mittelböhmen
Einwohnerzahl: 1,2 Mio.
Höhe: 180 – 399 m ü. d. M.

Prag ist die Hauptstadt Tschechiens, das wirtschaftliche und kulturelle Herz und die meistbesuchte Stadt des Landes. Die Metropole liegt in einem Talkessel der Moldau, die das Stadtgebiet in einer Länge von 28 km durchströmt, wobei sie von insgesamt 16 Brücken überspannt wird. Auf dem linken Moldauufer thront das Wahrzeichen von Prag, die Burgstadt Hradschin, am rechten Flussufer breiten sich Alt- und Neustadt aus.

»Goldene Stadt«

Der aus Ostböhmen gebürtige Regisseur Miloš Forman wusste, warum er Anfang der 1980er-Jahre seinen **Hollywoodfilm »Amadeus«** in Prag und nicht in Wien, dem eigentlichen Ort der Handlung, drehte: In Prag konnte er »seinen« Mozart über das Kopfsteinplaster heimeliger Gassen und verwinkelter Plätze schlendern lassen, vorbei an barocken Bürgerhäusern und Adelspalästen ebenso wie an mittelalterlichen Kirchen und Kapellen. Das von der UNESCO ins Weltkulturerbe aufgenommene, geschlossene Ensemble mit seinen Türmen und Kuppeln, dem von zahlreichen alten Brücken überspannten Fluss und der eindrucksvollen Silhouette von Hradschin und Veitsdom bietet ein Stadtbild von einzigartiger Schönheit.

Dombaumeister Peter Parler entwarf 1357 auch die Karlsbrücke.

Highlights Prag

Karlsbrücke
Die älteste, längste und schmuckreichste Brücke der Stadt
▶ Seite 328

Kleinseite
Eine Art Residenzstadt in der Stadt
▶ Seite 330

Hradschin
Die größte Burg der Welt
▶ Seite 332

Goldenes Gässchen
Pittoreske Häuserzeile mit Kunsthandwerksläden
▶ Seite 340

Loretoheiligtum
Prachtvolle Pilgerstätte im Barockstil
▶ Seite 342

Josefstadt
Die Josefstadt ist eine der ältesten und bedeutendsten jüdischen Gemeinden Europas. Anziehungspunkt ist insbesondere der Alte Friedhof mit seinen zahlreichen Grabmälern.
▶ Seite 352

Tanzendes Haus
»Ginger und Fred« interpretiert von Frank O. Gehry
▶ Seite 359

Tourismus, Kultur

Nicht erst seit der Samtenen Revolution spielt der Tourismus im Wirtschaftsleben der Stadt eine wichtige Rolle. Alljährlich besuchen schätzungsweise über 3 Mio. Touristen die Moldau-Metropole. Seit Jahrhunderten gehört Prag **zu den kulturellen Zentren Europas**. Hier wurde 1348 die erste mitteleuropäische Universität, die Karlsuniversität, gegründet. Heute sind in der tschechischen Hauptstadt zahlreiche Bildungs- und Forschungseinrichtungen, Bibliotheken und Museen beheimat. Die Stadt besitzt 20 ständige Musikbühnen, davon zwei Opernhäuser, drei hervorragende Philharmonische Orchester und zahlreiche kleinere Musikensembles. In den Theatern werden alle Genres von der Oper bis zum Schwank gezeigt. Daneben gibt es eine Reihe von interessanten Kleinkunstbühnen, die sich der Pantomime, dem Kabarett oder dem Puppenspiel widmen.

◀ »Prager Frühling«

Höhepunkt des Musik- und Theaterlebens sind die Festwochen namens »Prager Frühling« (»Pražské jaro«). Von Mitte Mai bis Anfang Juni treten alljährlich namhafte Ensembles und Solisten auf.

Wirtschaft

Nicht nur kulturell, auch wirtschaftlich laufen in Prag die Fäden zusammen. Der wirtschaftliche Aufschwung nach der politischen Öffnung war in Prag wohl am meisten zu spüren, wo neugegründete Firmen, Hotels, Restaurants und andere Dienstleistungsbetriebe dank ausländischer Investoren aus dem Boden schossen. Die meisten großen Banken und Versicherungen werden von der tschechischen Hauptstadt aus verwaltet, und fast alle wichtigen Wirtschaftsorganisationen haben hier ihren Sitz. Etwa ein Zehntel der Industrieproduktion konzentriert sich in Prag, wobei der Maschinenbau traditionell eine Schlüsselstellung behauptet.

Stadtgeschichte

um 800	Gründung Prags durch die Fürstin Libussa
921	Wenzel (Václav) der Heilige übernimmt die Regierung.
1230	Prag erhält Stadttrecht.
1346	Karl IV. wird König von Böhmen, Prag wird zum »Rom des Nordens«.
1419	Erster Prager Fenstersturz
1526	Prag fällt an die Habsburger.
1618	Der Zweite Prager Fenstersturz führt zum Dreißigjährigen Krieg.
1641	Prag hat seine kultuelle und wirtschaftliche Bedeutung eingebüßt.
19. Jh.	Prag war das Zentrum der Nationalen Wiedergeburt der Tschechen.
Zweiter Weltkrieg	Die Stadt übersteht den Zweiten Weltkrieg fast unbeschadet.
1968	Prager Frühling; im August Einmarsch von Truppen des Warschauer Pakts
1989	Die Samtene Revolution nahm ihren Beginn in Prag mit Massendemonstrationen auf dem Wenzelsplatz.
1993	Nach der Teilung der Tschechoslowakei blieb Prag die Hauptstadt der Tschechischen Republik.

Von der Frühzeit bis zu Karl IV.

Prag war bereits in der Bronzezeit ein wichtiger Warenumschlagplatz. Im Zug der Völkerwanderung besiedelten Westslawen die Region. Befestigte Höfe entstanden auf dem heutigen Burgberg sowie auf der Kleinseite. Der Přemyslidenherrscher Bořivoj unterwarf die slawischen Stämme und verlegte seinen Fürstensitz Ende des 9. Jh.s nach Prag, das damit auch zum **Verwaltungsmittelpunkt Böhmens** aufstieg. König Wenzel erbaute auf dem Hradschin eine dem hl. Veit geweihte Kirche. Unter Boleslav II. erhielt Prag um 973 ein eigenes Bistum. Um 1230 besaß Prag die Stadtrechte, rund 25 Kirchen und viele steinerne Gebäude sowie einen schützenden Mauerring. König Přemysl Ottokar II. gründete 1257 die Kleinseite, die er hauptsächlich mit deutschen Kaufleuten besiedelte.

Karl IV.

Kaiser Karl IV. machte Prag für ein halbes Jahrhundert zur Hauptstadt des Heiligen Römischen Reiches und zu einem der geistigen und kulturellen Zentren Europas. Er setzte 1344 die Erhebung Prags zum Erzbistum durch und stiftete 1348 die nach ihm benannte Universität. Unter seiner Herrschaft wurden der gotische Königspalast und die Allerheiligenkapelle begonnen, der Grundstein für den Veitsdom, für die Kirche Maria Schnee und die Burg Karlstein gelegt, die Karlsbrücke und der Altstädter Brückenturm erbaut. Im Jahr 1348 gründete Karl IV. die Neustadt. Um 1400 zählte Prag etwa 50 000 Einwohner und war eine der prächtigsten Städte Europas.

Hussitenkriege

Der Erste Prager Fenstersturz am 30. Juli 1419 bildete den Auftakt für die Hussitenkriege. Unter dem hussitisch gesinnten König Georg von Podiebrad wurde die durch die Kriegswirren unterbrochene Bautätigkeit in Prag zwar wieder aufgenommen, aber die Bedeutung der Stadt war verloren gegangen. König Vladislav II. Jagiello verlegte nach seiner Wahl zum König von Ungarn an der Wende vom 15. zum 16. Jh. seine Residenz nach Ofen (heute ein Stadtteil von Budapest, Ungarn).

Unter den Habsburgern

Die von König Ferdinand I. 1555 nach Prag gerufenen Jesuiten entfalteten eine rege Bautätigkeit in der Stadt. Die Versuche des Königshauses, die Religionsfreiheit in Böhmen einzuschränken, führten zum Zweiten Prager Fenstersturz (1618) und lösten schließlich den Dreißigjährigen Krieg aus. Nach dem Sieg der Habsburger wurde Böhmen von Wien aus regiert, und Prag verlor an Bedeutung. Erst 1784 vereinte Josef II. die vier selbständigen Prager Stadtgemeinden.

20. Jahrhundert

Nach dem Ersten Weltkrieg wurde Prag Hauptstadt der Ersten Tschechoslowakischen Republik. Im März 1939 besetzten deutsche Truppen Prag und machten es zur Hauptstadt des Protektorats Böhmen und Mähren. Am 9. Mai 1945 zogen sowjetische Truppen in Prag ein, Edvard Beneš kehrte aus dem Londoner Exil zurück und wurde Staatspräsident.

Prager Frühling

Aus Protest gegen den Einmarsch der Truppen des Warschauer Vertrages und die gewaltsame Beendigung des »Prager Frühlings« (► Baedeker Special S. 40) übergoss sich am 16. Januar 1969 der 20-jährige Philosophiestudent Jan Palach auf dem Wenzelsplatz mit Benzin und verbrannte sich.

1977 – 2002

Am Neujahrstag des Jahres 1977 veröffentlichte eine Bürgerrechtsgruppe unter Führung des ehemaligen Außenministers Jiří Hájek, des Dramatikers Václav Havel und des Philosophen Jan Patočka die **»Charta 77«**. Tausende von Demonstranten protestierten in Prag am 20. Jahrestag des Einmarsches von Truppen des Warschauer Paktes gegen die Besetzung. Die wachsende Unzufriedenheit der Bevölkerung beantwortete die Staatsmacht mit noch härteren Repressalien. Diese wurden zum Anstoß für die »samtene« oder »sanfte« Revolution, die zum gewaltlosen Sturz der über vierzigjährigen sozialistischen Herrschaft führte. Nach der Spaltung in zwei eigenständige Staaten ab dem 1. Januar 1993 bleibt Prag die Hauptstadt der Tschechischen Republik.
Zahlreiche Gebäude wurden in Prag bei der Flut im August 2002 geschädigt, dabei wurden Millionenschäden verursacht.

PRAHA ERLEBEN

AUSKUNFT

Prager Informations-zentrum (PIS)
(Pražská informační služba)
Altstädter Rathaus
Staroměstské nám. 1
CZ-110 00 Praha 1
Tel. 221 714 444
www.pis.cz

Zweigstellen: Rytiřska 31, Flughafen, Hauptbahnhof (Hlavní nádraží; zurzeit geschl.), Kleinseitner Brückenturm (Malostranká mostecká věž; nur im Sommer geöffnet).

Čedok
Na příkopě 18
CZ-11000 Praha
Tel. 221 447 242
www.cedok.com
Reservierungen von Bahn-, Bus- und Flugtickets; Wechselstube, Stadtrundfahrten, Ausflüge, Eintrittskarten für Veranstaltungen; Treffpunkt für die vormittags stattfindende Stadtrundfahrt; geführte Stadtrundgänge.

STADTMAGAZINE

Monatlich erscheint gratis »In Prag – was wo wie«, Informationen und Interessantes. Für Pragbesucher aus dem Ausland gibt es das Monatsmagazin »Heart of Europe«. Beide Ausgaben enthalten aktuelle Tipps zu Restaurants, Übernachtungsmöglichkeiten, kulturellen Höhepunkten, Museen und Ausstellungen. Sehr viele gute Empfehlungen auch unter www.praguewelcome.cz.

ESSEN

► Fein und teuer

① *Circle Line Brasserie*
Praha 1, Malostranské náměstí 12
Tel. 257 530 021
Unter dem Renaissancegewölbe des Palais Liechtenstein werden diverse internationale kulinarische Köstlichkeiten gereicht.

② *Hoffmeister*
Praha 1, Pod Bruskou 7
Tel. 251 017 111
www.hoffmeister.cz
Hier erhält man altböhmische, aber auch französische kulinarische Kreationen – und einen Blick auf das künstlerische Schaffen des Vaters des Besitzers, dessen Originalzeichnungen den aufwändig ausgestatteten Speisesaal schmücken.

③ *Kampapark*
Praha 1, Na Kampě 8 b
Tel. 296 826 112
Restaurant mit Blick auf die Moldau. Leichte Crossover-Küche und tschechische Weine werden geboten. Illustre Gästeliste: Václav Havel, Michael Douglas, Madonna ...

④ *Pálffy Palác*
Praha 1, Kleinseite
Valdštejnská 14
Tel. 257 530 522
Warten auf Mozart! Ein Salon mit Deckenstuck, Kassetten und Kerzenlicht. Die Romantik und der Gartenblick zum Burgwall überwältigten auch Sean Connery, Tom Cruise und Luciano Pavarotti. Altböhmische Rezepte mit Speck, Wild und Waller, verfeinert mit Thymian und Sahne.

⑤ *Peklo (Hölle)*
Praha 1, Strahovské nádvoří 1
Tel. 220 516 652
Der Weinkeller liegt direkt beim Kloster Strahov in geheimnisvollen Katakomben und Grotten.

⑥ *U Mecenáše (Zum Mäzen)*
Praha 1, Malostranské náměstí 10
Tel. 257 531 631
Eine erstklassige böhmische Küche, erlesene Weine und eine gemütliche Atmosphäre kennzeichnen dieses 400 Jahre alte Spitzenlokal. Im 17. Jh. soll der damalige Henker Prags hier Gast gewesen sein, welcher nach vollbrachtem Tagwerk am Tisch des ersten Raumes seinen wohlverdienten Feierabend ausklingen ließ.

⑦ *U tří pštrosů (Zu den drei Straußen)*
Praha 1, Dražického náměstí 12
Tel. 257 288 888
Das Haus nahe der Karlsbrücke gehörte einem armenischen Kaufmann und Hoflieferanten, der um 1700 dem Zeitgeist entsprechend einen schwungvollen Handel mit Straußenfedern betrieb und an dieser Stelle das erste Caféhaus in Prag gründete. Hotel und Restaurant sind eine echte Empfehlung.

⑧ *Hanavský pavilon*
Praha 7, Letenské sady 173
Tel. 233 323 641
Auf dem Sommerhügel (Letná): Eine runde Panoramaterrasse über die Moldau mit Fernblick zur Karlsbrücke. Der gusseiserne Pavillon (1891), ein Geschenk des Stahlbarons Hanavský, ist ein Jugendstiljuwel, innen mit Kristalldekor geschmückt.

► Erschwinglich

⑨ *Le Café Colonial*
Praha 1, Široká 6
Tel. 224 818 322
Das Café-Restaurant im Kolonialstil bietet eine internationale Karte mit asiatischem Touch zum guten Preis-Leistungs-Verhältnis. Wegen der Nähe zur Universität verkehrt hier überwiegend junges Publikum.

⑩ *Nebozízek (Bohrer)*
Praha 1, Petřínské sady 411
Tel. 257 315 329
Zu Fuß oder aber mit der Seilbahn ist dieses Restaurant auf dem Petřín zu erreichen. Den Gast erwarten eine hervorragende Küche und eine wunderschöne Aussicht auf Prag.

⑪ *Square – Malostranská kavárna*
Praha 1, Kleinseite
Malostranské náměstí 5/28
Tel. 800 152 672
Unter prächtig wuchtigem Barock des Niklasdoms: Nobeldesign in historischen Räumen des anno 1874 gegründeten wienerischen »Café Radetzky«. Geadelt durch die Schriftsteller Neruda und Kafka sowie die Sopran-Legende Emma Destinová. Jetzt in trendigen Waschfarben gestrichen, mit grünem Panzerglas und Edelstahl ausgestattet, ein schicker Platz für Mannequin-Salate, Gourmet-Pizza, Pasta, Strudelvariationen. Auf der Terrasse sitzt man atmo-sphärisch dicht am Trubel der Tramstation.

⑫ *Žofín*
Praha 1, Slovanský ostrov 226
Tel. 602 343 517
Gold-plüschiges Ambiente der Monarchie, böhmische Küche wie bei der Großmutter. Himmlische Mehlspeisen, mit Mohn und Zimt bestreut.

► Preiswert

⑬ *Kristian Marco*
Praha 1, Ankerplatz Hollar
Smetanovo nábřeží
Tel. 222 227 330
Unweit der Karlsbrücke ist das Kristian Marco die richtige Adresse für Fischliebhaber und -kenner. Egal ob Karpfen, Hecht oder Forelle,

serviert werden alle gleichermaßen – bei unterschiedlicher Zubereitung– auf dem Oberdeck eines Schiffes.

⑭ *Kogo*
Praha 1, Altstadt
Havelská 499/27
Tel. 224 210 259
Designerambiente in Schwarz und Orange. Hier gibt es die beste Pizza und Pasta der Stadt. Das Publikum römisch schick.

⑮ *Petřinské sady*
Praha 1
Seminářská zahrada 13
Tel. 257 320 688
Am Hang des Petřín-Hügels, eingebettet in einen Kirschgarten. Das feurige »Schwert des Petříns« (ein Fleischspieß) wird auf dem Holzkohlengrill gebraten.

⑯ *Rybářský club*
Praha 1, U Sovových mlýnů 1
Tel. 257 534 200
Ein lustiges Fischerhäuschen direkt an der Moldau. Spezialitäten von Barsch, Forelle, Hecht, Karpfen, Waller bis Zander, delikat zubereitet. Ex-Präsident Havels Geheimtipp: Lachs mit Wildpilzen und Polenta.

⑰ *U Černého Vola*
(Zum schwarzen Ochsen)
Praha 1, Loretánské náměstí 1
Tel. 220 513 481
Fast noch echtes Mittelalter im Dunstkreis vom Loretoheiligtum. Königliches Wappendekor an den Wänden. Die Küche bereitet nur grobe »Bierunterlagen« zu – wie »Utopence« (im öligen Essigsud »ertrunkene« Speckwürste). Die Stammgäste, als Kneipenbesitzer in einer AG organisiert, zechen für einen guten Zweck: Der Reingewinn fließt an ein Blindenheim.

CAFÉS

⑱ *Arco*
Praha 1, Hybernská 16
Tel. 974 886 542
Das Café Arco lebt wie viele der berühmten Kaffeehäuser von seiner legendären Tradition. In den 1920er-Jahren traf sich hier der Prager Kreis deutschsprachiger Autoren.

⑲ *Imperial*
Praha 1, Na poříčí 15
Tel. 246 011 440
Das Lieblingskaffeehaus der Prager. Innen wie das Grab der Kleopatra. Kacheldekor mit Löwen, Sphinx und Palmen. Die Fusion-Küche kombiniert Knödel, Vegetarische Burger und Palatschinken mit Erdbeeren. Aber bitte mit Sahne!

⑳ *Louvre*
Praha 1, Národní třída 20
Tel. 224 930 949
Das traditionsreiche Café wurde 1948 als Symbol des bürgerlichen Lebensstils geschlossen und 1992 wiedereröffnet. Das Restaurant bietet eine abwechslungsreiche Speisekarte für jeden Geschmack.

㉑ *Grand Café Milena*
Praha 1, Staroměstské náměstí 22
Tel. 221 632 520
Das Café am Altstädter Ring ist nach der Prager Journalistin Milena Jesenská benannt, die als Freundin Franz Kafkas bekannt ist. Der direkte Blick auf den Apostelumzug an der Astronomischen Uhr während einer Tasse Kaffee ist unschlagbar.

㉒ *Obecní dům*
Praha 1, náměstí Republiky 5
Tel. 222 002 101
Das Café im Repräsentationshaus sollte man kennen. Die Jugendstileinrichtung lädt zum Verweilen ein.

㉓ *Slavia*
Praha 1, Národní třída 1
Tel. 224 218 493
Das legendäre Café gegenüber dem Nationaltheater besteht seit 1891.

㉔ *TV Tower*
Praha 3, Mahlerovy sady 1
Tel. 267 005 778
Der »höchste« Kaffeegenuss von Prag erwartet die Gäste auf dem Fernsehturm in 120 m Höhe.

ÜBERNACHTEN

► Luxus

① *Aria*
Praha 1, Tržiště 9
Tel. 225 334 111
Fax 225 334 666
www.ariahotel.net
In dem Luxushotel bestimmt die Musik das Ambiente. Die 52 Zimmer sind individuell nach den Themen Klassik, Jazz, Musical und Oper eingerichtet. Man kann das Bett nach seinem Lieblingskomponisten wählen. Die Ausstattung stammt von New Yorker Designern.

② *Boscolo Hotel Carlo IV.*
Praha 1, Senovážné náměstí 13
Tel. 224 593 111
Fax 224 593 000
www.boscolohotels.com
Wahrlich ein Haus von majestätischem Luxus! rsprünglich ein Bankpalast, in Pracht und Dimension könnte es mit dem Nationalmuseum wetteifern. Von der renommierten italienischen Luxushotelgruppe Boscolo veredelt, stehen in der Halle wuchtige Ledergarnituren. Säulenpracht, Kristallleuchter und Art-déco vom Feinsten schaffen eine erhabene Atmosphäre. Die 152 Zimmer und Apartments sind mit Antiquitäten möbliert.

③ *Four Seasons Hotel*
Praha 1
Veleslavínova 2 a
Tel. 221 427 000
Fax 221 426 000
www.fourseasons.com/prague
Drei Gebäude aus den Epochen der Gotik, der Renaissance und des Barock sind durch eine zeitgenössische Bauweise miteinander verbunden. Zum noblen Hotel, das über 162 Zimmer verfügt, gehört das Restaurant Allegro mit einer Terrasse an der Moldau.

④ *Le Palais*
Praha 2
U Zvonařky 1
Tel. 234 634 111
Fax 234 634 635
www.palaishotel.cz
Das Luxushotel steht in Prags einst sehr vornehmem Stadtteil Vinohrady (Weinberge). Es herrscht noch eine Atmosphäre wie in der Belle-Époque. Der Maler Luděk Marold, berühmt durch das gigantische Gemälde der Hussitenschlacht bei Lipany, das größte historische Kriegsbild der Welt, lebte hier und schuf 1898 für den damaligen Hausherrn die Dekoration. 72 Luxuszimmer in der Prestigeklasse der The Leading Small Hotels of the World.

⑤ *U tří pštrosů (Zu den drei Straußen)*
Praha 1
Dražického náměstí 12
Tel. mobil 420 777 084 237
Fax 257 533 217
www.utripstrosu.cz
Nur wenige Meter von der Karlsbrücke entfernt liegt das Hotel »Zu den drei Straußen«. Um eines der 18 begehrten romantischen Zimmer zu ergattern, muss man sich sehr früh bemühen.

⑥ *U železných vrat (Zum eisernen Tor)*
Praha 1, Michalská 19
Tel. 225 777 777, Fax 225 777 778
www.irongate.cz
Eine schicke Barock-Residenz mit Grundmauern des 14. Jahrhunderts. Mit romantischem Innenhof-Café, Wandmalereien in 44 extravaganten Zimmern. Fresken, Kunst und antike Möbel plus die schönste Dachsuite der Altstadt. So würde heute Mozart in Prag wohnen.

► Komfortabel

⑦ *Ambassador – Zlatá Husa*
Praha 1, Václavské náměstí 5 – 7
Tel. 224 193 111
Fax 224 230 620
www.ambassador.cz
Das Jugendstilhaus besticht durch das Louis-quatorze-Mobiliar in einigen der 118 Zimmer, durch seine Lage am Wenzelsplatz, besonders aber durch das gute Essen im Restaurant Halali.

⑧ *Antik*
Praha 1, Dlouhá 22
Tel. 222 322 288
Fax 222 328 540
www.hotelantik.cz
Gutbürgerliche Atmosphäre des 19. Jh.s in einem renovierten historischen Haus. Zwölf Zimmer, Café und ein Laden mit Antiquitäten, dazu eine stimmungsvolle Lage an der jüdischen Stadt.

⑨ *Archibald City*
Praha 1, Žitná 33
Tel. 234 652 818
Fax 234 652 810
www.archibald.cz
Schickes Designhotel nahe der Karlsbrücke.

⑩ *Élite*
Praha 1, Ostrovni 22
Tel. 224 932 250, Fax 224 930 787
www.hotelelite.cz
Ein restaurierter Stadtpalast aus der Renaissance mit 77 Zimmern mitten in der historischen Neustadt. Burgmauern im Innenhof, Balken und himmlische Fresken in den Gemächern, die Fürstensuite hat ein romantisches Gewölbe.

⑪ *Maximilian*
Praha 1, Haštalská 14
Tel. 225 303 111
Fax 225 303 110
www.maximilianhotel.com
Das Hotel liegt nahe dem Agneskloster. Die 72 Zimmer sind exquisit eingerichtet, es gibt Seminarräume und eine Tiefgarage. Die Sehenswürdigkeiten der Altstadt lassen sich von hier aus zu Fuß erkunden.

⑫ *Neruda*
Praha 1, Nerudova 44
Tel. 257 535 557
Fax 257 531 492
www.hotelneruda.eu
Das ansprechende kleine Hotel (20 Zi.) in der Nerudagasse auf der Kleinseite ist geschmackvoll eingerichtet und befindet sich in einem Gebäude aus dem Jahr 1348. Dazu gehört das Café-Restaurant Carolina mit eigener Konditorei sowie böhmischer Spezialitätenküche.

⑬ *Roma*
Praha 1, Kleinseite, Újezd 24
Tel. 222 500 222
Fax 257 324 095
www.your-prague-hotels.com
Bei der Kampa-Insel: Ein sonniges Hotel aus der Mozart-Zeit, unter Denkmalschutz, akribisch renoviert. Modernes Atrium und ein Designer-Trakt. Insgesamt 87 Zimmer, davon acht mit Stilmöbeln eingerichtet. Tiefgarage.

► Günstig

⑭ *Březina Pension*
Praha 2, Legerova 41
Tel. 224 266 779
Fax 224 266 777
www.brezina.cz
In einem dieser wunderbaren Prager Patrizierhäuser der Gründerzeit. Viel Stuck, Schnörkel und Fassadenschmuck. Die 35 Zimmer sind nach Bedarf der Businessgäste eingerichtet.

⑮ *Černá liška (Schwarzer Fuchs)*
Praha 1, U Mikulášská 1
Tel. 224 232 250
Fax 224 232 249
www.hotelsprague.cz/cernaliska
Das kleine, aber feine Hotel mit zwölf Zimmern liegt direkt am Altstädter Ring neben der Kirche St. Niklas. Die Zimmer sind elegant eingerichtet; es gibt eine Sommerterrasse und ein À-la-carte-Restaurant im gotischen Kellergewölbe.

㉔ *Evropa*
Praha 1
Václavské náměstí 25
Tel. 224 213 914
Fax 224 224 544
www. evropahotel.cz
Wer in diesem klassischen Jugendstilhotel absteigt, sollte nicht den Komfort vergangener Tage erwarten: An den 115 Zimmern hat die Zeit wahrlich ihre Spuren hinterlassen. Robuste Nostalgiker mag das nicht abschrecken, allen anderen sei allenfalls ein Besuch des Jugendstilcafés empfohlen.

⑰ *U červené sklenice (Zum roten Gläschen)*
Praha 1
Na kampě 513/10
Tel. 257 532 918
Fax 257 531 332
www.prag-hotel.cz
Das Hotel auf der Insel Kampa, in unmittelbarer Nähe zur Karlsbrücke gelegen, besticht durch seine Romantik und Gemütlichkeit.

BOTELS

⑱ *Admirál*
Praha 5
Hořejší nábřeží
Tel. 257 321 302
Fax 257 319 516
www.admiral-botel.cz
Dem Gast werden auf dem am Moldauufer ankernden Hotelschiff 88 kleine Doppelbett-Kajüten, ein Sonnendeck, ein Restaurant und eine Bar auf schwankendem Boden geboten. Ein Erlebnis besonderer Art!

⑲ *Albatros*
Praha 1
Nábřeží Ludvíka Svobody
Tel. 224 810 541
Fax 224 811 214
www.botelalbatros.cz
Dieses Schiffshotel (86 Kajüten, Restaurant) liegt zentrumsnaher und auch lauter als der »Admirál«. Freitags und samstags Disko!

HOSTELS

⑳ *Hostel City Center*
Praha 2
Ječná 12
Tel. 233 920 118
Fax 233 920 120
www.hotelsprague.cz
Nur vier Minuten zu Fuß vom Karlsplatz, Nähe Nationalmuseum und Wenzelsplatz.

㉑ *Traveller's Hostel*
Praha 1, Husova 3
Tel. 224 215 326
Das zentral gelegene Jugendhotel bietet billige Unterkunft bei einfacher Ausstattung.

Prag Orientierung

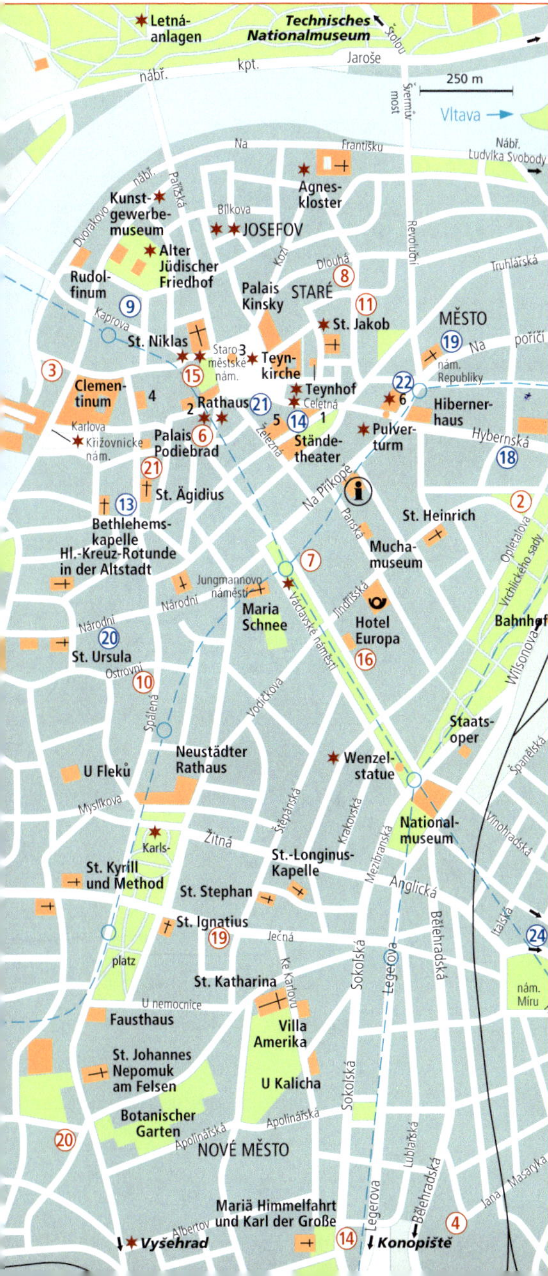

1 Zur schwarzen Mutter Gottes
2 Haus zur Minute
3 Husdenkmal
4 Palais Clam-Gallas
5 Karolinum
6 Repräsentationshaus

Essen

① Circle Line Brasserie
② Hoffmeister
③ Kampapark
④ Pálffy Palác
⑤ Peklo
⑥ U Mecenáše
⑦ U tří pštrosů
⑧ Hanavský pavilon
⑨ Le Café Colonial
⑩ Nebozízek
⑪ Square - Malostranská kavárna
⑫ Žofín
⑬ Kristian Marco
⑭ Kogo
⑮ Petřinké sady
⑯ Rybářský club
⑰ U Černého Vola
⑱ Arco
⑲ Imperial
⑳ Louvre
㉑ Milena
㉒ Obecní dům
㉓ Slavia
㉔ TV Tower

Übernachten

① Aria
② Boscolo Hotel Carlo IV.
③ Four Seasons Hotel
④ Le Palais
⑤ U tří pštrosů
⑥ U železných vrat
⑦ Ambassador-Zlatá Husa
⑧ Antik
⑨ Archibal City
⑩ Élite
⑪ Maximilian
⑫ Neruda
⑬ Roma
⑭ Březina Pension
⑮ Černá liška
⑯ Evropa
⑰ U červené sklenice
⑱ Admirál
⑲ Albatros
⑳ Hostel City Center
㉑ Traveller's Hostel

Sehenswertes im Zentrum von Prag

Stadtbesichtigung

Prag ist eine Stadt für Fußgänger – einmal wegen der verhältnismäßig kurzen Entfernungen innerhalb des Zentrums, zum anderen deshalb, weil die für Besucher besonders interessanten Stadtbezirke sowieso **weitgehend autofrei** sind. Wer nur ein oder zwei Tage in Prag sein kann, sollte dem Altstädter Ring und dem Hradschin mit Königspalast und Veitsdom Priorität einräumen. Wichtige Stationen wie Karlsgasse, Karlsbrücke, Kleinseitner Ring und Nerudagasse liegen bei dieser »Basistour« sozusagen auf dem Weg. Mit etwas mehr Zeit kann man den Rundgang durch die Josefstadt, die Fußgängerzone Na příkopě, den Wenzelsplatz, Kloster Strahov und die Wallfahrtskirche Loreto ergänzen.

Karlsbrücke und Umgebung

✶✶ Karlsbrücke

Zwischen Altstadt und Kleinseite vermittelt die berühmte sechzehnbogige Karlsbrücke (Karlův most). Die 520 m lange und 10 m breite Moldaubrücke ist die älteste in Prag. Die Karlsbrücke ist heute allein Fußgängern vorbehalten, denen Straßenmusikanten aufspielen und fliegende Händler Souvenirs anbieten. Die Brücke wurde im Jahre 1357 von Peter Parler begonnen, aber erst zu Anfang des 15. Jh.s

Prag ist eine Stadt der Brücken: Blick auf das von der Moldau geteilte Zentrum mit Karlsbrücke, Altstädter Brückenturm und Nationaltheater.

vollendet. Ihren heutigen Namen erhielt sie 1870 zu Ehren ihres kaiserlichen Bauherrn, Karl IV.

◄ Brückenfiguren

Ihre malerische Wirkung verdankt die Karlsbrücke vor allem dem reichen Skulpturenschmuck, an dem seit dem 17. Jh. verschiedene Künstler, darunter Ferdinand Maximilian Brokoff, Matthias Bernhard Braun, Johann Friedrich Kohl, Johann Friedrich Mayer, Matthias Wenzel Jäckel u. a. gearbeitet haben. Die meisten der 30 Statuengruppen entstanden zwischen 1706 und 1714. Die durch Zeit und Umwelteinflüsse stark angegriffenen Sandsteinfiguren sind mittlerweile fast alle durch Kopien ersetzt worden. In der Mitte der Brücke, auf der rechten Seite, steht das 1683 in Nürnberg gegossene Bronzestandbild des erst 1729 heilig gesprochenen Priesters **Johann von Nepomuk**, der 1393 auf Befehl König Wenzels IV. in die Moldau gestürzt wurde. Zwischen dem sechsten und siebten Brückenpfeiler bezeichnet ein Relief die Stelle, an der es geschah. Hochwasserkatastrophen haben das Bauwerk zwar oftmals beschädigt, doch niemals zum Einsturz gebracht.

**** Altstädter Brückenturm**

Den östlichen Aufgang der Karlsbrücke, auf der Altstadtseite, bildet der stattliche gotische Altstädter Brückenturm (Staroměstská mostecká věž). Der im 14./15. Jh. nach Plänen von Peter Parler von der Dombauhütte errichtete Torturm steht bereits auf dem ersten Brückenpfeiler. Er gilt als **der schönste Brückenturm der Stadt**. Seine Ostseite schmücken die Wappen der Länder, die einst mit Böhmen verbunden waren. Der Figurenschmuck des Turms zählt zu den Meisterleistungen gotischer Bildhauerkunst in Böhmen (Öffnungszeiten: April – Mai, Okt. 10.00 – 19.00, Juni – Sept. 10.00 – 22.00, März 10.00 – 18.00, Nov. – Febr. 10.00 – 17.00 Uhr).

Kampa-Insel

Der westliche Teil der Karlsbrücke führt über die Kampa-Insel (Ostrov Kampa), die durch den schmalen Flussarm Čertovka von der Kleinseite getrennt ist. Einige Häuschen auf der Insel stützen sich mit ihren Grundmauern auf die Brückenbogen der ursprünglichen Judithbrücke. Das alte Viertel heißt im Volksmund **Klein-Venedig**. Auf der Insel werden nicht nur Töpfermärkte abgehalten, sondern sie lädt auch zu schönen Spaziergängen ein.

Haus »Zu den drei Straußen«

Am Westende der Karlsbrücke sieht man rechts unterhalb das Haus »Zu den drei Straußen« (dům U tří pštrosů), ein Renaissancebau von 1597 mit Fassadenmalereien (Hotel und Restaurant).

Kleinseitner Brückentürme

Am westlichen Brückenkopf mündet die Karlsbrücke in die spätgotischen Kleinseitner Brückentürme, die durch einen Torbogen verbunden sind. Der höhere Turm wurde 1464 auf Geheiß des Königs Georg von Podiebrad anstelle eines älteren romanischen Turmes erbaut. Der niedrigere Turm gehörte zur Befestigung der 1342 bei einem Moldauhochwasser eingestürzten Judithbrücke. Er erhielt 1591 seinen Renaissancegiebel und den Außenwandschmuck.

✶✶ Kleinseite (Malá Strana)

»Kleine Prager Stadt«

Von der Karlsbrücke führt die Brückengasse (Mostecká ulice) hinauf zum Kleinseitner Ring (Malostranské náměstí). Dieser Platz ist der Mittelpunkt der »Kleineren Prager Stadt«, jenes Stadtteils, der 1257 unterhalb des Hradschin gegründet wurde. Nach einem Großbrand 1541 erhielt die Kleinseite das Aussehen einer Residenzstadt. Erneut veränderte der Stadtteil sein Gesicht, als im 17. Jh. die katholische Kirche hier zahlreiche barocke Gotteshäuser erbauen ließ und die aus Böhmen zugezogenen Bürger- und Adelsfamilien sich hier niederließen und sich als Bauherren hervortaten.

Kleinseitner Ring

Durch den Gebäudekomplex um die Kirche St. Niklas wird der Kleinseitner Ring (Malostranské náměstí) in zwei kleinere Plätze geteilt. Am unteren befinden sich das Kleinseitner Rathaus, ein schöner Spätrenaissancebau, und das spätbarocke Palais Kaiserstein (Nr. 23) sowie das Rokokohaus »Zum Steinernen Tisch« in der Mitte. Vor allem an der Südseite des Platzes gibt es noch eine Reihe **alteingesessener Weinstuben**. Fast die gesamte Westseite des Rings nimmt das imposante klassizistische Palais Liechtenstein ein.

✶✶ St. Niklas auf der Kleinseite ►

Beherrscht wird der Ring von der ehemaligen Jesuitenkirche St. Niklas auf der Kleinseite (chrám svatého Mikuláše). Die von einer hohen Tambourkuppel und einem Turm überragte Barockkirche entstand ab 1673. Von 1704 bis 1711 leitete Christoph Dientzenhofer die Bauarbeiten am Langhaus. Kuppel und Chor, 1759 fertig gestellt, sind das Werk seines berühmten Sohnes Kilian Ignaz Dientzenhofer. Das reich ausgestattete Innere bezieht seine überragende Wirkung v. a. aus den **herrlichen Fresken**: Das Deckenbild im Langhaus, 1761 von Johann Lukas Kracker gemalt, zeigt Szenen aus dem Leben des hl. Nikolaus; das Kuppelfresko stellt die Verherrlichung des Heiligen sowie das Weltgericht dar und stammt von Franz Xaver Balko (1752/1753; Öffnungszeiten: tgl. 9.00 – 16.30 Uhr).

✶ **Palais Waldstein**

Von der Nordostecke des Kleinseitner Ringes führt die Thomasgasse (Tomášská ulice) zum Waldsteinplatz (Valdštejnské náměstí) gelegenen Palais Waldstein (Vald-štejnský palác). Der 1630 nach Plänen von Andrea Spezza und Giovanni Pieroni für Albrecht von Wallenstein, Herzog von Friedland, fertig gestellte Bau ist der erste Prager Barockpalast, heute Sitz des Tschechischen Senats (Öffnungszeiten: Sa./So. 10.00 – 16.00 Uhr). Den von der Letenská ulice zugänglichen barocken **Waldsteingarten** (zahrada Valdštejnského paláce) mit seinen geometrisch angelegten Wegen und Hecken schmücken Kopien

> **! Baedeker TIPP**
>
> **Himmel voller Geigen**
>
> Der kriegslüsterne Feldherr liebte auch Musik. Die Sala terrena, nach florentinischem Vorbild im 17. Jh. erbaut, schützt das Kammerorchester und funktioniert wie ein Lautsprecher. Zur Traumkulisse gehört abends der beleuchtete Hradschin. Der Garten ist bestuhlt. Karten: Tel. 257 010 401.

Klein-Italien in Prag: Die Front des Palais Waldstein ist dem Palazzo Farnese nachgebildet.

der Bronzestatuen von Adriaen de Vries, die Originale haben die Schweden im Dreißigjährigen Krieg gestohlen. An der Westseite des Palais öffnet sich der als Loggia ausgebildete Gartensaal mit seinen reichen Stuckaturen und Fresken Baccio del Bianco (Öffnungszeiten: Mai – Sept. tgl. 9.00 bis 19.00, April u. Okt. tgl. 10.00 – 18.00 Uhr).

Waldsteingasse

In der sich an der Nordseite des Palais Waldstein am Berghang entlang ziehenden Waldsteingasse (Valdštejnská ulice) gibt es einige schöne Palais: zuerst (Nr. 14) das Palais Pálffy, dann (Nr. 12) der Eingang zum Ledebour-Garten (Ledeburská zahrada), der nach beiden Seiten in die hinter den übrigen Palais der Waldsteingasse gelegenen, idyllischen Gärten übergeht und von seinen steilen, mit Loggien und einem Pavillon geschmückten Terrassen weite Ausblicke über die Stadt gewährt. Waldsteingasse Nr. 10 ist das Palais Kolowrat aus dem 18. Jh., und bei Nr. 8 handelt es sich um das 1743 bis 1747 erbaute Palais Fürstenberg.

★ Vrtba-Palais und -Garten

Biegt man vom Kleinseitner Ring in die nach Süden verlaufende Karmelitergasse ein, steht man nach wenigen Schritten vor dem Palais Vrtba (Vrtbovský palác, Nr. 18), das 1631 im Spätrenaissancestil erbaut wurde. Am steilen, einst von Weinreben bestandenen Hang hinter diesem Palais dehnt sich der gleichnamige Garten (Vrtbovská zahrada) aus, eine bezaubernde barocke Anlage mit Statuen des Künstlers Matthais Braun (18. Jh.). Öffnungszeiten Garten: April bis Okt. tgl.10.00 – 8.00 Uhr; www.vrtboska.cz.

✶ **St. Maria de Victoria**

Wenige Schritte südlich des Vrtba-Palais steht in der Karmelitergasse (Karmelitská ulice, Nr. 9) eine weitere große Barockkirche, die St. Maria de Victoria (kostel Panny Marie Vítězné). Sie wurde nach der Schlacht am Weißen Berge (1620) als Karmeliterklosterkirche errichtet. Interessantestes Ausstattungsstück des Gotteshauses ist das **»Prager Jesuskind«**, eine aus Spanien stammende, annähernd einen halben Meter hohe Wachsfigur, die 1628 von der Fürstin Polyxena von Lobkowitz dem Kloster geschenkt wurde und bis heute verehrt wird. Sie trägt ein wertvolles Kleid aus Gold und Samt (Öffnungszeiten: So. 13.00 – 17.00, Mo. – Sa. 10.00 – 17.30 Uhr, Weihnachten und Ostern geschlossen).

✶ **Nerudagasse**

Beim Kleinseitner Ring beginnt die Nerudagasse (Nerudova ulice), früher die Hauptzugangsstraße hinauf zum Hradschin (s. u.). Mit ihren vornehmen **spätbarocken Bürgerhäusern** gehört sie zu den schönsten Gassen in Prag.

Ihren Namen erhielt sie von dem böhmischen Schriftsteller Jan Neruda (1834 bis 1891), dessen »Kleinseitner Geschichten« in dieser Gasse beheimatet sind. Der Erzähler kleinbürgerlicher Episoden wohnte 1845 – 1857 im Haus »Zu den zwei Sonnen« (U dvou slunců, Nr. 47), an dessen frühbarocker Fassade eine Gedenktafel angebracht ist. Bei einem Spaziergang durch die Nerudagasse wird man entdecken, dass die meisten Gebäude mit **fantasievollen Hauszeichen** geschmückt sind, die Auskunft über die einstigen Besitzer oder Bewohner geben. Drei Geigen im Hauszeichen des Gebäudes Nr. 12 weisen z. B. darauf hin, dass hier 1667 bis 1748 die Prager Geigenbauerfamilie Edlinger wohnte. Die erste Kleinseitner Apotheke befand sich im Haus »Zum goldenen Hufeisen« (U zlaté podkovy; Nr. 34). Von hier sind es nur wenige Schritte über die Schlossstiege zum Hradschiner Platz und zur Prager Burg.

✶✶ Hradschin (Hradčany)

✶ **Hradschiner Platz**

Wer vom Hradschin spricht, meint damit meist die berühmte Prager Burg (Pražský hrad), laut Guiness-Buch der Rekorde die größte der Welt. Doch Hradschin ist auch der Name der 1320 gegründeten, dritten Prager Stadt um den Hradschiner Platz (Hradčanské náměstí). Auf diesen Platz führen vom Kleinseitner Ring zwei Wege: Schöner ist der Weg durch die Nerudagasse (s. o.), kürzer die Strecke durch die Schlossgasse (Zámecká ulice).

Der weitläufige, rechteckige Hradschiner Platz, der mit einer Pestsäule aus dem Jahr 1725 versehen wurde, ist von stattlichen Gebäuden aus Spätrenaissance und Barock umstellt. An der Nordseite des Platzes befindet sich das 1684 vollendete, 1764/1765 umgebaute Erzbischöfliche Palais (Arcibiskupský palác). Das Palais Schwarzenberg (Schwarzenberský palác) gegenüber, an der Südseite des Platzes, wurde 1563 fertig gestellt und ist eines der frühesten Bauzeugnisse der Renaissance in Prag.

Hradschin Orientierung

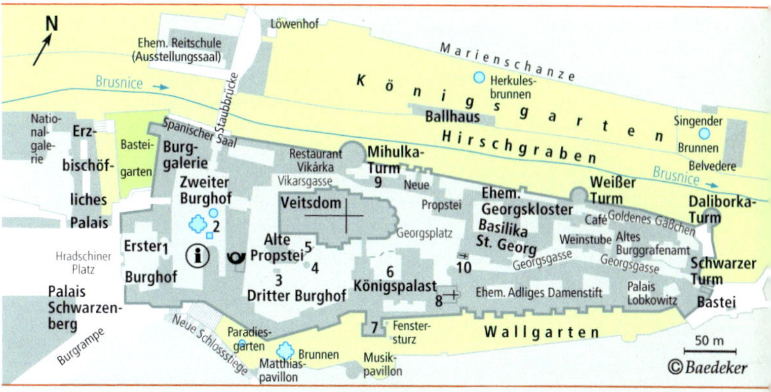

1 Matthiastor
2 Brunnen
3 Obelisk
4 St. Georg
5 Romanische Reste
6 Palasthof
7 Böhmische Kanzlei
8 Allerheiligenkapelle
9 Mladota-Haus (Alte Dechantei)
10 Johannes-von-Nepomuk-Kapelle

✶ **Palais Sternberg/ Nationalgalerie**

Von der Westseite des Erzbischöflichen Palais führt eine Gasse hinunter in den Hof des Palais Sternberg (Šternberský palác), das um 1720 erbaut worden war. Heute wird das Palais von der Nationalgalerie (Národní galerie) genutzt, die – neben dem Louvre in Paris – zu den ältesten öffentlichen Galerien Europas gehört. Die umfangreiche Sammlung verteilt sich auf mehrere Standorte, u. a. das Agneskloster, das Georgskloster, den alten Messepalast und das Palais Sternberg, wo **die bedeutendste Gemäldesammlung des Landes** mit hochkarätigen Werken der europäischen Kunst vom 14. bis zum 18. Jh. gezeigt wird. Zu den Künstlern, die mit Werken vertreten sind, zählen so berühmte Namen wie Piero della Francesca, Brueghel d. Ä. und Brueghel d. Jüngere, Tintoretto, Veronese, Tiepolo, Albrecht Altdorfer, Cranach d. Ä., Rubens, Hals und Rembrandt. Das bedeutendste Exponat der altdeutschen Malerei ist das 1506 von Albrecht Dürer geschaffene Bild **»Das Rosenkranzfest«** (Öffnungszeiten: April – Okt. Di. – So. 10.00 – 18.00, sonst nur bis 17.00 Uhr).

✶✶ **Prager Burg/ Hradschin**

Die Prager Burg (Pražský hrad), die meistbesuchte Sehenswürdigkeit der Moldaustadt, wurde Ende des 9. Jh.s von den Přemysliden gegründet. Zu Ehren des hl. Veit ließ der hl. Wenzel zwischen 926 und 929 an der Stelle der heutigen Wenzelskapelle eine romanische Rotunde erbauen. Ab 973 residierte auf dem Hradschin außer dem Fürsten auch der Bischof der neugegründeten Diözese Prag. 1042 wurde die Burg mit einer 2 m dicken Ringmauer umgeben und durch Türme verstärkt. Im 12. Jh. baute Sobieslav I. die Burg im romanischen Stil aus, unter seinem Nachfolger Ottokar II. begannen erste Arbeiten am Königspalast. Nach Ende der Hussitenkriege erfolgten weitere Um- und Ausbauten, an denen Künstler aus Italien, den Niederlanden und Deutschland beteiligt waren. Das 1614 errichtete Tor im Westen, **der erste profane Barockbau Prags**, wurde auf Wunsch Maria Theresias im 18. Jh. in die Stirnseite des neu angelegten ersten Burghofes einbezogen. Durch diesen Umbau wuchs der Hradschin zu einer baulichen Einheit mit klassizistischem Fassadenbild zusammen.

Öffnungszeiten ► Burgareal (Eintritt frei): April – Okt. tgl. 5.00 – 24.00, Nov. – März tgl. 6.00 – 23.00 Uhr.
Historische Bauten (Eintrittsgebühr): April – Okt. tgl. 9.00 – 18.00, Nov. – März tgl. 9.00 – 16.00 Uhr.
Gartenanlagen: April, Okt. tgl. 10.00 – 18.00, Mai, Sept. tgl. 10.00 bis 19.00, Juni, Juli 10.00 – 21.00, Aug. 10.00 – 20.00 Uhr; www.hrad.cz

Erster und zweiter Burghof

Der erste Burghof, auch Ehrenhof genannt, entstand 1756 bis 1774 unter Maria Theresia. Die (vorerst) letzten Umgestaltungen nahm 1920 bis 1922 der slowenische Architekt Josip Plečnik vor. Durch das 1614 erbaute Matthiastor (Matyášova brána) betritt man den zweiten Burghof mit seinem Barockbrunnen. Die Nüchternheit dieses Burghofes versuchte man 1967 durch den Löwenbrunnen und das schimmernde Granitpflaster abzumildern. In der Südostecke dieses Hofes befindet sich die 1763 vollendete Heiligkreuzkapelle, sie dient seit 1961 als Schatzkammer des St.-Veits-Domes.

★ Burggalerie

Im ersten Burghof liegt auch der Eingang in die Burggalerie (Hradní galerie). Die kleine, aber feine Kollektion von etwa 107 Werken der europäischen Malerei ist der Rest einer Kunstsammlung, die Kaiser Rudolph II. begonnen und sein nicht weniger kunstbesessener Nachfolger Ferdinand II. fortgeführt hatte. Zu den sehenswertesten Stücken gehören das um 1612 von Hans von Aachen gemalte Portrait des Kaisers Matthias, Tizians »Junge Frau bei der Toilette«, Tintorettos »Ehebrecherin vor Jesus« sowie Peter Paul Rubens' »Die Versammlung der olympischen Götter« (um 1602).

Böhmische Barockkunst ► Ferner sind hier einige bedeutende Gemälde der böhmischen Barockkunst, u. a. von Jan Kupecký sowie Plastiken von Matthias Braun ausgestellt.

★ Königsgarten, Schloss Belvedere

Vom zweiten Burghof gelangt man über die Staubbrücke in den Königsgarten (Královská zahrada). In diesem für Kaiser Ferdinand I. von einem italienischen Gärtner angelegten Renaissancegarten sollen **die ersten Tulpen in Europa** gezüchtet worden sein. Auch das im Jahr 1569 fertiggestellte Ballhaus, das, wie der Name sagt, ursprünglich für Feste und Maskenbälle gedacht war, und das 1538 begonnene Lustschloss Belvedere hatte Ferdinand in Auftrag gegeben. Mit seinen Arkaden auf zierlichen Säulen zitiert das Belvedere das Findelhaus in Florenz, den ersten Renaissancebau in der toskanischen Metropole.

Dritter Burghof, Alte Propstei

Der dritte Burghof, der von der Alten Propstei, Veitsdom und Königspalast eingefasst wird, war früher das Zentrum der Burg. An die Südwestecke des Veitsdomes stößt die Alte Propstei (Staré proboštství). Ursprünglich eine romanische Bischofspfalz, erhielt sie ihre jetzige (barocke) Gestalt durch einen Umbau im 17. Jahrhundert. Der von Josip Plečnik 1928 entworfene Obelisk aus Granit an der Südseite der Alten Propstei erinnert an die Opfer des Ersten Weltkrieges. Die Reiterstatue des hl. Georg (1373) schufen Meister Georg und Martin aus Klausenburg in Siebenbürgen.

**** Königspalast**

Im Königspalast (Královský palác; ► 3D S. 50), der den Burghof im Osten einfasst, residierten bis zum 16. Jh. die böhmischen Herrscher. Der erste, romanische Palast an dieser Stelle wurde später vielfach umgestaltet und erweitert. Die Besichtigung beginnt in einem Vorsaal, durch den man in die Grüne Stube gelangt. Sie diente Kaiser Karl IV. als Gerichtssaal und war seit dem 16. Jh. Sitz des Kammer- und Hofgerichtes. Die Decke schmückt eine Kopie des barocken Deckenfreskos »Salomonisches Urteil«. An die Grüne Stube schließt sich die Wladislawschlafstube mit gotischer Gewölbeausmalung an.

****** ◄ Wladislawsaal

Der Wladislawsaal ist eines der Prunkstücke des Hradschin. Zehn Jahre, von 1493 bis 1503, arbeitete Benedikt Ried aus Piesting an dem herrlichen Netzgewölbe des weiträumigen Saals, zu dem auch eine Reitertreppe führt. Hier wurden die böhmischen Könige gewählt, Landtagssitzungen abgehalten und Reiterturniere ausgetragen. Seit 1934 wird in diesem Saal der Präsident der Republik gewählt.

Königspalast Orientierung

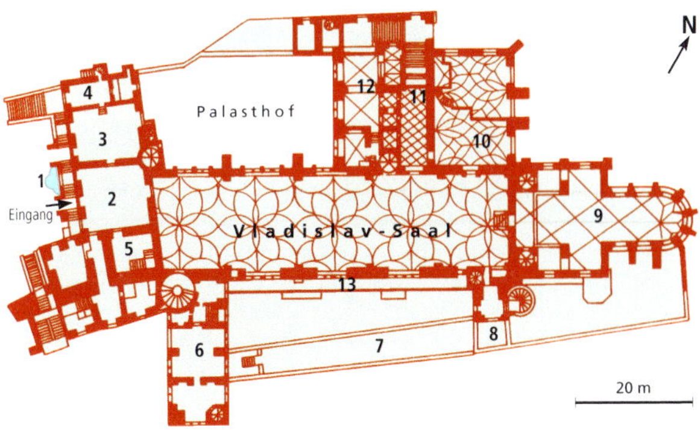

1 Adlerbrunnen
2 Vorsaal (Kleiner Saal)
3 Grüne Stube
4 Vladislav-Schlafstube
5 Romanischer Turm
6 Böhmische Kanzlei
7 Theresianischer Flügel
8 Aussichtsterrasse
9 Allerheiligenkapelle
10 Landtagssaal
11 Reitertreppe
12 Neues Appellationsgericht
13 Aussichtsgang

An der Südseite des Wladislawsaals liegt der Eingang in die Räume der ehemaligen Böhmischen Kanzlei, **Ort des Zweiten Prager Fenstersturzes**. Der größere, gewölbte Raum der Böhmischen Kanzlei war früher Amtssitz der böhmischen Statthalter. An die nördliche Längsseite des Wladislawsaals schließt sich der Landtagssaal an, den ebenfalls Benedikt Ried erbaut hatte (um 1500). Bis 1847 wurden hier die Sitzungen des Obersten Landgerichts und die der Ständetage abgehalten. Die Einrichtung mit der Tribüne des Landesschreibers und den Porträts habsburgischer Herrscher an den Wänden entspricht dem Zustand aus dem 17. Jahrhundert. Zwischen den Fenstern steht der neugotische Königsthron (19. Jh.). Rechts vom Thron saßen die geistlichen Würdenträger und obersten Landesbeamten, gegenüber dem Thron nahmen Adel und Ritterstand Platz. Die Balustrade rechts beim Fenster war den Vertretern der königlichen Städte vorbehalten. An der östlichen Stirnseite des Wladislawsaales führen eine Treppe und ein Renaissanceportal in die von Peter Parler 1387 errichtete Allerheiligenkapelle, die 1579/1580 mit dem Wladislawsaal verbunden wurde.

✶✶ **Veitsdom**

Der größte und eindrucksvollste Kirchenbau Prags (Chrám svatého Víta) steht an der Stelle einer dem hl. Veit geweihten Rundkapelle aus dem Jahr 925. Herzog Spytihněv II. stiftete 135 Jahre später eine romanische Basilika, 1344 begann Kaiser Karl IV. mit dem Bau der gotischen, an französischen Vorbildern orientierten Kathedrale. Der erste Baumeister, Matthias von Arras, konnte nur den unteren Teil des Chors fertig stellen. Sein Nachfolger Peter Parler führte den Bau **im Stil der deutschen Gotik** fort, und unter seinen Söhnen Wenzel und Johann, die 1399 bis 1420 die Bauarbeiten leiteten, wurde der Chor und Teile des Langhauses fertig gestellt und der 96 m hohe Hauptturm begonnen. Dieser erhielt 1562 eine Renaissancehaube, die man im 18. Jh. barock veränderte. Erst 1929, mit dem Hauptportal an der neugotischen Westseite, war der Veitsdom vollendet.

✶ Goldene Pforte ►

Das dem Königspalast und der Stadt zugewandte, 1366/1367 von Peter Parler prächtig ausgestaltete Südportal, die Goldene Pforte (Zlatá brána), war früher der Haupteingang in die Kathedrale. Im oberen Teil dieses Portales ist das Jüngste Gericht als Mosaikbild dargestellt (1370), darunter, in den Bogenzwickeln, knien Kaiser Karl IV. und seine vierte Gemahlin Elisabeth von Pommern.

✶✶ Triforium ►

Durch das Westportal betritt man das Innere der dreischiffigen Pfeilerbasilika. Den Wandaufbau des Langhauses entwickelte Peter Parler im Chor, wo er zwischen den spitzen Arkaden und den hohen Fenstern einen Laufgang, das Triforium, einfügte und damit ein Gegengewicht schuf zu der vertikalen Ausrichtung des Innenraums. Dass Parler als Baumeister und Künstler seiner Zeit weit voraus war, belegen vor allem die am Triforium angebrachten **Porträtbüsten** – eine Galerie von Herrschern und ihren Familien bis zu den Dombaumeistern, der bereits das neuzeitliche, am Individuum interessierte Menschenbild zugrunde lag.

Veitsdom Orientierung

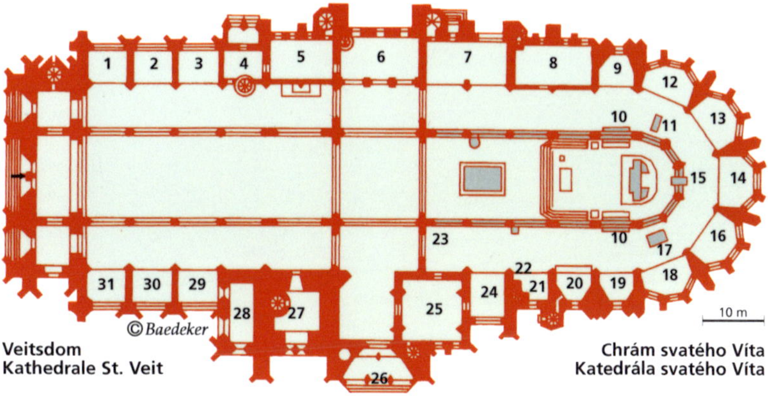

1 Bartoň-Dobenín-Kapelle
2 Schwarzenberg-Kapelle
3 Neue Erzbischöfliche Kapelle (Hora-Kapelle)
4 Alte Schatzkammer (Domschatz jetzt in der Heiligkreuzkapelle im Zweiten Burghof)
5 Neue Sakristei
6 Wohlmut-Chor (Orgelempore)
7 St.-Sigismund-Kapelle (Czernin-Kapelle)
8 Alte Sakristei (ehem. St.-Michael-Kapelle)
9 St.-Anna-Kapelle (Nostitz-Kapelle)
10 Holzreliefs (historische Motive)
11 Bronzefigur des Kardinals Friedrich v. Schwarzenberg
12 Alte Erzbischöfliche Kapelle (Pernstein-Kapelle)
13 Kapelle Johannes' des Täufers
14 Marienkapelle (Kaiserkapelle/ Kapelle der Hl. Dreifaltigkeit)
15 Grab des hl. Veit
16 Reliquienkapelle (Sternberg-Kapelle Sächische Kapelle)
17 Grabmal des hl. Johannes von Nepomuk
18 Kapelle des hl. Johannes von Nepomuk (St.-Adalbert-Kapelle)
19 Waldstein-Kapelle (Maria-Magdalena-Kapelle)
20 Königliches Oratorium (Vladislav-Oratorium)
21 Kreuzkapelle (Kapelle des Hl. Kreuzes)
22 Zugang zur Königsgruft
23 Grabmal des Grafen Leopold Schlick
24 Martinitz-Kapelle (St.-Andreas-Kapelle)
25 Kapelle des hl. Wenzel (darüber:Kronkammer)
26 Goldene Pforte
27 Hasenburg-Kapelle
28 Kapitelbibliothek
29 Thun-Kapelle
30 Kapelle des Hl. Grabes
31 St.-Ludmilla-Kapelle (Taufkapelle)

◄ Königsmausoleum, Königsgruft

Ein schönes Beispiel für die späte Renaissancekunst ist das marmorne Königsmausoleum vor dem Hochaltar, das 1564 Kaiser Rudolph II. in Auftrag gab. Die Figuren auf der Deckplatte stellen Anna Jagiello, Ferdinand I. (Mitte) und Maximilian II. dar. Der Eingang zur Königsgruft befindet sich neben der Kreuzkapelle in der ersten südlichen Chorkapelle. In der Gruft sind u. a. Kaiser Karl IV., seine vier Frauen und seine Kinder, Kaiser Rudolf II. sowie Erzherzogin Maria Amalia von Parma, eine Tochter von Maria Theresia, beigesetzt.

✶ ✶ ◄ Wenzelskapelle

Eine kaum zu überbietende Pracht entfaltet die an das südliche Querhaus angebaute Wenzelskapelle mit dem **Reliquienschrein** des 929 ermordeten Herzogs Wenzel, eines Schutzpatrons von Böhmen. Kaiser Karl IV. ließ diese Kapelle von 1358 bis 1367 durch Peter Parler errichten, an der Stelle der romanischen St.-Veits-Rotunde. Ein

Mosaik aus Goldplättchen und mehr als 1300 böhmischen Halbedelsteinen überzieht den unteren Teil der Wände. Von dem Prager Hofmaler Oswald stammt der Passionszyklus (1373) in der unteren Reihe, die darüberliegenden Wandgemälde mit der Wenzelslegende malte der Meister des Leitmeritzer Altars Anfang des 16. Jh.s. Hervorragende Leistungen gotischer Plastik sind die Konsolfiguren an den Portalen, die Grabtumba sowie die 1373 von Heinrich Parler geschaffene Kalkstein-Skulptur des hl. Wenzel.
Von der Wenzelskapelle führt eine Treppe hinauf in die **Kronkammer** über dem Südportal, in welcher die böhmischen Krönungsinsignien aufbewahrt werden (nicht zugänglich).

✶ Chorkapellen ►

Der Chor des Veitsdoms ist mit seinen hohen, farbig verglasten Fenstern und dem filigranen Netzgewölbe ein architektonisches Juwel, doch auch die Grabmäler in den Chorkapellen repräsentieren die jeweilige Kunstepoche auf einem hohen Niveau, so z. B. das barocke Marmorgrab des Grafen Schlick in der ersten Kapelle (Hl.-Kreuz-Kapelle) aus dem Jahr 1723 oder das spätgotische Wladislawsche Oratorium direkt daneben.

Basilika St. Georg (Bazilika svatého Jií)

An der Ostseite des Georgsplatzes erhebt sich die 925 geweihte Georgsbasilika, das älteste Gotteshaus auf der Prager Burg. Die romanische Kirche erhielt 1670 eine Barockfassade mit Dreiecksgiebel und stark hervorgehobenen Pilastern. Das Südportal im Frührenaissancestil stammt aus der Werkstatt von Benedikt Ries. An die Südmauer der Basilika wurde 1722 die barocke Johannes-von-Nepomuk-Kapelle angebaut. Das Innere der Georgsbasilika präsentiert sich nach umfangreichen Restaurierungen wieder als **romanische Pfeilerbasilika**. Das Mittelschiff besitzt noch die ursprünglichen Arkaden aus dem 10./11. Jh. und im erhöhten Chor sind Reste romanischer Deckenmalereien (13. Jh.) vorhanden. Die Spätrenaissancefresken in der Apsis stellen die Krönung der Jungfrau Maria dar. Vom Chor ist die Ludmilla-Kapelle einsehbar. In dieser Kapelle werden seit dem 14. Jh. die Reliquien der 921 ermordeten und später heilig gesprochenen Ludmilla aufbewahrt. Sie war die Großmutter des böhmischen Landespatrons Wenzel.

✶ **The Princely collections**

Neben dem Schwarzen Turm in der Georgsgasse (Jiřská) hat das neue Lobkowitzer Familienmuseum The Princely collections seinen Sitz, die beste Kunstausstellung in Prag. Hier wird u. a. präsentiert: Das blau-weiße Delfter Tafelservice ist mit 150 Teilen das größte vollständig erhaltene weltweit. Das Gemälde Heuernte von Pieter Brueghel dem Älteren gehört zu den wichtigen Werken der europäischen Landschaftsmalerei. Auch Gemälde von Lucas Cranach dem Älteren sind zu sehen. Ein weiterer Schatz sind Originalpartituren von Mozart und Beethoven.

✶ **Kloster**

An die St.-Georgs-Basilika schließt sich das 973 gegründete Benediktinerinnenkloster an. Der ottonische, barock umgestaltete Klosterbau beherbergte die Abteilung Alter Böhmischer Kunst der Prager Nationalgalerie (Sbírka starého českého umění Národní galerie). Die gotischen Werke aus dieser Sammlung werden in den Räumlichkeiten des Agnesklosters präsentiert.

✶ Goldenes Gässchen

Auch wenn die winzigen, bunt gestrichenen Häuschen des Goldenen Gässchens (Zlatá ulička) nicht nach einer touristischen Besonderheit aussehen – kaum ein Prag-Tourist lässt es sich nehmen, diese Attraktion zu besuchen. Kaiser Rudolf II. hatte diese bescheidenen Häuser direkt an der Mauer seinen Burgschützen zugeteilt. Da diese angeblich versucht hatten, Gold herzustellen, erhielt die Gasse den Namen Goldmachergässchen oder Alchimistengässchen – tatsächlich befanden sich aber die Laboratorien der Alchimisten im Mihulka-Turm (Alchimistenstube). Später bewohnten Handwerker und arme Leute die Häuserzeile, die heute fast ausschließlich mit Souvenir- und Kunsthandwerksläden belegt ist. Im Haus Nr. 22 lebte und arbeitete einige Monate Franz Kafka (►Berühmte Persönlichkeiten).

Wallgarten

Von der Bastei am Schwarzen Turm oder vom Dritten Burghof erreicht man den an der Südseite der Burg liegenden Wallgarten (Zahrada na valech) mit den beiden an den Zweiten Prager Fenstersturz erinnernden Obelisken, und den westlich anschließenden, oberhalb der Neuen Schlossstiege gelegenen Paradiesgarten (Rajská zahrada) mit dem kleinen Matthiaspavillon (1617).

Selten kann man das Goldene Gässchen so besinnlich erleben, schließlich gehört es zu den beliebtesten Sehenswürdigkeiten auf dem Hradschin.

Loretoheiligtum und Kloster Strahov

Palais Czernin Vom Hradschiner Platz (s. o.) führt die von schönen alten Häusern eingefasste Loretogasse (Loretánská ulice) zum gleichnamigen Platz (Loretánské náměstí). An der Westseite wird er von dem mächtigen Palais Czernin (Černínský palác) begrenzt, den sich 1692 Wallensteins Heereslieferant Johann Humprecht Graf Czernin von Chudenice erbaut hatte.

★★ Loretoheiligtum Die Hauptsehenswürdigkeit steht dem Czernin-Palast gegenüber an der Ostseite des Platzes – die Marienwallfahrtsstätte Loreto (Loreta). Der Loreto-Kult hat in Europa Tradition: Einer Legende zufolge sollen im 13. Jh. Engel das Haus der Heiligen Familie von Nazareth nach Loreto in Italien gebracht und dort in einem Lorbeerhain (lat. lauretum) aufgestellt haben. Die so entstandene Pilgerstätte wurde während der Gegenreformation in Böhmen vielfach kopiert, um den Katholizismus wieder populär zu machen.

> **!** ***Baedeker*** **TIPP**
>
> **Neue Welt**
>
> Nördlich vom Loretoheiligtum führt ein Weg zur »Neuen Welt« (Nový svět), einem Hradschiner Winkel mit ungeschminktem Charme, der zunehmend von Künstlern und Studenten bewohnt wird. Das Haus »Zum goldenen Horn« gehörte um 1600 dem Astronomen Johannes Kepler.

Casa Santa Die 1631 geweihte, dem italienischen Vorbild nachempfundene Casa Santa kann man vom Loretoplatz aus nicht sehen, da sie von den barocken Wandelgängen umgeben ist, die in der zweiten Hälfte des 17. Jh.s für die Pilger gebaut wurden. Christoph und Kilian Ignaz Dientzenhofer schufen nach 1721 die barocke Eingangsfassade der kreuzgangartigen Wandelhallen und die Christi-Geburt-Kirche in der Achse des Eingangs.

Schatzkammer ► Einen Besuch verdient die im oberen Stockwerk des Wandelgangs untergebrachte Schatzkammer, wo der Besucher neben Messgewändern und kostbarem liturgischen Gerät auch eine strahlenförmige, mit 6222 (!) Diamanten verzierte Monstranz, die 1699 in Wien angefertigt worden war, bestaunen kann (Öffnungszeiten: Di. – So. 9.00 bis 12.15, 13.00 – 16.30 Uhr).

★ Kloster Strahov Wenige Schritte südlich der Casa Santa liegt das im Jahr 1148 gegründete Kloster Strahov (Strahovský klášter), ein ehemaliges Prämonstratenserstift, das wegen seiner **einzigartigen Bibliothek** einen Besuch verdient. Im Klosterhof gleich links steht die Kirche St. Rochus (kostel svatého Rocha), um 1600 in einer Mischung aus Spätgotik und Renaissance erbaut, und gerade voraus die Abteikirche Mariä Himmelfahrt (kostel Panny Marie) aus dem 17. Jh. mit einer reichen barocken Ausstattung. Die an das Gotteshaus angrenzenden Klosterbauten mit Bibliothekstrakt und Kreuzgang sind zum Teil wesentlich älter.

★ ★ ◂ Bibliothek

Etwa 900 000 Bände, darunter ca. 2500 Wiegendrucke, 5000 Handschriften und zahlreiche alte Landkarten machen die Strahov-Bibliothek zu einer Sammlung von unschätzbarem Wert. Die für Besucher einsehbaren großen Bibliotheksräume befinden sich im ersten Oberschoss des Klosters. 1679 errichtete Giovanni Domenico Orsi den Theologischen Bibliothekssaal, in dem die mit üppigem Stuckornament verkleideten Decke auffällt.

Im Verbindungsgang zwischen diesem und dem Philosophischen Bibliothekssaal wird **die älteste Handschrift von Strahov** ausgestellt, das im 9./10. Jh. in den Klöstern von Tours und Trier entstandene »Strahover Evangeliar«.

Der Philosophische Bibliothekssaal ist 1782 – 1784 nach Plänen von Ignaz Palliardi entstanden. Das gewaltige Deckenbild lässt anhand ausgewählter Szenen und Persönlichkeiten – z. B. Diogenes in der Tonne – die europäische Geistesgeschichte Revue passieren. Im Zentrum der illusionistisch angelegten Komposition thront die von Tugenden umgebene göttliche Weisheit. Das 1794 entstandene Gemälde war das Spätwerk des berühmten Freskanten Franz Anton Maulbertsch, der das Werk in nur sechs Monaten vollendete. Die Größe des Bibliothekssaales wurde durch die herrlichen, bis zur Decke reichenden Nussholzschränke vorgegeben, die aus dem Kloster Bruck (Louka) in Südmähren stammen (Öffnungszeiten: Di., Mi. 11.00 – 16.00, Do., Fr. 13.00 – 16.00 Uhr).

Im Philosophischen Bibliothekssaal des Klosters Strahov stehen Bücher, Handschriften und Landkarten aus mehreren Jahrhunderten.

★ Petín

Links vom Klostereingang führt ein idyllischer Panoramaweg auf den Laurenziberg. Sein tschechischer Name »Petřín« entstand aus dem lateinischen Wort für Felsen, »petra«. Den besten Ausblick auf die Stadt genießt man von der sechzig Meter hohen Petřín-Warte (Petřínská rozhledna), dem »kleinen Bruder« des Pariser Eiffelturms, nach dessen Vorbild er 1891 gebaut worden war.
Außerdem gibt es auf dem Petřin einen Pavillon mit dem Panorama »Kampf der Prager Studenten mit den Schweden auf der Karlsbrücke im Jahr 1648« (1898) und einem Spiegellabyrinth. Von der Kleinseite kommt man auch mit der **Drahtseilbahn** auf den 318 m hohen Aussichtsberg. Die Talstation befindet sich bei der Straßenbahnstation »Újezd«.

> **! *Baedeker* TIPP**
>
> **Höllisch gut**
>
> Peklo, tschechisch »Hölle«, heißt ein Weinkeller, in den Katakomben des Strahovklosters gelegen. Der Gewölbekeller stammt immerhin aus dem Jahr 1140. Er lädt mittags und abends zu Gegrilltem und Fisch ein (Strahovské nádvoří 1/132, tgl. 12.00 – 23.00 Uhr, Tel. 220 516 652).

★★ Altstädter Ring (Staroměstské náměstí)

Zentrum der Altstadt

Das Herz der Prager Altstadt ist der Altstädter Ring (Staroměstské náměstí), in dessen Mitte 1915 das Denkmal für den böhmischen Reformator Jan Hus aufgestellt wurde. Umgeben ist der Tag und Nacht belebte Platz von stolzen Gebäuden aus Gotik und Renaissance, barocken Palais, dem Rathaus sowie zwei großen Gotteshäusern, der spätgotischen Teyn- und der barocken Niklaskirche.

★★ Rathaus

Mehrere gotische Bürgerhäuser bilden das turmüberragte Altstädter Rathaus (Staroměstská radnice) an der Südwestseite des Altstädter Rings. Unter der 1381 vollendeten Erkerkapelle an der Nordostseite wurde in die Mauer eine Kassette eingelassen. Sie enthält Erde vom Dukla-Pass (Ostslowakei), wo im Herbst 1944 die sowjetische Armee zusammen mit tschechoslowakischen Verbänden unter großen Verlusten wochenlang gegen den erbitterten Widerstand der Wehrmacht ankämpften.

Die astronomische Uhr am Rathaus

Die große **astronomische Uhr** (orloj) hat 1490 der Prager Uhrmachermeister Hanuš geschaffen. Zu jeder vollen Stunde lässt sich hier ein Figurenspiel beobachten, bei dem die zwölf Apostel an zwei schmalen Fenstern vorbeiziehen und auf die Menschen unter ihnen hinabblicken. Es heißt, dass die Ratsherren Hanuš blenden ließen, damit er für keine andere Stadt im Land ein derartiges Kunstwerk bauen könne. Links der Uhr befindet sich der Eingang des Rathauses. Vom 3. Stockwerk kann man den 69 m hohen Turm besteigen und den Altstädter Ring von oben betrachten – sehr zu empfehlen! (Öffnungszeiten: April – Okt. Mo. 11.00 – 18.00, Di. – So. 9.00 – 18.00 Uhr)

Haus »Zur Minute«

Zu den schönsten alten Gebäuden am Platz gehört das Haus »Zur Minute« (U minuty), ein Renaissancebau um 1600 neben dem Altstädter Rathaus mit Arkaden, einem Durchgang zum Kleinen Ring und herrlicher Sgraffito-Fassade.

St. Niklas in der Altstadt

Die große, zweitürmige Barockkirche an der Nordwestecke des Altstädter Rings gehörte einst zu einem Bendiktinerkloster. Die Pläne für das 1737 fertig gestellte Bauwerk lieferte Kilian Ignaz Dientzenhofer; die Skulpturen an der Fassade stammen aus der Werkstatt des berühmten Bildhauers Matthias Bernhard Braun. Ein Blick ins Innere lohnt sich auch wegen der Deckenfresken von Peter Assam.
Links neben der Niklaskirche steht an der Straße U radnice (Nr. 5) das Geburtshaus des Schriftstellers Franz Kafka (Ausstellung).

◄ Geburtshaus von Franz Kafka

Palais Goltz-Kinský

Die Nordostseite des Altstädter Ringes beherrscht das 1755 – 1765 nach Plänen Kilian Ignaz Dientzenhofers für den Grafen Johann Arnold von Goltz errichtete große Palais Kinský mit seiner herrlichen Rokokofassade. Das vornehme Stadthaus ist heute **Sitz der Grafiksammlung der Nationalgalerie**. Im Erdgeschoss befand sich einst die Kurzwarenhandlung von Hermann Kafka, dem Vater des Schriftstellers Franz Kafka. Bis zum Ersten Weltkrieg wurde das Palais als Gymnasium genutzt, das auch Franz Kafka besuchte (Öffnungszeiten: April – Okt. Di. – So. 10.00 – 18.00, sonst bis 17.00 Uhr).

»Zur steinernen Glocke«

Das alte Turmhaus »U kamenného zvonu« unmittelbar neben dem Palais Kinský war seit 1899 hinter einer neobarocken Fassade verschwunden. Erst in den 1980er-Jahren erhielt das Gebäude sein ursprüngliches gotisches Erscheinungsbild zurück. Heute veranstaltet hier die Galerie der Stadt Prag wechselnde Ausstellungen, Konzerte und Vorträge (Öffnungszeiten: Di. – So. 10.00 – 18.00 Uhr).

★ Teynschule, Teynkirche

Das Gebäude gegenüber dem alten Turmhaus in der Teyngasse ist die ehemalige Teynschule (Týnská škola; 16. Jh.) mit schönen Renaissancegiebeln und gotischen Lauben. Dahinter ragen die Türme der ab 1365 erbauten Teynkirche (Týnský chrám) in den Himmel. Das Gotteshaus war die **Hauptkirche der Prager Hussiten**. Der Chor wurde 1380 vollendet, die Fassade mit hohem Giebel und seitlichen Türmen ab 1460 unter König Georg von Podiebrad ausgeführt. Das Giebelfeld des Nordportals stammt aus der Bauhütte von Peter Parler; das Original wird im Georgskloster auf dem Hradschin verwahrt. Der hohe gotische Chor, das frühbarocke Gewölbe im Mittelschiff und die großen Barockaltäre verleihen dem Kirchenraum seinen besonderen Charakter.

✶ **Teynhof** Hinter der Teynkirche liegt der alte Teynhof (Týn), früher der Stapelplatz für die ausländischen Kaufleute, die hier für ihre Waren Zoll zahlten. Gleich links steht das restaurierte Granovský-Haus, ein Renaissancegebäude mit Loggien im ersten Stock (1560), in dem die durchreisenden Kaufleute wohnten.

St. Jakob Weiter östlich steht die 1232 als Kirche des einstigen Minoritenklosters gegründete, 1689 bis 1739 barock umgestaltete Kirche St. Jakob (kostel svatého Jakuba) mit bedeutenden Fassadenreliefs von Ottavio Mosto und einem eindrucksvollen Inneren. Neben dem Gemälde des Hauptaltars von Wenzel Lorenz Reiner (»Martyrium des hl. Jakob«, 1739) beachte man im linken Seitenschiff das von Fischer von Erlach entworfene Marmorgrabmal für den 1712 verstorbenen Grafen Jan Václav Vratislav von Mitrovice.

Rundgang durch die Altstadt

Eisengasse An der Südseite des Altstädter Rings, am Haus »Zum Goldenen Einhorn« mündet die Eisengasse (Železná ulice) in den Platz. Der filigrane gotische Erker an dem barocken Haus Nr. 9 gehörte zum Karolinum, der von Kaiser Karl IV. gegründeten, ersten Universität Mitteleuropas. Seit 1383 residierte das »Collegium Carolinum« in diesem Gebäude. Das Gebäude daneben ist das 1783 von Anton Haffenecker in klassizistischem Stil errichtete Ständetheater (Stavovské divadlo), in dem 1787 die **Uraufführung von Mozarts Oper »Don Giovanni«** umjubelt wurde.

✶ **Zeltnergasse** Biegt man am Ständetheater in die Gasse links, steht man nach etwa 150 m vor dem **Haus »Zur schwarzen Muttergottes«**. Die Madonnenfigur an der Fassade gab dem Gebäude den Namen, das als eines der wichtigsten Werke des tschechischen Kubismus in Prag gilt. Im 4. Obergeschoss des Hauses lädt das kleine, aber sehr originelle Museum zu einer näheren Beschäftigung mit dem **Kubismus in Böhmen** ein (Öffnungszeiten: Di. – So. 10.00 – 17.00 Uhr; ► Baedeker Special S. 348). Die Nordseite des Hauses stößt an die Zeltnergasse (Celetná ulice), die zwischen Altstädter Ring und Pulverturm verläuft. Mit ihren stuck- und farbfreudigen Barockfassaden ist sie einer der schönsten Straßenzüge in der Altstadt.

✶ **Pulverturm** Die Zeltnergasse endet östlich am spätgotischen Pulverturm (Prašná brána), einem seit 1475 nach dem Vorbild des Altstädter Brückenturms erbauten, 1883 wiederhergestellten Torturm, der zur Stadtbefestigung gehörte. Steigt man die Wendeltreppe mit ihren 186 Stufen empor, bietet sich die schönste Aussicht auf Prag (Öffnungszeiten: Mitte März – Okt. tgl. 10.00 – 18.00 Uhr).

Das Repräsentationshaus ist ein typisches Gebäude aus der Zeit der vorletzten Jahrhundertwende, als der Jugendstil sich bereits etabliert, aber die Formen des Neobarock noch nicht vollständig abgelöst hatte.

★ **Repräsentationshaus**

Durch eine überdachte Brücke mit dem Pulverturm verbunden ist das Repräsentationshaus (Obecní dům), **der berühmteste Jugendstilbau in Prag**. An der äußeren und inneren Gestaltung des leuchtend weißen Gebäudes, das 1911 von Antonín Balšánek und Osvald Polívka erbaut wurde, war eine ganze Künstlergeneration beteiligt.

★ **Am Graben**

Dem einstigen Stadtgraben, der an ihrer Stelle verlief, verdankt die belebte Einkaufsmeile ihren Namen Am Graben (Na příkopě). Sie führt vom Repräsentationshaus südwestlich zum Wenzelsplatz und von dort weiter – nun unter dem Namen Nationalstraße (Národní třída) – zur Moldau und ist das **Prager Geschäftszentrum** mit Banken, Passagen, Hotels, Restaurants und Geschäften. Am Anfang der Straße sieht man das um 1700 erbaute Palais Příchovský (Nr. 22), und an der Ecke Panská ulice die 1816 in klassizistischem Stil für die Piaristen erbaute Heiligkreuzkirche (kostel svatého Kříže). Ein herrliches Beispiel für den bereits wieder strengeren Spätbarock ist das für den Grafen Oktavian Piccolomini errichtete und im Jahr 1749 nach Plänen von Kilian Ignaz Dientzenhofer umgebaute Palais Sylva-Taroucca (Nr. 10).

◄ weiter S. 350

SCHRÄGE WELT

Kubismus kennen die meisten nur als einen Stil der modernen Malerei – man denkt an Picasso oder Braque. Doch in Böhmen, speziell in Prag, lassen sich noch andere Spielarten der eckigen Kunst entdecken – Häuser, Möbel und Gebrauchsgegenstände, die mit ihren spitzwinkligen Formen »anecken«.

Die Zeltnergasse mit ihren sorgfältig restaurierten Barock- und Rokokopalais gehört zu den schönsten Gassen in der Altstadt von Prag. Eines der wenigen Gebäude, das in der Celetná stilistisch aus dem Rahmen fällt, ist das Eckhaus an der Einmündung des Obstmarktes, nach der Marienfigur an seiner Fassade »Haus Zur schwarzen Muttergottes« genannt. Das Gebäude entwarf Josef Goár 1911/1912 als ein Kaufhaus. Mit seiner Stahlskelett-Konstruktion repräsentiert es die **modernste Architektur** in Prag zu Beginn des 20. Jahrhunderts.

Doch bei genauerer Betrachtung wird man verschiedene Details entdecken, die in keine Schublade der Baustilkunde zu passen scheinen, so zum Beispiel die vorgewölbten Fenster, die schrägen Dachgauben oder das Eingangsportal, das von einem Paar spitz zulaufender Säulen mit sechseckigen Kapitellen gerahmt wird. Ungewöhnlich ist auch das runde Treppenhaus wegen seines Geländers mit spiralförmig verdrehten Formen. Die kuriosen Details sind Ausdruck eines Stils, den man sonst nur aus der Malerei kennt – des Kubismus. Doch in Prag – und nur hier – gab es auch kubistische Architektur und Design.

Neue Bildsprache

Entstanden war der Stil 1906/1907 in Paris, wo Braque und Picasso den Bruch mit den Konventionen der traditionellen Malerei herbeiführten. Zu den wichtigsten Neuerungen des Kubismus gehörte die **Abkehr von der Zentralperspektive** zugunsten einer Darstellung, die unterschiedliche Ansichten eines Gegenstandes im Bild versammelte. Da sich nach der Auffassung der Kubisten jeder Gegenstand auf kubische Grundformen zurückführen ließ, lösten sie ihn in geometrisch-plastische Einzelformen auf, die ohne einen räumlichen Zusammenhang in der Bildfläche verankert wurden. Die Kubisten wollten nicht mehr abbilden, sondern eine neue Sicht auf die Dinge ermöglichen.

Kubismus in Prag

In Prag wurde die neue Kunst aus Frankreich heftig diskutiert. Man kannte die Gemälde eines Picasso

Kubismus für den Hausgebrauch: Steingutdosen von Pavel Janák

oder Braque entweder durch Reisen nach Paris oder durch die Sammlung des Kunsthistorikers Vincenc Kramar, der seit 1910 die Werke der französischen Avantgarde ankaufte. Von den Prager Künstlern begeisterte sich vor allem die jüngere Generation für den Kubismus, darunter der Bildhauer Otto Gutfreund, die Architekten Josef Gočár, Josef Chochol und Pavel Janák, sowie die Maler Emil Filla, Bohumil Kubišta und Václav Špála. Zwischen 1910 und 1925 bauten sie in Prag mehr als **30 kubistische Häuser**, von denen heute noch 27 erhalten sind. Im Stadtteil Vysehrad entstanden nach Entwürfen von Chochol Wohnhäuser und Villen mit kubistischen Fassaden (unter anderem Neklanova ulice 30 und Libušina ulice 49).

Spitze Winkel

Den Höhepunkt seines Schaffens markiert das im Jahr 1914 fertiggestellte Mietshaus in der Neklanova-Str 98. Wie die Gegenstände in einem kubistischen Gemälde verweigert dieses Gebäude die eindimensionale Ansicht. Es gibt **keine Schauseite**, auf die man frontal zutreten kann, denn die formale Mitte bildet die Gebäudeecke, an der die beiden Straßenseiten des Eckhauses wie bei einem Schiffsbug im spitzen Winkel aufeinander prallen. Wo immer das Auge die Ordnung des rechten Winkels und die Ruhe der glatten Wandfläche sucht, rutscht es ab an Schrägen und Diagonalen, stößt auf facettenartig zusammengesetzte Dreiecke und Romben, die durch Licht und Schatten belebt werden. Ebenso wie die Architekten des Jugendstils entwarfen die Prager Kubisten ganze Inneneinrichtungen – vom Türgriff über Treppengeländer und Lampen bis zu Sitzmöbeln, Schränken, Schreibtischen und Teppichen. Auch vor Blumenvasen, Zuckerdosen und Kleiderhaken machte ihr Gestaltungswille nicht Halt.

Möbel mit Schieflage

Wer sich gerne selbst ein Bild davon machen möchte, wie der Kubismus die Gegenstände des alltäglichen Gebrauchs formte, sollte dem **Museum** im vierten Obergeschoss im Haus »Zur schwarzen Muttergottes« einen Besuch abstatten. Neben Entwurfszeichnungen und Gemälden ist dort so manches futuristisch anmutende Möbelstück zu bestaunen. Die schräge Fläche bestimmt auch hier das Bild. Ein Paradestück, das in den 1980er-Jahren von den postmodernen Möbeldesignern wiederentdeckt wurde, ist das expressive Sofa von Gočár mit seinem gezackten Rahmen aus schwarz gebeizter Eiche. Von Janák zeigt die Ausstellung eigenwillige Holzstühle mit dreieckigen Lehnen und eingeknickten Stuhlbeinen.

★ **Mucha-Museum**

Der Kaunitzý-Palast in der Panská ulice 7, einer Querstraße zur Na příkopě beherberg das Mucha-Museum. Die kleine Dauerausstellung ist dem Werk des tschechischen Jugendstilkünstlers Alfons Mucha gewidmet (Öffnungszeiten: tgl. 10.00 – 18.00 Uhr).

★ **Wenzelsplatz**

Wenige Schritte nach der Panská ulice öffnet sich links der Wenzelsplatz (Václavské náměstí). Mehrmals in der Geschichte des Landes diente er als **Ort für politische Demonstrationen und Manifestationen**. Mit zahlreichen großen Geschäftshäusern, Restaurants, Cafés, Kinos, Passagen und Unterführungen ist der Wenzelsplatz – neben Na příkopě – vor allem aber das geschäftige Zentrum der Stadt. Zu den berühmtesten Häusern am Platz gehört auch das Jugendstilhotel »Europa« mit seinem nostalgischen, ganz im Stil seiner Zeit eingerichteten Café im Erdgeschoss. Der Namensgeber des Platzes ist vor dem Nationalmuseum in Form eines bronzenen Reiterstandbildes präsent.

★ **Nationalstraße**

Hinter dem Wenzelsplatz heißt die von hohen, Wohn- und Geschäftshäusern gesäumte Einkaufsstraße nicht mehr Na příkopě, sondern Národní třída, Nationalstraße. In einem Häuserblock südlich der Nationalstraße blieb der Chor der 1348 bis 1397 erbauten, 1611 nach Einsturz wiederhergestellten gotischen Kirche Maria Schnee (kostel Panny Marie Sněžné). Aus dem Vorhaben, mit dem Gotteshaus den Veitsdom an Größe zu übertreffen, wurde nichts, da nur der gewaltige, 33 m hohe Chor zur Vollendung kam. Im Inneren beachte man den barocken Hochaltar von 1625.

★ Jugendstil-Häuser ►

Zwei besonders schöne Beispiele für den Jugendstil in Prag stehen auf dem letzten Abschnitt der Nationalstraße direkt nebeneinander (Haus Nr. 9 und 7), das Haus der Versicherungsgesellschaft Praha und das Topíč-Haus, beide von Osvald Polívka zu Beginn des 20. Jh.s entworfen und hervorragend erhalten.

★★ **Nationaltheater**

Am westlichen Ende der Nationalstraße, am Smetana-Kai, zieht der monumentale Neorenaissancebau des Nationaltheaters (Národní divadlo) die Blicke auf sich. Der 1881 errichtete Bau brannte bereits nach der ersten Vorstellung aus und wurde bis 1883 erneuert. Zwischen 1976 und 1983 wurde das Nationaltheater außen und innen gründlich restauriert und um einen modernen Gebäudekomplex, die so genannte Neue Szene erweitert. In dem neuen Gebäudeteil ist u. a. die **»Laterna Magica«** beheimatet.

Vor dem Nationaltheater führt die Legionenbrücke (1901; Most legí) über die Schützeninsel (Střelecký ostrov) zur Prager Kleinseite.

Smetana-Kai und -Museum

Das Moldauufer zwischen Nationaltheater und Karlsbrücke heißt Smetana-Kai (Smetanovo nábřeží). Bei einem Spaziergang entlang des Kais genießt man eine prächtige Aussicht auf den Hradschin und die Karlsbrücke. Direkt an der Moldau und nur wenige Schritte von der Karlsbrücke entfernt, in einem Neorenaissancegebäude aus dem Jahr 1885, ist das Smetana-Museum zu Hause. Musikliebhaber finden hier alles über Tschechiens berühmten Komponisten (Öffnungszeiten: April – Sept. Di. – So. 10.00 – 17.00 Uhr).

Kreuzherrenplatz

Weitaus kleiner als der Altstädter Ring, aber mindestens ebenso belebt ist der Kreuzherrenplatz (Křižovnické náměstí). Zwei große Kirchenbauten aus der Zeit des Barock bestimmen den Eindruck des Platzes: die monumentale, von einer Tambourkuppel bekrönte Kreuzherrenkirche und das Gotteshaus der Jesuiten St. Salvator (kostel svatého Salvátora), die zu dem riesigen Gebäudekomplex des ehemaligen Jesuitenkollegs, dem Clementinum, gehört. Die Kreuzherrenkirche, 1678 bis 1687 erbaut, entstand unter dem Eindruck römischer und französischer Barockarchitektur: Während der zentrale Grundriss und die Kuppel eher nach Rom weisen, zitiert die Fassade mit ihrem durchbrochenen Dreiecksgiebel den französischen Klassizismus. Die dreischiffige Basilika der St.-Salvator-Kirche war die erste Jesuitenkirche in Böhmen. Das 1578 bis 1602 im Renaissancestil erbaute Gotteshaus erhielt Mitte des 17. Jh.s den barocken Stuck- und Figurenschmuck.

Der Kreuzherrenplatz mit den Kirchen St. Franziskus und St. Salvator

Klementinum

Der mehrere Häuserblocks umfassende Komplex zwischen Kreuzherrenplatz und Marienplatz wurde 1578 an der Stelle eines niedergerissenen Altstadtviertels begonnen und im Wesentlichen zwischen 1653 und 1778 unter den Jesuiten errichtet. Er umfasst mehrere Kirchen und Kapellen, die Staatsbibliothek, die Universitätsbibliothek, die Slawische Bibliothek und die Staatliche Technische Bibliothek sowie eine Sternwarte mit Instrumentensammlung. Sehenswerte Innenräume sind der so genannte Barocksaal (1727), die ehemalige Spiegelkapelle (1724) und der Mozartsaal. Die zum Klementinum gehörende Kirche St. Klemens (kostel svatého Klimenta, 1713) ist interessant wegen der acht Skulpturen – vier Kirchenväter und vier Evangelisten – von Matthias Bernhard Braun, die als Meilensteine der Prager Barockplastik gelten.

Bethlehemskapelle

Ein Abstecher in südliche Richtung durch die Liliová führt zum Bethlehemsplatz (Betlémské náměstí). In der 1391 erbauten Kapelle an der Nordseite dieses Platzes predigte zwischen 1402 und 1413 der große böhmische Reformator **Jan Hus**. Im Predigerhaus von Hus über der Kapelle sind Dokumente zu Leben und Werk des Reformators sowie über die Baugeschichte der Kapelle ausgestellt.

Palais Clam-Gallas

Vom Betlehemsplatz kehrt man zurück zum Marienplatz (Mariánské náměstí). Das prächtige Barockpalais an der Südostecke dieses Platzes ließ sich Johann Wenzel Graf Gallas 1707 von dem Architekten Johann Bernhard Fischer von Erlach erbauen. Steinerne Giganten, unter der Last des Torbogens gebeugt, hüten den Eingang des Gebäudes an der Hus-Straße (Husova třída). Die Portale und der Herkulesbrunnen im ersten Hof stammen von Matthias Bernhard Braun, die Fresken im Treppenhaus schuf Carlo Carlone. Heute wird das Palais vom Stadtarchiv und für Konzerte genutzt.

Kleiner Ring

Vom Marienplatz erreicht man durch die Gassen Linhartská und U radnice den Kleinen Ring (Malé náměstí), einen intimen Platz mit hübschem Brunnen und dem ehemaligen Wohnhaus von Christoph Dientzenhofer (Nr. 12; 1698) an der Südseite. Vom Kleinen Ring sind es nur wenige Schritte zurück zum Altstädter Ring.

✶✶ Josefstadt (Josefov)

Geschichtsträchtiges Viertel

Die Josefstadt (Josefov) nördlich des Altstädter Rings, die einstige Judenstadt, ist eine der ältesten und bedeutendsten jüdischen Gemeinden Europas und in Prag **eine der meistbesuchten Sehenswürdigkeiten**. Bereits im 10. Jh. lebten hier jüdische Kaufleute, seit dem 11. Jh. umschloss eine Mauer das Viertel, das später zum Ghetto wurde. In dem verhältnismäßig kleinen Viertel lebten und arbeiteten zeitweise über 7000 Menschen. Durch Pogrome wurde es wiederholt verwüstet und die Bevölkerung dezimiert. Erst Kaiser Josef II. hob das Ghetto 1849 auf und erklärte es zu einem gleichberechtigten Stadtviertel, das ihm zu Ehren Josefstadt benannt wurde.

Die meisten Gebäude in der Josefstadt wurden im Zug einer Sanierung des Viertels zwischen 1893 und 1912 abgerissen, original erhalten blieben das Rathaus, die Synagogen (ausgenommen die Altneusynagoge) und der interessante Friedhof. Sie sind heute Teil des **Jüdischen Museums** (Židovské muzeum).

Zu ihrer heutigen Größe von rund 200 000 Exponaten wuchs diese Sammlung 1939 an, als die nationalsozialisten Machthaber wertvolles Material verschiedenster Art aus böhmischen, mährischen und anderen europäischen jüdischen Gemeinden in Prag zusammengetragen

! *Baedeker* TIPP

Faszination Golem

Wer sich für die Geschichte des Golem interessiert, kann diese in vielen literarischen Werken von tschechischen und deutschen Schriftstellern nachlesen. U. a. in Gustav Meyrinks Roman »Der Golem« oder bei Egon Erwin Kischs Geschichte »Auf den Spuren des Golem« in seinem Werk »Pulverturm«.

ließen, um ein »Museum einer ausgestorbenen Rasse« einzurichten (Öffnungszeiten: April – Okt. 9.00 – 18.00, Nov. – März 9.00 – 16.30 Uhr, außer Sa. und an jüdischen Feiertagen).

Jüdisches Rathaus

Im Mittelpunkt der alten Judenstadt an der Maislgasse (Maislova ulice) steht das im 16. Jh. erbaute, 1765 von Josef Schlesinger im Barockstil erneuerte Jüdische Rathaus (Židovská radnice), heute Verwaltungssitz der Prager jüdischen Gemeinde und des Rates der jüdischen Gemeinden Tschechiens. Am nördlichen Giebel des Gebäudes befindet sich eine Uhr mit hebräischen Ziffern und nach links laufenden Zeigern. Die nicht zugängliche **Hohe Synagoge** neben dem jüdischen Rathaus, 1568 erbaut, heißt deshalb so, weil sie sich im ersten Obergeschoss eines Gebäudes befindet.

NICHT VERSÄUMEN

- Von der Alhambra in Granada inspirierte Mosaiken (Spanische Synagoge)
- 77 297 Opfernamen des Holocaust in die Wand geritzt (Pinkas-Synagoge)
- Grab von Rabbi Löw, dem Golemschöpfer (Alter Jüdischer Friedhof)
- Leuchtende Chronik mit Gebetszeiten für die Toten; 3. Juni: Franz Kafka (Altneusynagoge)

✶ Altneusynagoge

Die Altneusynagoge (Staronová synagóga) ist die älteste Synagoge Prags, und sie wird bis heute von der jüdischen Gemeinde der Stadt für Gottesdienste genutzt. Sie wurde um 1270 von Zisterziensern erbaut und später durch ein Satteldach und eine hohe Backsteingiebelfront vergrößert. Durch die schmalen Fenster dringt nur wenig Tageslicht in den Innenraum, der durch eine Säulenreihe in zwei Schiffe unterteilt wird. Die Tatsache, dass das Gewölbe fünf statt wie normalerweise üblich vier Rippen aufweist, wird damit erklärt, dass man eine Ähnlichkeit zum christlichen Kreuz vermeiden wollte. In einer Wandvertiefung in der Ostseite werden die **Thora-Rollen** aufbewahrt (Öffnungszeiten: April – Okt. So. – Fr. 9.30 – 18.00, Nov. – März So. – Fr. 9.30 – 16.30 Uhr).

Klausensynagoge, Zeremonienhalle

Von der Altneusynagoge gelangt man durch die kurze, Am alten Friedhof genannte Gasse (U starého hřbitova) zu der 1694 erbauten Klausensynagoge (Klausova synagóga). Der Synagogenraum enthält eine **Dauerausstellung** über jüdische Traditionen und Gewohnheiten, die Bedeutung der Synagoge und die jüdischen Feiertage.
Der neoromanische Bau mit Rundbogenfenstern und Rundturm neben der Klausensynagoge ist die Zeremonienhalle.

✶ Jüdischer Friedhof

Unter schattigen Bäumen stehen sie, dicht gedrängt und zum Teil schon mit Moos überwachsen – die Grabsteine auf dem Alten Jüdischen Friedhof (Starý židovský hřbitov), eines der eindrucksvollsten Denkmäler jüdischer Geschichte in Prag. Etwa 12 000 sollen es sein, fast zehnmal soviele Menschen wurden hier zwischen dem 15. Jh. und dem ausgehenden 18. Jh. beigesetzt. Da es die jüdische Tradition verbietet, Gräber aufzulösen, der Platz aber begrenzt war, liegen an

◄ weiter S. 356

Ein Meer aus Grabsteinen: auf dem Alten Jüdischen Friedhof in Prag

GOLEM, GRÄBER UND GELEHRTE

Sie war eine der ältesten und größten jüdischen Siedlungen Europas, die Prager Josefstadt. Und obwohl nur wenig von der ehemaligen Judenstadt erhalten blieb – ein Rathaus, sechs Synagogen und ein Teil des Alten Friedhofs –, gehört ein Spaziergang durch die Josefstadt und die Begegnung mit jüdischer Kultur zu den beeindruckendsten Erlebnissen eines Pragbesuchs.

Anziehungspunkt Nummer eins ist der **Alte Friedhof** mit seinen rund 12 000 Grabstelen aus der Zeit zwischen 1439 und 1787. Auch Jehuda Löw bar Beza-lel liegt hier begraben, jener Hohe Rabbi Löw, von dem man erzählt, er habe Ende des 16. Jh.s den hünenhaften Golem aus Lehm erschaffen. Nach dem Willen Gottes sollte die »seelenlose Materie« (hebräisch »Golem«) dem Rabbi zur Hand gehen und die Juden beschützen. Um das Wesen zu beleben, legte ihm der Rabbi ein Pergamentröllchen mit dem unaussprechlichen Namen Gottes in den Mund. Nun arbeitete das stumme Geschöpf bis auf den Sabbat Woche um Woche für den Gelehrten.

Der Golem

Doch es kam, wie es kommen musste: An einem Sabbat vergaß der Rabbi, dem Golem das Röllchen zu entfernen, um ihn ruhen zu lassen. Hin- und hergerissen zwischen seiner Bestimmung zu arbeiten und dem göttlichen Gebot, den Sabbat einzuhalten, begann der Hüne zu rasen. Er zerschlug das gesamte Mobiliar des Rabbis, der seine Gemeinde in der Synagoge gerade den 92. Psalm singen ließ. Die Menschen stürzten aus dem Gotteshaus, doch der Golem war nicht mehr zu bremsen. Um das Schlimmste zu verhindern, warf sich der Rabbi auf den Golem und entriss ihm das heilige Röllchen und schaffte ihn fort – niemand weiß bis heute genau wohin. Nach diesem Vorfall ließ der Rabbi den 92. Psalm nochmals singen, und bei diesem Brauch blieb es in Prags Synagogen bis heute.

Juden und Christen

So wenig, wie der Golem die Juden auf lange Sicht beschützen konnte, so wenig Hilfe wurde ihnen auch von anderer Seite über Jahrhunderte hinweg zuteil. Schon kurz nach der ersten jüdischen Ansiedlung im Jahr 995 auf der Kleinseite in Prag fand das erste **Pogrom** durch fanatische Kreuzfahrer statt. Im 12. Jh. mussten die Juden von der Kleinseite auf das andere Moldau-Ufer ziehen, wo ihre Siedlung von einer Mauer umgeben

Rabbi Löw in der Darstellung von Ladislav Šaloun

wurde. Jahrhundertelang war ihre Geschichte von Ausgrenzung und Verfolgung geprägt. Einen Grund für ein Pogrom zu finden, fiel den Christen zu keiner Zeit schwer. Da Juden erheblich seltener an der Pest erkrankten, wurde ihnen die Schuld an der Seuche zugeschrieben. Der wahre Grund für ihre zeitweise geringere Anfälligkeit waren aber die rituellen Reinigungsbräuche und damit verbunden die größere Hygiene, die eine Übertragung der Krankheit erschwert. Häufiger noch fand man Gründe für Mord und Totschlag, wenn das Geld eines einflussreichen Bürgers knapp und der Schuldenberg bei einem jüdischen Geschäftsmann zu groß geworden war.
Dann konnte es geschehen, dass jemand einen rituellen Kindsmord in der jüdischen Synagoge beobachtet haben wollte – und schon fiel das Volk mordend und brandschatzend über das jüdische Viertel her. Auch die so genannten christlichen Wohltäter, die dem jüdischen Ghetto kurze Zeiten der Sicherheit und Selbstbestimmung bescherten, taten dies meist nur aus Gründen der persönlichen Bereicherung: So strich Kaiser Rudolf - II. auf einen Schlag alle Privilegien, die er den Juden in vergangenen Jahrzehnten zugebilligt hatte, gerade in dem Moment, als der jüdische Geschäftsmann Mordechai Meisl, von dem er finanziell abhängig war, verstarb. Die so genannten Privilegien aber waren meist nur Zugeständnisse, die für andere Bevölkerungsgruppen bereits selbstverständlich waren.

Josef II.

Nur dem Habsburger Kaiser Josef II., nach dem das Prager Ghetto 1861 in Josefstadt umbenannt wurde, ist wohl eine **uneigennützige Unterstützung der Juden** nachzusagen. Unter Josefs aufklärerischer Geisteshaltung wurde das jüdische Viertel als gleichberechtigter Stadtteil Prags anerkannt und der Ausgrenzung der Juden durch die freie Wahl des Wohnsitzes in der gesamten Stadt ein vorläufiges Ende bereitet.
Zu einer radikalen Lösung griff die Stadtverwaltung in den 1910er- und 1920er-Jahren, als sie – angeblich aus Hygienegründen – das dicht bebaute Viertel fast komplett abreißen ließ. Mit dem Rassenwahn der Nationalsozialisten kam für die von zahllosen Pogromen, Brandschatzungen und Ausweisungen immer wieder heimgesuchte jüdische Gemeinde schließlich das Ende.
Rund 90 % der Juden in Böhmen und Mähren kamen zwischen 1939 und 1945 ums Leben. Ihre Namen wurden auf der »Gedenktafel der 77297« verzeichnet, die in der Pinkas-Synagoge aufgestellt wurde.

manchen Stellen bis zu neun Grabstellen übereinander. Der älteste Grabstein ist der des Rabbiners Avigdor Karo († 1439), der jüngste stammt aus dem Jahr 1787. Manche tragen das Zeichen des Stammes: Zwei segnende Hände bedeuten z. B. das Geschlecht des Aaron, eine Kanne den Stamm Levi, eine Traube den Stamm Israel. Ein Sarkophag mit eingemeißelten Löwen bezeichnet das Grab des berühmten Rabbi Jehuda Liva ben Beza-lel, gen. Rabbi Löw († 1609). Die auf den Grabmälern aufgehäuften Steinchen sind von Friedhofsbesuchern aus aller Welt als Zeichen der Achtung und Verehrung niedergelegt worden.

Pinkas-Synagoge

Als Gedenkstätte für die jüdischen Opfer des Nationalsozialismus wird die aus dem 11. Jh. oder 12. Jh. stammende Pinkassy-Synagoge (Pinkasova synagóga) genutzt. Auf Wandtafeln sind 77 297 Namen der aus Böhmen und Mähren stammenden Opfer verzeichnet. Die Synagoge liegt an der Südseite des Alten Jüdischen Friedhofes. In der Ausstellung, die wohl kaum einen Besucher unberührt lässt, wird der **Holocaust aus Kindersicht** dargestellt – anhand von Zeichnungen, Tagebüchern und Schulheften von Kindern aus dem Konzentrationslager Theresienstadt (►Litoměřice, Umgebung).

Maisl-Synagoge

Mordechai Maisl, seinerzeit einer der wohlhabendsten Männer Prags, stiftete Ende des 16. Jh.s die nach ihm benannte Synagoge (Maislova synagóga) in der gleichnamigen Straße. Der ursprüngliche Renaissancebau fiel einem Brand zum Opfer, sein heutiges, neogotisches Erscheinungsbild bestimmt der Umbau vom Ende des 19. Jh.s. Die Dauerausstellung in der Maisl-Synagoge ist der Geschichte der Juden in Böhmen und Mähren bis zum 18. Jh. gwidmet.

✶ Spanische Synagoge

An der Dušní ulice, stand einst die älteste Synagoge Prags. Ihre Stelle nimmt heute die 1882 bis 1893 in maurischem Stil erbaute Spanische Synagoge (Španělská synagóga) ein. Ihr Name geht zurück auf die vor der Inquisition in Spanien nach Prag geflohenen Juden. Im Inneren, das der Alhambra in Granada nachempfunden wurde, wird der zweite Teil der Ausstellung der Geschichte der Juden in Böhmen und Mähren gezeigt (►Maiselsynagoge).

✶ Agneskloster

Etwa 500 m nordöstlich der Spanischen Synagoge, im touristischen Abseits der Altstadt, trifft man nahe am Moldau-Ufer auf das aus dem 13. Jh. stammende ehemalige Agneskloster (bývalý Anežský klášter). Die fromme Agnes, Schwester von König Wenzel I., hatte das Doppelkloster gegründet und war als erste Äbtissin in den Klarissinnenkonvent eingetreten. Der Klosterkomplex, zu dem mehrere Kirchen und Kapellen gehören, gilt als **bedeutendstes architektonisches Zeugnis der frühen Bettelordensarchitektur in Böhmen** und wurde deshalb zum nationalen Kulturdenkmal erklärt. Besichtigen sollte man in jedem Fall die Salvatorkirche, in der die Gräber der Stifterin und anderer Familienmitglieder des Přemyslidengeschlechts

Ob schöne Madonnen oder mittelalterliche Porträts – das Agneskloster lohnt einen Besuch.

gefunden wurden. Lohnend ist der Besuch des Agnesklosters aber auch wegen der Sammlung mittelalterlicher Kunst aus Böhmen und Mitteleuropa, die zur Nationalgalerie gehört (Öffnungszeiten Museum: Di. – So. 10.00 – 18.00 Uhr).

Rudolfinum, Kunstgewerbemuseum

Am westlichen Rand der Judenstadt und ebenfalls am Moldauufer entstanden Ende des 19. Jh.s zwei prächtige Neorenaissancebauten, das um 1880 errichtete Künstlerhaus Rudolfinum, und das 1897 bis 1901 erbaute Kunstgewerbemuseum (Umělecko-průmyslové muzeum). Sehenswert ist dieses Museum vor allem deshalb, weil die sehr umfassenden Sammlungen europäischen Kunsthandwerks und Kunstgewerbes hier in ihrem originalen, eigens dafür geschaffenen Ambiente präsentiert werden.

Sehenswertes in der Neustadt

Nationalmuseum

Ausgangspunkt dieses Rundgangs ist der Wenzelplatz. Den oberen Abschluss dieses leicht ansteigenden Platzes bildet das Hauptgebäude des Nationalmuseums (Národní muzeum), das 1890 nach Plänen von Josef Schulz erbaut wurde. Das älteste Museum des Landes umfasst das Ethnografische Museum, das Náprstekmuseum mit Sammlungen asiatischer, afrikanischer und amerikanischer Kulturen sowie das Museum für Körpererziehung und Sport, das im Tyršhaus untergebracht ist (Öffnungszeiten: Mai – Sept. tgl. 10.00 – 18.00, Okt. bis April tgl. 9.00 – 17.00 Uhr, 1. Di. im Monat geschlossen).

✶ **Villa Amerika/ Dvořák-Museum**

Etwa 500 m südlich des Nationalmuseums erreicht man die 1717 bis 1720 von Kilian Ignaz Dientzenhofer für den Grafen Michna erbaute Villa Amerika. Der kleine, bezaubernde Sommersitz, ein **Paradebeispiel für den barocken Profanbau in Prag**, beherbergt heute das Dvořák-Museum. Partituren, handschriftliche Dokumente und persönliche Erinnerungsstücke erinnern an den großen tschechischen Komponisten (Öffnungszeiten: April – Sept. Di. – So. 10.00 – 13.00 u. 14.00 – 17.30, Okt. – März Di. – So. 9.30 – 13.30 u. 14.00 – 17.00 Uhr).

✶ **Karlsplatz**

Mit einer Länge von 530 m und einer Breite von 150 m ist der Karlsplatz (Karlovo náměstí) der größte Platz der Stadt und mit den Grünanlagen nimmt er sich fast wie ein Park aus. An seiner Südseite steht das Fausthaus (Faustův dům; Nr. 40), in dem Dr. Faust gewohnt haben soll. Tatsächlich gehörte es im 16. Jh. dem englischen Alchimisten Edward Kelley, der für König Rudolf II. künstliches Gold herstellen sollte. Weil er sein Versprechen brach, wurde er auf der Burg Pürglitz (Křivoklát) gefangen gehalten. **Schauplatz des Ersten Prager Fenstersturzes** war 1419 der Turm des ehem. Neustädter Rathauses (Novoměstská radnice) an der Nordostecke des Platzes.

Emmaus-Kloster

Wie ein Flügelpaar ragen die modernen Türme der Emmaus-Kirche in den Himmel. Deren Barocktürme wurden während des Zweiten Weltkrieges 1945 bei einem Bombenangriff zerstört. Das Emmaus-Kloster, zu dem das Gotteshaus gehört, liegt südwestlich des Karlsplatzes nahe der Moldau und wird vor allem wegen des freskengeschmückten gotischen Kreuzgangs besucht. In dem um 1360/1370 entstandenen Freskenzyklus, dem bedeutendsten Werk der Hofschule Kaiser Karls IV., werden alt- und neutestamentliche Szenen einander gegenübergestellt (Öffnungszeiten: Mo. – Fr. 9.00 – 18.00 Uhr).

! *Baedeker* TIPP

Rockige Maria

Die Klosterkirche ähnelt seit ihrer minimalistischen Renovierung an die stillgelegten New Yorker Fabriken. Sie reizt einige Rockbands, die hier nun sporadisch auftreten dürfen.

✶ **Tanzendes Haus** (►Abb. S. 64)

Viele Beispiele für außergewöhnliche zeitgenössische Architektur wird man nicht finden in Prag – gerade deshalb sollte man sich das Tanzende Haus von **Vlado Milunič und Frank O. Gehry** an der Kreuzung Resslova/Rašínovo nábřeží unbedingt ansehen. »Ginger und Fred«, das berühmte Tanzduo, soll das 1996 fertig gestellte »beschwingte« Bauwerk angeblich verkörpern.

Slawische Insel

Etwa einen halben Kilometer nördlich vom Tanzenden Haus gelangt man über eine kurze Brücke auf die Slawische Insel (Slovanský ostrov), die mit ihren hohen alten Bäumen und den Bootsanlegestellen ein beliebtes und vor allem sehr zentrumsnahes Ausflugsziel ist. Am Südende der Moldauinsel überspannt das Mánes-Haus, Sitz des Prager Kunstvereins, den schmalen Flussarm.

Rund um die Innenstadt

★ Villa Bertramka/ Mozart-Museum

Während seiner häufigen Aufenthalte in der Moldaustadt war Wolfgang Amadeus Mozart auch einige Male Gast beim Ehepaar Dušek. In ihrer ländlichen Villa im heutigen Prager Stadtteil Smíchov auf der linken Moldauseite (Mozartova 169) entstanden die letzten Takte des »Don Giovanni«, der am 29. Oktober 1787 im Ständetheater uraufgeführt und vom Prager Publikum begeistert aufgenommen wurde. In der liebevoll zusammengestellten Ausstellung in der Villa erinnert vieles noch an den Aufenthalt des großen Meisters: Originalpartituren, Briefe, Plakate, sein Schlaf- und Arbeitszimmer und 13 Haare von Mozart (Öffnungszeiten: April – Okt. tgl. 9.00 – 18.00, Nov. – März tgl. 9.30 – 16.00 Uhr).

Vyšehrad

Der aussichtsreiche Felsenhügel, der dem Stadtviertel südlich der Neustadt den Namen gab, gilt als Wiege Prags, denn hier soll sich der Legende nach die Burg der Libussa (Libuše), der Stammmutter der Přemyslidendynastie, befunden haben. Historisch belegt ist eine Burg jedoch erst in der zweiten Hälfte des 11. Jh.s., die der Hradschin als Herrschersitz ablöste. In den Hussitenkriegen wurde sie zerstört, im späten 17. Jh. zur Barockfestung ausgebaut. Obwohl diese 1911 geschleift wurde, prägen ihre gewaltigen Mauerreste und Bastionen heute das Bild des Vyšehrad, der mit seinen Parkanlagen vor allem am Wochenende ein **beliebtes Ausflugsziel** der Prager ist.
Auf dem Gelände befinden sich außerdem die romanische, um 1270 erbaute Rundkapelle St. Martin (Rotunda svatého Martina) und die neogotische Basilika St. Peter und Paul (kostel svatého Petra a Pavla), deren zweitürmige Fassade dem Moldauufer zugewandt ist. Auf dem Nationalfriedhof neben dieser Kirche ruhen viele berühmte Tschechen, u. a. Antonín Dvořák, Karel Čapek und Jan Neruda.

Museum der Hauptstadt Prag

Das Museum der Hauptstadt Prag (Na Poříčí 52), 300 m nördlich vom Bahnhof, beschäftigt sich mit der Stadtgeschichte Prags. Sehenswert: das 20 m² große Stadtmodell aus dem Jahr 1837 (Öffnungszeiten: Di. – So. 9.00 – 18.00 Uhr).

Letná-Höhe

Über die Čech-Brücke (Čechův most) kommt man von der Altstadt zu Fuß hinüber zum linken Moldauufer auf die Letná-Höhe. Kein romantischer Park mit verschlungenen Spazierwegen erwartet hier den Besucher, sondern eher das herbe, wenngleich auch interessante Gegenteil: Die in der Nachkriegszeit entstandene Anlage diente vor allem offiziellen Feierlichkeiten und Aufmärschen, und dies prägt auch heute noch den Charakter des »Parks«. Zur Aussichtsplattform mit dem riesigen Metronom – einst der Sockel eines Stalin-Denkmals – sind es 256 Stufen, doch man wird mit einem herrlichen Blick auf die Altstadt und die Moldauschleife belohnt. Die Hauptattraktion des Parks ist der 1891 gegossene, barock verkleidete **Hanauer Pavillon** (Hanavský pavillon), benannt nach dem Fürsten Hanau, in dessen Gießereien das kleine Schmuckstück entstanden war. Der zweite, 1958 für die Brüsseler Weltausstellung erbaute Pavillon im östlichen Teil der Letná-Höhe ist leider in desolatem Zustand.

Baumgarten

Nördlich von der Letná-Höhe erstreckt sich bis zur Moldau der ausgedehnte Baumgarten (Stromovka), ein romantischer Park mit altem Baumbestand und einem ursprünglich aus dem 15. Jh. stammenden, im Jahre 1804 in neugotischem Stil umgebauten Jagdschloss. Das Gelände des heutigen **Kultur- und Erholungsparks** im Osten des Baumgartens mit seinen Hallen und Pavillons wurde 1891 für die Landesausstellung angelegt.

*** Nationalgalerie im Messepalast**

Mit der Restaurierung des 1924 bis 1928 erbauten Messepalastes (Veletržní palác) in der Dukelských hrdinů, etwa 500 m südlich des Kultur- und Erholungsparks, hat die Stadt ein bedeutendes Bauwerk

Die alten Messehallen im Jugendstil

der Klassischen Moderne zurückgewonnen. Die großzügigen Ausstellungsflächen, die sich um eine zentrale, lichtdurchflutete Halle gruppieren, bieten den idealen Rahmen für die moderne Abteilung des Nationalmuseums mit europäischen Werken des 19. und 20. Jh.s und zeitgenössischer tschechischer Kunst (Öffnungszeiten: Di. – So. 10.00 – 18.00 Uhr).

★ **Schloss Troja**

Nördlich vom Baumgarten, im heutigen Vorort Troja, ließ sich 1679 bis 1685 Wenzel Adalbert Graf Sternberg von Jean Baptiste Mathey ein stattliches Barockschloss bauen (Trojský zámek; U trojského zámku 1). Im Mittelpunkt von Schloss Troja steht das dreiflügelige Hauptgebäude mit einer prächtigen Freitreppe in der Achse des Parks, der als französischer Schlossgarten angelegt ist. Den Figurenschmuck der Treppe schufen der Dresdener Hofbildhauer Johann Georg Heermann und sein Neffe Paul, dargestellt ist der Kampf der olympischen Götter gegen die Titanen.

◄ Festsaal

Den großen Festsaal schmücken Wand- und Deckengemälde, die der Niederländer Abraham Godin 1697 geschaffen hat. Das Deckenfresko bejubelt Kaiser Leopolds I. Sieg über die Türken. (Öffnungszeiten: April bis Okt. Di. – So. 10.00 – 18.00, Nov. – März Sa., So. 10.00 bis 17.00 Uhr).

Kloster Břevnov

Das älteste Kloster Böhmens befindet sich etwa 5 km westlich des Zentrums, im Stadtteil Břevnov und ist über Straße Nr. 6 in Richtung Karlsbad zu erreichen. Die barocken Klosterbauten der 993 gegründeten Benediktinerabtei wurden 1708 von Paul Ignaz Bayer begonnen und bis etwa 1715 von Christoph Dientzenhofer vollendet. Ein barock geschwunges, von einer Statue des Heiligen Benedikt bekröntes Portal (1740), ein Werk des berühmten Kilian Ignaz Dientzenhofer, führt in die Klosteranlage.
Ein Blick in die Klosterkirche lohnt sich wegen der zauberhaften Barockauststattung: Deckenfresken von Johann Jakob Steinfels, Altarbilder von Peter Brandl und Skulpturen von Matthias Wenzel Jäckel. Vom ersten – romanischen – Gotteshaus ist die Krypta freigelegt. Der Prälatensaal ist mit einem sehenswerten Deckenfresko von Cosmas Damian Asam (1727) geschmückt (Führungen: Sa. u. So. 10.00 u. 14.00 Uhr sowie n. V., Tel. 220 406 111, www.brevnov.cz).

Weißer Berg

Nach weiteren 2 km auf der Straße Nr. 6 erkennt man am westlichen Stadtrand den Weißen Berg (Bílá hora), eine 381 m hohe, kahle Kalkhöhe, die 1620 Schauplatz der **Schlacht am Weißen Berg** war: Die protestantischen Böhmen – ihr Anführer war Friedrich V. von der Pfalz – hatten sich hier verschanzt, aber Maximilian von Bayern und die Truppen der katholischen Liga schlugen sie in kaum einer Stunde. Die Sieger ließen auf dem ehemaligen Schlachtfeld eine Kapelle zu Ehren der Heiligen Jungfrau Maria errichten, die im beginnenden 18. Jh., als der Zulauf der Pilger größer wurde, durch eine barocke Wallfahrtskirche mit Prozessionsumgang ersetzt wurde.

✶ **Schloss Stern**

Am nordwestlichen Abhang des Weißen Berges, umgeben von einem ehemaligen Wildpark, steht das 1555 bis 1558 erbaute Schloss Stern (letohrádek Hvězda). Die Idee zu einem Gebäude auf dem Grundriss eines sechsstrahligen Sternes hatte der Bauherr, Erzherzog Ferdinand von Tirol, der das Schlösschen für seine Geliebte und spätere Frau, die Augsburger Patriziertochter Philippine Welser, bei italienischen Baumeistern in Auftrag gab. Von diesen stammt auch die **einzigartige Stuckdekoration** im Erdgeschoss mit unzähligen Szenen aus der antiken Mythologie und Geschichte.

Museum der tschechischen Literatur ►

Seitdem das Schloss restauriert ist, kann man neben der historischen Ausstellung zur tschechischen Geschichte wechselnde Präsentationen vom Museum der tschechischen Literatur sehen.

Sehenswertes in der Umgebung von Prag

Tagesausflugsziele

Von Prag aus lassen sich einige schöne Tagesausflüge in die nähere Umgebung unternehmen. Die bekannteste Burg der Landes, **Karlstein** (hrad Karlštejn), liegt nur knapp 30 km südwestlich der Hauptstadt, eingebettet in die hügelige Waldlandschaft des Böhmischen Karsts (s. u.). In der Beliebtheitsskala gleich hinter Karlstein rangiert **Schloss Konopischt** (Konopiště) im Südosten der Hauptstadt – möglichst nicht am Wochenende besuchen (s. u.) Für Weinkenner dürfte der Norden von Prag am ehesten eine Entdeckung wert sein.
Das Zentrum des böhmischen Weinanbaus ist das Städtchen **Mlník** am Zusammenfluss von Elbe und Moldau. Landschaftlich weniger reizvoll, dafür aber kulturhistorisch ein Ereignis ist eine Tagesfahrt nach ► **Kutná Hora**. Die alte Silberbergbaustadt im Osten von Prag ist mit ihren zahlreichen Baudenkmälern und einer der spektakulärsten Kirchenbauten des Landes einen Besuch wert.

Karlštejn und Umgebung

✶✶ **Burg Karlštejn**

Jedes Schulkind in Tschechien kennt die Burg Karlštejn (Karlstein), denn schließlich ist die majestätisch auf einem bewaldeten Kalkfelsen thronende, uneinnehmbar scheinende Festung die berühmteste Burg Böhmens, ja ganz Tschechiens und ein Besuchermagnet ähnlich wie Schloss Hluboká (► České Budějovice). Die trutzige Burg überragt das steile Tal der Beraun (Berounka).

Geschichte ►

Karlstein, benannt nach Kaiser Karl IV., wurde nicht zu strategisch-militärischen Zwecken erbaut, wie das wehrhafte Äußere der Burg zunächst glaubhaft machen will. Der Bauherr verlangte nach einer uneinnehmbaren Festung, in der Preziosen von nationaler Bedeutung, so die Reichskleinodien, die böhmischen Krönungsinsignien und eine Reihe kostbarer Reliquien aufbewahrt wurden. Die Entwürfe für die 1348 bis 1357 errichtete Burganlage lieferte der französische Architekt Matthias von Arras. Spätere Veränderungen wurden durch die Restaurierung zwischen 1887 und 1899 rückgängig gemacht und die Burg in ihr gotisches Erscheinungsbild geführt.

Schloss Konopiště Orientierung

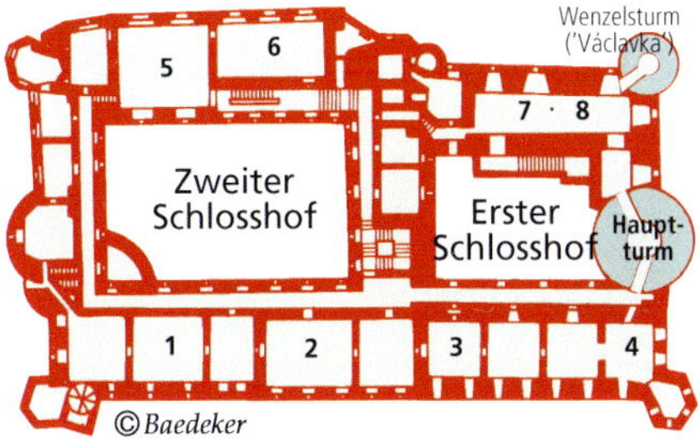

ERSTES OBERGESCHOSS

1 Säulensalon
2 Lobkowitz-Saal (Großer Speisesaal)
3 Tirpitz-Salon
4 Vrtba-Salon

ZWEITES OBERGESCHOSS

5 Rauchsalon
6 Bibliothek
7 Schlosskapelle

DRITTES OBERGESCHOSS

8 Rüst- und Waffenkammer

✱ Burg Český Šternberk

Český Šternberk (Böhmisch-Sternberg) liegt im Tal der Sazau (Sázava), 25 km östlich von Konopischt. Hoch über dem Dorf, auf einem schmalen Felsvorsprung über dem linken Flussufer, steht seit 1240 eine Burg. Ihre wuchtigen Bastionen erhielt sie bei dem spätgotischen Umbau 1479, nach dem Dreißigjährigen Krieg wurde die gesamte Anlage im Barockstil modernisiert. Aus dieser Zeit stammen die Ausstattung des Großen Saales, die reich verzierten Barockkamine und die dekorativen Stuckreliefs. Bei einem Rundgang durch die Burg werden die »Schätze« ihrer einstigen Besitzer vorgeführt – neben der Waffensammlung, sind die vor allem die interessante **Kollektion von Grafiken** aus dem 17. Jh. und das wertvolle Mobiliar (Öffnungszeiten: April, Okt. Sa., So., Fei. 9.00 – 17.00, Mai, Sept. Di. – So. 9.00 – 17.00, Juni – Aug. Di. – So. 9.00 – 18.00 Uhr).

Weitere Ziele in der Umgebung von Prag

Lidice

Rund 20 km nordwestlich von Prag in der Nähe von Kladno, gab es bis zum 10. Juni 1942 das Bergarbeiterdorf Lidice. An diesem Tag wurde der Ort von der SS liquidiert – als Vergeltung für das Attentat auf den Stellvertretenden Reichsprotektor von Böhmen und Mähren, Reinhard Heydrich. Alle 173 männlichen Bewohner wurden erschossen, Frauen und Kinder voneinander getrennt und in Konzentrationslager verschleppt, die Gebäude in Brand gesteckt und der Dorfbezirk restlos eingeebnet. Ein kleines Gedenkmuseum, ein Rosengarten sowie ein großes Kreuz an der Stelle des Massengrabes halten die Erinnerung an dieses grausame Massaker wach.

Třebíz

In Třebíz, knapp 25 km weiter (10 km nordwestlich von Slaný) blieb ein charakteristischer mittelböhmischer Dorfplatz mit Gutshöfen, Gemischtwarenhandlung, Katen, Kirche, Kapelle, Glockentürmchen, Brunnen und Weiher beinah unberührt erhalten. Die Zierde des Dorfes ist der stattliche, ursprünglich im 16. Jh. erbaute Cífka-Hof (Nr. 1) mit barockem Giebel und Toreinfahrt.

Přerov nad Labem Die traditionelle Volksarchitektur des mittleren Elbtales ist in Přerov nad Labem, 25 km nordöstlich von Prag, noch lebendig. In der Gemeinde und rund um das Renaissanceschloss sind über 30 Objekte zu besichtigen, Bauernhäuser, armselige Katen, Speicher, Obstdarre, Bienenstöcke, ein Herrenforsthaus und eine Fassbinderei. In »Großmutters Gärtchen« gedeihen alte Obstbaumarten, Heil- und Gewürzpflanzen (Öffnungszeiten: April – Sept. Di. – So. 9.00 – 17.00 Uhr).

✶✶ Riesengebirge (Krkonoše)

J/K 3

Region: Ostböhmen **Höhe:** 800 bis 1600 m ü. d. M.

Nicht von ungefähr ist das Riesengebirge eine der beliebtesten Erholungslandschaften Tschechiens. In der warmen Jahreszeit locken herrliche Ausblicke, wildromantische Quellen und Wasserfälle sowie eine artenreiche Flora mit vielen bunten Blumen Wanderer an. Und im Winter werden hier oben Skiabfahrtspisten und Loipen aller Schwierigkeitsgrade präpariert.

Die »Krone« Böhmens Das Riesengebirge besitzt die höchsten Berggipfel zwischen den Alpen und den Höhenzügen Skandinaviens und gehört zu den Sudeten. Es erstreckt sich über 300 km vom ►Lausitzer Gebirge im Nordwesten bis zur Mährischen Pforte im Südosten. Auf dem Hauptkamm des Riesengebirges verläuft die Grenze zwischen Böhmen und Schlesien. Millionen Tagesausflügler und Urlauber besuchen jedes Jahr das touristisch gut erschlossene Gebirge. Die Wanderwege sind vorbildlich markiert, und eine Vielzahl von sog. Bauden (Berggasthäuser) konkurrieren um die Gunst der Besucher. Lifte ermöglichen auch dem weniger Trainierten einen Ausflug in die Gipfelzonen. Dank gut präparierter Pisten und vieler Skilifte ist das Riesengebirge auch ein Wintersportparadies. Harrachov, Špindlerův Mlýn und Rokytnice nad Jizerou sind die meistbesuchten Urlaubsorte im Riesengebirge.

Nationalpark Im Jahr 1992 wurde das böhmische Riesengebirge zusammen mit dem schlesischen Teil von der UNESCO als Biospärenreservat ausgewiesen. Das böhmische Nationalparkgebiet umfasst knapp 40 000 ha. Die Gipfelzonen zeigen alpinen Charakter, und wegen der nördlich vorgeschobenen Lage herrscht hier ein **extrem raues Klima**. In den Hochlagen breiten sich weitläufige, fast baumlose Plateaus aus, während für die subalpinen Zonen Hochmoore charakteristisch sind. Pflanzen aus der nordischen Tundra und aus den Alpen – so beispielsweise Torfbeere oder Schneesteinbrech, Bergseen und Kare erinnern daran, dass diese Landschaft in den Eiszeiten geformt wurde. Wie kein anderer böhmischer Höhenzug wurde das Riesengebirge vom Einfluss des Menschen geprägt. Der Großteil der ursprüngli-

RIESENGEBIRGE ERLEBEN

AUSKUNFT

Informationszentrum
Krkonošská 8
CZ-54301 Vrchlabí
Tel. 499 405 744
www.krkonose.eu

Informationszentrum
Masarykovo nám. 140
CZ-51401 Jilemnice
Tel./Fax 481 541 008
www.mestojilemnice.cz

Informationszentrum
Centrum 150
CZ-51246 Harrachov
Tel. 481 529 600
www.harrachov.cz

Informationszentrum Veselý výlet
Nr. 196
CZ-54221 Pec pod Sněžkou
Tel. 499 736 130
www.veselyvylet.cz

Informationszentrum
Svatopetrská 173
CZ-54351 Špindlerův Mlýn
Tel. 499 523 656, Fax 499 523 818
www.spindlmu.info

ÜBERNACHTEN

► Komfortabel

Svornost
Harrachov 496, Harrachovs
Tel. 481 528 152, Fax 481 528 144
www.hotelsvornost.cz
Moderner Hotelkomplex mit breitem Wellness- und Sportangebot.

Na Kopečku
Dolní 64, Rokytnice nad Jizerou
Tel./Fax 481 522 822, www.jaaty.com
Gemütliche kleine Pension mit eigenem Swimmingpool am Ortsrand.

Omnia
Černohorská 327, Janské Lázně
Tel. 499 859 780
www.omnia-hotel.com
Eines der wenigen Designhotels in Tschechien. Klare Linien, große Glas- und Spiegelwände, viele verschiedene Beleuchtungsmöglichkeiten, rollbare Doppelbetten, Bad mit riesiger Dusche, großer Balkon zur Waldseite hin. Tägliche Seilbahnfahrt auf den Schwarzen Berg im Preis inbegriffen.

Martin
Údolní 292
Špindlerův Mlýn
Tel. 499 433 364, Fax 499 523 721
www.martin-kristyna.cz
Wer einen ruhigen Urlaub erleben will, ist nur 15 Minuten vom Zentrum entfernt bestens aufgehoben. Alle Zimmer mit Balkon. Das Restaurant befindet sich im wenige Schritte entfernten Hotel Kristýna

► Günstig

Richterbauden (Richtrovy boudy)
Pec pod Sněžkou
Tel. 602 306 581
www.richtrovyboudy.cz
Derzeit die modernste böhmische Bergbaude mit Dependance in der benachbarten Červená bouda – einer originalen kleineren Baude. Beide stehen am asphaltierten Wanderweg zwischen Pec p. S. und dem Berghotel Výrovka auf einer großen Lichtung (ca. 1 Std. Aufstieg).

Patrik a Filip
Harrachov 615, Harrachov
Tel./Fax 481 529 254
www.penzionpatrikafilip.cz
Einfache Pension im Zentrum von Harrachov. Sauna im Haus.

chen Wälder fiel ab dem 16. Jh. den Brennöfen der zahlreichen Glashütten zum Opfer. Später hat man die Flächen vorwiegend mit Fichten aufgeforstet. Die Baudenwirtschaft erschloss im 18. und 19. Jh. das gesamte Gebirge. Seit dem Ende des 19. Jh.s werden die Bauden allerdings nicht mehr landwirtschaftlich, sondern vor allem für den Fremdenverkehr genutzt. Luftverschmutzung und saurer Regen verursachten seit den 1980er-Jahren in den Hochlagen ein dramatisches Waldsterben. Mit finanzieller Unterstützung der Weltbank und der niederländischen Stiftung »Face« wurden artenreiche Mischwälder aufgeforstet, die sich prächtig entwickeln.

Von Harrachov nach Vrchlabí

*** Harrachov (Harrachsdorf)**

Das Städtchen Harrachsdorf liegt reizvoll im Tal der Mummel und ist das westliche Wintersportzentrum im Riesengebirge. Seit Graf Harrach im Jahr 1712 hier die erste Glashütte errichten ließ, ist es bekannt für seine exquisiten **Glaserzeugnisse.** Die Firma Crystalex führt die alte Tradition heute erfolgreich unter dem Markennamen »Bohemia crystal« fort. Im ehemaligen Herrenhaus bei der Glashütte im Ortsteil Neuwelt (Nový Svět) ist heute ein sehenswertes Glasmuseum mit benachbarter Verkaufsstelle eingerichtet (Öffnungszeiten: Mo. – Fr. 9.00 – 17.00, Sa. und So. 9.00 – 13.00 Uhr).

Harrachsdorf ist ein guter Ausgangspunkt für mehrtägige Wanderungen auf dem Hauptkamm sowie für Tagestouren zum Reifträger (Szrenica), einem vielbesuchten Gipfel in Schlesien, zur Elbquelle (pramen Labe), zu den Hofbauden (Dvoračky) und nach Klein-Iser (Jizerka) im ►Isergebirge.

! *Baedeker* TIPP

König der Türme

Wer zwischen Iser- und Riesengebirge unterwegs ist, sollte auf den Stephansturm bei Příchovice steigen. Der »König der nordböhmischen Aussichtstürme« steht auf halbem Weg zwischen Tanwald und Harrachov. Grandioser Ausblick!

Teufelsberg

Vom Harrachsdorfer Annental (Annenské údolí) schwebt ein Sessellift auf den Gipfel des Teufelsberges (1020 m; Čertová hora). An seinem Nordhang erblickt man die Skischanze, auf der bereits mehrmals Skiflug-Weltmeisterschaften ausgetragen wurden.

Mummelfall

Vom zentralen Parkplatz am Ostrand des Städtchens nimmt der Spaziergang zum Mummelfall (Mumlavský vodopád) mit Baude nur eine halbe Stunde in Anspruch. Mit seinen acht Metern ist der Mummelfall der größte Wasserfall auf der böhmischen Seite des Riesengebirges. Unterwegs passiert man das Bergbaumuseum, dessen 1000 m langer **Schaustollen** in einem einstündigen Rundgang besichtigt werden kann und einen Einblick bietet in die Arbeit in einem Erzbergwerk. (Öffnungszeiten: Mitte Dez. – Okt. Mo. – Mi., Fr. – Sa. 10.00 – 21.00 Uhr).

Der Mummelfall ist der größte Wasserfall auf der tschechischen Seite des Gebirges

Neben Harrachsdorf ist Rochlitz an der Iser das zweite große Urlaubszentrum im westlichen Teil des Riesengebirges. Der lang gestreckte Ort liegt malerisch im Tal des Hüttenwassers (Hut'ský potok), 5 km südlich von Harrachov. An den Hängen des Kahlen Berges (Lysá hora) finden Abfahrtsläufer im **Skizentrum** Koření Domky zumeist ideale Voraussetzungen. Rochlitz ist ein guter Ausgangsort für Wanderungen nach Harrachsdorf über den Teufelsplan (Čertová pláň) und an den Hofbauden vorbei zur Elbquelle (pramen Labe). Lohnend sind auch Touren durch stille Fichtenwälder im Isertal (flussaufwärts Richtung Harrachsdorf, flussabwärts zum Ort Gablonz).

★ **Rokytnice nad Jizerou (Rochlitz)**

Vrchlabí liegt am Fuß des Riesengebirges, an beiden Ufern der Elbe, und ist ein vielbesuchter Ferienort. In drei schönen Laubenhäusern nahe der neugotischen St. Laurentiuskirche haben heute das Informations- und Austellungszentrum des Nationalparks sowie das **Riesengebirgsmuseum** mit Glaserzeugnissen und regionaltypischer Volkskunst ihren Sitz (Öffnungszeiten: Di. – So. 9.00 – 12.00 und 13.00 – 16.00 Uhr). Im ehemaligen Augustinerkloster (Husova ulice) ist die **naturkundliche Abteilung** des Museums mit einer Dia- und Videovorführung »Stein und Leben« untergebracht (Öffnungszeiten: Di. – So. 8.00 – 17.15 Uhr). Nur durch Glas vom Betrachter getrennt, plätschert ein »echter« Gebirgsbach durch die Räume. Im Stadtzentrum blieben einige schöne barocke Laubenhäuser, teils aus Holz, erhalten. Das Siebengiebelhaus (dům U sedmi lomenic) am Elbufer,

Vrchlabí (Hohenelbe)

südöstlich vom Rathaus, ist das älteste davon. Das Schloss von Vrchlabí, ein Renaissancebau, wurde 1546 bis 1548 von Christoph von Gendorf erbaut. Auch Albrecht von Waldstein (Wallenstein) gehörte zu seinen Besitzern. Im Schlosspark gibt es einen kleinen Naturlehrpfad, ein Arboretum und einen botanischen Garten.

Benecko (Benetzko) Benetzko liegt 5 km nordwestlich von Hohenelbe und gilt als der Urlaubsort im Riesengebirge mit dem meisten Sonnenschein. Die Schneeschmelze beginnt relativ früh, und während es im Tal grünt, tragen die Berge ringsherum noch weiße Hauben. Vom Aussichtsturm auf dem Heidelberg (Přední Žaly, 1018 m) bietet sich ein wunderbarer Gesamtblick auf die Südseite des Riesengebirges.

Jilemnice (Starkenbach) Das Städtchen Starkenbach liegt 7 km südwestlich von Hohenelbe und besitzt ein reichhaltiges Riesengebirgsmuseum im einstigen Schloss der Familie Harrach. Zwei riesige Gemälde im Treppenaufgang zeigen historische Ansichten des Elbfalls und der Kesselkoppe (Kotel). Als Attraktion gilt die **mechanische Weihnachtskrippe** mit über 100 beweglichen Figuren. Fast 30 Jahre Arbeit investierte Schuldirektor Metelka in dieses 1913 vollendete Wunderwerk. Die Ausstellung befasst sich auch mit den Anfängen des Wintersports in Starkenbach: 1893 fanden im Riesengebirge die ersten europäischen Skiwettkämpfe statt, 1903/1904 wurde in Starkenbach der erste nationale Skiverband Europas gegründet (Öffnungszeiten: Di. – So. 8.00 – 12.00 und 13.00 – 16.00, im Sommer bis 17.00 Uhr).

> **! Baedeker TIPP**
>
> **Cyklobus**
>
> Speziell für Fahrradfahrer – aber natürlich auch für Wanderer – wurde mit dem Cyklobus im Riesengebirge eine Linienbusverbindung eingerichtet, bei der die Möglichkeit besteht, bis zu 15 Fahrräder mitzunehmen. Der Bus verkehrt im Juli und August täglich, ansonsten von Juni bis September Sa. und So. Über die Streckenführung informieren die Touristeninformationszentren.

Den von Laubenhäusern umgebenen Marktplatz schmücken zwei barocke Skulpturengruppen aus dem 18. Jahrhundert. Das Empire-Rathaus (1838) besitzt eine große historische Relieflandkarte des Riesengebirges (rechts neben dem Eingang). Etwa 200 m östlich vom Marktplatz blieb ein kompletter Straßenzug mit Häusern aus dem 18. Jh. erhalten. Der besseren Aussicht wegen wurden die Häuser jeweils ein bis zwei Meter versetzt – daher der Name »Neugieriges Gässchen« (Zvědavá ulička).

Špindlerův Mlýn und Umgebung

✶ Špindlerův Mlýn (Spindlermühle) Der Ort Špindlerův Mlýn, 16 km nördlich von Vrchlabí im oberen Elbtal gelegen, ist sommers wie winters **der meistbesuchte Ferienort im Riesengebirge**. Über den Jahreswechsel ist nicht selten jedes der rund 8000 Fremdenbetten belegt, zumeist von deutschen Stammgästen. Östlich vom Zentrum, in St. Peter, steht die Wiege des Ortes:

Kauziger, aber freundlicher Geselle: Rübezahl, der Herr des Riesengebirges

RÜBEZAHLS REICH

Im Riesengebirge sind zahlreiche Plätze und geheimnisvolle Orte mit jenem sagenumwobenen Berggeist verbunden, den die Tschechen »Krakonoš« nennen. Auch heute noch ist Rübezahl in Tschechiens Wanderparadies allgegenwärtig: Wenn Nebelfetzen über die Hochmoore ziehen, kommt man in Versuchung, hinter jeder Kiefer oder jedem Stein den Kauz zu vermuten ...

Seit Jahrhunderten ist Rübezahl der unbestrittene Herr des Riesengebirges – davon erzählen Sagen und Legenden. Über sein **Aussehen** gibt es unterschiedliche Aussagen: Mal erscheint er als kauziges Bergmännlein oder als Mönch, mal verwandelt er sich in Tiergestalten oder in einen Riesen. Man berichtet, dass er die Bergwanderer mitunter neckt. Wer ihn gar ärgert, wird in die Irre geleitet oder mit Unwetter bestraft.

Vom Unhold zum Beschützer

Die älteste Darstellung von Rübezahl findet sich auf einer schlesischen Riesengebirgslandkarte von Martin Helwig aus dem Jahr 1561. Damals galt Rübezahl als böser Unhold und wurde deshalb mit teuflischen Hufen dargestellt. Das negative Bild änderte sich mit der Zeit, und schließlich war Rübezahl ein Freund und Beschützer der Armen und Hilfsbedürftigen. Als **Hüter der Bergschätze** schenkte er ihnen sogar Gold und Edelsteine.

Wie er zu seinem Namen kam, erzählt folgende Geschichte: Rübezahl hatte sich in die Prinzessin Emma verliebt und sie in sein Reich entführt. Eines Tages griff Emma zu einer List: Sie forderte den verliebten Alten auf, die Rüben auf dem Acker zu zählen. Seine arge Unaufmerksamkeit nutzte die Entführte zur Flucht – so entstand der Spottname **»Rübenzähler«**.

Rübezahl-Sagen

Die ersten Rübezahlsagen veröffentlichte der Leipziger Magister Johann Prätorius in seiner »Daemonologia Rubinzalii Siesii«. Das 1662 erschienene Werk lieferte das Vorbild für die späteren Gestalten in Dichtung und Kunst. In die lange literarische Tradition über die faszinierende Sagengestalt reiht sich auch der deutsche Erzähler Otfried Preußler mit »Mein Rübezahl Buch« ein. Das berühmteste Rübezahlporträt besitzt die Münchner Schackgalerie: Es handelt sich um das 1851 bis 1859 entstandene Gemälde des Malers Moritz von Schwind, das den Berggeist als kauzigen, bärtigen Alten zeigt, der in Pantoffeln durch den Wald spaziert.

Von ganz eigenem Reiz: das Schwarzenbergmoor

Hier wurde im 15. Jh. nach Silber- und Kupfererzen gegraben, und im 16. Jh. ließen sich Holzfäller nieder. Die Bewohner versammelten sich im Jahre 1793 in der Mühle des Herrn Spindler, um ein Bittgesuch für den Bau einer neuen Kirche an Kaiser Franz II. zu verfassen. Die kaiserliche Antwort war an einen Ort namens »Spindlermühle« adressiert, weshalb sich dies als Ortsname einbürgerte. Von St. Peter führt ein Sessellift zum 1195 m hohen Planur (Přední Planina). Im Jahre 1944 war die nahe gelegene Planurbaude (Bouda na Pláni) Treffpunkt von Wehrmachtsoffizieren. Graf von Stauffenberg bekam hier angeblich die Bombe für das Hitler-Attentat ausgehändigt.

*** Wanderung von Spindlermühle zur Elbquelle**

Mit dem Sessellift kommt man bequem hinauf zum Schüsselberg (Medvědín, 1235 m). Unterhalb der Goldhöhe (Zlaté návrší) geht man zur Vrbatova-Baude. Bei trockener Witterung empfiehlt sich der Weg »Bucharova cesta« entlang des Steilabfalls zum Elbgrund (Labský důl) bis zur Elbfallbaude (Labská bouda). Von hier läuft man noch 1 km sanft bergauf bis zur **Elbquelle** (pramen Labe), die von Granitringen eingefasst ist. Auf einer nahe stehenden Mauer finden sich viele Wappen der Städte, durch die die Elbe bis zu ihrer Mündung in die Nordsee (1154 km) fließt. Der Rückweg führt vorbei an der Elbfallbaude mit dem nahe gelegenen Elbfall (Labský vodopád) hinunter in den Elbgrund und anschließend am Fluss entlang bis zum Ausgangsort (insgesamt 15 km, Dauer 4 – 5 Stunden; Elbgrund ist im Winter wegen Lawinengefahr gesperrt).

Zu Geiergucke und Wiesenbaude

Vom Stadtteil St. Peter geht man durch den Langen Grund (Dlouhý důl) stetig aufwärts bis zur Geiergucke (Výrovka). Die Baude war einst ein Beobachtungsposten österreichischer Zöllner. Da sie »wie die Geier« nach Schmugglern Ausschau hielten, bekam das Gasthaus diesen Namen. Ein steiler Aufstieg führt auf den Bergsattel zwischen Wiesenberg (Luční hora) und Brunnberg (Studniční hora). Der Rückweg erfolgt über den Stará Bucharova cesta (insgesamt 13 km, 4 – 5 Stunden, im Winter wegen Lawinengefahr gesperrt).

Riesengrund

Das gewaltige, durch einen Gletscher modellierte Tal namens Riesengrund trägt wegen seiner scheinbar himmelhoch aufragenden Felswände den Beinamen »Dom des Riesengebirges«. Der von Pec pod Sněžkou ausgehende Wanderweg verläuft längere Zeit parallel des Baches Aupa (Úpa). Die Riesengrundkapelle erinnert an das Jahr 1897, als eine Schlammlawine neun Bewohner unter sich begrub. In Serpentinen gelangt man hinauf zum Koppenplan. Der Aufstieg zur Schneekoppe nimmt auf dem »Zickzackweg« oder dem längeren, aber bequemen »Jubiläumsweg« etwa 45 Minuten in Anspruch (insgesamt 9 km, etwa 4 Stunden, im Winter gesperrt).

✶✶ Schneekoppe

Die Schneekoppe (Sněžka) ist mit 1602 m nicht nur der höchste Berg des Riesengebirges, sondern gleichzeitig auch **der höchste Gipfel des Landes**. Das Klima auf der Schneekoppe ist mit einer Jahresdurchschnittstemperatur von 0,1 °C ähnlich rau wie in Island. Als erster bestieg 1456 ein Venezianer den Berg. Vielleicht war er einer jener Glücksritter, die zu dieser Zeit nach Gold und Edelsteinen suchten. Seit der schlesische Reichsgraf von Schaffgotsch 1655 die St.-Laurentius-Kapelle errichten ließ, war die Schneekoppe auch ein bedeutender Wallfahrtsort.

Der Blick von der Schneekoppe ist bei schönem Wetter atemberaubend – halb Böhmen und Schlesien liegen dem Betrachter zu Füßen. Wegen des berühmten Sonnenauf- und Sonnenuntergangs machten sich schon Goethe, Theodor Körner und Caspar David Friedrich auf den Weg zum Gipfel. Heute erreicht man den Gipfel bequem per Sessellift (ab Pec pod Sněžkou; Betriebszeiten: tgl. 8.00 – 19.00 Uhr).

> **! Baedeker TIPP**
>
> **Grüße vom Gipfel**
>
> »Gipfelstürmer« der Schneekoppe können ihre Urlaubsgrüße von 1602 m Höhe auf die Reise schicken, denn auf dem Gipfel gibt es ein Postamt – das höchste in Tschechien. Außerdem findet man kaum irgendwo eine reichhaltigere Postkartenauswahl mit Riesengebirgsmotiven.

Janské Lázně (Johannisbad)

Kur- und Erholungszentrum

Janské Lázně liegt am Südhang des Schwarzen Berges (Černá hora), rund 15 km östlich von Vrchlabí. Der Kurbetrieb wurde im Jahr 1677 aufgenommen. Seit 1935 wird hier Kinderlähmung erfolgreich behandelt – man entdeckte eine ähnliche Quellwasserbeschaffenheit, wie sie der Kurort Warm Springs in den USA zum Wohl der kleinen Patienten nutzte. 30 radioaktive Quellen werden insgesamt für Heilbehandlungen genutzt. Neben der Jugendstilkolonnade (1893) steht eine steinerne Rübezahlstatue aus der Horschitzer Fachschule (► Jičín, Umgebung).

Schwarzer Berg (Černá hora)

Beim zentralen Parkplatz am westlichen Stadtrand befindet sich die Talstation der **Kabinenseilbahn** auf den Schwarzen Berg. Auf dem Gipfel erhebt sich ein Fernsehturm. Zwischen 1928 und 1980 war hier die älteste böhmische Kabinenseilbahn in Betrieb; ihre Waldschneise dient heute als Abfahrtspiste. Von der Bergstation kann man eine etwa zweistündige Rundwanderung durch das Schwarzenbergmoor unternehmen (►Abb. S. 374).

Tábor (Tabor)

H 6

Region: Südböhmen
Einwohnerzahl: 37 000
Höhe: 437 m ü. d. M.

Die zweitgrößte Stadt Südböhmens war im 15. Jh. ein Zentrum der Reformbewegung. Heute sind es die nette Altstadt und eine an Schlössern und Natursehenswürdigkeiten reiche Umgebung, die zahlreiche Touristen in die Region ziehen.

Zentrum der Reformbewegung

Auf dem schönen Hauptplatz von Tábor blickt von einem hohen Sockel eine grimmige Gestalt herab: Die Statue von **Jan Žižka**, jenes Feldherrn, der in den Hussitenkriegen die katholischen Truppen das Fürchten lehrte. Fünf Jahre nach dem Tod von Jan Hus, 1420, scharte Žižka seine Anhänger um sich und stellte ein Heer zusammen, mit dem er mehr als einmal die kaiserlichen Gegner besiegte. Um den Ort der ersten Zusammenkunft, eine Burg namens Kotnov, entstand eine Stadt, die sich zum Mittelpunkt der Hussitenbewegung entwickelte und von ihren Bewohnern nach dem biblischen Berg Tabor benannt wurde. Das Žižka-Denkmal und ein Rundturm der Kotnov-Burg erinnern noch an die einstige Bedeutung der Stadt, die etwa 90 km südlich von Prag liegt. Wegen ihrer hübsch auf einer Anhöhe oberhalb der Lainsitz (Lužnice) thronenden Altstadt wird sie von vielen Touristen besucht.

Sehenswertes in Tábor

✶ Žižkaplatz

Die meisten Gebäude um den zentralen Žižkaplatz (Žižkovo náměstí) stammen aus der wirtschaftlichen Blütezeit der Stadt Ende des 15. Jh.s bis Mitte des 16. Jahrhunderts. Auf dem höchsten Punkt des leicht ansteigenden Platzes überragt die 1512 fertig gestellte, gotische Kirche der Verklärung Christi auf dem Berge Tabor (Chrám

Tábor Orientierung

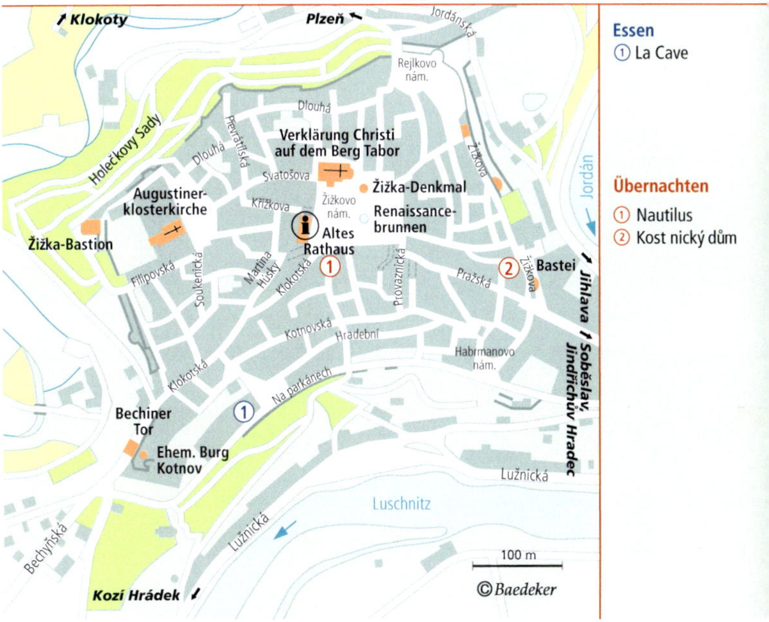

Proměněí Krista Pána na hre Tábor) die anderen Häuser. Eigentümlich wirken die weißen Renaissancegiebel an der Längsseite des hohen Kirchenschiffs. Der Renaissancebrunnen auf dem Platz stammt aus dem Jahr 1567.

◄ Altes Rathaus, Kellergewölbe

An der Westseite des Žižkaplatzes steht das 1440 begonnene, 1521 vollendete Alte Rathaus, heute Sitz der Touristinformation und des Hussitenmuseums. Sehenswert ist der stattliche Ratssaal (1515) im ersten Obergeschoss mit einem spätgotischen Netzgewölbe und figurengeschmückten Gewölbeschlusssteinen. Im Rathaus befindet sich auch der Eingang zu den unterirdischen, im 15. und 16. Jh. angelegten Gängen und Gewölben, die den Bewohnern von Tábor als Keller- und Lagerräume, bei feindlichen Angriffen auch als Versteck dienten. Das insgesamt rund 14 km lange Labyrinth kann auf einer Länge von etwa 800 m besichtigt werden (Öffnungszeiten: April bis Okt. tgl. 8.30 – 17.00. Nov. – März Mo. – Fr. 8.30 – 17.00 Uhr)

Bechiner Tor, Burg Kotnov

Mauerreste und Bastionen der Stadtbefestigung blieben vor allem im Norden der Altstadt erhalten. Im Südwesten stehen noch das Bechiner Tor (Bechyňská brána) und der mächtige Rundturm, der zu der ehemaligen Burg Kotnov aus dem 14. Jh. gehörte. Vom Turm oben überblickt man nicht nur die Altstadt, sondern man sieht auch hinüber zu dem kleinen barocken Wallfahrtskloster Klokoty (1730) am

TÁBOR ERLEBEN

AUSKUNFT

Informationszentrum
Žižkovo nám. 2
CZ-39001 Tábor
Tel. 381 486 230, Fax 381 486 239
www.tabor.cz

ESSEN

► Erschwinglich

① *La Cave*
Hotel Dvořák, Hradební 3037
Tel. 381 207 211
Ziegelsteinkellergewölbe und Terrasse nahe des Burgturms Kotnov. Ausgezeichnete mediterrane Küche.

ÜBERNACHTEN

► Komfortabel

① *Nautilus*
Žižkovo nám. 20
Tel. 380 900 900
www.nautilus.cz
Boutiquehotel in einem historischen Gebäude, das Zimmer für jeden Geschmack bereithält. Gelungener Stilmix aus restaurierten Möbeln, modernem Design, Kunstwerken und schönem Treppenhaus. Das Restaurant Goldie im schicken Jugendstilambiente serviert seinen Gästen ausgezeichneter Küche.

► Günstig

② *Kostnický dům (Konstanzer Haus)*
Střelnická/Pražská 220
Tel. 723 470 516
www.kostnicky-dum.cz
Renaissancehaus, behutsam renoviert, nahe vom Markt mit Café im Erdgeschoss.

nordwestlichen Stadtrand. Im Hof der Burg befindet sich der Zugang zur neuen Ausstellung **»Silberschatz von Tábor«** mit über 2000 Prager Groschen und anderen mittelalterlichen Münzen.

Prager Straße (Praská ulice)

Die belebteste Straße der Altstadt mit vielen Geschäften und einigen schönen Renaissancehäusern führt vom Žižkaplatz südostwärts in die moderne, weniger attraktive Neustadt führt. Am Übergang von der Alt- zur Neustadt liegt auch der Jordanteich, der älteste Stausee des Landes, der bereits 1492 zur Wasserversorgung der Stadt angelegt worden war und heute als Erholungsgebiet genutzt wird. U. a. gibt es ein beliebtes Freibad und einen Bootsverleih.

Umgebung von Tábor

Burgruine Kozí Hrádek

Mitten im Wald, 5 km südöstlich von Tábor, versteckt sich die Ruine der Ziegenburg. Von 1412 bis 1414 lebte hier der **Reformator Jan Hus** und schrieb eine Sammlung von Kommentaren zu Predigten, die auf die Reformation der Kirche abzielten, bevor er zum Konzil nach Konstanz aufbrach und nicht mehr zurückkehren sollte. 1438 wurde die Burg zerstört, heute stehen nur die Außenmauern des Hauptgebäudes und die Ringmauer.

Knapp 45 km südwestlich von Tábor erreicht man bei Týn nad Vltavou (Moldautein), eine der ältesten Siedlungen in Südböhmen, wieder die Moldau. Im barock umgebauten Renaissance Schloss ist das Stadtmuseum beheimatet, das Rathaus daneben zeigt ebenfalls eine Barockfassade (Öffnungszeiten: Di. – Fr. 9.00 – 17.00, Sa., So. 13.00 bis 17.00 Uhr).

Týn nad Vltavou

★★ Telč (Teltsch)

J 6

Region: Südmähren **Höhe:** 514 m ü. d. M
Einwohnerzahl: 6100

Auch wenn es Tschechien nun nicht gerade an hübschen Plätzen mangelt, ein Ensemble von so großer Einheitlichkeit und mit so viel Charme wie hier wird man selten zu Gesicht bekommen. Im Jahr 1992 wurde das historische Städtchen deshalb auch in die Liste des Weltkulturerbes der UNESCO aufgenommen.

Historisches Stadtbild

Telč müsste man sich eigentlich aus der Vogelperspektive nähern – sofort würde man erkennen, worin der unverwechselbare Reiz des Städtchens liegt, das sich rund 75 km westlich von Brünn im Süden der Böhmisch-Mährischen Höhe ausbreitet. Die kleine Altstadt liegt nämlich auf einer leicht zugespitzten Landzunge und ist an drei Seiten von romantischen Teichen und Bächen umgeben. Der Landstrei-

Seine unregelmäßige, an ein Trapez erinnernde Form und die einheitlichen Laubenhäuser verleihen dem Marktplatz von Telč seinen unverwechselbaren Charme.

fen ist so schmal, dass darauf nicht viel mehr als das herrschaftliche Schloss und ein großer, lang gestreckter Markt Platz finden. Rund um den Markt stehen pastellfarbene Giebelhäuser mit Renaissance- und Barockfassaden, eines hübscher als das andere.

Sehenswertes in Telč

Stadtbefestigung Ursprünglich konnte man die Stadt nur durch zwei Tore betreten, das Große Tor im Süden und das Kleine Tor im Norden. Ersteres ist in seiner heutigen Form ein Bau aus dem 17. Jh., das Kleine Tor stammt aus dem Jahr 1579. Besonders im Süden und Westen kann man auch noch Teile der alten Stadtmauern sehen.

Hl.-Geist-Kirche Betritt man durch das Große Tor die Altstadt, kommt man auf dem kurzen Weg zum Marktplatz am ältesten Baudenkmal der Stadt vorbei, dem hohen romanischen Turm der spätgotischen Hl.-Geist-Kirche (Anfang 13. Jh.).

★★ Marktplatz Hinter dem romanischen Turm öffnet sich das Herz von Telč, der ungewöhnlich große Marktplatz, der die Form eines in die Länge gezogenen Dreiecks hat. Von der breiteren Südostseite mit Brunnen und Mariensäule betrachtet, erscheint das bezaubernde Platzensemble **wie ein barocker Bühnenprospekt**. Besonders malerisch ist die nördliche Häuserzeile mit den schmalen, zweigeschossigen Giebelhäusern, die durch die einheitlichen Laubengänge wie die Glieder einer bunten Kette aneinander gereiht sind. Die meisten dieser nur 8 bis 10 m breiten und 30 m tiefen Gebäude entstanden im Zug der Stadterneuerung unter Zacharias von Neuhaus in der zweiten Hälfte des 16. Jh.s, doch viele ihrer pastellfarbenen Fassaden stammen aus dem 17. und 18. Jahrhundert. Auf der Südseite gibt es einige markante Renaissancegebäude, so das Haus Nr. 15 mit Erker und Fassadenbemalung und das zinnenbekrönte Haus Nr. 10 aus dem Jahr 1574 (Rathaus, Touristinformation). Wenige Häuser weiter, in der Nordwestecke des Platzes, errichteten die Jesuiten Ende des 17. Jh.s eine Kirche und direkt daran anschließend das Kolleggebäude des Ordens. Das komplett mit figuralen Sgraffiti bedeckte Haus Nr. 61 stellt Kriegergestalten aus dem alten Testament dar. Wer aufmerksam durch die Laubengänge spaziert, wird an mehreren Stellen mittelalterliche Handwerkerzeichen entdecken.

★ Schloss Der Marktplatz schließt sich im Nordwesten an das Schloss (zámek) an. Der 1580 für Zacharias von Neuhaus errichtete Renaissancebau mit Arkadenhof löste die Burg aus dem 14. Jh. ab. Am Eingang kann man einen Blick in die reich stuckierte Allerheiligenkapelle werfen, in der sich das Marmorgrab von Zacharias und seiner Frau befindet. Sehenswert im Schloss sind vor allem die kostbar ausgestatteten Renaissancesäle (Öffnungszeiten: Mai – Sept. Di. – So. 9.00 – 12.00, 13.00 – 17.00, sonst bis 16.00 Uhr; Nov. – März geschl.).

TELČ ERLEBEN

AUSKUNFT

Informationszentrum Telč
Nám. Zachariáše z Hradce 10
CZ-58856 Telč
Tel. 567 112 407
Fax 567 112 403
www.telc.eu

Informationszentrum Slavonice
Nám. Míru 480
CZ-37881 Slavonice
Tel./Fax 384 493 320
www.slavonice-mesto.cz
Wer in Slavonice nicht in einem Hotel wohnen möchte, dem vermittelt die Touristeninformation zahlreiche stilvoll eingerichtete Privatzimmer.

ESSEN

▸ Erschwinglich

U Zachariáše
Nám. Zachariáše z Hradce 33
Tschechische und Internationale Küche mit zahlreichen Fischgerichten, Sommerterrasse zum Marktplatz hin.

ÜBERNACHTEN

▸ Komfortabel

U Hraběnky
Slavatovská 96
Tel. 567 578 551
www.hotel-uhrabenky.cz
Vier-Sterne-Haus nahe dem Schloss im Barockgehöft mit Holzbalkendecken oder freiliegender Balkenkonstruktion im Dachgeschoss. Familienzimmer mit Deckenschaukel, romantische Zimmer im Landhausstil. Schicke Bäder mit Erlebnisdusche. Sehr gutes Hotelrestaurant

Dům Chornitzerův
Nám. Zachariáše z Hradce 56
Tel. 720 611 712
www.chornitzeruvdum.cz
Romantische und großzügige Apartments am Marktplatz, im Dachgeschoss mit Klimaanlage, alle mit Küche und Internetanschluss. Idyllischer ruhiger und grüner Innenhof mit Grillplatz. Eigener Weinkeller.

St. Jakob

Die Jakobskirche gleich neben dem Schloss wurde in der zweiten Hälfte des 14. Jh.s erbaut und nach 1443 im spätgotischen Stil erneuert. Vom 60 m hohen Turm der Kirche bietet sich ein hübscher Blick über die Stadt.

✶ Slavonice (Zlabings)

Anfahrt über Dačice

Auf halbem Weg nach Slavonice, 13 km südlich von Telč, fährt man durch Dačice (Datschitz). Die Kleinstadt an der Thaya lohnt einen Umweg, wenn man eines der wenigen Schlösser im Land besichtigen möchte, das im Stil des Empire erbaut und eingerichtet wurde. Bemerkenswert ist die gut bestückte Bibliothek des Hauses. Das Alte Schloss, ein Renaissancebau aus dem 16. Jh., dient heute als Rathaus.

Malerischer Winkel

Slavonice, 26 km südlich von Telč nahe der tschechisch-österreichischen Grenze gelegenen, ist ein verschlafenes, aber außerordentlich stimmungsvolles Städtchen in der Provinz, umgeben von einer ländlichen Idylle, wie man sie allenfalls noch aus Kinderbuchillustrationen kennt: hügelige Wiesen und Wälder, dazwischen Dörfer, verstreute Gehöfte und unzählige kleine Seen.

★ Zwei Plätze

Mittelpunkt des Ortes bilden die beiden miteinander verbundenen Plätze, der Untere Marktplatz (Dolní náměstí) und der Obere Markt (Horní náměstí). Die meisten Häuser stammen aus dem 15. und 16. Jh., als Slavonice eine wichtige Station an der Fernstraße zwischen Wien und Prag war und wirtschaftlich aufblühte. Die gotische Kirche erhielt 1549 einen Renaissanceturm, 50 Jahre später war das Rathaus fertig gestellt. Von der Stadtbefestigung aus dieser Zeit stehen noch zwei Stadttore. Sowohl den Unteren Markt als auch den Oberen Markt säumen mit äußerst sehenswerten Sgraffiti geschmückte Giebelhäuser aus Spätgotik und Renaissance. Das Stadtmuseum am Unteren Markt widmet sich dem Thema »Renaissance in Slavonice«. Es befindet sich im Haus der Touristinformation (Öffnungszeiten: Juni – Sept. tgl. 9.00 – 12.00 und 13.00 – 17.00 Uhr).

? WUSSTEN SIE SCHON ...?

- ... dass in Dačice der erste Würfelzucker der Welt hergestellt wurde? Der Direktor der hiesigen Raffinerie Jakob Christoph Rad erfand dafür eine Presse. Dem Würfelzucker ist hier ein Denkmal und im Stadtmuseum eine kleine Ausstellung gewidmet.

Kunstvolle Sgraffiti-Fassade in Slavonice

Eine Besonderheit erwartet den Besucher im Haus Nr. 517. Im Obergeschoss dieses Gebäudes kann ein ehemaliger lutherischer Betsaal besichtigt werden, der mit Fresken aus dem Jahr 1568 ausgemalt ist. Der freundliche Besitzer erklärt die Darstellungen in Deutsch, Italienisch, Französisch oder Tschechisch! (Zutritt über Touristeninformation) Die Touristeninformation vermittelt auch **Touren durch den Untergrund der Stadt**, ein System von mittelalterlichen Gängen, das sowohl der Entwässerung als auch als Zufluchtsort diente.

Burgruine Landštejn

10 km nordwestlich von Slavonice, ragt die Ruine Landštejn (Landstein) aus dem Wald. Die einst stattliche Burg, zu Beginn des 13. Jh.s gegründet und später erweitert, war 1771 einer Feuersbrunst zum Opfer gefallen. Sie stand an der historischen Grenze von Böhmen, Mähren und Niederösterreich. Nicht nur die schöne Aussicht von der Burg und das herrliche Waldgebiet, auch das gute Fischrestaurant hier machen Landstein zu einem beliebten Ausflugsziel.

Teplice v Čechách (Teplitz-Schönau)

F 3

Region: Nordböhmen **Höhe:** 228 m ü. d. M.
Einwohnerzahl: 53 000

Im 19. Jh. gehörte Teplitz zu den »Modebädern«, und Richard Wagner war über den »Salon Europas« so begeistert, dass er an seine Schwester schrieb: »...Teplitz mit seiner weitesten Umgebung ist wohl das Schönste, was ich kenne«. Heute ist die in einer Talsenke zwischen Erzgebirge und Böhmischem Mittelgebirge gelegene Stadt immer noch ein Heilbad, aber auch ein wichtiges Industriezentrum – die beschauliche Atmosphäre anderer böhmischer Kurorte wird man hier nicht vorfinden.

Heilbad

Teplice ist das älteste Heilbad Böhmens. In den warmen Quellen sollen bereits die Römer Heilung gesucht haben, das erste »ordentliche« Kurhaus entstand im Jahr 1544. Nach dem Siebenjährigen Krieg (1763) wurde der Badeort zur entmilitarisierten Zone erklärt: Wohl zum ersten Mal in der Weltgeschichte kurierten die Beteiligten aller Krieg führenden Parteien am selben Ort ihre Verletzungen. Gleiches geschah nach der Schlacht von Chlumec im Jahr 1813.

Sehenswertes in Teplice

Marktplatz, Schlossplatz

Das historische Teplice gibt es zwar noch, doch die Altbausubstanz weist Lücken auf. Die Nordseite des Marktplatzes (nám. Svobody) nimmt beispielsweise noch das alte Rathaus aus dem Jahr 1545 ein. Die Dlouhá ulice (Lange Gasse) führt zum Zámecká náměstí, dem

Teplice Orientierung

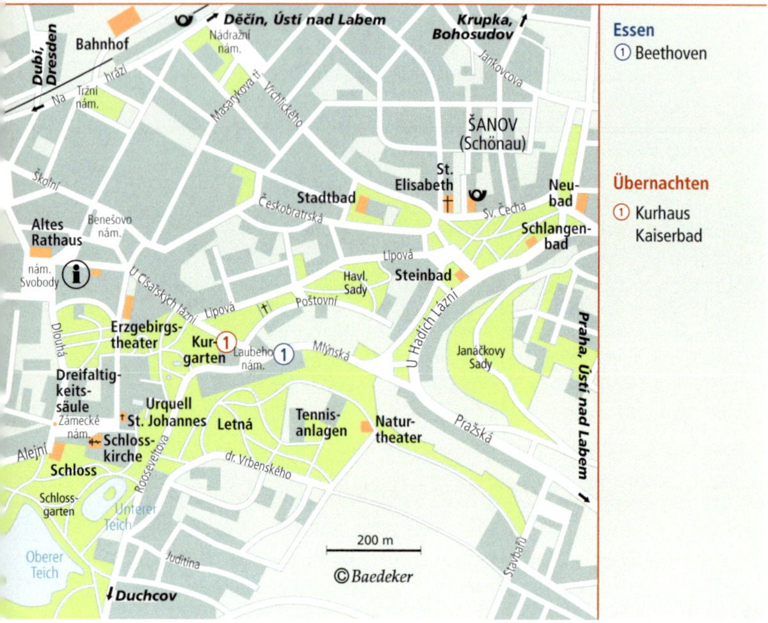

Schlossplatz, der einst das Kurzentrum bildete. Die figurenreiche Dreifaltigkeitssäule (1718) von Matthias Bernhard Braun ist eine der schönsten in Böhmen.

Im barocken Schloss der Familie Clary-Aldringen ist heute das Regionalmuseum untergebracht. Im Jahr 1813 bekräftigten hier die gekrönten Häupter Preußens, Russlands und Österreichs die »Heilige Allianz« gegen Kaiser Napoleon (Öffnugszeiten: ganzjährig, Di. – So. 10.00 – 12.00 und 13.00 – 17.00 Uhr). Neben der Schlosskirche wurden Reste eines Benediktinerklosters freigelegt, welches während der Hussitenkriege zerstört wurde.

★ Schlossgarten

Der Schlossgarten (Zámecká zahrada), im 16. Jh. als Wildgehege gegründet, wurde im 18. und 19. Jh. ganz im englischen Stil angelegt. Unter alten Bäumen ist Bäderatmosphäre zu spüren. Teiche, Sandsteinplastiken und Brunnen schmücken den Park. Im Thermal-Schwimmbad kann man auch bei kühlem Wetter ein Bad nehmen.

Kuranlagen

Zwischen Steinbad und Erzgebirgstheater breitet sich der Kurgarten aus. Unterhalb vom Schlossplatz, an der Badegasse (Lázeňská), befindet sich der Schacht der Urquelle (Pravřídlo), aus dem das Thermalwasser geschöpft wird. Einer Legende zufolge waren Wildschweine die Entdecker der Therme, als sie im Boden herumwühlten. Durch

TEPLICE ERLEBEN

AUSKUNFT

Infocentrum
Benešovo nám. 840
415 01 Teplice
Tel. 417 510 666, Fax 417 510 665
www.teplice.cz

Essen

► Fein & teuer

② *Beethoven*
Mlýnska 253
Tel. 417 977 444
Mit Gewölbenischen und Sommerterrasse; Weine aus aller Welt.

ÜBERNACHTEN

► Luxus

① *Kurhaus Kaiserbad*
Laubeho nám. 2
Tel. 417 977 203
www.lazneteplice.cz
Prächtiges historisches Gebäude, großes Thermalbecken, medizinische Anwendungen im Haus.

den Kohlebergbau versiegte die Quelle, deren Wasser seither nach oben gepumpt und in die Bäder geleitet werden muss.

✶ Königshöhe, Höhenwarte

Vom Schillerplatz (Laubeho nám.) östlich der Urquelle führen 230 Stufen zur Königshöhe (Letná) hinauf. Vom Turm der nahen **Höhenwarte** genießt man einen schönen Blick auf den Kurort.

Kurviertel Schönau (Šanov)

Vom Kurgarten gelangt man auf der Lindenstraße (Lipová třída) in das Kurviertel Schönau. Viele Kurhäuser hier stammen noch aus der Blütezeit des Badeortes im 19. Jahrhundert.
Am Ende der Lindenstraße steht das **Steinbad** (Kamenné lázně), ein neobarocker Bau (1911). Weiter östlich sieht man das **Schlangenbad** (Hadí lázně) aus dem Jahr 1839 und ein Stück nordwestlich davon das 1927 verjüngte **Neubad** (Nové lázně), das über eine eigene Quelle verfügt.

Umgebung von Teplice

Krupka (Graupen)

Den im 14. Jh. entdeckten Zinn- und Kupfererzvorkommen verdankt der Ort 5 km nordöstlich von Teplitz seine Entstehung. Am Markt beginnt der neu eröffnete Berglehrpfad nach Horní Krupka (Ober-Graupen). Dort wird am ehemaligen Martinsschacht ein Schaubergwerk aufgebaut.

Bohosudov (Mariaschein)

Der Graupener Stadtteil Bohosudov ist noch immer ein **populärer Wallfahrtsort**. Zwischen 1720 und 1730 pilgerten jährlich bis zu 100 000 Gläubige, darunter auch der sächsische Kurfürst August der Starke und später sein Sohn August III., hierher. In der Barockkirche, die 1701 bis 1706 im Auftrag des einstigen Jesuitenklosters und unter der Leitung der Leitmeritzer Architekten Giulio und Octavio Broggio entstanden war, wird ein als wundertätig verehrtes Muttergottesbild aus Tonerde aufbewahrt. Der Hochaltar von Franz Tollinger (1714) gilt als verkleinerte Kopie des Altars von St. Peter in Rom.

★ Mückentürmchen

Ein rund 2 km langer Sessellift bringt Besucher schnell hinauf zum Mückentürmchen (Komáří hůrka) mit Ausflugsrestaurants und Touristenunterkunft. Bei idealem Wetter reicht die Sicht bis zum Riesengebirge. Das Mückentürmchen ist der am häufigsten besuchte Gipfel des Osterzgebirges. Entlang der böhmisch-sächsischen Grenze wurde ein Naturpark ausgewiesen, insbesondere, um die Erzgebirgs-Trockenwiesen sowie einige Moore zu schützen.

Duchcov (Dux)

Bergbaustadt

Dux, 7 km südwestlich von Teplice gelegen, ist eines der Zentren des nordböhmischen Braunkohleabbaus. Das »schwarze Gold« wird hier schon seit der ersten Hälfte des 18. Jh.s gefördert. Dass man den Namen des Städtchens auch jenseits der Landesgrenzen kennt, hat allerdings auch noch zwei andere Gründe: das Royal-Dux-Porzellan und ein Herr namens Casanova. Der berühmteste Frauenheld Europas lebte 13 Jahre auf Schloss Dux.

★ Schloss Dux

Das im 16. Jh. erbaute Schloss ging im 18. Jh. in den Besitz der Grafen Waldstein über, die den Renaissancebau nach Plänen von Jean Baptiste Mathey barock umgestalteten. Schloss Dux erhielt einen Ehrenhof – den ersten in Böhmen – und einen geometrisch angelegten Park nach französischem Vorbild. Später ließen die Schlossherren den Garten in einen englischen Naturpark umwandeln, doch in den 1950er-Jahren fiel ein Teil des Parks dem Braunkohletagebau zum Opfer. Mittlerweile präsentiert sich die gesamte Anlage wieder – passend zum Schloss – als Barockgarten.

In den Schauräumen des Schlosses sind heute verschiedene Sammlungen vereint: barocke Plastiken von Matthias Bernhard Braun und anderen berühmten Meistern, eine Möbelsammlung und Bilder aus der Gemäldegalerie der Waldsteins.

Casanova ►

An der Wende vom 18. Jh. zum 19. Jh. traf sich auf Schloss Dux die Prominenz aus Politik und Kultur: Bach, Beethoven, Chopin, Haydn, Mozart, Goethe und die Zaren Alexander I. und Nikolaus I. weilten hier auf Einladung der Grafen Waldstein. Der berühmteste »Gast« aber war zweifelsohne Casanova, der hier die letzten 13 Jahre seines Lebens verbrachte. In Paris hatte er den Schlossherrn Graf Waldstein kennen gelernt, der dem damals bereits 60-Jährigen anbot, als Bibliothekar auf Schloss Dux zu arbeiten. Casanova, wegen seiner Skandale ständig auf der Flucht, nahm das Angebot Waldsteins an und nutzte die Zeit auf Schloss Dux, seine Memoiren »Die Geschichte meines Lebens« niederzuschreiben. In den ehemaligen Wohnräumen Casanovas erwartet den Besucher ein Mischung aus Dokumentation und

Originalschauplatz mit Schaueffekten. So sieht man den Meister in Form einer Wachspuppe in seinem Bibliothekszimmer an seinem Schreibtisch sitzen und beim Schein einer Kerze arbeiten. Eine Uhr zeigt die Todesstunde des Literaten und Herzensbrechers an: Er starb am 4. Juni 1798 um 22.40 Uhr (Öffnungszeiten: April und Okt. Mi. bis So. 9.00 - 15.00, Mai – Sept. 9.00 – 17.00 Uhr).

★ **Osek (Osseg)**

Das Bergbaustädtchen liegt 5 km nordwestlich von Dux. Im 12. Jh. wurde hier ein Zisterzienserkloster gegründet, das als Stützpunkt zur Kolonisierung Böhmens diente. Im romanisch-frühgotischen Domkapitelsaal bilden ein steinernes Schreibpult, Kreuzgewölbe und kapitellgekrönte Säulen ein eindrucksvolles Ensemble. Die Klosterkirche Mariä Himmelfahrt wurde in der ersten Hälfte des 18. Jh.s barock umgebaut. Hübsch hergerichtet sind die Klostergärten.

Třebíč (Trebitsch)

K 6

Region: Südmähren **Höhe:** 406 m ü. d. M.
Einwohnerzahl: 39 500

Die Stadt ist von zwei herausragenden Sehenwürdigkeiten geprägt: Der Basilika des hl. Prokop und der jüdischen Stadt mit Friedhof. Aufgrund ihrer Einzigartigkeit wurden beide zusammen in die Weltkulturerbeliste der UNESCO aufgenommen.

Nach und nach werden die Häuser in den malerischen Gassen des Jüdischen Viertels von Trebitsch renoviert.

Ein Benediktinerkloster, das zu Beginn des 12. Jh.s im Dreieck der Königsstädte Brünn, Iglau und Znaim gegründet wurde, ist die Keimzelle der Stadt Třebíč. Die Siedlung, die ab dem 13. Jh. unterhalb des Klosters heranwuchs, ist heute eine moderne Kreis- und Industriestadt.

Sehenswertes in Třebíč

Karlsplatz

Der nach Kaiser Karl IV. benannte alte Hauptplatz liegt nahe des Flusses Iglau (Jihlava). Den Platz säumen einige Renaissancegebäude wie z. B. das im 16. Jh. für einen venezianischen Händler erbaute, mit Sgraffiti verzierte »Bemalte Haus«, aber auch ein paar auffällige Bausünden aus der jüngeren Vergangenheit, so z. B. das Hotel Slavia. Überragt wird der Platz von dem 75 m hohen **Stadtturm**, den man besichtigen kann (Öffnungszeiten: Mai – Sept. tgl. 10.00 – 17.00 Uhr). Er gehörte zur Stadtbefestigung von Třebíč. Die ungewöhnlich große Turmuhr misst 7 m im Durchmesser. Direkt neben dem Turm steht die gotische, im 18. Jh. barock umgebaute Martinskirche.

✶ Jüdisches Viertel

Das Jüdische Viertel im Zentrum der Stadt gehört zu den letzten erhaltenen Ghettoanlagen Mitteleuropas. Mit seinen über 120 Wohnhäusern und zwei Synagogen geht es auf das 17. Jh. zurück, auch wenn bereits im 15. Jh. Juden hier siedelten. Noch heute vermitteln schmale Gassen und Durchgänge ein Bild dieses einstigen Zentrums jüdischer Kultur in Mähren. Noch um 1800 stellte die jüdische Bevölkerung über die Hälfte der Stadtbewohner. Viele der Häuser sind bis heute nicht renoviert und dienen erneut einer häufig diskriminierten Minderheit als Behausung, der Roma-Bevölkerung. Besonders empfehlenswert ist ein Besuch in der **Hinteren Synagoge** aus der Jahr 1669, in der eine Ausstellung über die Geschichte der Juden in Třebíč berichtet (Öffnungszeiten: tgl. 10.00 – 12.00, 13.00 bis 17.00 Uhr). Der **jüdische Friedhof** oberhalb des Viertels stammt aus dem Jahr 1625 (Öffnungszeiten: Mai – Sept. 8.00 – 20.00, Okt., März, April 8.00 – 18.00, Nov. – Feb. 9.00 – 16.00 Uhr).

✶ St. Prokop, Schloss

Die zweite Hauptsehenswürdigkeit von Třebíč ist die zwischen 1240 und 1260 erbaute Klosterkirche St. Prokop, eine dreischiffige Pfeilerbasilika, die sowohl romanische als auch gotische Formen aufweist. Sie ist eines der bedeutensten Denkmäler mittelalterlicher Sakralarchitektur in Mähren und Mitteleuropa. Besonders anschaulich wird dies in der Krypta mit Gräbern der Klostergründer sowie an dem romanischen Portal am Nordeingang, das aus dem 13. Jh. stammt. Im 18. Jh. wurde das Gotteshaus barock umgestaltet.

Das benachbarte Renaissanceschloss erhebt sich an der Stelle des Klosters. Heute hat hier das Westmährische Museum seinen Sitz. Die Ausstellung umfasst Weihnachtskrippen und Exponate zur Geschichte der Ersten Tschechoslowakischen Republik (Öffnungszeiten: Di. – So. 8.00 – 12.00, 13.00 – 16.00 Uhr).

TŘEBÍČ ERLEBEN

AUSKUNFT

Informationszentrum
Karlovo nám. 53
CZ-67401 Třebíč
Tel. 568 847 070
Fax 568 840 459
www.trebic.cz

ÜBERNACHTEN

► **Komfortabel**
Grand Hotel
Karlovo nám. 5
Tel. 568 848 560, Fax 568 848 563
www.grand-hotel.cz
Mittelklassehotel am Karlsplatz.

Umgebung von Třebíč

* **Jaroměřice nad Rokytnou**

14 km südlich von Trebitsch kommt man nach Jaroměřice nad Rokytnou (Jarmeritz). Den Marktplatz beherrscht das **Barockschloss**, das im 18. Jh. im Auftrag des Grafen Adam von Questenburg errichtet worden war. Der theater- und musikbegeisterte Bauherr machte Jaromeritz zu einem Mittelpunkt des kulturellen Lebens in Mähren. Von außen wirkt der strenge Gebäudekomplex nicht sehr anziehend, doch die Barockräume (Rundgang A), zu denen auch der ausgemalte Tanzsaal und der Ahnensaal gehören, sowie die Porzellan-, Gemälde- und Musikinstrumenten-Sammlung (Rundgang B) lohnen die Besichtigung. Der hübsche Gartensaal (Sala terrena), dessen Ausmalung eine Pergola vortäuscht, das römische Bad sowie der ausgedehnte Park können auch ohne Führung besichtigt werden. Die große Kuppel, die bereits von weitem die Häuser von Jaromeritz überragt, gehört zur Schlosskirche, die zwar an das Schloss anschließt, aber durch einen separaten Eingang zu betreten ist (Öffnungszeiten: Juli, Aug. Di. – So. 9,00 – 17.00, Mai, Juni, Sept. bis 16.00, April, Okt. Sa. und So. 9.00 – 15.00 Uhr).

Náměšt' nad Oslavou (Namiest an der Oslawa)

Auf der Strecke von Třebíč nach Brno liegt das alte Städtchen Náměšt' nad Oslavou (21 km östlich) mit einem großen Renaissanceschloss (1565 – 1578), das von schönen Terrassengärten umgeben ist und auf einem Vorsprung oberhalb des Flusses thront. Die hübsche Steinbrücke über die Oslawa schmücken 20 **Barockfiguren** (1730 bis 1740). Sehenswert sind 24 Gobelins aus dem 16. bis 19. Jh., die in den bedeutendsten europäischen Manufakturen entstanden sind, Deckenmalereien und die Bibliothek. Im 16. Jh. gab es in Namiest eine große Gemeinde der Böhmischen Brüder. Sie richtete hier eine (illegale) Druckerei ein, in der 1533 das erste tschechische Grammatik-Lehrwerk gedruckt wurde. Diese Druckerei verlegte man später ins 4 km entfernte Kralice nad Oslavou, wo 1579 bis 1593 die erste tschechische Bibelübersetzung veröffentlicht wurde.

Třeboň (Wittingau)

H 6–7

Region: Südböhmen **Höhe:** 434 m ü. d. M.
Einwohnerzahl: 9200

Třeboň ist ein hübsches, gemütliches Kurstädtchen in der südböhmischen Provinz, 25 km östlich von Budweis inmitten einer reizvollen Landschaft gelegen. Ihren speziellen Charakter erhält die Region durch die vielen Fischteiche, in denen vor allem Karpfen gezüchtet werden.

✶ **Zentrum für Fischwirtschaft**

Bereits im 14. Jh. wurde der erste angelegt, im 15. und 16. Jh. erfolgte der planmäßige Ausbau des Teichsystems. Aus dieser Zeit stammt auch der Goldene Kanal (Zlatá stoka), der von der Leinsitz (Lužnice) abgeleitet wird und nach knapp 50 km wieder in den Fluss einmündet. Neben der Fischzucht spielen auch das 1882 gegründete Moorbad, die traditionsreiche Brauerei Regent und der Tourismus eine Rolle im Wirtschaftsleben der Stadt.

Sehenswertes in Třeboň

Stadttore und Befestigungen

Třeboň war ursprünglich von einem Befestigungsring mit Stadttoren und Basteien umgeben. Von Westen kommend, betritt man durch das Budweiser Tor (Budějovická brána) die Altstadt. Ihm entspricht im Osten das Neuhauser Tor (Hradecká brána); dazwischen erstreckt sich der Marktplatz. Im Süden gibt es zwei Tore, das Schweinitzer Tor (Svinenská brána), und weiter stadtauswärts, das Gratzener Tor (Novohradská brána). Bei letzterem blieb auch ein Abschnitt der Stadtbefestigung mit der Wasserbastei (Vodácká bašta) erhalten.

✶ **Marktplatz**

Die Hauptachse des Städtchens bildet der lang gezogene Marktplatz, der von herausgeputzten Renaissance- und Barockhäusern umgeben ist. Ein Brunnen von 1569 und eine barocke Mariensäule runden das Ensemble ab. An seinem Turm (1638) mit **Aussichtsgalerie** erkennt man das 1566 erbaute, zu Beginn des 19. Jh.s erneuerte Rathaus an der Südseite des Platzes. Dem Rathaus gegenüber steht eines der schönsten Renaissancegebäude der Stadt, das 1544 errichtete Haus »Zum Weißen Rössel« (U Bilého koníčka), heute Hotel-Restaurant. Hinter dem Rathaus liegt das intime Empiretheater von 1833.

✶ **Schloss**

In der Südwestecke des Marktplatzes liegt der Eingang zum Schloss von Třeboň. Die großzügige, um einen weiten Hof angeordnete Renaissanceanlage entstand nach dem Stadtbrand 1562 durch den grundlegenden Umbau der Burg. Die damaligen Besitzer, die Rosenberger, beauftragten dafür italienische Baumeister. Von 1660 an gehörte das Schloss den Fürsten von Schwarzenberg, die ebenfalls Umgestaltungen vornehmen ließen.

Da den größten Teil des Schlosses ein umfangreiches Handschriften- und Urkunden-Archiv einnimmt, können nur ein paar Räume besichtigt werden. Der Besucher hat die Wahl zwischen zwei Rundgängen: Der erste führt durch die Rosenberger Renaissanceräume, der zweite durch die Appartements der Schwarzenberg-Familie aus dem 19. Jahrhundert. Westlich und südlich vom Schloss erstreckt sich der **Schlosspark** (Zámecký park). Seinen Charakter als Landschaftspark nach englischem Vorbild erhielt er im 19. Jahrhundert unter den Schwarzenbergern (Öffnungszeiten: Juni – Aug. Di. – So. 9.00 bis 12.00 u. 13.00 – 17.00, April, Mai, Sept, Okt. bis 16.00 Uhr).

Třeboň Orientierung

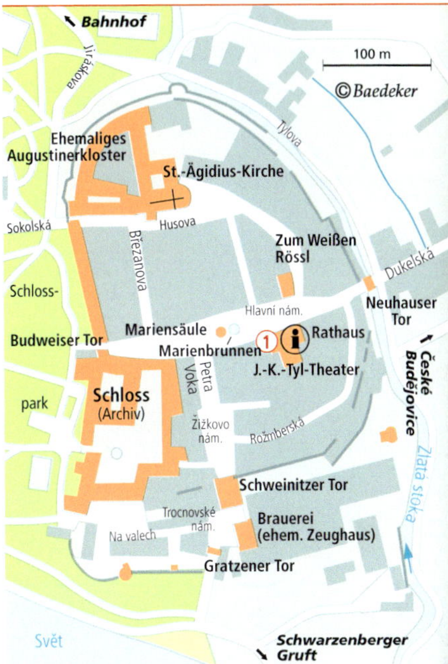

Übernachten

① Zlatá hvězda

Vom Marktplatz gelangt man durch die hübsche Březanova ulice zum 1785 aufgehobenen Augustinerkonvent mit der **Klosterkirche St. Ägidius** (Chrám sv. Jiljí). Sie wurde 1367, gleichzeitig mit der Gründung des Klosters, erbaut und 1871 nach einem Brand erneuert. Die zweischiffige gotische Hallenkirche besitzt eine sehenswerte Ausstattung mit Fresken aus der Erbauungszeit und einem Chorgestühl sowie Altären aus dem Barock. Besondere Beachtung verdient die anmutige Skulptur der »Madonna von Wittingau«, ein Werk des so genannten Weichen Stils (1390). Von der Kirche aus kann man auch den stimmungsvollen Klosterkreuzgang besichtigen (1369).

★ **Weltteich**

Südlich der Altstadt erstreckt sich der 1571 bis 1573 von Jakub Krčín aus Jelčany angelegte, 210 ha große Weltteich (Svět rybník), um den Spazier- und Radwege führen.

An der Südostseite des Teiches, inmitten eines Parks, ließen Johann Adolf II. von **Schwarzenberg** und seine Frau Eleonora, die v. a. in Frauenberg (Hluboká) als Bauherren in Erscheinung traten, eine neue **Familiengruft** in Form einer neugotischen Kapelle errichten. In der Krypta unter der 1877 vollendeten Kapelle ruhen bislang 26 Mitglieder der Schwarzenberg-Dynastie. Das prächtigste Grabmal ist das des Fürsten Johann von Schwarzenberg aus dem Jahr 1793.

TŘEBOŇ ERLEBEN

AUSKUNFT

Informations- und Kulturzentrum
Masarykovo nám. 103
CZ-37901 Třeboň
Tel. 384 721 169
Fax 384 721 356
www.trebon-mesto.cz

UNTERKUNFT

▶ **Komfortabel**

① *Zlatá hvězda*
Masarykovo nám. 107
Tel. 384 757 111
Fax 384 757 300
www.zhvezda.cz
Historisches Gebäude mitten im Zentrum der Altstadt gelegen. Wellness-Abteilung mit Sauna, Massagen und Fitness. Angeschlossen ist eine Bierstube und ein Restaurant mit südböhmischen Gerichten, darunter zahlreiche leckere Fisch- und Wildspezialitäten.

Umgebung von Třeboň

★ **Teichlandschaft**

Die Teichlandschaft nördlich und südlich von Třeboň, Třebonško genannt, ist ein beliebtes Erholungsrevier. 3 km nördlich von Třeboň breitet sich der nach dem bekannten südböhmischen Adelsgeschlecht benannte **Rosenberger Teich** (Rožmberský rybník) aus. Mit einer Fläche von 490 ha ist er der größte Teich Böhmens. Das Gewässer und den 2,5 km langen Damm legte 1584 bis 1590 Jakub Krčín an.

Beeindruckende Teichlandschaft

Von den übrigen Teichen ist vor allem der Velký Tisý (320 ha), 6 km nördlich von Třeboň, von Bedeutung. Hier und am benachbarten Malý Tisý befindet sich ein geschütztes Vogelbrutgebiet. In diesen Gewässern darf nicht gebadet werden; erlaubt ist es aber an einem der beliebtesten und meistbesuchten Teiche, dem Staňkovský rybník. Er liegt etwa 4 km nordöstlich von Chlum u Třeboně (15 km südöstlich von Třeboň).

Žumberk (Sonnberg)

Etwa 8 km südöstlich von Trhove Sviny liegt das mittelalterliche Wehrdorf Sonnberg, dessen Festungsanlage zu einem Museum umgestaltet wurde. Dort gibt es eine Dauerausstellung bemalter Bauernmöbel zu sehen.

Uherské Hradiště (Ungarisch Hradisch)

N 6

Region: Südmähren
Einwohnerzahl: 26 000
Höhe: 185 m ü. d. M.

Eine moderne Industriestadt und Mittelpunkt der so genannten Mährischen Slowakei, eine Region, die geprägt ist von Weinbau und Landwirtschaft. In den kleinen Dörfern kann man in den vielen hübschen Weinkellern die frischen Rieslinge probieren.

Grenzstadt

Von Uherské Hradiště (30 000 Einwohner) sind es nur wenige Kilometer bis zur Slowakei. Da der junge Nachbarstaat Tschechiens ein Jahrtausend lang zu Ungarn gehörte, erhielt die im Jahr 1257 an der March (Morava) gegründete Stadt den Namen Hradiště, Grenzfeste gegen Ungarn. Von hier wurden die Grenze des Landes und eine wichtige Handelsstraße entlang der March gesichert.

Sehenswertes in Uherské Hradiště

Marktplatz, Marienplatz

Der riesige Platz trägt den Namen Tomáš G. Masaryks, des Mitbegründers der Tschechoslowakischen Republik (Masarykovo náměstí). Wichtigstes Bauwerk ist die **Jesuitenkirche**, die einem der Patrone des Ordens, Franz Xaver, geweiht wurde. Das Innere des barocken Gotteshauses aus dem 17. Jh. schmücken schöne Stuckverzierungen. Daneben steht das **neue Rathaus**, im historisierenden Stil Ende des 19. Jh.s errichtet. Zwei Giganten bewachen seinen Eingang und stützen zugleich den darüberliegenden Balkon. In der **Rokokoapotheke »Zur goldenen Krone«** am gegenüberliegenden Ende des Platzes hat Josef Mánes ein Deckenbild hinterlassen. Ihre Fassade ist mit zahlreichen interessanten Sgraffiti geschmückt. Durch eine belebte Einkaufsgasse führt der Weg von hier vorbei am alten Rathaus zum Marienplatz mit einer schönen Mariensäule.

UHERSKÉ HRADIŠTĚ ERLEBEN

AUSKUNFT

Informationszentrum
Masarykovo nám. 21
CZ-68601 Uherské Hradiště
Tel. 572 525 525, Fax 572 525 527
www.mic.uh.cz

ÜBERNACHTEN

► **Luxus**

Slunce
Masarykovo nám. 155
Tel. 572 432 640
Fax 572 432 668
www.synothotels.com
Das Vier-Sterne-Hotel Slunce befindet sich günstig am zentralen Platz der Stadt. Das Restaurant bereitet gute tschechische und internationale Küche zu. Gäste des Hotels können das moderne und recht attraktiven Aquazentrum des nahen Hotels Synot mitbenutzen.

Museum der Mährischen Slowakei

Das Museum der Mährischen Slowakei (Slovácké muzeum) liegt in den Smetana-Gärten (Smetanovy sady) am Rand des Stadtzentrums. Die Feste und das Brauchtum der Bauern und Winzer in der Region sind Thema der Ausstellung (Öffnungszeiten: 9.00 – 12.00, 12.30 bis 17.00 Uhr).

✶ Staré Město

In Staré Město, einem Vorort von Uherské Hradiště, fanden Archäologen Reste von Wohnhäusern, die sie ins 6. Jh. datierten. Im 8. Jh. besaß diese Ansiedlung eine Befestigungsanlage, seit dem 9. Jh. eine christliche Kirche. Aus diesem Grund ging man lange Zeit davon aus, dass es sich bei dieser Siedlung um die Hauptstadt des Großmährischen Reiches handelte – eine Vermutung, die heute jedoch umstritten ist.

Die wichtigsten archäologischen Fundstätten liegen am rechten Ufer der March bei den Stadtvierteln Rybárny, Špitálký und Sady. Auf den Grundmauern der Kirche Na Valách steht heute das moderne Informationszentrum der »Gedenkstätte Großmähren« (Památnik Velké Moravy, Jezuitská ulice). Die **Ausstellung** dokumentiert rund 130 Jahre Forschung anhand von Grabbeigaben, Waffen, Werkzeugen sowie Gold- und Silberschmuck. Aufmerksamkeit verdienen besonders die originalen Holzkähne (Öffnungszeiten: April – Nov. 9.00 bis 12.00, 12.30 – 17.00 Uhr).

Umgebung von Uherské Hradiště

✶✶ Kloster Velehrad

7 km nordwestlich der Stadt liegt zwischen Wiesen und Weinbergen eine der schönsten barocken Klosteranlagen des Landes. Die meisten Besucher kommen allerdings hierher, weil Velehrad (Welehrad) als Wallfahrtsstätte auch über Tschechien hinaus Popularität genießt. Überragt wird der Klosterkomplex von den beiden Türmen der dreischiffigen, 86 m langen Basilika, die zwischen 1684 und 1735 erbaut wurde und den Slawenaposteln Kyrill und Method geweiht ist. Die Zerstörung ihrer Vorgängerkirche in den Hussitenkriegen wird in einem Deckenfresko der Kirche geschildert. Das Schmuckstück der Innenausstattung ist das prächtige **Chorgestühl** mit 60 aus Lindenholz geschnitzten Figuren. Das Lapidarium unter der Klosterkirche zeigt Reste der ursprünglichen Basilika.

✶ Buchlovice (Buchlowitz)

Etwa 8 km westlich von Velehrad erreicht man das Städtchen Buchlovice. Einen ungewöhnlichen Anblick bietet das dortige Schloss, das mit seinen zwei halbkreisförmigen, einen Hof umschließenden Flügeln **einer italienischen Villa nachempfunden** wurde. Tatsächlich hatte der Bauherr, Graf von Peterswald, den italienischen Architekten Domenico Martinelli mit der Planung beauftragt.

Mindestens so anmutig wie das 1702 fertiggestellte Schloss ist der von edlen Pfauen belebte **Landschaftspark**, der sich an englischen Vorbildern orientiert und mit exotischen Bäumen und Sträuchern bestanden ist.

Anmutige Figürchen begleiten den Besucher bei seinem Gang durch den Park von Schloss Buchlovice.

2 km weiter, in der Nähe von Buchlowitz, ragt eine stolze Burg aus dem Wald, die bereits im 13. Jh. gegründet und zwischen dem 15. und 18. Jh. mehrmals modernisiert worden war. Da die letzten Besitzer, die gräfliche Familie Berchtold, sehr kunstbeflissen waren, gibt es in der Festung auch eine Kunstsammlung zu besichtigen (Öffnungszeiten: Juni, Aug. tgl. 9.00 – 16.00; Mai, Juni, Sept. Di. – So. 8.00 – 17.00, April, Okt. bis 16.00 Uhr).

★ **Burg Buchlov**

Mährische Folklore und traditionelle Volksarchitektur ist in dem Kleinstädtchen Strážnice, rund 20 km südwestlich von Uherské Hradiště, noch sehr lebendig. In dem Park unterhalb des Renaissanceschlosses von Strážnice mit seiner sehenswerten Ausstellung Instrumente der Volksmusik in der Tschechischen Republik gibt es ein Freilichtmuseum mit Gebäuden aus der Mährischen Slowakei. Hier wird auch jedes Jahr am letzten Wochenende im Juni ein beliebtes **Volkstanz- und Volksliedfestival** veranstaltet (Öffnungszeiten: Juli, Aug. Di. – So. 9.00 – 17.00, Mai, Juni, Sept., Okt. bis 16.00 Uhr).

Strážnice (Straßnitz)

Ústí nad Labem (Aussig)

G 3

Region: Nordböhmen
Höhe: 218 m ü. d. M.
Einwohnerzahl: 98 000

Die Industriestadt Nordböhmens liegt im Elbtal inmitten des Böhmischen Mittelgebirges. Die Biela mündet nahe der Stadt in die Elbe – dieser Tatsache verdankt sie ihren neuen Namen: Ustie heißt im Altschechischen »Mündung«.

Tor in das Elbtal Abgesehen von einigen Baudenkmälern ist Ústí nad Labem keine schöne Stadt, doch sie eignet sich als Ausgangspunkt zum Kennenlernen des herrlichen Elbtals. Im Jahr 1426 ereignete sich vor den Toren der Stadt, bei Na Běhání, eine der größten Schlachten der Hussitenkriege, bei der das sächsische Heer in die Flucht geschlagen und Aussig niedergebrannt wurde. Seit Mitte des 19. Jh.s wuchs Aussig zum größten Chemieindustrierevier Österreich-Ungarns heran mit dem zweitgrößten Elbhafen (nach Hamburg).

Sehenswertes in Ústí nad Labem

✶ Mariä Himmelfahrt Das bedeutendste Bauwerk in Aussig ist die 1426 bis 1530 über einem Vorgängerbau aus dem 13. Jh. erbaute Erzdekanatskirche Mariä Himmelfahrt am Marktplatz. Sehenswert sind das herrliche spätgotische Netzgewölbe, die aus einem Sandsteinblock gemeißelte Kanzel (1574), und der Hauptaltar mit reichen Schnitzereien (1498), der aus der Pirnaer Stadtkirche stammt. Seit 1945 neigt sich der 65 m hohe Kirchturm um 198 cm. Den drohenden Einsturz des zweitschiefsten Bauwerks Europas verhindert ein Betonkern.

Stadttheater Das Stadttheater in der Masarykova ulice wurde 1909 eröffnet. Hinter der neobarocken Fassade verbirgt sich – ungewöhnlich für die damalige Zeit – eine Stahlbetonkonstruktion.

Ferdinandshöhe Zu den unübersehbaren Dominanten der Stadt gehört das **Schlösschen** auf der Ferdinandshöhe (Větruše) an einem Felshang über dem Elbtal. Neben Restaurant und einer Terrasse mit herrlichem Elbblick gibt es hier auch einfache Pensionszimmer, einen Aussichtsturm, zudem nebenan ein Spiegel- und Heckenlabyrinth sowie ein Kinderspielplatz. Die Talstation der Kabinenseilbahn ist nahe dem Einkaufszentrum Forum.

Umgebung von Ústí nad Labem

✶ Střekov (Schreckenstein) Die Burgruine Střekov thront auf einem Felsen über dem gleichnamigen Stadtteil. Die zu Beginn des 14. Jh.s zum Schutz der Zollstation und der Elbeschiffahrt errichtete Feste, seit dem Jahr 1564 im Besitz der Familie Lobkowitz, wurde während des Dreißigjährigen Krieges viermal von Schweden und Sachsen besetzt. Erst die Romantiker des 19. Jh.s erweckten die Ruine aus dem Dornröschenschlaf. Die berühmteste Darstellung der Burgruine stammt Ludwig Adrian Richter und ist das Gemälde »Überfahrt über die Elbe am Schreckenstein bei Aussig« von 1837 (Öffnungszeiten: Mai – Aug. tgl.

ÚSTÍ NAD LABEM

AUSKUNFT

Informationszentrum
Mírové nám. 1/1
CZ-40001 Ústí nad Labem
Tel. 477 010 700
www.usti-nad-labem.cz

9.00 – 17.00, Sept./Okt. bis 16.00 Uhr). Der 1923 – 1935 entstandene **Masaryk-Stausee** unterhalb des Schreckensteins war das größte wasserwirtschaftliche Bauvorhaben in der Ersten Tschechoslowakischen Republik. Der Staudamm ließ den Wasserspiegel der Elbe um 8 m ansteigen und schuf einen 20 km langen Stausee. Leider verschwand damit auch die Idylle unterhalb der Burg.

Zubrnice (Saubernitz)

Am südlichen Fuß des Buchberges (Buková hora) liegt im Wiesenbachtal das Dorf Saubernitz mit Tschechiens jüngstem Freilichtmuseum. Es umfasst u. a. das gezimmerte Gehöft eines Hopfenbauers (1808), eine Kirche (14. Jh.), einen Kaufmannsladen und die Dorfschule. Zwischen Großpriesen und Saubernitz verkehrte bis 1978 eine Lokalbahn mit bis zu 40% Steigung. **Historische Züge** und ein kleines Eisenbahnmuseum stehen am Saubernitzer Bahnhof.

Chlumec (Kulm)

Knapp 10 km nordwestlich von Aussig wurden 1813 am Fuß des Erzgebirges die Franzosen von den vereinigten Heeren Österreichs, Preußens und Russlands geschlagen. An die **Schlacht** erinnern mehrere Denkmale. Das eindrucksvollste ist dasjenige auf dem Hügel Horka bei Kulm, von Julius Schmeidel zum 100. Jahrestag geschaffen. Es zeigt einen Löwen auf einem Obelisken. Das preußische Mahnmal nahe der Straßenkreuzung bei Varvažov (Arbesau) stammt von Karl Friedrich Schinkel aus dem Jahr 1818: eine Pyramide mit Fiale und einem Kreuz sowie einem Abbild König Friedrich Wilhelm III. Ein Geschichtslehrpfad führt zu den wichtigen Stationen der Schlacht. Alljährlich Ende August werden die Kämpfe von Akteuren in Kostümen nachgestellt.

Žatec (Saaz)

F 4

Region: Nordböhmen
Einwohnerzahl: 22 000
Höhe: 240 m ü. d. M.

Rund um Žatec, das auf einem Höhenrücken am Egerufer liegt, reift angeblich der beste Hopfen der Welt. Im 14. Jh. galt er als so wertvoll, dass auf das Ausführen von Setzlingen über die Landesgrenzen hinaus die Todesstrafe stand. Heute werden die Brauereien in Pilsen, Budweis und Prag sowie ausländische Abnehmer mit dem wichtigen Biergrundstoff beliefert.

Stadtbild

Den lang gestreckten Marktplatz umgeben Bürgerhäuser verschiedener Stilepochen, von denen manche schöne Laubengänge und kunstvolle Giebel aufweisen. Mitten auf dem Markt steht das Rathaus aus dem Jahr 1559. Ihm gegenüber schmückt die figurenreiche Dreifaltigkeitssäule (1713) den Platz. Bei der Mariä-Himmelfahrts-Kirche nördlich des Marktes handelt es sich um einen Bau aus dem 14. Jh.,

ŽATEC ERLEBEN

AUSKUNFT

Informationszentrum
nám. Svobody 1
CZ-438 24Žatec
Tel. 415 736 156
Fax 415 736 111
www.mesto-zatec.cz

ÜBERNACHTEN

► **Komfortabel**

U Hada
Nám. Svobody 155
Tel./Fax 415 711 000
www.uhada-zatec.cz
Man wohnt am Marktplatz in einem renovierten historischen Bürgerhaus.

der 1738 eine barocke Zweiturmfassade erhielt. In der Burg, die für Besucher nicht zugänglich ist, wird heute Bier gebraut. Von der mittelalterlichen Stadtmauer stehen noch das Pfarrtor (Kněžská brána) und das Liboschaner Tor (Libočanská brána).

Umgebung von Žatec

Louny (Laun)

Im 13. Jh. gründeten deutsche Tuchmacher auf einer Terrasse über dem Fluss Eger die Siedlung Laun. **Hauptsehenswürdigkeit** der nordböhmischen Kreisstadt ist die Niklaskirche mit ihrem eigenwilligen, dreiteiligen Zeltdach und dem zinnenbekrönten Turm. Nach einem Brand 1517 wurde sie von Benedikt Ried wieder aufgebaut. Das kunstvolle Rippengewölbe, die steinerne Kanzel aus dem 16. Jh. und die prächtigen Barockschnitzereien tragen wesentlich zur bemerkenswerten Innenausstattung bei.

Chomutov (Komotau)

Der Rohstoffbedarf des Menschen hat der Landschaft rund um Chomutov tiefe Narben zugefügt. Das südliche Erzgebirgsvorland birgt reiche Braunkohlelagerstätten, und so hat sich um die Stadt, etwa 22 km nördlich von Žatec, ein großes Industrierevier entwickelt. Wer sich von der wenig attraktiven Umgebung nicht abhalten lässt – oder z. B. auf der Fahrt von Chemnitz nach Prag die Stadt passiert –, wird erstaunt sein, ein **schmuckes altes Zentrum** vorzufinden. Der Marktplatz von Chomutov ist von hübschen Laubenhäusern umgeben. Vorgängerbau des Rathauses war die Burg des Deutschordens, der in Komotau von 1252 bis 1411 einen Bezirkssitz unterhielt. Über der Burg entstand im 16. Jh. ein **Schloss**. Heute ist hier u. a. das Regionalmuseum untergebracht (Öffnungszeiten: Mo. u. Mi. 9.00 – 17.00, Do. u. Sa. bis 14.00 Uhr).

Die gotische St. Katharinenkirche bildet mit dem Rathaus eine architektonische Einheit. Überragt werden die Bürgerhäuser vom neugotischen Stadtturm (1874) und von der Mariä-Himmelfahrts-Kirche (16. Jh.).

Most (Brüx)

Das alte Brüx gibt es nicht mehr: Die 30 km nordöstlich von Žatec gelegene historische Altstadt wurde in den 1960er- und 1970er-Jahren abgerissen – es musste Platz für den Braunkohletagebau geschaffen werden. Die neue, gesichtslose Stadt heißt Most und besteht hauptsächlich aus Plattenbauten. Das neue Theatergebäude und einige Bildhauerwerke von Josef Brokoff sind noch kein Grund für einen Besuch der Stadt, wohl aber die berühmte Marienkirche, das einzige und bedeutendste Relikt des alten Brüx.

★ ◄ St. Marien

Die spätgotische Hallenkirche entstand 1517 bis 1549 in Zusammenarbeit der Baumeister Jakob Heilmann aus Schweinfurt, Benedikt Ried, Georg aus Maulbronn und Meister Peter. Es erregte einiges Aufsehen, als die Kirche im Jahre 1975 auf über 50 hydraulischen Wagen an einen knapp 900 m entfernten Standort versetzt wurde. Das 12 000 t schwere Gotteshaus »wanderte« mit einer Geschwindigkeit von etwa 2 cm pro Minute. Heute steht die Marienkirche am Rande der Tagebaufläche nördlich der Neustadt. Von bemerkenswerter Schönheit sind das filigrane spätgotische Gewölbe, das im Mittelschiff an Blumenmuster erinnert, sowie die Krypta (14. Jh.). Eine Ausstellung in St. Marien informiert über die Baugeschichte der Kirche und den spektakulären Umzug. Vom historischen Aussichtsturm auf dem Brüxer Schlossberg (411 m) hat man einen weiten Blick auf die vom Braunkohletagebau gezeichnete Landschaft.

! *Baedeker* TIPP

Alaunsee

4 km von Chomutov lädt der Alaunsee (Kamencové jezero) zum Baden ein. Das Wasser enthält ein Prozent Aluminiumsulfat, so dass weder Tiere noch Pflanzen darin leben können. Im kristallklaren Wasser erlebt man ein besonderes Vergnügen: Durch den starken Auftrieb bleibt man mühelos an der Oberfläche. Es existieren nur zwei Seen dieser Art auf der Welt, der eine in Kalifornien, der andere hier bei Komotau.

Kadaň (Kaaden) und Umgebung

Einst am Handelsweg gelegen

Dort, wo sich die Eger vom Erzgebirge verabschiedet, am Rande des nordböhmischen Industriereviers, duckt sich das Städtchen Kadaň in das Flusstal (22 km nordwestlich von Žatec). **Stadt und Umgebung könnten unterschiedlicher nicht sein:** hier ein altertümliches und denkmalgeschütztes Städtchen, dort eine vom Bergbau geprägte Mondlandschaft, die man auf dem schnellsten Weg durchqueren möchte. Kaaden, seit 1259 königliche Stadt, lag einst am Handelsweg zwischen Prag und Eger. In den Jahren 1367 und 1374 weilte Kaiser Karl IV. für längere Zeit in den Mauern des Städtchens – das alljährliche Kaiserfest erinnert an diesen hohen Besuch.

Marktplatz und Umgebung

Den denkmalgeschützten Marktplatz mit seinem buckligen Kopfsteinpflaster säumen altehrwürdige Bürgerhäuser, ein buntes Gemisch aus Gotik, Renaissance und Barock. Das **Rathaus** (14. Jh.) erkennt man an dem wuchtigen, zinnengekrönten Turm mit einer sechseckigen Haube, der aus der Zeit um 1400 unverändert erhalten blieb. Die einst gotische **Hl.-Kreuz-Kirche** wurde nach einem Brand 1746 bis 1755 von dem Kaadener Meister Johann Christoph Kosch im spätbarocken Stil wieder aufgebaut.

Henkersgasse

Die wahrscheinlich schmalste Gasse Böhmens verlässt an der Ostseite den Marktplatz und heißt Katovská ulička (Henkergasse). Sie ist kaum einen Meter breit und entwässerte einst den Markt. Heute führt sie den Besucher vor die gotische Pforte, auch als Henkertor (Katovská brána) bekannt.

Stadtbefestigung

Rings um die Altstadt blieben bemerkenswerte Teile der Befestigung erhalten, u. a. das Saazer Tor (Žatecká brána). Die Burg auf dem Felsplateau oberhalb der Eger diente den Lobkowitzern als Residenz und wurde seit dem 18. Jh. als Kaserne genutzt. Heute findet man hier eine Kunstgalerie und eine Weinstube.

Franziskanerkloster

Durch das Heilige Tor (Svatá brána) am Westrand der Altstadt führt der Weg zum ehemaligen Franziskanerkloster der Vierzehn Nothelfer (15. Jh.) am Eger-Steilufer. Man sollte hier **die ältesten Mönchszellen Böhmens** und den Marmorsarkophag (1517) des Stiftsgründers und Stadtherren Johann Hassenstein von Lobkowitz anschauen. (Führungen: Di. – Fr. 14.30 u. 16.00, Sa. 11.00, 13.00, 14.30 u. 16.00, So. 14.30 u. 16.00 Uhr).

Burg Hasištejn (Hassenstein)

8 km nördlich von Kadaň erreicht man die Burg Hasištejn, eine der größten Anlagen ihrer Art in Böhmen. Von 1491 an lebte B. Hassenstein von Lobkowitz auf der Feste. Der kulturbeflissene Adlige sammelte sein Leben lang Kunst und Literatur zu allen Wissensgebieten. Es entstand eine der umfangreichsten Bibliotheken Mitteleuropas. In seinem Testament legte er fest, dass immer der am meisten Gebildete in der Familie Lobkowitz sie erben sollte. Sigismund von Lobkowitz brachte die Bibliothek nach Wittenberg, wo auch Martin Luther zu den Benutzern gehörte. Etliche Exemplare befinden sich heute im südböhmischen Kloster Goldenkron. Im 18. Jh. wurde die Burg Hassenstein verlassen und im 19. Jh. teilweise restauriert, heute sind dort u. a. eine Galerie und ein Hotel untergebracht (Öffnungszeiten: März – Nov. tgl. 10.00 – 18.00 Uhr).

✶ Klášterec nad Ohří

Das 8 km westlich von Kadaň an der Eger gelegene Städtchen wird auch das »Tor zum Erzgebirge« genannt. Ein Kloster, das die Benediktiner im 12. Jh. hier gegründet hatten, gab der Siedlung den Namen Klösterle, die man heute vor allem wegen der 1794 gegründeten, gräflich Thunschen **Porzellanmanufaktur** kennt. Sie gehört zu den ältesten Manufakturen Böhmens und ist noch immer in Betrieb. Über das »weiße Gold« informiert das Gewerbe- und Kunstmuseum im neugotischen Schloss. Sehenswert sind auch der barocke Gartensaal des Schlosses mit Figuren des Bildhauers Johann Brokoff und der englische Park. In der Kirche zur Hl. Dreifaltigkeit (17. Jh.) befindet sich die Gruft der Familie Thun (Öffnungszeiten: Mai – Sept. Di. – So. 9.00 – 18.00, April u. Okt. nur Sa. und So. 9.00 – 16.00 Uhr).

Znojmo (Znaim)

L 7

Region: Südmähren **Höhe:** 289 m ü. d. M.
Einwohnerzahl: 35 000

Gurken und Wein sind die beiden Produkte, die die alte Stadt bekannt gemacht haben: Znojmo ist der Mittelpunkt eines bedeutenden Gemüse- und Weinanbaugebiets im Süden Mährens.

Stadt am Fluss

Die flache Umgebung sowie die wenig attraktiven Vororte im Norden und Osten lassen nicht erahnen, dass Znojmo auch noch ein anderes Stadtpanorama zu bieten hat: Im Süden und Südwesten nämlich fällt das Gelände steil zur Thaya (Dyje) hin ab, und die Stadt, insbesondere die dicht an den Abhang gebaute Burg, thront hier oberhalb des bewaldeten Flusstals.

Sehenswertes in Znojmo

Kunstgalerie, Rathausturm

Der ehemalige Marktplatz von Znojmo trägt den Namen Masaryks, des Präsidenten der Ersten Republik. An der Nordostseite des Platzes

Znojmo Orientierung

Übernachten

① Hotel Prestige
② Pension/Restaurant Havelka

ZNOJMO ERLEBEN

AUSKUNFT

Informationszentrzm
Obroková 10
CZ-66901 Znojmo
Tel./Fax 515 222 552
www.znojmocity.cz

ÜBERNACHTEN

► Komfortabel

① *Prestige*
Pražská 100
Tel. 515 224 595
Fax 515 246 621
www.hotel-prestige.cz
Am nördlichen Stadtrand gelegenes Hotel mit modern eingerichteten Zimmern. Das Restaurant bietet eine breite Auswahl an mährischer und internationaler Küche. Swimmingpool, Sauna, Fitness.

② *Havelka*
Mikulášské nám. 3
Tel. 515 232 652
www.ham-ham.cz
Das Havelka ist eine Pension mit stilvoll eingerichteten Zimmern mitten im Zentrum der Stadt. Auch das kleine angeschlossene Restaurant ist empfehlenswert.

befindet sich in einem Renaissancehaus die Kunstgalerie (Dům umění). Folgt man der Obroková ulice, die den Platz in nordwestliche Richtung verlässt, dann sieht man linker Hand den 80 m hohen, gotischen Turm. Das filigrane Bauwerk aus dem Jahr 1448 ist der einzige Überrest des mittelalterlichen Rathauses von Znojmo, das 1945 zerstört worden war. Gegenüber vom Rathausturm befindet sich der Eingang in die Katakomben, die sich über 30 Kilometer unter der Altstadt hinziehen (Führungen: April Mo. – Sa. 10.00 bis 16.00, Mai – Sept. tgl. 9.00 – 16.00, Okt. Sa. 9.00 – 16.00 Uhr).

St. Nikolai, Wenzelskapelle Durch die schmale Nikolaigasse (Velká Mikulášská) erreicht man vom Masaryk-Platz aus die südwestlich gelegene große Pfarrkirche St. Nikolai, ein gotischer, 1440 vollendeter Hallenbau, dessen Ausstattung heute überwiegend vom Barock geprägt ist. Zwischen Kirche und Stadtmauer wurde im 16. Jh. die Wenzelskapelle erbaut.

Burg Eindrucksvoll erhebt sich über dem Tal der Thaya, am Südwestrand der Altstadt von Znojmo, die ehemalige Burg der Markgrafen von Mähren, heute ein Barockschloss, das vom **Südmährischen Museum** genutzt wird. Hier erhält man einen Einblick in die Geschichte der Region, die bis in die Jungsteinzeit zurückreicht (Öffnungszeiten: Juni – Sept. Di – So. 9.00 – 17.00 , Mai Sa. So. 9.00 – 17.00 Uhr).
Besonderes Interesse verdient die **Burgkapelle**, eine der hl. Katharina geweihte romanische Rotunde aus dem 12. Jahrhundert. Ihr Inneres schmücken äußerst sehenswerte Wandmalereien (Zyklus der Přemyslidendynastie) aus der Erbauungszeit.

✶ Vranov nad Dyjí (Frain an der Thaya)

Weitaus reizvoller als die Gurkenstadt Znojmo ist – vor allem bei gutem Wetter – eine Fahrt zu dem 18 km westlich gelegenen Ferienort (1000 Einw.), der mit einem der schönsten Barockschlösser Tschechiens und guten Badegelegenheiten im nahe gelegenen Stausee aufwarten kann. Der Ort selbst versteckt sich unten im engen Tal, während hoch über dem Hang, in kühner Lage auf einem Felssporn, das Schloss thront.

Ferienort mit Badegelegenheiten

Allein schon seiner grandiosen Lage wegen ist Frain unbestritten ein kleines Juwel unter den Barockschlössern des Landes. Für den Aufstieg gibt es zwei Möglichkeiten. Die meisten Besucher fahren die ausgeschilderte Straße zum Schloss hinauf (großer Parkplatz etwa 500 m unterhalb des Schlosses). Schöner ist der etwa 1 km lange Fußweg durch den Wald, auf dem man nach ca. 20 Minuten auch am Ziel ist (gelb ausgeschildert; für Kleinkinder ungeeignet, da stellenweise schmaler, etwas steiler Waldpfad).

✶✶ Schloss

Über eine Brücke, die heute eine mittelalterliche Zugbrücke ersetzt, gelangt man in die Vorburg und von dort auf den Hof der dreiflügeligen Barockanlage mit schöner Aussichtsterrasse. Die ältesten Teile von Schloss Frain gehen auf eine Grenzburg aus dem 11. Jh. zurück. Im Jahr 1680 ging Frain bereits zum zweiten mal an die Althaner, ein aus Bayern stammendes Geschlecht, über. Der ehrgeizige Reichsgraf Michael Johann II. von Althan begann mit dem barocken Umbau und beauftragte den genialen **Baumeister Johann Bernhard Fischer von Erlach**. Dieser entwarf u. a. die sehenswerte Schlosskapelle sowie den ovalen, 1695 vollendeten Ahnensaal, der sich als eigenständiger Bau auf der Spitze des Berges erhebt. Das Fresko in dem prächtigen Saal mit der Verherrlichung der Familie Althan schuf Johann Michael Rottmayr. In den anderen Räumen sind auch Arbeiten aus der Frainer Steingutfabrik zu sehen, die zwischen 1799 und 1882 in Betrieb war (Öffnungszeiten: Di. – So. Juli/Aug. 9.00 bis 18.00, Mai, Juni, Sept. bis 17.00, April/Okt. bis 16.00 Uhr).

! *Baedeker* TIPP

Burg Bítov

Außerhalb des kleinen Ortes Bítov, ca. 25 km von Vranov entfernt, erlaubt die Burg Bítov auf einem Felsen hoch über der Dyjí einen herrlichen Ausblick. Sie gehört zu den ältesten Burgen des Landes und wurde bereits im Verlauf des 11. Jh. gegründet. Die heutigen romantischen Umbauten stammen aus dem 19. Jh. Neben einer Waffensammlug erstaunt eine eigentümliche Sammlung: eine Kollektion ausgestopfter Hunde.

REGISTER

VERZEICHNIS DER KARTEN & GRAFISCHEN DARSTELLUNGEN

BILDNACHWEIS

AKG S. 40, 42, 50 (links), 54, 67, 179, 357, 365 (rechts unten)
Baedeker Archiv S. 11, 12 (oben), 349
Bilderberg S. 46
Bilderberg/Blickle, Frieder S. 110
Bilderberg/Horacek, Milan, S. 141 (rechts oben), 360
Bilderberg/Madej, Hans S. 48
Bilderberg/Modrak, Jerzy S. 69
Bilderberg/Popperfoto S. 41
Bonnacker S. 140, 364
Branscheid S. 1, 77, 89, 92, 101, 125 (oben)
Dumont Bildarchiv S. 56, 136 (links unten), 211, 220, 341
Dumont Bildarchiv/Fieselmann, R. S. 21
Dumont-Bildarchiv/Specht, Martin S. 7, 10/11, 13 (oben), 14 (Mitte), 50 (rechts), 51 (rechts unten), 61, 74, 83, 85, 105, 331, 366
Hartmann S. 9 (oben), 18, 53, 65, 99, 136 (rechts oben), 161, 164, 177, 260
Freyer S. 347
Holzbachova, R./Bénet, P. S. 8, 51 (links unten), 59, 338 (links unten), 339 (links oben, oben Mitte, Mitte rechts), 340, 343, 354
Hubatka S. 231, 233
Huber S. 16,
ifa S. 44, 76/77, 216
Ihlow S. 127 (oben rechts), 328, 371
Interfoto S. 62, 73, 75
Janicek S. 64, 136 (rechts unten)
Kalley, Karol S. 344
Karásek S. 5 (oben), 138 (links)
Lade S. 133 (rechts oben)
laif S. 23, 25, 66, 113, 116, 121, 123, 176, 204, 213
Lepple S. 5 (unten), 144
Micklitza S. 133 (links oben), 373
Morávek S. 169
Mucha Trust/VG Bild-Kunst, Bonn 2008 S. 4
Picture Alliance S.14 (unten), 28, 34, 68, 70, 72, 312, 365 (rechts oben), 392
Picture Alliance/Arco Images S. 296
Picture Alliance/dpa S. 79
Picture Alliance/Härtrich, Thomas S. 52, 141 (rechts unten)
Picture Alliance/Lessing, Erich S. 339 (rechts unten)
Reincke S. 51 (rechts oben)
Schmitt S. 31, 127 (rechts unten/links unten), 135 (links unten), 135 (rechts oben), 155, 170, 256, 268, 275, 282, 290, 301, 309
Skupy S. 63, 292, 355
Steffens S. 250
Stetter S. 58
Švankmajer S. 197
transit S. 79, 141 (links), 193 (links, Mitte, rechts oben), 351
transit/Eisler, Christiane S. 338 (rechts)
transit/Härtrich S. 3, 49, 316
Weiss, Helmut S. 6 (oben), 7, 13 (Mitte, unten), 14 (oben), 15, 120, 124/125, 128, 131, 135 (rechts unten), 138 (rechts), 143 (rechts oben), 142/143, 153, 154, 159, 175, 180, 186, 192, 193 (unten), 194, 199, 225, 265, 374, 379, 382, 387, 395
Wurth S. 9 (unten), 135 (links oben), 197, 201, 245, 276, 280

Titelbild: Profimedia/Vario Images

Hintere Umschlagklappe: Hubatka, Stadtplatz in České Budějovice

IMPRESSUM

Ausstattung: 178 Abbildungen, 41 Karten und grafische Darstellungen, eine große Reisekarte
Text: Sabine Herre, Kerstin und André Micklitza, Helmuth Weiß, Andrea Wurth; mit Beiträgen von Barbara Branscheid, Rainer Eisenschmid, Götz Gruner, Michael Hennemann, Dr. Heinrich Motzer, Steffi Widera, Reinhard Zakrzeswki
Überarbeitung: André Micklitza
Bearbeitung: Baedeker Redaktion (Carmen Galenschovski)
Kartografie: Franz Huber, München; MAIRDUMONT / Falk Verlag, Ostfildern (Reisekarte)
3D-Illustrationen: jangled nerves, Stuttgart
Gestalterisches Konzept: independent Medien-Design, München (Kathrin Schemel)

Sprachführer in Zusammenarbeit mit Ernst Klett Sprachen GmbH, Stuttgart, Redaktion PONS Wörterbücher

Chefredaktion: Rainer Eisenschmid, Baedeker Ostfildern

5. Auflage 2012

Urheberschaft: Karl Baedeker Verlag, Ostfildern
Nutzungsrecht: MAIRDUMONT GmbH & Co; Ostfildern

Anzeigenvermarktung:
MAIRDUMONT MEDIA
Tel. 0049 711 4502 333
Fax 0049 711 4502 1012
media@mairdumont.com
http://media.mairdumont.com

Printed in China
Gedruckt auf 100% chlorfrei gebleichtem Papier

i atmosfair

nachdenken • klimabewusst reisen
atmosfair

Reisen bereichert und verbindet Menschen und Kulturen. Jedoch wer reist, erzeugt auch CO_2. Dabei trägt der Flugverkehr mit bis zu 10% zur globalen Erwärmung bei. Wer das Klima schützen will, sollte sich somit nach Möglichkeit für die schonendere Reiseform entscheiden (wie z. B. die Bahn). Wenn keine Alternative zum Fliegen besteht, kann man mit atmosfair handeln und klimafördernde Projekte unterstützen.
atmosfair ist eine gemeinnützige Klimaschutzorganisation unter der Schirmherrschaft von Klaus Töpfer. Die Idee: Flugpassagiere spenden einen kilometerabhängigen Beitrag für die von ihnen verursachten Emissionen und finanzieren damit Projekte in Entwicklungsländern, die dort den Ausstoß von Klimagasen verringern helfen. Dazu berechnet man mit dem Emissionsrechner auf **www.atmosfair.de** wieviel CO_2 der Flug produziert und was es kostet, eine vergleichbare Menge Klimagase einzusparen (z.B. Berlin – London – Berlin 13 Euro). atmosfair garantiert die sorgfältige Verwendung Ihres Beitrags. Auch der Karl Baedeker Verlag fliegt mit *atmosfair*. Unterstützen auch Sie unser Klima. Alle Informationen dazu auf www.atmosfair.de.

BAEDEKER VERLAGSPROGRAMM

- Ägypten
- Algarve
- Allgäu
- Amsterdam
- Andalusien
- Argentinien
- Athen
- Australien
- Australien • Osten
- Bali
- Baltikum
- Barcelona
- Bayerischer Wald
- Belgien
- Berlin • Potsdam

- Bodensee
- Brasilien
- Bretagne
- Brüssel
- Budapest
- Bulgarien
- Burgund
- Chicago • Große Seen
- China
- Costa Blanca
- Costa Brava
- Dänemark
- Deutsche Nordseeküste
- Deutschland
- Deutschland • Osten
- Djerba • Südtunesien
- Dominik. Republik
- Dresden
- Dubai • VAE
- Elba
- Elsass • Vogesen
- Finnland
- Florenz
- Florida
- Franken
- Frankfurt am Main
- Frankreich
- Frankreich • Norden
- Fuerteventura
- Gardasee
- Golf von Neapel
- Gomera
- Gran Canaria
- Griechenland
- Griechische Inseln
- Großbritannien
- Hamburg
- Harz
- Hongkong • Macao
- Indien
- Irland
- Island
- Israel
- Istanbul
- Istrien • Kvarner Bucht
- Italien
- Italien • Norden
- Italien • Süden
- Italienische Adria
- Italienische Riviera
- Japan
- Jordanien
- Kalifornien
- Kanada • Osten
- Kanada • Westen
- Kanalinseln
- Kapstadt • Garden Route
- Kenia
- Köln
- Kopenhagen
- Korfu • Ionische Inseln
- Korsika
- Kos
- Kreta
- Kroatische Adriaküste • Dalmatien
- Kuba
- La Palma
- Lanzarote
- Leipzig • Halle
- Lissabon
- Loire
- London
- Madeira
- Madrid
- Malediven
- Mallorca
- Malta • Gozo • Comino
- Marokko
- Mecklenburg-Vorpommern
- Menorca
- Mexiko
- Moskau
- München
- Namibia
- Neuseeland
- New York

- Niederlande
- Norwegen
- Oberbayern
- Oberital. Seen • Lombardei • Mailand
- Österreich
- Paris
- Peking
- Piemont
- Polen
- Polnische Ostseeküste • Danzig • Masuren
- Portugal
- Prag
- Provence • Côte d'Azur
- Rhodos
- Rom
- Rügen • Hiddensee
- Ruhrgebiet
- Rumänien
- Russland (Europäischer Teil)
- Sachsen
- Salzburger Land
- St. Petersburg
- Sardinien
- Schottland
- Schwäbische Alb
- Schwarzwald
- Schweden
- Schweiz
- Sizilien
- Skandinavien
- Slowenien
- Spanien
- Spanien • Norden • Jakobsweg
- Sri Lanka
- Stuttgart
- Südafrika
- Südengland
- Südschweden • Stockholm
- Südtirol
- Sylt
- Teneriffa
- Tessin
- Thailand
- Thüringen
- Toskana
- Tschechien
- Tunesien
- Türkei
- Türkische Mittelmeerküste
- Umbrien
- Ungarn
- USA
- USA • Nordosten
- USA • Nordwesten
- USA • Südwesten
- Usedom
- Venedig
- Vietnam
- Weimar
- Wien
- Zürich
- Zypern

BAEDEKER ENGLISH

- Andalusia
- Australia
- Austria
- Bali
- Barcelona
- Berlin
- Brazil
- Budapest
- Cape Town • Garden Route
- China
- Dresden
- Dubai
- Egypt
- Florence
- Florida
- France
- Gran Canaria
- Greece
- Greek Islands
- Iceland
- India
- Ireland
- Italian Lakes
- Italy
- Japan
- London
- Madeira
- Mexico
- Morocco
- Naples, Capri & Amalfi Coast
- New York
- New Zealand
- Norway
- Paris
- Portugal
- Prague
- Rome
- South Africa
- Spain
- Sri Lanka
- Thailand
- Turkish Coast
- Tuscany
- Venice
- Vienna
- Vietnam

LIEBE LESERINNEN, LIEBE LESER,

ein herzliches Dankeschön, dass Sie sich für einen Baedeker Allianz Reiseführer entschieden haben. Er wird Sie zuverlässig auf Ihrer Reise begleiten und Sie nicht im Stich lassen.
Natürlich beschreibt er die wichtigen Sehenswürdigkeiten, aber er empfiehlt auch Hotels für den großen und kleinen Geldbeutel, gibt Tipps für Restaurants, Shopping und für vieles mehr, was eine Reise zum Erlebnis macht. Dafür hat unser Autor André Micklitza Sorge getragen. Er ist für Sie regelmäßig nach Tschechien gereist und hat all seine Erfahrungen und Kenntnisse in diesen Reiseführer gepackt.

Trotzdem: Die Erfahrung zeigt, dass Fehler und Änderungen nach Drucklegung, für die der Verlag keine Haftung übernehmen kann, nicht ausgeschlossen werden können. Für Kritik, Berichtigungen und Verbesserungsvorschläge sind wir Ihnen außerordentlich dankbar. Schreiben Sie uns, mailen Sie uns oder rufen Sie an:

▶ **Verlag Karl Baedeker GmbH**
Redaktion
Postfach 3162
D-73751 Ostfildern
Tel. (0711) 4502-262, Fax -343
E-Mail: info@baedeker.com

Besuchen Sie uns auch im Internet unter www. baedeker.com. Hier finden Sie jeden Monat den aktuellen Reisetipp der Redaktion und das gesamte Verlagsprogramm. Hier können Sie auch lesen, wer Karl Baedeker war und wie er seinen ersten Reiseführer geschrieben hat. Mit seinen über 180 Jahren ist der Karl Baedeker Verlag der älteste Reiseführer-Verlag der Welt.

www.baedeker.com

ZU GEWINNEN: STADTREISE NACH LONDON

Unter allen Einsendungen verlost der Verlag am Jahresende – unter Ausschluss des Rechtswegs – eine Städtekurzreise für zwei Personen nach London.
Freuen Sie sich auf ein spannendes Wochenende in London. Natürlich ist ein Baedeker Allianz Reiseführer London auch dabei!